Führungskräfte haben viele Möglichkeiten. Je mächtiger sie sind, umso mehr.

Was sie daraus machen, hängt stark von ihnen selbst ab – davon, wie sie ticken und was sie im Schilde führen. Verhalten sie sich geschickt oder ungeschickt? Inkompetent oder unverfroren? Sich selbstlos aufopfernd oder selbstverliebt? Wohlwollend oder besonders fies? Und wie ist das bei Ihnen bzw. bei Ihren Chefinnen und Chefs?

Lausige Leader beherrschen die Kunst des miesen Managens und schwingen sich dabei zu wahren Höchstleistungen auf. Zahllose Anekdoten und Geschichten in diesem Buch belegen dies. Sie lassen uns ungläubig den Kopf schütteln, still und verstohlen schmunzeln oder mitunter schmerzhaft aufjaulen.

Staunen Sie selbst, wie viele verschiedene Schattierungen und Spielarten die Arbeitswelt dazu zu bieten hat.

Klaus Theuretzbacher
Der Autor.
Arbeits- und Organisationspsychologe.
Arbeitet als Coach und Organisationsberater.
Weitere Infos siehe
theuretzbacher.at
echtjetztchef.org

Tom Gasperlmair
Von ihm stammen die Illustrationen
und das Grafik-Design.
Weitere Infos siehe
aplacefortom.com

Impressum

Coverdesign von: Tom Gasperlmair, aplacefortom.com
Illustriert von: Tom Gasperlmair, aplacefortom.com
Satz & Layout von: Tom Gasperlmair, aplacefortom.com
Stick figures: MicrovOne / istockphoto

Lektorat: Elke Smid, elke-smid.at

ISBN Hardcover: 978-3-347-49264-6
ISBN E-Book: 978-3-347-49234-9

Druck und Distribution im Auftrag des Autors:
tredition GmbH, Halenreise 40-44, 22359 Hamburg, Germany

Klaus Theuretzbacher

ECHT JETZT, CHEF?

Unvermögen, Unverfrorenheit und andere Ungereimtheiten im Management

Inhaltsverzeichnis

Echt jetzt?

Führungsetagen wissen meist zu beeindrucken. Sie sind mächtig, ziehen die Fäden und bestimmen in hohem Maße, was in einer Organisation möglich ist und was nicht. Mancherorts schillern sie in den buntesten Farben und machen sich in den schrillsten Tönen bemerkbar. Andere wiederum geben sich zurückhaltend, kühl, mitunter sogar matt und fast unscheinbar und sind dennoch von hoher Wirksamkeit.

Egal ob bunt oder grau, ob laut oder dezent, ob hip oder nüchtern, Führungsetagen zählen zu den reichhaltigsten und faszinierendsten Soziotopen. In ihnen tummeln sich brillante Köpfe, umsichtige, scharfsinnige Strateg*innen, die gleichermaßen durch ihr einfühlsames, warmherziges Naturell bestechen, wagemutig und doch bedacht mit großem Elan ihre Verantwortung wahrnehmen, wohlstrukturiert sowie lösungs- und ergebnisorientiert an die Herausforderungen herangehen und dabei durchgängig Esprit und gute Stimmung versprühen. Tugendhafte High-Performer*innen in allen Belangen, stets offen für Feedback, lern- und veränderungsbereit.

Eine wahre Freude für alle, die mit ihnen zu tun haben. Auch für mich – wie dankbar bin ich doch, als Organisationsberater und Coach mit solchen Menschen auf allerhöchstem Niveau zusammenzuarbeiten. Da zaubert sich ein breites Grinsen in mein Gesicht, da schnalze ich mit der Zunge. Diese Art Gesamtkunstwerk wünscht man sich. Und bekommt es auch – manchmal. Okay, zugegeben, selten, eher sehr selten.

Häufig, zu häufig trifft man auf eine völlig andere Realität dieser Soziotope, auf ganz spezielle Kunstwerke: Chefs und – in geringerer Anzahl –

Chefinnen, die sich irgendwie selbst im Weg stehen, es nicht ganz so gut hinkriegen. Manager*innen, die es regelmäßig schaffen, es auf irgendeine Weise zu verbocken, oder gleich zeigen, dass es auch menschenverachtend, unsachlich, destruktiv geht.
Selbst nach mehr als 25 Jahren in der beratenden Begleitung von Veränderungs- und Entwicklungsprozessen gerate ich immer wieder ins Staunen über so manchen merkwürdigen, grotesken Vertreter fragwürdigen oder fiesen Führens. Ein Staunen, das ich nicht länger für mich behalten will. Ein Staunen, das ich mit Ihnen, geschätzte Leserin, geschätzter Leser, teilen möchte. Deshalb habe ich meine Erfahrungen und die vieler Menschen in meiner Umgebung zwischen zwei Buchdeckeln zusammengefasst. Weil ich äußerst gerne schreibe, es liebe, mit Worten zu spielen, kleine Dialoge und Szenen entstehen zu lassen und Geschichten zu montieren.

Das Buch hätte auch anders heißen können, etwa „Die Ar(s)chetypen des Managements", „Mit voller Hose ist leicht stinken", „IrreFührung!" oder „Die Bullshit-Bosse". Manchmal befällt mich eine bedenkliche verbale Inkontinenz, dann sprudeln Dinge aus mir heraus, die ich bei nochmaliger Betrachtung schnell wieder einzufangen versuche – darunter unpassende Kraftausdrücke, die hier erstmal nichts verloren haben. Beim Schreiben gelingt dieses Einfangen zumeist ganz gut, immerhin kann man stets noch eine weitere Korrekturschleife ziehen und sich überall dort, wo die Pferde zu wild mit einem durchgegangen sind, zur Besinnung und Räson rufen. Ich habe mich also wieder eingekriegt und mich für *„Echt jetzt, Chef? Unvermögen, Unverfrorenheit und andere Ungereimtheiten im Management"* entschieden. Weil: Pepp ja, auch der Fokus auf „Bad Practice" soll deutlich werden, aber jemanden gleich mit dem Buchtitel verschrecken? Lieber nicht, das wäre doch schade.

Nun darf ich Sie also einladen. Zum gemeinsamen Staunen. In meine (und auch Ihre?) Welt des merkwürdigen Managements, der fiesen Führung, des lausigen Leaderships. Zu einem Streifzug durch das Kuriositätenkabinett der schrägen Chefs und Chefinnen, einer außergewöhnlichen Galerie mit etlichen spektakulären Exemplaren. Aber lesen und sehen Sie selbst. Wer weiß, vielleicht gelangen Sie zum gleichen Resümee wie ich. Es ist schon äußerst bemerkenswert, wenn nicht sogar verwunderlich, dass Unternehmen mit solchen Führungstypen in der Steuerung über die Runden kommen. Die meisten dieser derart geführten Organisationen funktionieren sogar erstaunlich gut. Zwar mit Sand im Getriebe und etlichen, die dabei auf der Strecke bleiben. Sie funktionieren. Trotzdem. Faszinierend!

Führung ist eine ernste Angelegenheit

„Wir haben ernst zu sein." Das forderte jedenfalls mein Philosophielehrer im Gymnasium. Gleiches gilt auch hier, denn schließlich geht es nicht um irgendetwas Belangloses, sondern um eine große, wichtige Sache. Um Führung. Sie lesen dieses Buch ja nicht (nur) zur Unterhaltung, oder? Um dem gerecht zu werden, schicke ich einige absolute Basics zum Thema Führung voraus – in maximaler Kürze und ebensolcher Ernsthaftigkeit, quasi auf die Essenz eingedickt.[1]

Führung bedeutet stets Verantwortung. Verantwortung für eine bestimmte Aufgabe, ein Projekt, ein Team, einen Bereich oder gleich ein ganzes Unternehmen. Zu führen ist nicht immer lustig und angenehm, oft durchaus lästig und anstrengend. Zum Führen braucht es Skills, notwendige und hilfreiche Fähigkeiten und Fertigkeiten. Logisch, dass kaum jemand die Top-Ausstattung mit allen Voraussetzungen in optimaler Ausführung mitbringt. Umso spannender, wie man damit in einem Unternehmen umgeht, welchen Fokus man wählt. Betont man Stärken, Talente, Errungenschaften? Oder doch eher Defizite, Scheitern und Versagen? Welche Rolle spielt das Umfeld dabei? Worauf wird Wert gelegt, welche Art von Führung ist angesagt, was verpönt? Wie mischen sich Eigentümer, Top-Management und andere Damen und Herren Wichtig ein? Neben all diesen Einsagern wird Führung in einem Unternehmen noch von anderen wesentlichen Faktoren beeinflusst, etwa der Kultur, der Geschichte einer Organisation und vor allem dem Marktumfeld.

Kurzes Ausschweifen aus aktuellem Anlass: Gerade in den letzten Jahren tut sich einiges. Umbruch in mehrfacher Hinsicht ist wieder einmal angesagt. Mit

1 Wollen Sie diesen Aspekten ausführlicher nachgehen? Ich bin mir recht sicher, dass zu diesem Thema bereits das eine oder andere sehr ernsthafte Buch geschrieben wurde.

Phänomenen, die allesamt auf -isierung enden und die Sie vermutlich schon gar nicht mehr hören können: Digitalisierung, Dynamisierung, Agilisierung. Mit ihnen verändern sich auch die Anforderungen an Führung – etwa, dass viel häufiger von „Leadership" die Rede ist, insbesondere von „selbstverantwortetem Leadership", und ältere Ansätze des „Managements" (im Sinne von Steuerung) an Aktualität und Attraktivität verloren haben.[2] Doch selbst dort, wo man auf den Wegfall von Hierarchien und auf die maximale Selbstverantwortung und Beteiligung aller setzt, ist das Thema der Steuerung nicht vom Tisch. Auch unter solchen Voraussetzungen müssen kritische Entscheidungen getroffen, Prioritäten gesetzt und dies und das verteilt werden, egal ob Aufgaben, Ressourcen, Gewinn oder Schulden. Mit anderen Worten: Leitungsebenen zu reduzieren oder sie völlig aufzulösen, mag eine probate Antwort auf aktuelle Anforderungen darstellen. Die zentralen Fragen, wie denn nun Führung und Steuerung gestaltet sein sollen, lösen sich damit allerdings nicht in Wohlgefallen auf. Sie bekommen bloß ein anderes Antlitz. Unabhängig davon, wie sich die Dinge in Organisationen entwickeln, es wird immer Menschen geben, die Verantwortung haben und somit führen müssen. Es wird weiterhin am einzelnen Menschen liegen, welchen Umgang er damit findet. Beziehungsweise ob er überhaupt damit zurechtkommt.

Führung wird verkörpert und getragen durch ihre Protagonist*innen, den Führungspersonen beziehungsweise den – man bemerke den feinen Unterschied in der Formulierung – Führungskräften: Manager*innen, Leiter*innen, Chefinnen und Chefs, Direktor*innen, Team Leads, Heads, CxO's. In deren (Nicht-)Handeln manifestiert sich Führung – und das manchmal auf recht groteske Weise. Denn jede noch so gut gemeinte Leadership-Philosophie, jedes Führungsleitbild wird schlussendlich torpediert durch die Tatsache, dass wir Menschen sind. Zwar vernunftbegabte, aber bei weitem nicht immer vernunftgesteuerte Wesen. Stattdessen treiben uns innere Kräfte, unwillkürliche Impulse, die wir zwar bemerken, allerdings kaum willentlich beeinflussen können. Wir erleben uns als Passagiere deutlich spürbarer oder subtiler Gefühle bzw. hormoneller Regungen, eigennütziger und kurzsichtiger Interessen, tausendfach eingeübter Automatismen und zig-fach bewährter Verhaltensmuster. Nicht immer ein Ruhmesblatt für uns.

---

2 Tatsächlich gibt es auch dazu bereits ausreichend Literatur, z.B. Jaworski, 2011, 2012, Borgert, 2015, Laloux, 2015, Klein, 2019.

Tun wir doch so, als gäbe es solche und solche

Wenn wir eigenartiges Verhalten – in unserem Fall groteskes Führungsverhalten – beobachten, versuchen wir zu verstehen. Dies fällt mitunter schwer. Also tun wir unser Bestes, um damit zurechtzukommen. Wir vereinfachen, vergleichen, ordnen, etikettieren. Bedienen uns bei Schubladen, Kategoriensystemen sowie Typologien und hoffen, im Optimalfall eine Erklärung für eigentlich Unerklärliches zu finden – zumindest einen Überblick. Einen Überblick und eine Orientierungshilfe dafür, welche Unterschiede es gibt, womit wir also zu rechnen haben, worauf wir uns einstellen und vorbereiten sollten. Wir erarbeiten uns also so etwas wie eine Landkarte, quasi die Vermessung der Welt des merkwürdigen Managens. Hauptsache, wir können kräftig durchatmen, mit dem Gefühl, die Kontrolle oder zumindest den Überblick über komplexe und mitunter überfordernde Phänomene wiedererlangt zu haben.

Mir erging es beim Schreiben dieses Buchs nicht anders. Ich musste ein Handling der Komplexität aller Charaktere und ihrer Verhaltensweisen finden. Also habe ich zu diesem Zweck eine Typologie entworfen, ein Ordnungssystem, das mir plausibel und hilfreich erschien. Wobei ich mir nicht anmaße, der große allwissende Diagnostiker zu sein, der Etiketten verteilt und dann behauptet, die Welt oder hier „die Führungskräfte" wären exakt so, wie er sie betrachtet. Ich sage bloß, dass man sie in solche und solche einteilen kann – und mache es dann tatsächlich. Um etwaigen fruchtlosen Diskussionen vorzubeugen: Man hätte sie auch völlig anders ordnen können. Etwa in beeindruckende Stars, vielversprechende Potenzialträger*innen sowie Führungskräfte, die sich wohl oder übel eingestehen müssen, in ihren Möglichkeiten begrenzt zu sein. Oder in mutige, weniger mutige, übermütige und so weiter.

Noch einmal in aller Deutlichkeit: Eine Typologie ist nichts anderes als ein selbst konstruierter, also willentlich kreierter, höchst subjektiver modellhafter Blick auf die Welt. Wie jedes Modell fasst sie zusammen, vereinfacht, schleift Kanten und Ecken ab oder macht diese noch schärfer. Man tut so, als wären alle Vertreter*innen einer bestimmten Gruppe gleich und würden sich deutlich von denen anderer Gruppen unterscheiden. Letztendlich muss man ohnehin einräumen: Naja, irgendwie sind doch die meisten Mischtypen. Die kritischen Fragen sind stets: Wer kommt in welche Kiste? Was macht man mit den

Mischungen und Überschneidungen? Und wie zieht man die Grenzen zwischen den verschiedenen Kategorien?

Noch etwas

Ich erzähle Ihnen Geschichten. Geschichten, die mir erzählt wurden, Geschichten, die ich erlebt habe, und Geschichten, die ich aus dem Erlebten bzw. Erzählten weitergesponnen habe. Durchaus möglich, dass sie sich so zugetragen haben. Die Protagonist*innen dieses Buchs werden uns in ihre Welt einführen, aus dem Nähkästchen plaudern und uns verraten, was sie so einzigartig macht. Aber sie nehmen es mit „der Wahrheit" nicht immer ganz so genau. Sehen Sie es ihnen nach, die meisten dürfen ihre Geschichten nur unter der Auflage massiver Verfremdung erzählen.
Wahr oder falsch, richtig ernst oder doch mit Augenzwinkern? Die Antwort lautet wie so oft: sowohl als auch! Daher: Bevor Sie sich zu sehr über irgendetwas Arges in diesem Buch echauffieren, halten Sie kurz inne – vielleicht war es nicht ganz so gemeint, vielleicht war ein Körnchen Ironie mit dabei. Ebenso andersrum: Sollten Sie an irgendeiner Stelle etwas ganz und gar lachhaft verwerflich finden, es also keinesfalls ernstnehmen können, freunden Sie sich besser mit dem Gedanken an, dass es für sämtliche Beispiele zumindest eine leibhaftige, tatsächlich ungefähr so agierende Vorlage gibt. Auch leichte Kost kann manchmal schwer verdaulich sein.

Ach ja, die Sache mit den Namen. Allesamt Fantasienamen, klaro. Jegliche Ähnlichkeit zu real existierenden Menschen wäre höchst bemerkenswert, allerdings nicht von mir beabsichtigt. Oft handelt es sich um „sprechende" Namen, die schon einiges über markante Eigenschaften ihrer Besitzer*innen verraten.

Ebenso hat mich die Frage beschäftigt: Wie gendern? Viele Schreibende verzichten gänzlich darauf, weisen darauf hin, dass sie eh immer alle meinen, und nennen dann doch stets bloß die männliche Form – alles für den Lesefluss. Nicht mein Ding. Ich habe mich zumeist für den Genderstar entschieden, etwa für Mitarbeiter*innen. Dies mag zwar etwas sperrig anmuten, die Alternativen

– wie Mitarbeitende oder Mitarbeiterinnen und Mitarbeiter etc. – wären allerdings noch zäher.
Manchmal, wie etwa beim Titel des Buches, verzichte ich bewusst aufs Gendern. Es spitzt die Frage zu, wer jetzt eigentlich so agiert. Bei vielen beschriebenen Themen handelt es sich um überwiegend männliche Phänomene. Sie sind skeptisch? Das ist Ihr gutes Recht. Aber fragen Sie sich doch, wie viele miserable weibliche Führungskräfte Sie kennen. Eben. Wahrscheinlich steckt eine gewisse statistische Verzerrung dahinter. Immerhin gibt es nach wie vor deutlich mehr männliche als weibliche Führungskräfte, vor allem in Top-Positionen im deutschsprachigen Raum. Dennoch bin ich überzeugt, dass der Überhang männlicher mieser Manager nicht bloß auf quantitative Ursachen zurückzuführen ist.

Ich will Ihnen nicht zu nahe treten, indem ich Ihnen vorgebe, wie Sie mit dem Buch verfahren sollen. Nein, es bleibt natürlich Ihnen überlassen, wie Sie es angehen. Offensichtlich haben Sie sich diese Einleitung gegönnt, das ist schon einmal sehr hilfreich. Nun aber ganz nach Ihrem Belieben. Sie können vorne oder mittendrin starten oder sich zuerst den Fragebogen im Anhang vorknöpfen, Rankings erstellen und Oscars bzw. Goldene Himbeeren verleihen. Wenn Sie sich in Richtung eigene Erlebnisse inspirieren lassen, wunderbar. Wenn Ihnen auf diese Weise eigens erlebte Geschichten in den Sinn kommen, die Sie mir mitteilen wollen, umso besser – im Anhang finden Sie meine Kontaktdaten.

Nun denn, der einleitenden Worte genug. Stürzen wir uns hinein in das Abenteuer. Ich lade Sie zu einer Entdeckungsreise in ein weites Feld beinahe unbegrenzter Möglichkeiten ein – in die Gefilde der fragwürdigen Führungskräfte, der miesen Manager*innen, der lausigen Leader.

Ich wünsche Ihnen viel Freude und Vergnügen beim Lesen –
und vielleicht das eine oder andere Ups, Hoppala oder Jössas.

Klaus Theuretzbacher

Sorry,
wir sind halt so.

**Nicht,
dass wir etwas Besonderes vorhätten –
wir kriegen es einfach nicht besser hin.**

WENN DER MEUTE DÜRSTET
DIE NACHT DES LETZTEN WEINES
HUNDERTE
VERDORRTE
KEHLEN ...
... UND KEIN
WEG, UM SIE
ZU STILLEN

Die Nacht des letzten Weines

Fred Bemmelmann, F&B-Manager:
Der kluge Manager plant rechtzeitig. In zwei Monaten ist es wieder so weit. Das alljährliche Stadtfest, der eigentliche Höhepunkt der Saison. Alle werden sie unterwegs sein, Einheimische und Touristen, Groß und Klein, Alt und Jung. Und alle werden sie wieder feiern wollen, auch bei uns im Hotel. Da wird der große Saal im Restaurant zum Bersten voll sein, wir sind jetzt bereits ausreserviert. Höchste Zeit, dass ich das gesamte Team, Küche und Service vor allem, zum Vorbereitungsmeeting zusammentrommle. Mit dem Verteilen der Aufgaben kann man nie zu früh dran sein.

Tina Thaler, leitende Service-Mitarbeiterin:
„Ja, Herr Bemmelmann, das mache ich gerne."
Aha, dieses Mal legt es der Chef anders an. Er selbst übernimmt gar nichts, lässt uns alles machen. Auch gut. Dann weiß ich wenigstens, dass es passt. Haha. Dabei nennt er sich groß Food-and-Beverage-Manager. Aber so läuft es halt in der Welt der großen Hotels. Wer trägt die schönsten Jobtitel? Die Damen und Herren aus dem Management. Und wer hat letzten Endes die ganze Arbeit? Wir. Immerhin bekommen wir im Service direkt von den Gästen das positive Feedback. Und Trinkgeld vor allem. Da geht es uns besser als den Kollegen in der Küche. Die Weinkarte also. Ein schöner Mix soll es sein. Sagt Bemmelmann. Okay, hm. Erst mal ein paar schlichtere, günstigere Weine.

Dazu einige exklusivere, kräftigere. Kräftiger vom Geschmack, vom Namen und vom Preis. Aus den verschiedensten Regionen, auch aus den heimischen. Mal sehen, was alles auf Lager liegt, schließlich wollen wir ja nicht zu viele Bestände aufbauen. Dort, wo wir mehr brauchen, muss ich gleich noch mit den Lieferanten Kontakt aufnehmen und dafür sorgen, dass sie rechtzeitig liefern. So weit habe ich nun alles vorbereitet.

Fred Bemmelmann:
Pläne hier, Listen da, dazu Hunderte Bestellungen, Ehrengäste, Tischordnung. Mir brummt der Schädel. Nein, jetzt nervt auch noch die Thaler.
„Das hatte ich mir anders vorgestellt, Frau Thaler. So wird das nichts. Zu defensiv. Bei der Weinkarte müssen wir ein wenig klotzen! Ich übernehme das jetzt."
Darauf hätte die Thaler selbst kommen können, immerhin ist sie aus gutem Grunde meine Nummer eins im Service. Da denkt man, man hätte ein tolles Team, und dann muss man erst wieder alles selbst machen. Dann schreibe halt ich die besseren Weine zusammen. Kann ja so schwer nicht sein.
So, nun müsste das passen. Das ist eine schöne Weinliste, die gebe ich gleich an die Grafik weiter, damit die das richtig gefällig aufbereiten. Noch sechs Wochen und noch tausend Dinge zu tun, damit alles läuft.

Tina Thaler:
Sieh mal einer an. Der Herr Chef ist nicht einverstanden. Er bekrittelt, das sei alles zu wenig exklusiv, auf zu niedrigem Preisniveau. Nun gut, er sagt, er übernimmt die Weinkarte jetzt selbst, okay, soll sein.

Zwei Monate später, das Stadtfest.

Ein Gast:
Das Stadtfest dieses Jahr ist wieder der Hammer. Großartige Stimmung überall. Wohin man geht, wohin man blickt, alles gut gelaunt. Jetzt freue ich mich schon auf den Abend. Gut, dass wir so frühzeitig in unserem Hotel reserviert haben. Das ist ein wirklich schöner Rahmen. Ein feines Dinner, fünf Gänge

haben sie versprochen, klingt doch gut. Darf ruhig etwas kosten, heute ist nicht alle Tage.
Sieh an, schöne Weine auf der Weinkarte. Gut passend zum Menü. Na, dann steht einem gelungenen Abend nichts mehr im Wege.

Fred Bemmelmann:
Der Abend läuft. Sehr gut. Dann kann ich es mir ja in meinem Büro gemütlich machen.

Tina Thaler:
Ach du Schande, ich habe es befürchtet. Hat der Bemmelmann doch tatsächlich nicht gecheckt, ob von den Weinen, die er auf die Karte gesetzt hat, genügend im Haus sind. Das kann was werden. Da werden uns nach und nach die Weine ausgehen, wenn der Abend einigermaßen normal abläuft. So etwas bei diesem Anlass!
Es geht schon los. Die ersten Beschwerden.

Der Gast:
„Was meinen Sie mit ‚Den haben wir nicht mehr'? Wir hatten erst eine Flasche. Und vom anderen Weißen? Dasselbe? Das darf doch nicht wahr sein! Da freut man sich auf den Abend und wählt bewusst etwas Exklusives, es fängt ganz gut an und dann das! Unverschämt!"

Tina Thaler:
Ich kann es gut verstehen, dass die Gäste sauer sind. Was können wir schon dagegen tun? Was wir in solchen Situationen immer tun. Rennen, rennen, rennen. Angemotzt werden, Verständnis zeigen, um Entschuldigung bitten, Alternativen anbieten – nur heute an allen Tischen gleichzeitig. Es ist der Horror.
Wo ist eigentlich der Chef? Nicht zu glauben. Versteckt der sich doch glatt in seinem Büro. Typisch Bemmelmann, wir haben die Suppe auszulöffeln, die er uns eingebrockt hat.

Fred Bemmelmann:
Was ist denn jetzt los? Meine beste Mitarbeiterin völlig aufgelöst. Was soll das heißen, es ist zu wenig Wein da? Und weshalb soll das mit der Weinkarte zusammenhängen? Ich habe nur die Weine genommen, die wir ohnehin in unserem Repertoire haben.
Du meine Güte, habe ich etwas übersehen? Die Bestände kontrollieren und nachbestellen, so ein Schmarren. Wie sollen wir das jetzt wieder hinbiegen? Wie nur? Dabei ist alles so gut gelaufen, im Vorfeld schon und jetzt auch. So ein ruhiger, angenehmer Abend.
Naja, wenn sie meint, die Thaler, dann sollte ich zumindest guten Willen zeigen und sie unterstützen. Als ihr Manager. Ihr den nötigen Rückhalt geben.

Tina Thaler:
Unglaublich! Vergisst der das Wichtigste und sitzt dann den ganzen Abend in seinem Büro und spielt Solitär auf seinem PC. Während wir uns draußen den Arsch abrackern und uns von den Gästen beschimpfen lassen müssen, dass wir ein mieser Laden seien und es nicht einmal zum Stadtfest hinkriegen.
Immerhin hat er sich jetzt bereit erklärt, den Gästen selbst zu erklären, wie es dazu kommen konnte.

Fred Bemmelmann:
Wie konnte ich da nur zusagen? Jetzt müssen wir da rausgehen. Ich muss da rausgehen. Den Gästen Rede und Antwort stehen. Fred, Fred, Fred – wo hast du dich da wieder hineinmanövriert?
Ich spüre sie schon von meinem Büro aus, die Spannung. Die Unzufriedenheit, die in der Luft liegt. Ach du Schande. So viele Gäste. So viele von ihnen – und alle wollen sie etwas von mir.
Was soll ich nur sagen? Die werden mich fertig machen.
Was ihr gutes Recht ist.
Gleich an den Tisch da drüben, hat die Thaler gesagt. Das sind jetzt noch zwanzig oder dreißig Meter. Und es wird sicher nicht bei dem einen Tisch bleiben.

Tina Thaler:
Na gut, wenigstens übernimmt er jetzt. Steht immerhin zu dem, was er verbockt hat. Dann brauche ich mir nicht jedes Mal etwas zusammenreimen. Hab eh genug anderes zu tun. Außerdem habe ich es satt, für seine Fehler meinen Kopf hinhalten zu müssen. Nur gut, wenn er selbst aus erster Hand mitkriegt, was er ausgelöst hat. Nicht nur von uns erzählt. Eigentlich müsste er für den Trinkgeldausfall aufkommen, ihn aus seiner Tasche bezahlen. Darüber reden wir in den nächsten Tagen, erst mal das gut überstehen.
Jetzt gilt es. Am besten gleich an den Tisch, wo sie am mächtigsten aufgedreht haben. Ruhig, Tina, durchschnaufen, Haltung annehmen, freundlich bleiben.
„Liebe Gäste, es tut mir ausgesprochen leid wegen Ihrer Unannehmlichkeiten. Wie es dazu gekommen ist, wird Ihnen jetzt mein Chef, Herr Bemmelmann, erklären. Er ist der Food-and-Beverage-Manager hier ..."
Mein Chef? Der war eben noch hinter mir. Wo ist der auf einmal hin? Das darf doch nicht wahr sein, der hat sich aus dem Staub gemacht! Das glaube ich jetzt nicht. Tatsächlich! Da hinten ist er und schleicht mit eingezogenem Kopf in sein Büro zurück. Glaubt wohl, ich sehe ihn nicht.

Tina Thaler wendet sich wieder an die Gäste:
„Oh, wie ich gerade entdeckt habe, ist Herr Bemmelmann eben auf dem Weg in den Weinkeller."
Und dann, leise für sich:
„Um dort zu weinen, dieser rückgratlose Hosenscheißer."

Führungskräfte – ernsthaft?

Die unbedarften Zugänge der Einfaltspinsel

Vielleicht wundern Sie sich, wenn Sie hier gleich mit Einfaltspinseln, No-Brainern und Reflexionsverweigererern konfrontiert werden. „Das können doch keine Führungskräfte sein, die gibt es doch gar nicht, zumindest nicht in ernstzunehmenden Führungspositionen", könnten Sie einwenden. Da halte ich dagegen. Vorwiegend in mittleren und unteren Führungsebenen sind sie keine Seltenheit. Und was sind schon „ernstzunehmende Führungspositionen"? Lässt sich nicht beinahe jede Position so leben, dass zumindest von „ernsthaft" keine Rede mehr sein kann?
Eines haben sie alle gemeinsam, egal ob Einfaltspinsel, No-Brainer oder Reflexionsverweigerer: Ausgiebiges Denken ist ganz und gar nicht ihr Ding. Innehalten, analysieren, abwägen? Fehlanzeige. Bewerten, entscheiden? Das schon, allerdings ohne lange zu überlegen. Planen, tüfteln, evaluieren? Zu aufwändig. Sie sind die Koryphäen der Effizienz, indem sie ihre Denkwerkzeuge äußerst zurückhaltend einsetzen und sehr sparsam mit ihren kognitiven Möglichkeiten umgehen. Wenn sie in ihrem Führungsalltag mit kniffligeren Herausforderungen konfrontiert sind und Entscheidungen zu treffen haben, schenken sie sich den Umweg über die Denk- und Analysezentren der Großhirnrinde. Sie bevorzugen die Abkürzungen über jene Hirnregionen, in denen Automatismen, Gewohnheiten und Handeln aus dem Bauch heraus verortet sind.

Dadurch wirken sie oft natürlich, unumwunden direkt und werden als unverkrampft und aufrichtig wahrgenommen. Bei ihnen steckt kein Kalkül dahinter. Sie verfolgen keinerlei großartige persönliche Ziele. Sie taktieren nicht, sie tricksen nicht. Vieles, was für sie spricht und wofür sie als Kolleg*innen geschätzt werden.
Obendrein machen sie oft einen glücklicheren und zufriedeneren Eindruck als manch andere. Kein Wunder, schließlich können sie Belastungen, Rückschläge und anderes Ungemach auf ihre ganz typische Art leichter wegstecken. „Das ist halt mal so", sagen sie. Oder: „Wieso soll ich mich darüber ärgern, wenn ich sowieso nichts tun kann?" Womit sie natürlich recht haben. Und es klingt reflektierter, als es de facto ist. Ab und an lassen sie Aussagen vom Stapel, die von Gleichmut, Direktheit und Einfachheit nur so strotzen und die man genauso gut in einem Zen-buddhistischen Lebensratgeber wiederfinden könnte. Der kleine bedeutsame Unterschied zu den Meistern wahrer Lebensweisheiten: Einfaltspinsel verzichten auf den Umweg über Kontemplation und Reflexion. Mit ihrer kindlich anmutenden Naivität verkörpern sie die Weisheit und Gelassenheit der Narren.
Nachzudenken und die möglichen Konsequenzen ihres Handelns vorwegzunehmen ist für sie also ein Auswärtsspiel auf ungewohntem, vielleicht sogar unbekanntem Territorium. Oder auch ein Nice-to-have, ein Luxus, den man sich getrost schenken kann. Weshalb ticken sie so? Wie lässt sich das erklären? Fragen wir sie besser nicht direkt, die Antworten wären wohl wenig erhellend: „Ähem, wie ist das gemeint?" „Keine Ahnung. Wie soll ich das wissen?" „Ach, ist doch egal. Es ist, wie es ist." Und Ähnliches mehr.

Gehen wir davon aus, dass es zwei völlig unterschiedliche Gründe für den sparsamen Einsatz der Denkwerkzeuge gibt. Die einen sind dazu einfach nicht imstande – aufgrund mangelnder Grundausstattung, fehlender Übung oder aus emotionaler Überforderung. Sie können nicht anders, auch wenn sie wollten. Dazu darf ich die Damen und Herren *Bohnenstroh*, *Dumminant* und *Yesser* vorstellen. Andere wiederum wollen einfach nicht, weil es ihnen zu aufwändig, zu anstrengend, zu mühsam ist. Wir werden sie als Frau und Herr *Lazybone* kennenlernen. Sie wählen den einfachen Weg, weil er eben der einfache, der bequeme ist.

Abb. 1: Weshalb sich wer der Reflexion verweigert

Schlicht unbedarft

Berta und *Bernd Bohnenstroh* sind die Einfaltspinsel par excellence, die Al Bundys unter den Führungskräften. Sie machen nicht bloß einen naiven Eindruck, nein, da ist tatsächlich nicht mehr dahinter. Gelangen sie bereits bei normalen Anforderungen an ihre intellektuellen Grenzen, so wird ihre Überforderung bei komplexeren, diffizileren Aufgabenstellungen umso deutlicher. Man sieht sie dann mit offenem Mund und ratlosem Blick planlos herumstehen, darauf hoffend und wartend, dass ihnen jemand sagt, was sie zu tun haben.
So nehmen die *Bohnenstrohs* alles, wie es kommt, hinterfragen nicht, haben kaum eigene Ansprüche und verfolgen demgemäß auch keine Ziele. Ihr Handeln hängt ganz davon ab, wohin diverse Kräfte sie bewegen. Die Aussage „nach bestem Wissen und Gewissen“ wurde wohl extra für sie erfunden. Mit dem Wissen ist es nicht so weit her, und ihr Gewissen ist praktisch

immer rein. Demnach können sie für nichts zur Verantwortung gezogen werden. Wie zu Beginn angedeutet, findet man die *Bohnenstrohs* am ehesten in den unteren Führungsebenen – ins gehobene Management, ins Konzert der Großen schaffen sie es kaum. Es sei denn, man will sie aus irgendeinem Grund unbedingt dabeihaben. Und dann, naja, dann können manche Tage in derartigen Unternehmen schon einen sehr skurrilen Verlauf nehmen – wie etwa in folgender Firma, wo *Bernd Bohnenstroh* gerade als neuer Geschäftsführer eingesetzt worden ist:

> *Das Produktionsunternehmen leidet unter stotterndem Absatz, die Zahlen könnten und sollten deutlich besser sein – vor allem, wenn man die Marktanteile und Erfolge der wichtigsten Konkurrenten betrachtet. Grund genug für den neuen Geschäftsführer, sein Management-Team zu einem Brainstorming einzuladen, mit dem Thema, wie man denn den Verkauf ankurbeln könnte. Der Leiter der Technik präsentiert stolz einen innovativen Ansatz für eine komplett neue Entwicklung. So könnte es klappen, so könnte der Rückstand am Markt aufgeholt werden, meint er. Der Geschäftsführer fragt ihn: „Wie lange wird es dauern, bis wir das in Serie produzieren können?" „Knapp ein Jahr", antwortet der Technikleiter. Darauf der Geschäftsführer: „Macht nicht immer etwas Neues, verkauft doch erst einmal das Zeug, das wir haben."*

Man nimmt doch an, dass jeder Mensch – spätestens in der Schulzeit, manchmal eingeschrieben ins Poesiealbum – den intellektuellen Imperativ mit auf den Weg bekommen hat: Erst denken, dann sprechen. Oder handeln. Nun, manch einer wie *Bohnenstroh* spricht oder handelt erst und denkt sich dabei weder davor noch danach etwas. „Und überhaupt: Wie kann ich wissen, was ich denke, bevor ich gehört habe, was ich sage?"[3] fügt er als Begründung hinzu. Ja, und mitunter kommen dann Dinge zutage, die man so besser nicht gesagt hätte.

> *Der Einfaltspinsel im Karrieregespräch mit seiner Vorgesetzten. Auf ihre Frage, welche Weiterbildung er im nächsten Jahr gerne*

---

3 Dieses Zitat habe ich erstmals von einem Kabarettisten gehört. Aber fragen Sie mich bitte nicht, von welchem. Ursprünglich stammt es aus der Feder des britischen Schriftstellers Edward M. Forster, aus seinem Roman „Howards End".

absolvieren möchte, antwortet er: „Ach, das ist mir vollkommen egal. Hauptsache, ich habe bald eine Führungsposition in der Firma. Welche? Nicht so wichtig. Ich will nur endlich einmal in meinem Leben jemand anderem etwas anschaffen können."

Dummheit und Selbstüberschätzung

Dumm ist ein starkes Wort – das ist mir bewusst. Jeder Einfältige würde es wahrscheinlich empört von sich weisen. „Ich, dumm? Auf keinen Fall." Die anderen sind die Dummen. „Wenn ich dumm sein soll, was ist dann der X?"
Eine der größeren Herausforderungen, die es auf diesem Planeten gibt: zu erkennen und einzugestehen, dass man Mitglied in genau diesem nicht gerade erlauchten Kreis ist. Der britische Komiker John Cleese hat es folgendermaßen treffend auf den Punkt gebracht: „The problem with people like this is that they are so stupid they have no idea how stupid they are."[4] In der Sozialwissenschaft nennt man dieses Phänomen des Zusammenhangs zwischen Dummheit und Selbstüberschätzung den Dunning-Kruger-Effekt.
Sie merken schon, da beißt sich die Katze in den Schwanz. Um überhaupt erkennen zu können, dass einem in einer bestimmten Disziplin die Qualifikation fehlt, dass man einfach nicht gut genug dafür ist, bräuchte man ein Mindestmaß an Intelligenz, Reflexionsfähigkeit und Bereitschaft zur Selbsterkenntnis, also genau jene Fertigkeiten, die jedoch fehlen. Man durchschaut schlichtweg nicht, dass man einfach nicht das Zeug dazu hat, in der Liga der Schlauen oder zumindest der Normalbeschenkten mitzuspielen.

Dumminanz – wenn Dummheit auf Macht trifft

Zeichnen sich Führungskräfte durch mangelnde Intelligenz und eingeschränktes Denk- und Reflexionsvermögen aus, kann das für das gesamte betriebliche Umfeld mühsam sein. Pech gehabt. Die Natur hat es nicht gut mit diesen Manager*innen gemeint. Ärgerlich, jedoch durchaus „normal" im

---

4 http://www.openculture.com/2014/12/john-cleese-on-stupidity-and-a-cornell-study.html

Sinne der Gaußschen Normalverteilung. Weil es auch die unter dem Durchschnitt braucht, damit so etwas wie Durchschnitt und Normalverteilung überhaupt zustande kommt. Nur blöd, wenn man auf der falschen Seite des Gipfels angesiedelt ist. Unterdurchschnittlich ist selten eine Auszeichnung.

Abb. 2: Das Revier der Einfaltspinsel

Richtig unangenehm wird es allerdings, wenn geistige Beschränktheit mit großer Machtfülle kombiniert ist. Wenn es einem intellektuell eher sparsam Ausgestatteten gelungen ist, eine einflussreiche, mächtige Position zu besetzen. Wir sprechen dann von „Dumminanz", der Verbindung von Dummheit mit Dominanz. Diese unheilvolle Kombination ist die Domäne von *Donald T. Dumminant.*[5]

Man kann nur hoffen, dass Herr *Dumminant* scharfsinnige und umsichtige Menschen in seinem direkten Umfeld hat. Und dass er diese ernst nimmt, ihnen zuhört und sie nicht als lästige Quertreiber und Widerständler bei erstbester Gelegenheit gleich wieder loswird. Manch Dumminanter verliert rasch die Geduld, ist der Andersdenkenden überdrüssig, und das war's auch schon.

5 Sehen Sie mir den zugegeben etwas plumpen Ausflug in die Weltpolitik – hoffentlich jene der Vergangenheit! – nach. Aber wann findet man schon so ein perfektes und allseits bekanntes Klischeebild vor? Noch dazu eines, das hierzulande den meisten politisch interessierten und reflektierten Menschen sinnbildlich Tränen in die Augen getrieben hat!

Der vor kurzem noch akzeptierte, jedenfalls geduldete, jetzt allerdings zu lästige Mitarbeiter ist Geschichte. Wieder eine Möglichkeit des Korrektivs weniger. Zu dumm nur: Damit *Donald T. Dumminant* erkennt, wie wichtig diese Personen im Umfeld für ihn, für sein Handeln und letztlich für seinen Erfolg sind, benötigt er ein Minimum an Reflexion und Einsicht. Wir wissen – gerade damit ist es nicht allzu weit her. Und schon haben wir ihn wieder, den vorhin erwähnten Dunning-Kruger-Effekt!

Wer die Macht hat, kann sich einiges leisten. Doch irgendwann wird selbst dem Dreistesten die Rechnung präsentiert, entweder durch die eigenen Mitarbeiter*innen oder durch den Kunden.

Wenn man glaubt, man sei besonders schlau

Zwei Techniker, nennen wir sie Anton und Bertram, haben sich mit einem kleinen Dienstleistungsunternehmen selbstständig gemacht. Beide sind sie als Akquisiteure unterwegs und als Projektleiter für ihre Kunden tätig. Zur Unterstützung engagieren sie eine dritte Arbeitskraft und zwar einen Lehrling. Vor allem, weil dies die kostensparendste Variante darstellt. Der Azubi, Christoph, entwickelt sich gut. Während Anton fast immer unterwegs bei seinen Kunden ist und in diesen Projekten voll aufgeht, nimmt sich Bertram neben seinen eigenen Projekten stärker um Christoph an. Obwohl er offenbar nicht wirklich zufrieden mit ihm ist, lässt sich Bertram von Christoph immer wieder bei den Projektbesprechungen bei einem Kunden vertreten. „Ich bin da nicht da", begründet er seine Abwesenheit Christoph gegenüber. Oder: „Mein Auto ist kaputt". Später: „Da habe ich einen Arzttermin", „Ich hatte einen Autounfall" oder „Ein Familienmitglied ist erkrankt". Christoph durchschaut, dass es sich um Ausreden handelt, um vorgeschobene und vor allem erfundene Gründe, um nicht an der Projektbesprechung beim Kunden teilnehmen zu müssen. Couragiert teilt er dies seinem Chef mit. Daraufhin ändert Bertram die Strategie und erteilt

Christoph den dezidierten Auftrag, beim Kunden zum Grund der Nicht-Anwesenheit von Bertram zu lügen.
Bertram versucht allerdings weiter, Christoph für dumm zu verkaufen, und sagt zu ihm: „Ich arbeite ja eh die ganze Zeit." Christoph fragt sich: „Glaubt er das gar selbst? Weiß er nicht, dass ich alle seine Einträge im Kalender sehe?" Da sind nämlich keinerlei Hinweise auf irgendwelche Kundentermine oder Projekttätigkeiten zu entdecken. Die Hintergrundgeräusche beim Telefonieren deuten in einem Fall stark darauf hin, dass Bertram nur vorgibt zu arbeiten und in Wirklichkeit gerade einem Freizeitvergnügen frönt. Vielerlei Kinderstimmen, Musik und Wasserplanschen sind zu hören – offenbar befindet sich Bertram im Freibad.
Die einzige Erklärung, die für Christoph Sinn macht: Bertram hat nicht am Projekt gearbeitet, wie es eigentlich seine Aufgabe gewesen wäre. Er hat demnach dem Kunden gegenüber nichts vorzuweisen und drückt sich vor diesem hochnotpeinlichen Eingeständnis. Christoph behält seine Einschätzung jedoch für sich und weiht auch seinen anderen Chef, Anton, nicht ein – aus Loyalität zu Bertram.
Beim Kunden sieht sich Christoph in der letzten Projektbesprechung einer Gruppe von etwa 20 Personen gegenüber. Die Auftraggeber mahnen Ergebnisse ein, haken nach und werden immer ungehaltener. Dass der 17-jährige Azubi ihnen keinen substanziellen Projektfortschritt bieten kann, versteht sich von selbst.
Letztlich entzieht ihnen der Kunde den gesamten Projektauftrag.

Angenommen, man geht das Risiko ein und fragt Herrn *Dumminant* nach seinen Motiven und Absichten. Nehmen wir weiter an, Herr *Dumminant* würde offen und aufrichtig reagieren. Dann wäre seine Antwort: „Warum ich das mache? Weil ich es kann!"

Es ist schon erstaunlich, wie leicht es sich unbedarft agierende Mächtige machen können. Wenn sie Glück haben, ist alles gut, wenn nicht, haben sie halt Pech gehabt. So einfach ist das. Sie kämen nie auf den Gedanken, dass es mitunter von Vorteil sein könnte, mal innezuhalten, sich zu besinnen und nachzudenken. Und so setzen sie manch überraschende Akzente ...

> *Wie etwa in jenem kleinen Gewerbeunternehmen, in dem der Inhaber ein Marketing-Projekt startet. Die Mitarbeiter sind richtiggehend froh. Endlich einmal etwas anderes tun können, endlich einmal raus aus der Routine. Sie legen sich richtig ins Zeug, vor allem die Leistungsträger engagieren sich über das normale Maß hinaus. Das Projekt entwickelt sich gut, man steht knapp vor der Realisierung. Plötzlich wird das Projekt vom Chef ohne Angabe von Gründen gestoppt. Sein einziges Argument: „Das gefällt mir nicht mehr."*

Na dann ist ja alles klar. Wenn es dem Herrn Chef nicht mehr gefällt! Würde nun einer dieser Leistungsträger seinen Arbeitseinsatz deutlich senken oder gar kündigen, der Boss wäre sich keines Fehlers bewusst. Er würde es nicht begreifen, dass alle anderen seine Logik, seine Begründung (oder besser Nicht-Begründung) nicht nachvollziehen können. Denn dazu müsste man sich zumindest im Nachhinein ein paar selbstkritische Gedanken gestatten.

Selten erlebt man die grobe, brutale Version des Dumminanten in Führungsfunktionen. *Rowdy Rude*, der tumbe Schläger, der mit dem Charme eines Höhlenmenschen alles niedermäht und kurz und klein schlägt, was sich ihm in den Weg stellt. Der seine Untergebenen wie Fliegen zerquetscht – vor allem, wenn er ihnen dahinterkommt, dass sie ihm überlegen sind. Schlechter Plan, einen solch simpel auf Krawall gestrickten Chef dies spüren zu lassen.
Was *Rowdy Rude* von den im Kapitel „Management by Schleifpapier" beschriebenen Charakteren unterscheidet, ist das Fehlen jeglicher Strategie, jeglichen Kalküls. Er agiert unmittelbar, ungeplant und ausschließlich hormongesteuert: Input „Feind", sekundenschnelle automatische Verarbeitung, Output „rohe Gewalt". So einfach ist das. Kein Ziel, kein übergeordneter Plan, keine irgendwie sinnvoll erscheinende Fortsetzungsgeschichte. Bloßes Reagieren – das ist *Rowdy Rude*, wie man ihn kennt und fürchtet.

Abb. 3: Die Kunst, beim Denken aufs Handeln zu verzichten

Lieber Ja sagen als Flagge zeigen

Mit dem einen oder anderen No-Brainer an der Spitze lässt sich allerdings nicht hinreichend erklären, weshalb in manchem Unternehmen besonders hirnlose, unreflektierte Aktionen tatsächlich durchgezogen werden. Dazu braucht es schon mehr. Hier kommen *Yasmin* und *Yannick Yesser* ins Spiel, die zuverlässigen Jasager unter den Führungskräften, die Ja-nicht-zu-viel-selbst-Denker*innen, eine Spezialform der Reflexionsverweigerer.
Ihnen fehlt es nicht unbedingt an Intelligenz oder Reflexionsvermögen.

Vielmehr verzichten sie aus Angst, Sorge und Scheu vor jedwedem Konflikt auf eigenständiges Denken und ordnen sich lieber unter. Einen eigenen Standpunkt zu entwickeln und zu vertreten, könnte gefährlich sein. Daher sagen sie zu allem Ja, wenn es nur von übergeordneter Stelle vorgetragen wird. Die Produktionsmenge erhöhen und gleichzeitig die Qualität steigern? Ja, Chef, machen wir. Nicht lange nachfragen, einfach umsetzen? Selbstverständlich. Dafür gibt es Leute wie uns, dafür sind wir hier angestellt. Mal die Prinzipien und Werte beiseitelassen und den Auftrag ausführen? Welche Werte, welche Prinzipien? Der Auftrag ist das oberste Prinzip.

Was angeordnet wird, wird gemacht. Diese Haltung scheint mancherorts unter Führungskräften stark verbreitet zu sein – besonders in Unternehmen, wo mit Command and Control geführt wird, wo durchregiert wird und man gewohnt ist, Anordnungen eins zu eins umzusetzen. Derartige Organisationen brauchen autoritätshörige Opportunist*innen gerade in mittleren und unteren Ebenen. Am besten solche, die bereits im vorauseilenden Gehorsam „das Richtige" tun. Die jeglichen Gegenwind scheuen, und mag er bloß eingebildet sein. Herr und Frau *Yesser* wählen den scheinbar einfachen Weg und sagen lieber rasch Ja. Dann sind sie im Falle des Falles doppelt „safe". Zum einen folgen sie ja nur brav ihren Vorgesetzen, zum anderen schützen sie sich selbst. Indem sie reflexhaft Ja sagen, können sich viel weniger innere Zweifel einstellen. Sie haben ihr eigenes kritisches Potenzial ausgetrickst und dadurch ihr Handling von möglicherweise verzwickten Situationen erleichtert.

Eine Garantie für den Frieden, den sie sich davon versprechen, ist das jedoch nicht. Irgendwie stehen sie selbst permanent unter Strom. Wer könnte was meinen und was von ihnen erwarten? Wie weit dürfen und sollen sie gehen? Wann würden sie sich in die Nesseln setzen? Wirklich belastend wird es für sie, wenn ein anderer übergeordneter Manager plötzlich etwas von ihnen verlangt, was den Vorgaben ihres direkten Vorgesetzten widerspricht. Nun befinden sie sich in einer Zwickmühle. Wem folgen sie, was tun sie, was lassen sie lieber bleiben? Eigenverantwortlich Position beziehen? Nicht ihr Ding. Was also sonst? Da ist guter Rat teuer.

Oft fordern sie noch eindeutigere Vorgaben, Abgrenzungen und klare Zuständigkeiten und Verantwortlichkeiten. Um allfällige Widersprüche und Spannungsfelder von vornherein zu minimieren.

Vielleicht haben Sie nun den Eindruck gewonnen, dass es sich bei den *Yessers* um schwachbrüstige, hoffnungslose Führungskräfte handelt, die sich durch ihr unterwürfiges Verhalten alle Karrierechancen verbauen. Mitnichten! Oft ist genau das Gegenteil der Fall. Manch Unternehmen belohnt gerade diese loyalen Mitstreiter*innen mit verantwortungsvollen Jobs und Aufstiegsmöglichkeiten - sie haben sich ja nichts zuschulden kommen lassen und sich als verlässliche Exekutivorgane erwiesen. Wie so oft kommt es allein auf die Passung zwischen Umfeld und Persönlichkeit an. Und die Botschaft der *Yessers* ist klar: Lieber Chef, wenn du einen Strohmann brauchst, nimm mich. Du brauchst mir keinerlei Hintergründe zu erklären oder mir gar den tieferen Sinn zu vermitteln. Die Aktion, die du von mir verlangst, mag hirnlos sein, vielleicht auch fatale Folgen haben, was soll's. Mein Name ist *Yesser*, und ich tue wie mir aufgetragen, schließlich trage ich meinen Namen nicht umsonst. Yes, Sir!

Some like it easy

Der ganze Stress, muss denn der sein? Die vielen To-do's, die unzähligen Schleifen, die man zu ziehen hat. Dann soll man auch noch immer alles besonders gut hinkriegen!? Nein, in dieser Form ist das definitiv nicht nötig, das geht auch anders, nämlich relaxed. Sollen sich die anderen abstrampeln, ich gehe es jedenfalls locker an, denkt sich *Luca Lazybone*.

Er macht um alles einen größeren Bogen, was tendenziell anstrengend wirkt. Extrameilen, Überstunden, Sonderaufgaben, eigenständige Entwicklungen? Nichts für ihn, dafür gibt es andere. Er erledigt seinen Kram und wählt stets den einfachsten und oft kürzesten Weg. Das Gewohnte und Vertraute liegt ihm nahe, er ist Mister Automatik. Die talentiertesten Vertreter*innen der Familie *Lazybone* schaffen es, Arbeit mit Gleichmut und in absoluter Entspannung abzuwickeln. Wofür sie von ihrem Umfeld naturgemäß bewundert und meist beneidet werden. Fragt man einen *Lazybone* schlichteren Gemüts nach seinem Erfolgsgeheimnis, erhält man bloß wenig hilfreiche Floskeln als Antworten: „Ich mache das immer schon so" oder „Ich habe keinen Plan und tue einfach". Und das stimmt im Normalfall auch.

Die Intelligenteren unter den *Lazybones* finden in der Tat smarte Erleichterungen, kreative Abkürzungen und zielführende Vereinfachungen. Von ihnen kann man durchaus lernen, wie man sich das (Arbeits-)Leben müheloser und leichter gestalten kann. Die weniger Gesegneten unter ihnen übernehmen ähnlich wie die zuvor beschriebenen Jasager dankbar vorgefertigte Meinungen – aus den Medien, vom Stammtisch, aus der Kantine und vom Flurfunk. Stets bleibt das Ziel, mit möglichst wenig Aufwand durch das Arbeitsleben zu navigieren und dennoch zu den erwünschten Resultaten zu gelangen. Manchmal muss man sich zwar eingestehen, dass man sich eine Situation leichter vorgestellt hat, als sie sich dann tatsächlich entpuppt. Eine Lösung muss her. Schnellstens, ohne Zögern, koste es, was es wolle. Hauptsache, dieses Problem ist aus der Welt geschafft. Blöd nur, wenn einem nicht viel einfällt, wenn es ausnahmsweise einmal darauf ankäme, wie in der folgenden Geschichte.

Darf's ein bisschen mehr sein?

Die zwei Geschäftsleiter und gleichzeitig Eigentümer des Unternehmens sind perplex – damit war nun wirklich nicht zu rechnen. Legt ihnen doch der Peintner, einer ihrer wichtigsten Mitarbeiter, die Kündigung auf den Tisch. Staunen wir, welch überzeugend einfache Strategie die zwei Manager sich zurechtzimmern und wie sich die Sache in weiterer Folge zu ihrer Überraschung entwickelt.
„Hm, der Peintner wirkt tatsächlich fest entschlossen, das durchzuziehen. Bis wir für den einen adäquaten Ersatz gefunden haben, würden Monate vergehen." „Mindestens, bei der aktuellen Lage am Arbeitsmarkt, noch dazu in unserer Branche. Und was uns das alles kosten wird, furchtbar!"
Sie sind sich rasch einig – mit allen Mitteln werden sie versuchen, ihn zu halten. Sie wollen ihm erst einmal mehr Gehalt anbieten. „Das wird er zwar ablehnen, dafür ist er bekannt. Dem Peintner ist Geld nicht so wichtig, das sagt er bei jeder Gelegenheit. Dann erst machen wir ihm ein viel besseres Angebot, das wird ihn überzeugen."

Schnelles Handeln ist gefordert, sie berufen kurzfristig einen Termin ein. Gehen nach Plan vor. Schritt eins, die saftige Gehaltserhöhung. Peintners Reaktion wie erwartet: ein klares Nein. Darauf spielen sie sogleich ihre Trumpfkarte aus: „Stellen Sie sich vor: das erhöhte Einkommen bei 10 % weniger Arbeitszeit und einem fixen Tag Home-Office!" Siegessicher unterbreiten sie ihm diesen Vorschlag, wohl wissend, dass er in seiner neuen privaten Situation als junger Familienvater einfach zusagen muss. Doch was macht Peintner? Er lehnt auch das ab. Mehr oder weniger unbegründet.
Was können sie noch anbieten? „Ein größeres Firmenauto? Egal welches, das können Sie sich aussuchen, gerne mit kräftiger Privatnutzung." Abgeblitzt. „Eine Leitungsposition?" Nein, denn er hätte sich auf die intern ausgeschriebenen Stellen durchaus beworben, wenn eine davon für ihn wirklich interessant gewesen wäre, meint Peintner. „Wie wäre es mit einer eigenen Assistentin? Sie können sich gerne eine x-beliebige aussuchen, nur die Damen aus dem Chefsekretariat sind tabu. Die hübscheste, attraktivste oder die kompetenteste. Wie Sie möchten." Wieder nichts. Er sagt, er wüsste gar nicht, wozu er eine Assistentin bräuchte.
Die beiden Chefs sind nahe am Verzweifeln. „Nennen Sie uns irgendeine Position, die für Sie attraktiv ist. Irgendeine interessante Stelle wird es in diesem großen Unternehmen für Sie ja geben ... Etwa der Job Ihres Kollegen? Wollen Sie den haben? Kein Problem. Wir entfernen den Kollegen von dieser Stelle, und Sie können übernehmen ..."
Wenn die beiden Firmenchefs wüssten, was sich der Mitarbeiter gerade denkt. Gerade wegen solcher Vorkommnisse ist er fest entschlossen, das Unternehmen zu verlassen. Die Top-Manager haben in diesem Fall nur die Lösung der aktuellen Situation im Blick. Für die Auswirkungen des eigenen Handelns fehlt ihnen jegliches Gespür. Kein Wunder, wenn man – unter anderem aus purer Bequemlichkeit – stets nur das absolut Notwendigste in Betracht zieht und nicht darin geübt ist, mal etwas weiter zu denken. Etwa, wie sich der Mitarbeiter fühlen würde, wenn er annähme? Wer

garantiert ihm, dass nicht ein anderer Kollege genau das gleiche Angebot bekommt? Und dann ist sein Job plötzlich wieder Geschichte – „den nehmen wir ihm einfach weg". Auf all diese Gedanken kommt eben nur, wer sich ab und an die Zeit nimmt, das eigene Tun zu reflektieren.

Manch Manager nimmt das Arbeitsleben so locker, dass es ihm völlig egal zu sein scheint, was andere von ihm halten. Und wie heißt es so schön: „Ist einmal der Ruf ruiniert, lebt sich's gänzlich ungeniert". Ein großartiges Motto für jemanden, der sich nicht mit zu viel Denkarbeit überanstrengen und dazu auch noch originell sein möchte.

*Der mittlerweile circa 75-jährige Manager, der bereits ewig in der Firma ist und damit quasi zum Inventar gehört, war nicht immer so. Früher äußerst ambitioniert und engagiert, hat er einen Bereich des Unternehmens gemeinsam mit zwei Kollegen auf- und ausgebaut. Viele der vergangenen Erfolge sind seiner fachlichen Brillanz und seinen guten Kontakten zu verdanken. Schon alleine deshalb wird er von niemandem direkt in Frage gestellt. Heute schmunzelt man über ihn und seine Schrullen und raunt einander zu, dass es keinen Sinn macht, bei ihm noch auf eine Veränderung zu hoffen. Denn mittlerweile ist er mehr ein verwirrter alter Sir denn ein Manager. Er nimmt sich viel frei, konsumiert Unmengen von Alkohol und Zigarren und scheint ab und an nicht mehr ganz bei sich zu sein. So kommt es vor, dass er keine Namen mehr weiß, weder von den Menschen, die in seinem Verantwortungsbereich arbeiten, noch den Namen der eigenen Abteilung! Nicht, dass er dazu geistig nicht mehr imstande wäre. Immerhin gibt er nach wie vor fachlich fundierte Lösungsansätze für knifflige Kundenanfragen von sich. Es interessiert ihn einfach nicht. „Wie heißen wir gleich noch mal?" fragt er dann seine Mitarbeiter*innen. Den Vogel schießt er eines Tages ab, als er auf die an das Großraumbüro angrenzenden Bürotüren deutet und eine seiner Assistentinnen ernsthaft fragt: „Gehört das hier auch noch zu uns?"*

Alles easy, einfach so?

Einfaltspinsel, No-Brainer und Reflexionsverweigerer bringen nicht bloß Defizite mit. Nein, sie weisen etliche Vorzüge und Stärken auf, die möglicherweise nicht sofort ins Auge springen. Sie sind vor allem Expert*innen im schnellen, unüberlegten Handeln. Wenn es darauf ankommt, rasch Entscheidungen zu treffen und zu agieren, steht ihnen ihr Intellekt und eine gewisse Reflexionsfreudigkeit nicht im Weg. Und es kommt oft darauf an, insbesondere in Ausnahme- bzw. Notfallsituationen. Da heißt es, ohne langes Zaudern Verhaltens- und Reaktionsweisen zu zeigen, die man immer wieder eingeübt und automatisiert hat. Eindeutige, knappe Kommandos, erst handeln, dann fragen. Höchstens zur Schnellerfassung der Situation eine klar strukturierte Checkliste durchgehen und abhaken. Ein kritisches Hinterfragen – „Was mache ich hier eigentlich? Wem nutzt das? Was bewirkt das in weiterer Folge? Will ich das überhaupt?" – ist nicht vorgesehen.

Der Einfaltspinsel besticht durch seine unbedarfte Herangehensweise und wird daher als Experte für automatisiertes Führungsverhalten wahrgenommen. Gerade aus der Sicht von technisch-mechanistisch tickenden Management-Boards das Nonplusultra, der Inbegriff der 1a-Führungskraft. Er ist leicht zu lenken und vorhersehbar in seinem Handeln. Von ihm geht keinerlei Gefahr abweichenden Denkens und Tuns aus, er verkörpert null kritisches Potenzial, er ist der ideale Mitläufer. Manch ein Top-Manager mit ausgeprägter Führungsschwäche ist heilfroh, wenn er Führungskräfte unter sich hat, die ohne lästiges Denken und Nachfragen einfach die Vorgaben exekutieren. Wenn es also gilt, eine Führungsposition neu zu besetzen, sagt man sich vielleicht: „Wir werden schon einen Dummen finden ..." Das macht das Leben für den Top-Manager gleich deutlich einfacher.

Mein*e Chef*in ist so – Hilfe!

Sie finden, dass Ihre Vorgesetzte, Ihr Chef ein Einfaltspinsel ist und wünschen sich, sie oder er möge doch bitte etwas schlauer, kompetenter, reflektierter sein, weil dann Ihr eigenes Agieren viel einfacher wäre? Diesen Wunsch kann ich durchaus nachvollziehen. Jedoch, sorry, muss ich Ihnen zurufen: Träumen Sie weiter. Vielleicht passiert ja tatsächlich ein Wunder.
Oder Sie wachen auf, sehen der – vielleicht gar nicht so – traurigen Wahrheit direkt ins Angesicht und machen das Beste daraus. Erwarten Sie lieber nicht zu viel, schrauben Sie Ihre Hoffnungen und Ansprüche an die Einfaltspinsel in Ihrem Umfeld herab, arrangieren Sie sich mit Ihrer Situation. Und: Erkennen Sie auch die zahlreichen Vorteile, die sich daraus ergeben. Immerhin ist Ihre einfältige Chefin, Ihr unreflektierter Vorgesetzter leicht zu durchschauen, ihr Verhalten mit hoher Gewissheit vorherzusagen. Damit erweitern sich Ihre Möglichkeiten, Einfluss zu nehmen und manch Wichtiges nach Ihrem Gutdünken zu gestalten. Mit etwas Geschick haben Sie quasi freie Hand.

Sollten Sie bisweilen mit der mangelnden Denk- und Reflexionsfähigkeit Ihres Gegenübers hadern, stellen Sie sich doch einfach das pure Gegenteil vor: einen superschlauen, durchtriebenen, manipulativen Chef, der ein untrügliches Gespür dafür hat, wie sich Situationen und Dynamiken entwickeln, der jedes Manöver auf Anhieb durchschaut, dem man mit keinerlei Ausreden, Vorwänden oder anderen Tricksereien zu kommen braucht. Oder eine hoch reflektierte Vorgesetzte, die stets alles auf die Waagschale legt, es aus allen möglichen Perspektiven betrachtet, dann einen völlig neuen Aspekt entdeckt und daher mit dem ganzen Reflexionsprozess von Neuem beginnen muss. Die sich von einer Denk- und Analyseschleife zur nächsten hantelt, immer wieder innehält, neue Erkundungen einholt und damit den Zeitpunkt für das Treffen selbst einer völlig simplen Entscheidung immer weiter in die Zukunft rückt. Lassen Sie doch diese Optionen vor Ihrem inneren Auge Realität werden, vergegenwärtigen Sie sich, was das mit Ihnen anstellt und wie wohl Sie sich mit einer derartigen Führungskraft fühlen würden. Nun? Ich vermute, Sie schätzen sich gerade richtig glücklich mit dem Einfaltspinsel, über den Sie eben noch gemault haben.

Verflixt, das bin doch ich!

Sollten Sie sich selbst als Einfaltspinsel, No-Brainer oder Reflexionsverweigerer erkannt haben, ist das eigentlich ein Widerspruch in sich. Dass jemand klagt, er sei einfältig und unbedarft, habe ich tatsächlich noch nicht erlebt. Ebenso wäre es verwunderlich, wenn so jemand diese Ausführungen liest und dann auf sich selbst bezieht. Was nicht bedeutet, dass es gänzlich unmöglich ist. Es könnte ja sein, dass einem das Ergebnis des Fragebogens im Anhang es zumindest tendenziell nahelegt. In diesem Fall könnte dies einen vielversprechenden Anfang einer neuen Ära darstellen, einen Aufbruch in noch unerforschte Sphären der Selbsterkenntnis.

Sie können sich also wirklich eingestehen, eventuell zu dieser Gruppe dazuzugehören? Dann besteht keinerlei Grund zur Verzweiflung oder gar dafür, sämtliche Karriereambitionen in den Wind zu schreiben. Sie bringen – wie beschrieben – einige Vorteile mit, die Sie mit Selbstbewusstsein und Chuzpe in die Waagschale werfen können. Nutzen Sie Ihre persönlichen Besonderheiten am besten so, dass sie möglichst als Stärken zur Geltung kommen. Dass sie Ihnen zumindest nicht als karriereschädliche Nachteile ausgelegt werden können. Gehen Sie natürlich, frohgemut und offen auf Ihre Mitmenschen zu. Finden und kreieren Sie Ihren eigenen Stil der Unbedarftheit.

Für alle hier beschriebenen Typen gilt: Bewegen Sie sich in einem organisationalen Umfeld, wo Ihre besondere Art zumindest toleriert wird, am besten sogar ausdrücklich erwünscht ist. Dazu zählen Firmen, die dafür bekannt sind, dass man während der Arbeit am besten auf eigenständiges Denken verzichtet, sich also voll und ganz auf das korrekte Ausführen von Anordnungen fokussiert.

Hat man einmal die angeführten Stärken als Wettbewerbsvorteile für sich erkannt, kann man diese offensiv für die eigenen Zwecke nutzen. Das trifft etwa auf *Berta* und *Bernd Bohnenstroh* wie auch auf *Rowdy Rude* zu. Zum einen werden sie manchmal als zu naiv, gutgläubig und einfältig eingeschätzt und damit letztlich unterschätzt, zum anderen kann ihnen kaum jemand richtig böse sein, wenn sie nicht die beste Performance abliefern. Die Messlatte wird bei ihnen deutlich tiefer gelegt.

Die eigenen Stärken offensiv nutzen – das klingt jetzt ganz nach einem gefinkelten strategischen Vorgehen. Machen wir uns nichts vor – Einfaltspinsel handeln größtenteils automatisch, also ohne jedes Kalkül. Falls Sie jedoch einen deutlich intensiveren Einsatz Ihrer Stärken planen, dann aufgepasst: Es könnte Sie verdächtig machen. Andere könnten auf die Idee kommen, dass Sie vielleicht doch eine „hellere Birne am Leuchter" sind als bisher von allen angenommen. Gehen Sie daher mit dieser Erkenntnis und dem daraus folgenden Kalkül sparsam um. Nutzen Sie Ihre Vorteile als leicht zu führender Strohmann nicht zu offensiv aus. Denn das könnte Ihren Ruf ruinieren und Sie um Ihre Pole-Position in der Gunst Ihrer schwachen Vorgesetzten bringen.

Was das Handling der eigenen Defizite angeht, übernehmen Sie sich bitte nicht. Sollte einmal etwas schiefgehen, und das wird garantiert immer wieder vorkommen, und Sie in die Defensive geraten: Verzweifeln Sie nicht ob Ihrer limitierten kognitiven Möglichkeiten. Spielen Sie Ihre Kompetenzen aus, setzen Sie einfach diesen Ich-kann-doch-nichts-dafür-Blick auf. Sie wissen schon, was ich meine: offener Mund, leichtes Schulterzucken und Stirnrunzeln, alles kleine Anzeichen von Überforderung. Dazu stammeln Sie ein paar nichtssagende Worte der Entschuldigung – Sie werden sehen, dass Sie wieder einmal heil davonkommen. Wenn Sie diese Gesten richtig professionell hinkriegen, werden Ihnen viele Türen offenstehen. Im Optimalfall erhalten Sie genauso den Persilschein des ewigen Unschuldslammes wie Ihre im nächsten Abschnitt beschriebenen Kolleg*innen.

Freilich gäbe es durchaus Möglichkeiten, mit den eigenen Defiziten auf kompetentere Weise fertigzuwerden. Etwa, indem man sie geschickt kaschiert oder auch mit Unterstützung durch andere kompensiert. Wenn Sie dies erfolgreich hinkriegen, stellt sich allerdings die berechtigte Frage, ob Sie überhaupt noch zur Gruppe der Einfaltspinsel, No-Brainer und Reflexionsverweigerer zu zählen sind. Jedenfalls brauchen Sie nicht in eine Identitätskrise zu verfallen, wenn Sie sich dieser Gruppe nun doch nicht mehr zurechnen. Glücklicherweise bietet das Meer an Führungskräften viele andere bunte Fische – das Angebot an Vorbildern für Ihren weiteren Weg als fragwürdige Führungskraft ist groß genug. Die folgenden Kapitel werden es zeigen – Sie haben die Wahl.

Weshalb so kompliziert?

Manager*innen leben in einer Welt voll von Komplexität. Mehrdeutigkeiten, Ambivalenzen und Polyvalenzen, Querverbindungen, Rückkoppelungen, Ungewissheiten und Widersprüchlichkeiten aller Art, wohin man blickt. Obendrein scheint diese Komplexität in kräftiger Dynamik weiter zuzunehmen.

Wie agieren manche Führungskräfte unter solchen Rahmenbedingungen? Entweder stecken sie den Kopf in den Sand und tun weiter so, als ob sich nichts geändert hätte. Oder sie setzen auf das Wundermittel Simplifizierung und zitieren dafür vermeintlich Albert Einstein: „Für jedes noch so komplexe Problem gibt es eine ganz einfache Lösung." Schon präsentiert sich ihre Welt um ein großes Stück schlichter, überschaubarer und damit auch kontrollierbarer.
Stark vereinfachende Erklärungsmodelle erleichtern das Agieren als Führungskraft enorm. Etwa die äußerst heikle Führungsaufgabe, eine unpopuläre Maßnahme zu begründen. Man sagt dann: „Das muss einfach so sein, weil ..." und nennt einen ganz bestimmten, leicht zu begreifenden Grund – dabei stehen Universalerklärungen, Verallgemeinerungen, Stereotypien sowie hohle Durchhalteparolen hoch im Kurs. Oder noch besser: Man verweist auf eine konkrete Person oder Personengruppe als bestens geeignete Sündenböcke, auf die man diese Notwendigkeit zurückführen kann.

Manch einer wird an dieser Stelle einwenden: In Führungsfragen geht es doch um die Auseinandersetzung mit sich und anderen Individuen, um Empfinden, Urteilen und Handeln in sozialen Kontexten, um das Zusammenwirken von Menschen in einem sozialen Raum. Menschen, die Heinz von Foerster „nicht-triviale Maschinen" nannte, weil sie „analytisch nicht bestimmbar" und damit „unvorhersagbar sind". Er grenzt sie somit ganz bewusst von den „trivialen Maschinen" ab, also von mechanistischen Gebilden wie etwa Autos oder Toaster. Wenn diese nicht so funktionieren, wie sie sollen, beauftragt man eine Fachkraft, einen „Trivialisierungs-Spezialisten", mit der Wiederherstellung der Funktionsfähigkeit und der Vorhersagbarkeit des jeweiligen Geräts.[6] Im Gegensatz zur geglückten Reparatur einer solchen trivialen Maschine ist Mitarbeiterführung stets eine Angelegenheit mit eher ungewissem Ausgang. Wenn also in Führungsfragen einfache Lösungen greifen, hat dies mehr mit Glück zu tun denn mit Verstand.

Andererseits spielen die Hinweise auf Vielschichtigkeit und Ungewissheit den Abkürzungsliebhabern in die Hand. Ihr Bedürfnis nach Orientierung und Sicherheit wird umso größer, je wirrer, komplexer und unkontrollierbarer die Umstände erscheinen. Die Komplexität zu reduzieren und all die verwirrenden Phänomene, die ihr Arbeitsleben so facettenreich und unüberschaubar machen, auszublenden, also zu trivialisieren und zu simplifizieren, schafft Erleichterung.

Ebenso wichtig: Man hat die Dinge im Griff. Zumindest macht man sich das vor, sich selbst genauso wie den anderen, gerne in Management-Teams, in denen sich Top-Führungskräfte durch alle möglichen Tools und Handlungen gegenseitig versichern, dass sie „Herren der Lage" sind.

Letztlich erleichtert Simplifizierung die Kommunikation. Einfache Leitsprüche, Lösungen und Maßnahmen werden von allen verstanden und mit höherer Wahrscheinlichkeit abgenickt und mitgetragen als irgendwelche aufwändigen Erklärungsversuche und Anleitungen. Es sei denn, man trifft auf Kolleg*innen im Management oder Mitarbeiter*innen, die sich damit nicht zufriedengeben und fundierte Vorgaben einfordern. Dann müssen Führungskräfte auf andere Hilfsmittel zurückgreifen, z.B. blenden, tricksen, unter Druck setzen, bagatellisieren – etliche davon sind in diesem Buch skizziert.

---

6 Foerster, 1994, S. 233 ff.

Es gibt drei recht unterschiedliche Gruppen von Führungskräften, die sich der KISS-Strategie, also „Keep It Simple, maybe Stupid", verschrieben haben. Manche sind schlicht so gestrickt, sie sind demnach aus ihrer Naivität und ihrem mangelndem Reflexionsvermögen heraus zu gar keiner differenzierteren Vorgehensweise imstande.
Andere wiederum sehen sich mit der Vielschichtigkeit und Mehrdeutigkeit ihres Umfelds überfordert. Sie schaffen es nicht, mit dieser Komplexität zurechtzukommen. So vereinfachen sie aus einer inneren Notwendigkeit heraus – auch um sich keine Blöße zu geben.
Und dann gibt es noch jene, die dies aus Kalkül machen. Schließlich sind einfache Botschaften bestens dafür geeignet, das Gegenüber von der eigenen Lösungskompetenz zu überzeugen, egal ob es sich bei diesem Gegenüber um Top-Entscheider*innen, Ausführende oder bloße Mitläufer*innen handelt.

Was wäre nun die Alternative zu Trivialisierung und Simplifizierung?[7] Keine leichte. Man müsste in erster Linie die Komplexität der intra- und interpersonalen, der betrieblichen und der externen Realität mit all ihren Abhängigkeiten, Querverbindungen, Zusammenhängen und Wechselwirkungen anerkennen. Was in weiterer Folge hieße,

- mitunter seine Grenzen der analytischen Fähigkeiten zu akzeptieren,
- ab und an sich und anderen die eigene Überforderung einzugestehen,
- sich von Old-School-Führungskonzepten nach dem Motto „Ich bestimme die richtige Richtung und zeige euch, wo's lang geht – mir nach!" zu verabschieden.

Man wäre gefordert, die Grundlage und die Berechtigung für die eigene Autorität als Führungskraft neu zu erfinden, neu zu definieren, neu auszuhandeln.

All diese Konsequenzen sind mit erheblichem Risiko, hohem Aufwand und fraglicher Wirksamkeit verbunden. Die Vereinfachung zu wählen beziehungsweise gleich so zu tun, als gäbe überhaupt keine Alternative dazu, ist definitiv der leichtere und kürzere Weg. Auch jener des geringeren Widerstands und damit der höheren Chance, in der eigenen Komfortzone verbleiben zu können. Dazu kommen noch all die bereits aufgezeigten Vorteile. Kein Wunder also, dass gerade Manager*innen der vorhin genannten drei Gruppen mit einer

7 Es soll hier nicht verschwiegen werden, dass manche tatsächlich gut daran täten, ein bisschen mehr an Vereinfachung in ihr Führungsleben einzubauen. Nämlich diejenigen, die das Talent besitzen, alles zu verkomplizieren, was sie in die Hand nehmen. Solchen Manager*innen – und nur ihnen! – sei Simplifizierung als grundsätzliche Strategie zur Optimierung ihres Führungshandelns empfohlen. Sie findet man im Kapitel „Alles unter Kontrolle".

Selbstverständlichkeit zur Simplifikation greifen, als hätten sie gar keine anderen Optionen.

Um auf Albert Einstein zurückzukommen: Das eingangs gebrachte Zitat stammt in dieser Form gar nicht von ihm, sondern geht auf den hierzulande unbekannten US-amerikanischen Autor, Satiriker und Journalisten Henry L. Mencken zurück und lautet unverkürzt im Original folgendermaßen: „Explanations exist; they have existed for all time; there is always a well-known solution to every human problem – neat, plausible, and wrong."[8] Übersetzt also: „Erklärungen gibt es und hat es seit ewigen Zeiten gegeben; stets weiß man für jedes menschliche Problem eine Lösung – sauber, einleuchtend und – falsch!"

8 Mencken, 1921, S. 158

JENSEITS
Heidrun Halstenbergs
Gedanken am Gang

Jenseits

Heidrun Halstenbergs Gedanken am Gang

Du gehst da jetzt rein und haust mal kräftig auf den Putz. Weil schließlich kann das so nicht weitergehen. Das darfst du dir nicht bieten lassen. Nein, so geht das einfach nicht. *Stark bleiben, Heidrun, du schaffst das!* Du bist zwar hier die Neue. Aber was zu viel ist, ist zu viel.
Wie hat das mein Vorgänger gemacht? Hat der alles laufen lassen, hat der weggeschaut? War es ihm egal, hat er sich einen Lenz gemacht? Mich werdet ihr so leicht nicht los, liebe Mitarbeiter. Ich lass nicht locker.
Ihr glaubt wohl, ihr könnt mit mir machen, was ihr wollt. Nein, ganz sicher nicht. Ihr sollt merken, dass jetzt ein anderer Wind weht. Jetzt ist es vorbei mit locker-flockig. Die Worschitz zum Beispiel. Erst wollte sie ihr eigenes Süppchen kochen. Dabei ist sie meine Assistentin. Bis die das kapiert hat! Immerhin hat sie dann alle Meetings abgesagt. Nur weil bisher alles easy war, heißt das noch lange nicht, dass es so weiterlaufen muss. Das reicht im Übrigen als Begründung. Weshalb muss man immer alles begründen? Das habe ich wirklich nicht nötig. Schließlich bin ich niemandem Rechenschaft schuldig. Naja, höchstens meiner Vorgesetzten, der Doktor Stadler. Aber die hat eh genug um die Ohren. Die will nicht noch mit meinen Themen behelligt werden. Hauptsache, es läuft, hat sie gesagt.
Selbst wenn ich mich etwas rar gemacht habe, können die Mitarbeiter doch nicht sofort zur Stadler rennen. Das geht so nicht. Gut, dass ich das unterbunden habe. Kann ja nicht sein, dass ich von Anfang an umgangen

werde. Weil, wo kämen wir denn da hin? Keine direkten Gespräche mit Frau Dr. Stadler. Alles nur über mich. So positioniert man sich, so verschafft man sich Akzeptanz. Sonst könnte man gleich auf mich verzichten.

Gestern war auch so eine Situation. Wo sie schon wieder versucht haben, aus mir einen Narren zu machen. Naja, einer hat es versucht, der – wie heißt er noch mal? Genau, Klausner, also der Klausner, unglaublich. Was glaubt der eigentlich? Will einfach früher weg, ohne sich abzumelden. Nur weil er seine wichtigsten Aufgaben schon erledigt hat. Nein, so nicht. Heidrun, gut gemacht. Vielleicht etwas zu kantig, aber was soll's? Manchmal muss das so sein. Heute kannst du die Zügel wieder lockerer lassen. Wenigstens ihm gegenüber. Der Klausner, ob der das überhaupt mitkriegt? Der lebt in seiner Controlling-Blase, hat nur die Zahlen im Sinn. Die leben alle in ihrer Blase, diese Erbsenzähler.
Was denkt sich der eigentlich? Ist er froh, dass er mich als neue Chefin hat? Oder trauert er dem Alten nach? Hm. Wahrscheinlich weder noch. Der nimmt die neue Ordnung in der Abteilung als gegeben hin. Der Klausner macht sich nicht so viele Gedanken. Vor allem nicht über das Team und die Zusammenarbeit. Menschen sind nicht so sein Ding. Aber so ganz stimmt das jetzt auch wieder nicht. Über Organisation denkt er durchaus nach. Erst letztens. Kommt er doch glatt in mein Büro mit einem Vorschlag zur Optimierung der Abläufe im Controlling-Team ... Wer rechnet denn damit? Noch ein Thema mehr.
Was würde wohl der Doppel-K dazu sagen? Konrad Karl Dietrich. Unser Motivationstrainer bei meinem vorigen Job, den ich mir dann als Personal Coach geangelt habe. *Zeig ihnen, wer die Chefin ist.*
Genau! Das muss ankommen. Also macht euch auf etwas gefasst, Leute. Es wird anders. Lasst euch überraschen.

Nur, wie mache ich das? Mit welchen Mitteln? Was ist da angemessen? Das sagt einem niemand. Das muss man selbst herausfinden. Darf man eigentlich fragen? Wenn ja, wen? Und wie kommt das an? Der andere denkt sich dann, dass ich da auch selbst darauf kommen könnte. Oder, dass er Besseres zu tun hat, als mir zu helfen. Dass das die normalen Hürden und Probleme sind, wo jeder darüber hinwegkommen muss, wenn er neu in seinem Führungsjob ist.

Selbst ist die Frau. Unbeirrbar geht sie ihren Weg. Beharrlich zur High Performance. Meine Kraftsätze. Stammen auch vom Doppel-K. Ihr werdet das auch noch begreifen. Wundern werdet ihr euch. Wozu ich alles fähig bin. Wenn ich die Chance dazu bekomme. Hoffentlich. Die Chance, es euch allen so richtig zu zeigen.

Nur keinen Fehler machen. Nicht, dass sie mir dann nachsagen, ich sei nicht kompetent genug. Oder ich würde es mir zu leicht machen. Nein, das will ich mir nicht anhören müssen. Wobei, das sagt eh niemand so offen. Höchstens hinter vorgehaltener Hand. Die Worschitz etwa, in der Teeküche, wenn sie mit den anderen Assistentinnen tratscht, mit der vom Dr. Schableder und jener von der Frau Dr. Stadler. Ich möchte nicht wissen, worüber die drei sich die ganze Zeit unterhalten. Oder doch. Wäre sicher spannend, das zu erfahren. Ich bin überzeugt, zumindest der Dr. Schableder wäre auch sehr interessiert. Obwohl der wahrscheinlich noch schlechter wegkommt als ich.

„Frau Halstenberg, guten Tag. Sie wirken so ... Kann ich Ihnen helfen?"
„Ah, Frau Wiedrich. Guten Tag, Frau Wiedrich. Ja, ich muss eben mal zu den Kolleginnen. Alles klar bei Ihnen? Ja? Schön. Ich komme später gerne mal vorbei. Bis dann."

Weg ist sie wieder. Die Wiedrich, auch so eine. Aus der werde ich gar nicht schlau. Was war das gerade? Da stehe ich vor dem Büro ihrer Kolleginnen herum, wer weiß, wie lange sie mich schon beobachtet hat? Wie lange eigentlich? Peinlich. Wenn ich meine Chefin so sehen würde, ich würde mir auch meinen Teil denken. Der Stadler würde das nie passieren. Die würde nicht lange fackeln. Die geht auch nicht von Büro zu Büro.
Bloß, was mache ich jetzt mit Frau Wiedrich? Wie stelle ich es an, dass ich aus ihr herausbekomme, welchen Eindruck sie jetzt von mir hat? Nämlich, ohne dass sie merkt, dass da etwas eigenartig ist, falls sie nichts gemerkt hat.

Die merken was. Garantiert. *Unterschätze nie deine Gegner.* Auch von ihm. Also Obacht, Heidrun. Immer auf der Hut sein. Einmal nicht aufgepasst, und sie haben dich. Sie sehen dich irgendwo stehen, stecken die Köpfe zusammen, tuscheln. Schon bist du ihnen Rechenschaft schuldig. Und wenn du dann keine gute Begründung liefern kannst, hast du verloren. Pass auf, wem du was sagst. Die nutzen jede Info, die sie kriegen können. Gegen dich. Denn es ist schneller vorbei, als du es bemerkst. Da kannst du die supertolle Arbeitsbiene sein, das hilft dir dann auch nicht. Zack, haben sie schon die Kündigung für dich vorbereitet. Hinter deinem Rücken. Da helfen sie dann auf einmal zusammen. Moment. Die Stadler hat mich letztens so angesehen, einen Blick hatte die. Ist da etwas im Busch? Hm. Ich kann sie ja nicht fragen. Auch wenn ich dann gleich bei ihr bin. Und zur Wiedrich muss ich auch noch. Ihr das zuzusagen, war das nötig?

Also. Reiß dich zusammen, Heidrun. *Atme tief durch, sammle dich, konzentriere dich.* Dann gehst du rein. *Stehst deine Frau, vertrittst deinen Standpunkt. Bestimmt, souverän, authentisch. Lässt keinen Zweifel aufkommen, keine Widerrede. Selbst ist die Frau. Unbeirrbar geht sie ihren Weg. Beharrlich zur High Performance.*

Jetzt gilt es. *Bestimmt ... und souverän ... und authentisch. Du bist das Zentrum der Macht. Alle Macht geht von dir aus.*
Kompetent, das versteht sich von selbst. Und selbstsicher. *Nicht das Was, sondern das Wie erzeugt die Wirkung.*

Jetzt reicht's aber. All diese Sprüche können mir gestohlen bleiben. Wenn es wirklich einmal ans Eingemachte geht, dann nutzen sie gar nichts. Überall lauern sie. Gefahren. Zum Beispiel die beiden. Da drinnen. In ihrem Büro. Schlangen. Ich geh jetzt rein. Und dann. Dann aber. Dann kriegen sie, was sie verdienen.

Oops – I did it again

Das zweifelhafte Vergnügen ungeschickter Führungskräfte

„Was schiefgehen kann, geht schief." Manche Führungskraft scheint Murphys Law[9] zum leitenden Lebensprinzip auserkoren zu haben. Man führt ein zuerst harmlos anmutendes, vielleicht sogar positiv verlaufendes Gespräch mit jemandem. Dann rutscht einem an unpassendster Stelle das heraus, was man auf keinen Fall sagen wollte. Eine Formulierung, die das Gegenüber zusammenzucken lässt. Dabei war es gar nicht Absicht, den anderen vor den Kopf zu stoßen oder ihn gar zu verletzen, es passiert einfach irgendwie. Mag es aus mangelnder Erfahrung, fehlender Feinfühligkeit, persönlicher Unsicherheit oder schlichtweg aus purer Ungeschicklichkeit heraus geschehen sein, diese Führungskräfte bringen es immer wieder zuwege, Situationen nachhaltig zu verbocken. „Weshalb? Warum passiert das immer mir? Warum trifft es nicht einmal jemand anderen?" fragen sie sich dann.
Sie wollen es nicht und geraten doch auf Abwege, bauen immer wieder einen beherzten Fehltritt ein. Und schon entwickeln sich die Dinge ganz anders als geplant. Unsere tollpatschige Führungskraft hat damit zum wiederholten Male bewiesen, zurecht Mitglied eines Klubs zu sein, dem man nicht wirklich angehören will: dem Klub der Pechvögel, der Tollpatschigen, der Eigentorjäger.

9 Bloch, 1985

Direktor Patschachter ist knapp dran. Mit Müh und Not erreicht er die Bahn, die ihn von Linz zu seinem Meeting nach Salzburg bringen soll. Als sich der Zug in Bewegung setzt, wird ihm klar, dass er den falschen gewählt hat. Dieser fährt Richtung Wien, nächster Halt in etwa 130 Kilometer, Sankt Pölten. Verzweifelt ruft Patschachter seine Assistentin an: „Frau Cejka, warum haben Sie mich nicht wie sonst immer zum Bahnsteig gebracht?"

Patschachter ist ein typischer Vertreter dieser Pechvögel. Stets verfolgt er beste Absichten, bemüht sich redlich, es tatsächlich gut hinzukriegen – nur um am Ende feststellen zu müssen, dass ihm irgendeine undefinierbare Macht wieder einen gehörigen Strich durch die Rechnung gemacht hat und etwas unglaublich Ungeschicktes geschehen ließ. Er fühlt sich diesem unsichtbaren Gegner hilflos ausgeliefert und hoffnungslos unterlegen – wie sehr auch immer er sich anstrengt, irgendwann wird dieses nicht greifbare Etwas wieder zuschlagen. Dann wird ihm das nächste Missgeschick, ein weiteres Unglück, schlimmstenfalls ein noch größerer Fauxpas widerfahren.

*Wie etwa bei jenem Geschäftsessen mit honorigen Vertreter*innen aus Wirtschaft und Politik. Der Gastgeber lässt sich nicht lumpen. Zwar dezenter, aber durchaus repräsentativer Rahmen, Dresscode Business formal, das übliche Protokoll. Anfangs mancherorts belangloser Smalltalk, man kennt einander ja, dennoch eher zugeknöpfte Stimmung. Ein mehrgängiges Menü ist angekündigt. Patschachter bringt es zuwege, schon beim zweiten Gang den Vogel abzuschießen und damit die Stimmung zu pulverisieren. Da hängt ihm doch tatsächlich die Krawatte in die Suppe! Alle haben es mitbekommen, er selbst natürlich als Letzter. Seine unmittelbare Reaktion: „Frau Cejka, weshalb machen Sie so unklare Handzeichen und greifen nicht einfach beherzt zu?"*
Als er später am Nachmittag mit seiner Assistentin noch einmal die unangenehme Situation während des Lunchs bespricht, gesteht er zerknirscht ein, dass er sich richtiggehend Mühe gibt, dass ihm ja kein Fauxpas passiert, gerade in solch einer prominenten Runde.

Doch es müssen sich die Umstände – wieder einmal – gegen ihn verschworen haben. „Es" ist offenbar stärker, „es" geschieht ihm immer wieder.

Übrigens nicht gerade einfach für jene, die Auftritte dieser Art miterleben dürfen. Wie sollen sie reagieren? Ignorieren, gnädig darüber hinwegsehen, so tun, als ob man es nicht bemerkt hätte? Oder versuchen, die Situation zu entspannen, indem man einen harmlosen, gut gemeinten Witz darüber macht? Der sich allerdings als gar nicht so harmlos herausstellen und den Protagonisten noch stärker bloßstellen könnte? Gott behüte. Oder doch fremdschämen? Letzteres kennen vor allem jene, die sich in ihrer Empathie dem Ungeschickten verbunden fühlen. Sie sehen ihn leiden und leiden gleich ein bisschen mit. Keinesfalls sind sie ihm böse oder grollen ihm – weshalb denn auch? Schließlich ist hinter seinem Tun kein Kalkül zu erkennen. Er hat die Situation nicht willentlich verbockt, es ist ihm passiert. Ihm, dem authentischen Versager, dem Tollpatsch. Also wird ihm Nachsicht und Wohlwollen entgegengebracht. „Der Typ kann einem wirklich leidtun" – das denken sich wohl die meisten.

Interessantes Phänomen. Irgendwie schaffen es diese Tollpatsche, dass man sie – wenn sie sich besonders ungeschickt anstellen – der Verantwortung für ihr Handeln und Verhalten entbindet. Dass man ihnen stets mildernde Umstände, höhere Gewalt oder andere triftige Gründe für ihr Scheitern einräumt. Dabei steht doch außer Frage, dass auch sie – wie jeder normale Mensch – für das eigene Tun und die Folgen daraus verantwortlich sind. Und vergessen wir nicht: Es geht hier um Führungskräfte, also um jene Menschen, denen – aus welchem Grund auch immer – ein Mehr an Verantwortung zugemutet und übertragen wurde.

Letztlich ist es eine Frage des Betrachters und dessen Wertmaßstäbe. Es kommt darauf an, wer dieser Betrachter ist, und vor allem, nach welchen Kriterien er urteilt. Unterstellt man dem Tollpatsch eine bewusste Absicht? Oder traut man ihm gar nichts anderes zu? Meint man, dass er quasi von einer überirdischen Macht wie dem Schicksal oder der Natur von vornherein benachteiligt ist?

Wenn hingegen jene Menschen scheitern, denen man zuschreibt, dass sie sonst die Dinge ganz gut im Griff haben, also durchaus erfolgreich unterwegs sind, erklärt man das mit mangelndem persönlichem Einsatz: „Sie hätten sich mehr anstrengen sollen", oder auch mit Pech: „Dumm gelaufen". Wer jedoch eine ganze Biographie als Versager aufweist, hat längst auch selbst gelernt, sich dafür stabile Erklärungen zurechtzulegen: „Ich bin halt ein Loser", „Bei der evolutionären Verteilung von Glück und Chancen bin ich definitiv zu kurz gekommen" oder „Das Schicksal meint es prinzipiell schlecht mit mir". Doch wie die Abbildung zeigt, gibt es dazu Alternativen.

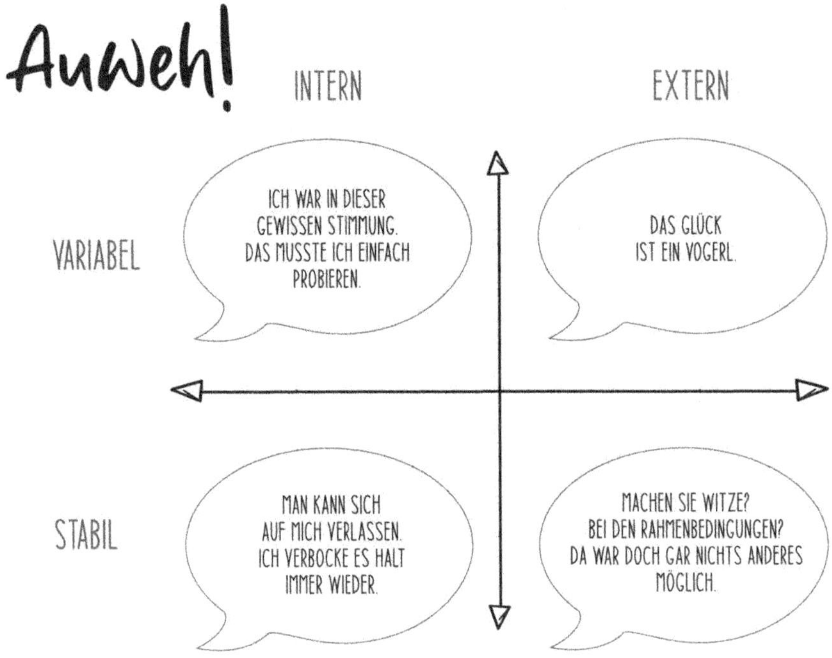

Abb. 4: Was Tollpatsche sagen, wenn ihnen wieder einmal ein Fauxpas passiert ist

Das unbeabsichtigte und manchmal skurril anmutende Danebengreifen ungeschickter Führungskräfte kommt in recht unterschiedlichen Schattierungen vor, je nachdem, welche spezielle „Stärke" der jeweilige Führungstyp aufzuweisen hat.

Jeder fängt einmal an – und manchmal geht es schief

Niemand wird weise geboren, alle müssen wir uns erst entwickeln und dabei die eine oder andere schmerzhafte Erfahrung machen. Führungskräften geht es genauso. Auch sie müssen lernen – und dies manchmal auf die harte Tour, indem sie ohne jegliche Einschulung oder Übergabe ins kalte Wasser geworfen werden. Entwicklungsbegleitung, Mentoring, Coaching? Denkste – das wird gerne den wirklich wichtigen Themen der harten betrieblichen Realität untergeordnet. Und schon findet sich der Newcomer auf ungewohntem Terrain wieder. Greenhorns wie *Adelheid* und *Anselm Anfänger* gehören zu einem Betrieb ebenso dazu wie die Erfahrenen und liefern mitunter ulkige Szenen. Sie tapsen auf unsicheren Beinen durch die Firma, streifen mal hier an, vergreifen sich mal da im Tonfall, übersehen eine Etikette oder kennen die ungeschriebene Spielregel nicht, dass man etwas Bestimmtes hier einfach nicht tut. Meist zum Gaudium, nur selten zum Verdruss der anderen. Im Normalfall werden bei ihnen, zumindest zu Beginn, nicht allzu strenge Maßstäbe angelegt. Es sei denn, sie verhalten sich wie Torsten Werner.

Das Stolpern lernt Herr Werner von Fall zu Fall

Die Geschäftsleitung ist mit manchen Entwicklungen nicht zufrieden und entscheidet daher, die Organisation zu verändern und einen Quereinsteiger mit der Leitung der neu geschaffenen Abteilung zu betrauen. Torsten Werner kommt aus einem Umfeld, in dem Kooperation, Wertschätzung und Kommunikation auf Augenhöhe als allgemeingültige Prinzipien und Leitideen gelten. Dennoch hat er für sich die Entscheidung getroffen, jenen Auftrag auszuführen, den ihm die Geschäftsführung in den Vorgesprächen mit auf den Weg gegeben hat. Er soll hier kräftig aufräumen und neuen Schwung in die Abteilung bringen. Werner beschließt, diese Herausforderung anzunehmen und es – zumindest anfangs – auf die kooperative, joviale Art zu versuchen. Immerhin machen die Teammitglieder

einen umgänglichen und vor allem kompetenten und selbstbewussten Eindruck auf ihn.
Werner hat einen katastrophalen Start. Seine Mitarbeiter stellen ihn nach einer kurzen Schonfrist kräftig auf die Probe und testen ihn, wo immer es geht. Welche fachliche Meinung vertritt er? Was sind seine bevorzugten Vorgehensweisen? Hat er schon konkrete Ideen, wie er die Abteilung führen will, was er belassen und was er verändern möchte? Werner muss sich eingestehen, dass ihm sowohl jegliche fachliche Vorkenntnis als auch die Erfahrung als Leiter fehlt. Er versucht, seine Unsicherheit mit starken Sprüchen zu überspielen. Um gleich im nächsten Moment wieder umgänglich, interessiert und freundlich auf die Teammitglieder zuzugehen. Gleichzeitig beobachtet er viel, äußert sich nur sehr sporadisch dazu und fällt immer wieder mal mit floskelhaften, nichtssagenden Wortmeldungen auf. „Das muss alles anders werden", sagt er zum Beispiel.
Das Umfeld, in dem sich die Organisation bewegt, ist ein äußerst herausforderndes und zählt zu den anspruchsvollsten der gesamten Branche. Umso notwendiger braucht eine professionell agierende Führungskraft hier kommunikatives Geschick in verschiedenste Richtungen, nach innen genauso wie nach außen zu den diversen Kooperationspartnern. Werner tut sich sehr schwer zu beurteilen, was in zwischenmenschlich kniffligen Situationen gerade erforderlich ist, welches Auftreten, welcher Kommunikationsstil, welche Vorgehensweise. Mit einem Großteil des Teams verdirbt er es sich, indem er ganze Gruppen von Mitarbeitern abwertet. Nachdem er gerade noch gesagt hat, wie sehr er ihre Kompetenz schätzt und wie wichtig für ihn ist, dass sie sich mit all ihrer Erfahrung aktiv einbringen, sagt er kurz darauf: „Was soll das? Was macht ihr da? Und ihr wollt Experten sein ... oder wie auch immer ihr euch nennt!" Kein Wunder, dass sich im Team eine mächtige Opposition gegen Werner formiert. Je stärker der Gegenwind, umso unsicherer wird er, umso spärlicher, aber dafür umso kräftiger werden seine Interventionen. Wenn er ein Fehlverhalten eines Teammitglieds entdeckt, bohrt er

so lange nach, bis er der Meinung ist, es dem anderen so richtig gezeigt zu haben. Um bei nächster Gelegenheit mit demselben Teammitglied wieder den Dialog auf Augenhöhe zu suchen. Er setzt stark auf Kontrolle und unterscheidet eklatant zwischen Gut und Böse. Immer öfter und massiver überspielt er seine Isolation und Unsicherheit durch überzogenes Auftreten. Eine innere Dynamik, die seine erfahrenen Mitarbeiter leicht durchschauen. Niemand kauft ihm den harten Kerl ab, den er mitunter mimt.
So schaukelt sich das Ganze richtiggehend auf. Er wird belächelt, kritisiert, ignoriert, angeschnauzt, im Regen stehen gelassen. Was ihn natürlich noch mehr isoliert und gegen die Gruppe aufbringt.
Letztlich landet er – entgegen seiner ursprünglichen Intention, auf Augenhöhe zu setzen – bei einem autokratischen Führungsstil: „Ab jetzt geht alles nur noch über meinen Schreibtisch!" sagt er und denkt sich dabei: „Die sollen spüren, wer hier der Chef ist, wer hier das Sagen hat."

Torsten Werner muss sich von Anfang an vorkommen wie ein Nichtschwimmer und Nautik-Anfänger in einem kaum mehr seetauglichen Kahn im stürmischen Meer. Rund um ihn durchwegs erfahrene Seebären, die jede seiner Handlungen und Entscheidungen mit Argusaugen beobachten und sich hinter seinem Rücken über ihn beschweren und mokieren. Es fehlt ihm jegliches Handwerkszeug. Daher sieht er sich permanent „on the edge", außerhalb seiner Komfortzone, durchgängig gefordert und zumeist überfordert. Unsicher in der eigenen Positionierung, seinen Vorgesetzten in der Geschäftsleitung im Wort, nämlich, etliches neu zu machen und für Ordnung und Performance zu sorgen. Nachvollziehbare Ziele, jedoch für ihn nicht erreichbar.
Was ist da bloß schiefgelaufen? Werner hat sich so angestellt, wie sich Greenhorns eben oft anstellen. Blutige Anfänger*innen, noch grün hinter den Ohren, kein Gespür für die Besonderheit der Situation, die Bedürfnisse ihrer Kolleg*innen und Mitarbeiter*innen und vor allem für die so wichtigen Zwischentöne in der Kommunikation. Ohne jegliche Sensibilität verhält sich Werner in einer von vornherein etwas verkorksten und damit hochexplosiven Ausgangslage ungeschickt und insbesondere nicht authentisch. Weder in seinem Vorhaben,

wertschätzend zu agieren, noch in seinem Versuch, sich als starker Chef zu positionieren. Erfolglos versucht er, etwas darzustellen, was ihm keiner abkauft. Wäre er tatsächlich von der Idee der Wertschätzung beseelt und würde er dieses Prinzip nicht bloß als hohle Phrase vor sich hertragen, dann käme er niemals auf die Idee, die Teammitglieder samt ihrem bisherigen Wirken so in Frage zu stellen und letztlich abzuwerten.

Adelheid und *Anselm Anfänger* stolpern, weil ihnen als Einsteiger*innen die Erfahrung fehlt. Deshalb hat sich in vielen Organisationen eine Schonzeit von 100 Tagen etabliert. In dieser Zeit dürfen die Neulinge das Manko fehlender Erfahrung beheben. Nach mitunter harten Wochen und Monaten, in denen sie sich mehrfach als Greenhorns „ausgezeichnet“ und ihr Lehrgeld bezahlt haben, sollten sie ihren Anfängerstatus jedoch hinter sich lassen. Andernfalls – wenn es ihnen also nicht an Erfahrung, sondern offenbar an anderem mangelt – sind sie wohl eher einem der folgenden Typen zuzurechnen.

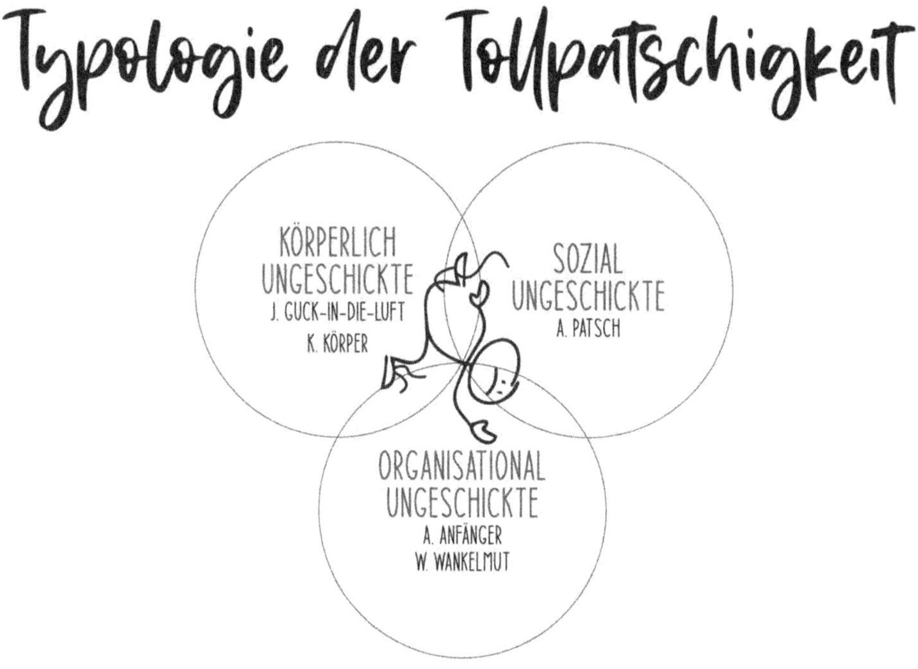

Abb. 5: Typologie der Tollpatschigkeit

Mal so, mal so

Die Geschichte des Greenhorns Torsten Werner würde auch gut in die folgende Kategorie passen. Schwankendes Führungsverhalten, also mal hü, mal hott, mal scharf autoritär, mal laissez-faire – das ist die Devise von *Wanda* und *Walter Wankelmut*. Persönliche Unsicherheit manifestiert sich in einem unsteten, flatterhaften Führungsstil: Man hat seinen Weg, seine Positionierung noch nicht gefunden und steht damit auf wackeligen Beinen. Mal probiert man es so, mal anders.
Heute freundlich, kollegial, kooperativ. Die Mitarbeiter*innen entspannen sich, atmen durch, beteiligen sich durchaus konstruktiv, werden vielleicht etwas mutiger und fordernder. Schon fragt sich Herr *Wankelmut*: „Bin ich da vielleicht zu weit gegangen? Habe ich das Tor zu sehr geöffnet? Wohin könnte das noch führen?" Er beginnt daher, gegenteilige Signale zu setzen, teilweise deutlicher als nötig. „Damit sich die Leute nicht zu sehr darauf einstellen", sagt er sich. „Besser rasch einen klaren Schnitt, ein resches Nein, ein hartes Durchgreifen. Dann weiß jeder, woran er ist." Glaubt der Chef. Bis er Anzeichen von Verunsicherung, Verwirrung und Widerstand ortet. Was ihn wiederum zum Nachdenken und häufig zum Umschwenken bewegt. Das Pendel schlägt wieder in die andere Richtung aus. Und so weiter und so fort.

Ein eng damit verwandtes Phänomen sind Führungskräfte, die sich beim Treffen und Verändern von Entscheidungen allzu flexibel anstellen. Man könnte ihnen zugutehalten, dass sie sich optimal an neue Gegebenheiten anpassen, quasi eine hohe Situationselastizität an den Tag legen. Wenn da nicht die unbekömmlichen Früchte ihres Entscheidungsverhaltens wären: Kolleg*innen und Mitarbeiter*innen, die sich die Haare raufen und sich über so viel Wendigkeit grün und blau ärgern, sowie Projekte, die nicht vom Fleck kommen.

Die vermeintliche Feinabstimmung

*In einer mittelgroßen Klinik wird im Zuge eines Umbauprojektes die Neustrukturierung des gesamten OP-Bereichs geplant. Ein externer Berater wird von der Gesamtleitung des Krankenhauses beauftragt, vom ärztlichen Leiter Dr. Lammer erhält er zusätzlich die Vorgabe: „Innovativ muss es sein!" Der Prozess läuft plangemäß, die Externen erarbeiten mit Einbindung von Führungskräften und Mitarbeiter*innen ihre Konzepte und Entwürfe. Bald liegen sowohl ein neues Betriebsorganisationskonzept als auch die Ergebnisse des Architektur-Wettbewerbs vor. Alle wesentlichen Entscheidungen sind getroffen, die Weichen für den weiteren Prozess von Planung und Umbau gestellt.*
Nun geht es an die sogenannte „Feinabstimmung", wo üblicherweise Detailfragen zu Umbau und Neugestaltung geklärt werden. An dieser Feinabstimmung nehmen der Vorstand und die Führungskräfte der Klinik, der externe Berater sowie der bereits beauftragte Architekt teil. In einer Besprechung, die den gesamten OP-Bereich betrifft, kommt es zu einer unerwarteten Wendung. Der ärztliche Abteilungsleiter für Anästhesie, Dr. Alstner, und die Pflegeleitung für Anästhesie, Frau Prohaska, erklären, dass sie das gesamte – bereits beschlossene! – Konzept so nicht mittragen können. „So kann man einen OP nicht bauen!" Damit stellen sie sich als einzige Opposition gegen alle anderen und somit gegen das beschlossene innovative Konzept.
Dann schwenkt plötzlich Dr. Lammer auf ihre Seite um. Dies erklärt er mit folgenden Worten: „Ich als ärztlicher Leiter verstehe aus fachlichen Gründen den Einwand von Dr. Alstner und entscheide daher kraft meines Amtes als Klinikvorstand, den OP-Bereich doch nicht in dieser Form zu gestalten, sondern ganz konventionell, wie dies Kollege Alstner vorschlägt." Die Autorität der Fachlichkeit – mit diesem Argument erübrigt sich jede weitere Diskussion. Alle anderen Beteiligten, selbst der kaufmännische Geschäftsführer, nehmen diese Wendung erstaunt zur Kenntnis.

Mit dem Ergebnis, dass sich der ärztliche Leiter – dem „innovativ“ ursprünglich so wichtig war – für eine Variante entschieden hat, wie 40 Jahre zuvor OPs gebaut wurden. Kleine Pointe am Rande: Sowohl Dr. Alstner als auch Frau Prohaska werden den Betrieb des neuen OP selbst nicht mehr aktiv erleben, da sie vorher in den Ruhestand gehen werden.

Was lernt man daraus? Nur weil etwas beschlossen ist, heißt das noch lange nicht, dass dem wirklich so ist. Nur weil etwas „Feinabstimmung“ heißt, ist damit längst nicht alles Grobe fixiert. Entscheidungen kommen oft auf sehr skurrile Art zustande. Und: Die Suppe wird mitunter von jenen eingebrockt, die sie dann nicht mehr auslöffeln müssen. Vorausgesetzt, es sind die Richtigen am Werk.

Oft sind sich *Wanda* und *Walter Wankelmut* selbst nicht geheuer. Die innere Ambivalenz macht ihnen zu schaffen, sie erleben mindestens zwei Seelen in ihrer Brust, fühlen sich in sich zerrissen. Der Widerstreit der Anteile kann mitunter ein spannendes Match sein. Wenn die Teammitglieder das einmal durchschaut haben, bietet sich ihnen die Chance auf ein wirklich beeindruckendes Spektakel. Sie sitzen erste Reihe fußfrei und reichen das Popcorn herum.
Meist kämpfen die Mitarbeiter*innen jedoch damit, wie sie sich auf eine solche Führungskraft einstellen sollen. Woran sollen sie sich orientieren? Was ist gerade angesagt? Welches Verhalten findet gerade den Zuspruch und welches die Ablehnung ihres Chefs? Niemand kann seine Reaktionen vorhersehen, keiner weiß, woran er ist. Manche Vorgesetzte streben genau das an, machen das mit Absicht. Sie umgeben sich mit dem Nimbus der Unberechenbarkeit. Dazu das richtige Pokerface, und schon können sie ihr Team zur Verzweiflung treiben. Wenn man genau dies bezweckt, ist das mit Sicherheit eine erfolgversprechende Strategie. Man darf sich dann allerdings einer anderen Kategorie an fragwürdigen Führungskräften zurechnen, nämlich jener der Trickser und Blender.[10]

10 Sie werden im Abschnitt „Tarnen, Tricksen, Täuschen“ ausführlich beschrieben.

Auf Kollisionskurs

Wenden wir uns nun einer ganz anderen Form von Ungeschicklichkeit zu. Man erkennt ihre Repräsentanten schon von weitem – an ihrem Äußeren und ihrem unbeholfenen Auftreten. Die Rede ist von den *Guck-in-die-Lufts* und den *Körperkläusen*. Beide kommen in Führungspositionen eher selten vor, dennoch sind sie als besondere Kuriositäten eine Erwähnung wert.
Das Klischee des zerstreuten Professors, der mit seinen Gedanken stets irgendwo anders weilt als in der augenblicklichen Situation, findet man tatsächlich am häufigsten in denklastigen Institutionen wie etwa Bildungs- und Forschungseinrichtungen. Mit abwesend anmutendem Blick, der irgendwohin, nur nicht auf sein unmittelbares Umfeld gerichtet ist, stolpert er durch seinen Alltag – während seine Denkwerkzeuge auf Hochtouren laufen und sich an der Lösung eines komplexen Problems versuchen.
Nennen wir ihn, angelehnt an die Basisliteratur schwarzer Pädagogik, dem „Struwwelpeter", *Johann* (beziehungsweise *Johanna*) *Guck-in-die-Luft*. Mit erhobenem Zeigefinger wird *Hans* von dessen moralisch einwandfreiem Verfasser, dem Frankfurter Psychiater Heinrich Hoffmann, für sein unachtsames Dahinstolpern gescholten. Im 19. Jahrhundert noch streng kritisiert, mutieren die *Guck-in-die-Lufts* später dann, in der Frühzeit der Filmgeschichte, zu gern gesehenen Verursachern von Schenkelklopfen. Der Slapstick als Kunstform – oder zumindest als zentrales Element einfacher Unterhaltung. Mit traumwandlerischer Sicherheit finden die Slapstick-Clowns – Stan Laurel etwa, der vermeintlich doofe Partner des dicken Oliver Hardy – eine Gelegenheit, irgendwo dagegen zu rennen oder zu stolpern. Die Bananenschale, auf der sie ausrutschen, der am Boden liegende Rechen, der ihnen den Stiel auf die Birne knallt. Stets zum Gaudium der Betrachter.
In den Unternehmen warten *Johanna* und *Hans* gleich um die Ecke, um mit einem ihrer Opfer zusammenstoßen zu können. Sie knallen gegen Glastüren oder gegen gut sichtbare Gegenstände – kein Wunder bei all den Ablenkungen rundherum. Es gelingt ihnen mitunter, minutenlang in Baugruben, 360-Grad-Drehtüren und Paternoster-Aufzügen zu verschwinden. Ihnen ähnlich und doch ganz anders, sozusagen die Antithese zu den *Guck-in-die-Lufts*, sind die heutzutage auf der Straße und in den Betrieben allzu häufig anzutreffenden

Head-down-Gestalten. Den Kopf gesenkt, gilt all ihre Aufmerksamkeit den Minirechnern in ihren Händen, die Umgebung wird bestenfalls schematisch wahrgenommen. So fördert jede Generation ihre eigenen Unfallkandidaten zutage. Würde der Struwwelpeter neu geschrieben, müsste der Schlussreim dann lauten: „Pauz! Perdauz! – da liegen zwei! Hans und Smartphone nebenbei!"

Ganz ähnlich *Klaus Körper* – der Körperklaus[11], der es zuwege bringt, über seine eigenen Beine zu stolpern. Er hat seinen Bewegungsapparat nicht unter Kontrolle und macht daher oft einen äußerst unbeholfenen Eindruck. Interessant, welcher Eintrag sich zu diesem Phänomen auf Stupidedia (ja, dieses Open-Content Satire-Lexikon gibt es tatsächlich!) finden lässt: „Mit dem deutschen Wort Körperklaus (...) bezeichnet man im allgemeinen Sprachgebrauch meist den hängengebliebenen Spasti, der am Ende längerer Partys am wenigsten klar kommt. Körperkläuse sind generell nicht mehr Herr ihrer Gestik und Mimik und fühlen sich leicht mit mittelklassigen Herausforderungen, beispielsweise dem Öffnen einer PET-Flasche, stark überfordert."[12]
Besonders talentierten Körperkläusen gelingt es, in Unternehmen gut sichtbare Spuren ihrer Ungeschicktheit zu hinterlassen. Je mehr an Verantwortung, umso gefährlicher sind sie. Demnach sollte man sich gut überlegen, ob man so jemandem eine Leitungsaufgabe überantwortet. Wer hat die Klospülung ruiniert und die Kaffeemaschine auf dem Gewissen? Wer hat die Whiteboards mit den falschen Stiften vollgeschmiert, wer der Kundin den Kaffee auf ihr Business-Kostüm geschüttet? Wer hat die sensible Mitarbeiterin, die sich ohnehin ungeliebt und ausgestoßen fühlt, über den Haufen gerannt? Das kann nur einer gewesen sein. Ach, hätte er nur seine Gliedmaßen besser unter Kontrolle!
Wenn für eine Produktpräsentation etwas Filigranes, Zerbrechliches oder etwas, das vorher nicht ausgelöst werden darf (wie etwa eine Dominosteinkette), aufgebaut ist, trachtet man danach, die Kollegen und Kolleginnen *Körper* und *Guck-in-die-Luft* fernzuhalten. Denn man musste bereits öfter als einmal erleben, wie eine höchst aufwändig vorbereitete Attraktion von einem dieser Ungetüme zerstört wurde.
Werden Personalentscheidungen bei der Besetzung von Führungspositionen einigermaßen rational getroffen, kommen sie nicht zum Zug – aus guten Gründen. Es sei denn, man möchte den entsprechenden Verantwortungs-

11 In Österreich kaum bekannt, stammt von unseren Lieblingsnachbarn und findet sich etwa in mehreren Liedtexten von Deutschrappern. Als einschlägig vorbelasteter Klaus – ich bin in puncto Feinmotorik nicht gerade mit Talent und Ausdauer gesegnet – habe ich mir gestattet, diesen diskriminierenden Begriff zu verwenden.
12 https://www.stupidedia.org/stupi/Körperklaus

bereich oder gleich die gesamte Einrichtung und Infrastruktur der Verschrottung zuführen. Sollte sich tatsächlich einmal eine solche Type in eine Führungsposition verirren – vielleicht kennen Sie ja sogar so jemanden!? – dann ist jedenfalls für Aufregung und auch für Gefahr gesorgt.

Wo ist der nächste Fettnapf?

Häufiger in Leitungspositionen schaffen es *Anna* und *Anatol Patsch*. Ihnen fehlt es an jeglichem Gespür für soziale Situationen. Sie finden jeden Fettnapf, selbst den verstecktesten. Sie treffen garantiert den falschen Ton. Sie haben das Händchen für intuitiv falsches Agieren in sozialen Situationen und nutzen jede Gelegenheit, andere vor den Kopf zu stoßen oder sich bei jemand Einflussreichem unbeliebt zu machen.
Gerade in Organisationen gibt es Tausende von Möglichkeiten dafür, insbesondere für Führungskräfte. *Anna* und *Anatol* werden uns nicht enttäuschen. Sie sind Naturtalente darin, die Aufmerksamkeit auf jene Menschen zu lenken, die eigentlich im Hintergrund bleiben wollen, und dafür die Wichtigen zu ignorieren.
Aus all diesen Gründen dienen Frau und Herr *Patsch* besonders schlauen Zeitgenoss*innen quasi als Anti-Role-Model, als negatives Vorbild. Man lässt sie einfach mal vorpreschen und beobachtet, wie sich die Dinge entwickeln. Wo Frau und Herr *Patsch* Schiffbruch erleiden, davon lassen schlaue Manager*innen lieber tunlichst die Finger.

Heribert Pilch ist ein besonders schön gezeichneter Vertreter dieser Sorte. Wir kennen ihn aus der Krimiserie „Kottan ermittelt", einer surrealistisch-schrägen Realsatire aus den 1970ern und 1980ern. Pilch, ein ehrgeiziger, fachlich nur bedingt qualifizierter, schrulliger Abteilungsleiter, versucht – mit durch und durch eigenartigen Führungsmethoden, wohlgemerkt – das typische Wiener Phlegma seiner Mitarbeiter zu durchbrechen und sie zur Lösung diverser Fälle anzustacheln. Letzteres gelingt durchaus, alle Fälle werden auf mehr oder minder professionelle Weise aufgeklärt. Pilchs Karriereambitionen sind letzten Endes von Erfolg gekrönt – er klettert die Leiter bis zur Position des Wiener

Polizeipräsidenten hoch (was ein interessantes Licht auf damalige Auswahl- und Entscheidungskriterien für Führungspositionen im öffentlichen Dienst wirft). Die Herzen der Zuseher*innen hat die Figur des Pilch jedoch zuerst mit dem Kampf gegen die Stubenfliegen und in späteren Folgen vor allem mit dem Scheitern am hauseigenen Kaffeeautomaten erobert. Ein Running Gag, der in jeder Episode vorkommen musste. Allerlei Varianten des Versagens, des Pechs, des Scheiterns an der übermächtigen Maschine. Man leidet mit ihm. Bei jedem erneuten Missgeschick fühlt man als Betrachter mit dem armen Kerl. Ja, man ist geneigt, ihm gerade deshalb seine unverdienten Triumphe, die Lorbeeren für gelöste Fälle sowie seine Beförderung, zu gönnen.

Natürlich kann auch „im echten Leben" so einiges schiefgehen:

In einem Produktionsunternehmen werden zum x-ten Mal alle großen Kostenblöcke analysiert und genauestens durchgerechnet. Wie es der Teufel so will, entdeckt man bei der Nachbetrachtung der etwa ein Jahr zuvor erfolgten Analyse einen gravierenden Fehler. Die Berechnung der Personalkosten war substanziell falsch. Was dem für die Personalagenden zuständigen Mitglied der Geschäftsführung in einem Meeting mit mehreren Teilnehmern folgenden Satz entlockt: „Um Himmels willen, da haben wir ja das falsche Werk zugesperrt!"

Besondere Gelegenheiten für Tollpatschige

Ein Unternehmen mit mehreren Standorten in verschiedenen mitteleuropäischen Ländern, die jährlichen Gehaltsgespräche stehen an. Für die ergebnisorientiert tickende Geschäftsleitung war das bisher stets ein immenser Aufwand, alle Standorte abzuklappern. Nun aber meinen sie, eine besonders schlaue kostensparende Idee gefunden zu haben – ganz im Geiste ständigen Optimierens. Sie veranlassen, dass die Gehaltsgespräche und die Weihnachtsfeier an den jeweiligen Standorten am gleichen Tag

stattfinden. Tagsüber also Einzelgespräche mit all jenen, die um eine individuelle Gehaltserhöhung angesucht haben. Abends dann salbungsvolle Reden zu den Erfolgen des abgelaufenen Jahres und den Herausforderungen der nächsten Zeit. Zum Abschluss die Aufforderung, nun in ausgelassener Stimmung die Arbeit mal Arbeit sein zu lassen und sich den Freuden der Feier hinzugeben. Schließlich komme man ja nur sehr selten in dieser Runde zusammen, umso wichtiger sei es, die Gelegenheit zu nutzen.
Wie groß ist die Verwunderung der Manager, dass keine wirkliche Stimmung aufkommt und offensichtlich etlichen der Mitarbeiter gar nicht nach Feiern ist. Überraschenderweise sind das genau jene, die tagsüber mit kleinen Almosen abgespeist oder mit klaren Ablehnungen konfrontiert wurden.

Betriebliche Feiern und andere lockere Anlässe bieten *Anatol Patsch* eine spezielle Chance, sich und seine Mitarbeiter*innen in unangenehme Situationen zu bringen. Als Profi im Danebengreifen sorgt er für einen steifen Rahmen, macht sich, für alle sichtbar Notizen, hakt auf einer Liste ab, wer da ist. Verunsichert alle, indem er sich völlig anders als sonst verhält. Etwa, indem er das Du-Wort anbietet, ein Angebot, das er bei nächster Gelegenheit im Normalbetrieb wieder zurücknehmen wird. Oder er macht sich auf der Feier über Nicht-Anwesende lustig. Egal ob Kunden, ehemalige Kolleg*innen, Management. Wenn diese so richtig durch den Kakao gezogen werden, fällt es allen Anwesenden schwer, sich passend zu äußern. Opposition zeigen und widersprechen? Wer weiß, wie das der Chef auffasst, vor allem, wenn ihm auch noch das Naturell des *Wankelmuts* innewohnt. Miteinstimmen, mitlachen, mitscherzen auf Kosten der anderen? Nicht die feine englische Art. Also doch besser noble Zurückhaltung? Dann wird es wohl zu dieser peinlichen Stille kommen, welche die Stimmung noch mehr anspannt. Wie man's macht, macht man's falsch – eine wunderbar konstruierte Multi-Bind-Situation, hervorgerufen durch Herrn *Patsch*, einem wahren Profi für soziale Turbulenzen. Noch unangenehmer wird es nur, wenn die nicht zur Feier gekommenen Kolleg*innen zum Gespött gemacht werden. Die werden sich hüten, beim nächsten Mal wieder zu fehlen.

Wenn dann die Stimmung völlig verkrampft ist, ist für *Anatol* der richtige Zeitpunkt gekommen, um für Auflockerung zu sorgen. Bestens eignen sich dafür unpassende Spiele, bei denen alle mitmachen müssen, oder schlüpfrige Witze und Zoten. Oder man macht es so wie das Management in der Geschichte mit den Gehaltsgesprächen. Gute Stimmung per Aufforderung – und jetzt alle ...! Falls man sich für keine dieser Optionen entscheiden möchte, bleibt immer noch der gute Freund Alkohol, auf dessen Wirkung man sich getrost verlassen kann. Man braucht bloß dafür zu sorgen, dass er in entsprechender Menge zu sich genommen wird. Egal ob man sich als Chef selbst zuschüttet – der sturzbetrunkene Vorgesetzte, ein wahres Vergnügen für alle Anwesenden – oder ob man das die Mitarbeiter*innen tun lässt. Irgend jemand wird sich schon finden, der das ganze Spektakel auf Videos festhält und diese entsprechend großzügig teilt.

Gehaltsverhandlungen bieten nicht nur im Zusammenhang mit Feiern, sondern ganz grundsätzlich großartige Gelegenheiten, die Beziehung zu den Mitarbeitenden nachhaltig zu vermasseln.

Zweierlei Maß

Ein Vertreter des mittleren Managements ist bekannt dafür, dass er Männer gegenüber Frauen bei Gehaltserhöhungen offensichtlich bevorzugt. Mittlerweile gilt das in keinem zivilisierten Land mehr als Kavaliersdelikt. Dieses Ereignis hat sich allerdings in einem nordeuropäischen Land mit ausgeprägten sozialdemokratischen Werten in der Arbeitswelt zugetragen. Geschlechteregalität und Gewerkschaften haben dort traditionell eine hohe Bedeutung. Hinzu kommt, dass der Umgang mit Gehältern in diesem Unternehmen äußerst offen und transparent ist.
Ein neuer Mitarbeiter wird aufgenommen. Er ist noch jung, unerfahren, hat aber Potenzial. Einige Monate darauf kommt es zu den alljährlichen Gehaltserhöhungen. Aufgrund der dort üblichen Transparenz erfährt eine Kollegin, dass ihre Gehaltserhöhung deut-

lich niedriger ausfällt als jene des Neuen. Und dies, obwohl sie ihm in allen Belangen überlegen ist: Erfahrung, Verantwortung, Performance, ja auch in puncto Ausbildung. Nachdem Ähnliches schon öfter vorgefallen ist, wendet sich die Mitarbeiterin an die Gewerkschaft. Diese stellt einen als neutralen Mediator agierenden Experten zur Verfügung, der das Gespräch zwischen Chef und Mitarbeiterin moderieren soll.
In diesem Gespräch lobt der Manager seine Mitarbeiterin über allen Klee, betont, welch großartigen Job sie macht und wie zufrieden er mit ihrer Performance ist. Darauf fragt der Moderator nach: „Weshalb haben Sie dann dem Kollegen eine höhere Gehaltserhöhung gegeben?" „Ja, weil wir ihn gerade eingestellt haben und wirklich hoffen, dass er eine tolle Leistung bringen wird." „Sie sagen also, Ihre Mitarbeiterin bringt bereits eine tolle Leistung, und bei dem neuen Mitarbeiter hoffen Sie, dass er eine tolle Leistung bringen wird, und deshalb geben Sie ihm deutlich mehr?" Da dämmert es dem Manager, dass er sich in einen argumentativen Notstand manövriert hat. Er muss eingestehen, dass das vielleicht doch nicht so fair war. Und zähneknirschend einräumen, dass das Unternehmen binnen der nächsten drei Jahre das Gehalt der Mitarbeiterin in eine faire Dimension zu korrigieren hat.
Wen wundert es, dass die Mitarbeiterin darauf nicht warten will und das Unternehmen schon vorher verlässt? Ihr – zwar nicht allzu wertschätzender, dafür aber umso treffsicherer – Kommentar über ihren Boss: „Er war ein toller Verkäufer, aber ein absolut mieser Manager. Er hatte großes Talent darin, das Falsche zu tun."

Alles nur ein Versehen?

Falls Sie es über die angeführten Beispiele und die darin vorkommenden, oft sehr unbeholfen agierenden Personen vergessen haben, wir sprechen hier immer noch von Menschen in Führungspositionen. Das sind jene Funktionen, die zusätzlich zu den normalen Aufgaben eine gehörige Portion Verant-

wortung aufweisen. Insofern darf die Latte ruhig etwas höher liegen als bei einem durchschnittlichen Mitarbeiter. Je ungeschickter sich eine Führungskraft anstellt, umso stärker gerät sie dadurch in die Kritik. Der Gegenwind, dem sie dann ausgesetzt ist, kann schon ein durchaus strammer sein.
Wie lässt sich das nun einordnen? Schlimm? Möglich. Ernst? Nicht unbedingt. Hoffnungslos? Keineswegs! Hat man den wesentlichen Phänomenen erst einmal mutig ins Auge geblickt, lassen sich durchaus Ansatzpunkte zum Handling solcher Führungssituationen entwickeln. Wir werden verschiedene Perspektiven unterscheiden, je nachdem, ob Sie sich selbst als ungeschickte Führungskraft erleben oder „nur" mittelbar von so jemandem betroffen sind. Aber alles der Reihe nach.

Zuallererst sollten wir uns in diesem Zusammenhang noch einer typischen Dynamik widmen, die schon mehrfach angedeutet wurde. Wann immer Sie es mit einem Tollpatsch zu tun haben, denken Sie sich vielleicht: „Der tut das doch nicht absichtlich, es passiert ihm schlechterdings immer wieder. Das Schicksal hat es einfach nicht gut mit ihm gemeint – ist das nicht ein unüberwindbarer Gegner?" Und schon sind Sie in eine naheliegende Falle getappt. Ungeschickte Führungskräfte lösen sehr häufig diese Reaktion von Mitleid und Nachsicht aus, nicht nur Verwunderung, Belustigung und Ärger. Man schafft es nicht, sie für ihr Handeln verantwortlich zu machen, geschweige denn, ihnen für bedenkliche Fehlgriffe böse zu sein. Sie haben es ja nur gut gemeint, sie wollten das ganz sicher nicht und gelten daher als die Unschuldslämmer der Führungsetage. Durch diese Reaktion leistet man selbst einen wichtigen Beitrag, dass sich dieses Phänomen weiter verstärkt. Eben weil die Führungskraft keinen Anlass dazu sieht, einen Weg aus der eigenen Unbeholfenheit zu suchen.

Was kann man also tun, um aus dem Zusammenleben und Zusammenarbeiten mit einem Tollpatsch das Beste zu machen? Fokussieren wir uns doch zuerst einmal darauf, was er an typischen Stärken und Vorzügen mitbringt.
Ungeschickte Führungskräfte sind recht leicht als solche zu erkennen. Selbst wenn sie ihr besonderes „Talent" im Verborgenen halten wollten, würden sie es nicht zustande bringen. Daher werden sie in den Unternehmen zumeist an

Positionen eingesetzt, wo sie nicht allzu viel Unheil anrichten können. Sie erfreuen sich vergleichsweise oft hoher Aufmerksamkeit samt Wertschätzung, wenn auch als – unfreiwillige – Clowns und Kasper ihrer Teams. Sie sind überall dort von Nutzen, wo es gilt, den Ernst der Situation zu durchbrechen und etwas zur allgemeinen Belustigung beizutragen – besonders wertvoll, wenn sich alle anderen in übergroßer Ernsthaftigkeit, ja geradezu Verbissenheit und Verkrampftheit üben. Ebenso in Phasen von Routine, Monotonie und Langeweile, wenn alles in gewohnten Bahnen dahinplätschert.
Angenommen, Sie sind Top-Manager*in und wollen einen bestimmten Mitarbeiter loswerden. Sie brauchen also jemanden, der diesen Mitarbeiter zur Verzweiflung bringt. Nun, dann bedienen Sie sich Ihrer „talentiertesten" unbeholfenen Führungskraft, Ihrer Nummer eins unter jenen, die mit hoher Sicherheit die Dinge verbocken. Sie soll dessen neue Vorgesetzte sein.
Oder Sie befinden sich in einer akuten Krisensituation, haben sich als Top-Manager*in für einschneidende Veränderungen entschieden und benötigen nun jemanden aus den mittleren oder unteren Führungsebenen als Übermittler der schlechten Nachricht und als Reibebaum für die Kolleg*innen. *Anna Toll-Patsch* ist bestens darin geübt, dass Dinge schlecht laufen, und wird sicher etwas falsch machen, aber die wenigsten werden ihr dafür böse sein, wenn sie die niederschmetternde Nachricht überbringt. Als Vorgesetzte*r von Frau oder Herrn *Patsch* sollte man nur achtgeben, dass sich die Wut und der Ärger der Mitarbeiter*innen nicht plötzlich gegen einen selbst richten.
Der Tollpatsch hat noch einen weiteren Vorteil. Mit seiner ungelenken, bemitleidenswerten und zugleich unterhaltsamen Art lenkt er von anderen Unzulänglichkeiten ab. Will man etwas kaschieren und soll sich die kritische Aufmerksamkeit der Anwesenden auf etwas anderes richten, dann ist es Zeit für den Auftritt von *Adelheid Anfänger, Johanna Guck-in-die-Luft, Klaus Körper* oder *Anatol Patsch* – nur *Wanda* und *Walter Wankelmut* sind sehr behutsam einzusetzen.

Halten wir uns also noch einmal vor Augen: Die Vertreter*innen dieser Spezies sind keine Unmenschen, sondern zumeist von guten Absichten getrieben. Selbst wenn sie sich im Ton vergreifen und andere vor den Kopf stoßen, gehören sie definitiv nicht zu jenen, die vom Herabwürdigen anderer selbst profitieren wollen, die sich über deren Erniedrigung selbst erhöhen. Sie würden keiner Fliege etwas zuleide tun. Jedenfalls nicht absichtlich – und wenn, dann durchbohren sie sich dabei die Hand am Zettelspießer, wie uns Herr Pilch gezeigt hat.

Mein*e Chef*in ist so – Hilfe!

Sollten Sie einen solchen Chef oder eine derartige Vorgesetzte haben, rufe ich Ihnen gleich als erstes zu: Erwarten Sie sich bitte keine wundersame Verwandlung Ihres Gegenübers. Überraschungen durchaus, die stehen ja quasi auf der Tagesordnung, aber eben keine plötzlichen Entwicklungsschübe in Richtung Geschicklichkeit, Souveränität und Anmut. Stellen Sie sich darauf ein, dass Sie regelmäßig mit dem einen oder anderen bedenklichen Agieren, mit manchmal gravierenden Folgen, konfrontiert werden.

Haben Sie es mit einem Greenhorn zu tun, geben Sie ihm die nötige Zeit. Überfordern Sie ihn nicht. Ermöglichen Sie ihm, an seinen Fehlern zu wachsen.
Im Umgang mit Verfehlungen von Körperkläusen, Guck-in-die-Lufts und Tollpatschen machen Vorwürfe naturgemäß wenig Sinn. Darauf werden Sie in der Regel bloß ein „Sorry, ist mir passiert" ernten. Nachsicht ist in diesem Fall – wie schon mehrfach ausgeführt – ebenso wenig zielführend. Wenn Sie dazu imstande sind, sorgen Sie für eine humorvolle Entspannung der Situation und dafür, dass die Scherben möglichst energiesparend beseitigt werden – damit ist allen Betroffenen am besten geholfen.
Und was das Handling von Wankelmütigen angeht: Vielleicht schaffen Sie es ja, der nächsten, mit an Sicherheit grenzender Wahrscheinlichkeit eintreffenden Wendung neugierig und eventuell sogar freudig entgegenzusehen. So nach dem Motto: Ich bin schon gespannt, mit welchem Typ Chef wir es gleich wieder zu tun haben werden. Der eine oder die andere Geschäftstüchtige unter Ihnen wird möglicherweise auf die Idee kommen, ein kleines betriebsinternes Wettbüro zu gründen, in dem auf das nächste Auftreten von Frau oder Herrn *Wankelmut* gesetzt werden kann.

Verflixt, das bin doch ich!

Angenommen, Sie stellen besorgt fest, dass Sie sich mit ihrer Ungeschicklichkeit des Öfteren im Wege stehen. Sind deshalb Verzweiflung und Resignation angesagt? Nicht unbedingt. Wenn Sie die Ausweglosigkeit akzeptiert und sich mit Ihrer Situation arrangiert haben, gelingt es Ihnen vielleicht, das Ganze etwas leichter zu nehmen. Ist es an der Zeit, die eigenen Pläne betreffend Weiterentwicklung und Karriere endgültig zu begraben? Keinesfalls. Wie bereits ausgeführt bringen Sie einige Trümpfe mit, die Sie nur zur richtigen Zeit einsetzen müssen. Und schon sind Ihre Chancen, wenigstens im Konzert der Großen mitspielen zu dürfen, wieder intakt.

Als geübte*r Ungeschickte*r haben Sie sich im Laufe der Jahre und der vielen Erfahrungen des Ausrutschens, Danebenliegens und Scheiterns ein Set an Mienen, Gesten und Entschuldigungen erarbeitet. Sorgen Sie dafür, dass Sie diese stets parat haben und immer wieder erfolgreich einsetzen.
Ihr größter Trumpf: Einem talentierten Ungeschickten können die wenigsten wirklich böse sein. Am besten wählen Sie ein Umfeld, das von Beißhemmung und Honig-ums-Maul-Schmieren geprägt ist, eine Organisation, in der die schaumgebremsten Gutmenschen das Sagen haben. In einer solchen betrieblichen Umgebung dürfen Sie mit vielen Nachsichtigen rechnen.
Für die ganz Gewieften unter Ihnen: Trainieren und perfektionieren Sie die Mitleidsmasche. Nutzen Sie alle Möglichkeiten, um Ihre Mitmenschen in Richtung Vergebung und Nachsicht zu manipulieren. Experimentieren Sie mit verschiedenen Unschuldsmienen, Gesten der Unterwerfung sowie Selbstvorwürfen. Merken Sie sich, bei wem welche Tricks besonders gut funktionieren. Haben Sie Ihr Repertoire entsprechend erweitert und können es mit hoher Wirksamkeit einsetzen, sollten Sie beginnen, Ihre Interventionen kleiner und kleiner werden zu lassen. Im Endausbau für das Gegenüber bewusst gar nicht wahrnehmbar – man reagiert dann nur noch unbewusst, man hat so ein Gefühl. Dann sind Sie ein wahrer Mitleid-Manipulator.
Wenn man Ihnen Mitgefühl entgegenbringt, wenn man Sie bemitleidet, Ihnen Mut zuspricht: Agieren Sie wie ein Profi. Bedanken Sie sich erst dafür. Dann allerdings lehnen Sie das Entgegenkommen Ihres Gegenübers elegant als

nicht wirklich hilfreich ab. „Ich weiß Ihren Versuch, mich aufzumuntern, zu schätzen." „Geben Sie sich keine Mühe, es hilft ja doch nichts." „Letztlich bleibt es wieder an mir hängen." Und so weiter. Verstärken Sie damit den Impuls bei Ihrem Gegenüber, noch stärker mit Ihnen zu fühlen, Sie von jeglicher Schuld loszusprechen und Sie noch besser zu unterstützen. Ziehen Sie ihn damit vollends auf Ihre Seite.

Schöpfen Sie aus dem Vollen und setzen Sie auf Humor. Seien wir ehrlich, was bleibt Ihnen in Wirklichkeit anderes übrig? Immerhin sind Sie ohnehin schon länger der Clown, der Kasper, der Anlass für Schmunzeln und Gelächter. Wenn Sie das einmal akzeptiert haben, können Sie es offensiv nutzen. Sie erleichtern damit allen in Ihrer Umgebung, mit Ihren Unzulänglichkeiten zurechtzukommen.

Bloß dumm gelaufen?

Fehlbesetzungen von Führungspositionen

Grottenschlechte Low-Performer in Führungspositionen? Völlig unfähige Chefs und Chefinnen? Wann immer man mit solchen Phänomenen konfrontiert ist, fragt man sich: Wie kann es sein, dass Führungsjobs überhaupt mit inkompetenten Personen besetzt werden? Personen, über denen scheinbar eine große, für alle greifbare Fragezeichen-Wolke schwebt, wie ein zu laut gedachter Gedanke: „Wie konnte nur dieser Mensch mit diesem Job betraut werden? Der ist ihm doch mindestens um eine Nummer zu groß!"

Wer sich die Frage stellt, weshalb die Wahl manchmal gerade auf den Schwachmaten fällt, sollte über die Gründe und Hintergründe von Personalentscheidungen Bescheid wissen. Betrachten wir dafür den Prozess der Entscheidungsfindung und der Auswahl. Allerdings nicht aus der Warte der Bewerber*innen, weder der erfolgreichen noch der unterlegenen, sondern aus jener der Entscheider*innen. Was bewegt sie beim Treffen von Personalentscheidungen?

Hier gilt es, eine grundsätzliche Unterscheidung zu treffen. Zwischen der bewussten Fehlentscheidung, also jenen Fällen, wo die Entscheider*innen wissen beziehungsweise zumindest ahnen, dass die Bestellung eines bestimmten Kandidaten der sprichwörtliche Griff ins Klo sein wird. Und den vielen anderen Situationen, wo sie – wenn überhaupt – erst danach begreifen, dass ihnen eine unglückliche Personalentscheidung passiert ist. Pleiten-, Pech- und Pannen-Entscheidungen also.

Bewusste Fehlentscheidungen

Fehlbesetzungen resultieren nicht immer aus Fehlgriffen. Mitunter handelt es sich um eine absichtliche Entscheidung für die augenscheinlich schlechtere Alternative. Dafür können verschiedene Faktoren verantwortlich sein:

- Man ist jemandem einen Gefallen schuldig.
- Man will es jemandem zeigen, der einen explizit vor einem bestimmten Kandidaten warnt. Wer lässt sich schon gerne dreinreden? Oder man ist vom Teufel geritten und will endlich einmal etwas riskieren.
- Man findet niemand anderen. Es fehlt an geeigneten Bewerber*innen. Oder man ist schlichtweg nicht bereit, so viel zu zahlen, wie ein guter Kandidat, eine seriöse, kompetente Anwärterin für die vakante Führungsposition verdienen würde.
- Man muss zähneknirschend feststellen, dass die wirklich Guten nicht in das System passen. Sie sind zu kompetent, zu innovativ, zu mutig, zu vielversprechend, zu selbstbewusst, zu erfahren, zu teuer, zu anspruchsvoll, zu freundlich, zu intelligent, zu sensibel, zu bedacht, zu umsetzungsorientiert, zu energievoll, zu weiblich, zu jung, zu alt oder eine Kombination von mehreren dieser Ausschlusskriterien.
- Oder man braucht genau solch einen Low-Performer für diese Position.

Pleiten-, Pech- und Pannen-Entscheidungen

Manchmal jedoch greift man einfach daneben. Die Ursachen dafür können ebenso höchst unterschiedliche sein:

- Man nimmt den Erstbesten. Vielleicht aus Zeitdruck, vielleicht, weil man ganz andere Sorgen hat und es sich leicht machen will und die Auseinandersetzung scheut. Oder einfach nur so, aus gar keinem bestimmten Grund.
- Man hört auf jemandes Empfehlung, hat die falschen Einflüsterer. Oder das Programm, der Algorithmus des Recruiting Assistance Tools sagt einem, wer der richtige Kandidat ist. Oder gleich jemand aus der IT.
- Man lässt sich blenden – etwa durch besondere Details im Lebenslauf, durch die Verpackung, durch das Auftreten, durch besonders geschickte Kommunikation des Bewerbers.
- Man vertraut nur seinem Gefühl. Oder man vertraut seinem Gefühl ganz und gar nicht.
- Man hat eine sagenhaft schlechte Menschenkenntnis, man bringt schlicht und ergreifend keine bessere Auswahl zustande. Oder man erkennt sich in dem Kandidaten wieder und denkt sich, so schlecht kann der nicht sein, ich habe es schließlich auch geschafft. Man ist selbst eine gröbere Fehlbesetzung und sucht deshalb seinesgleichen. Man ist quasi als Bock der Gärtner.

Peter und seine Theorie der Inkompetenz

Eine weitere Erklärung für das Phänomen inkompetenter Führungskräfte liefert der nach wie vor aktuelle Ansatz von Laurence J. Peter und Raymond Hull, das Peter-Prinzip. Diese Theorie der Inkompetenz besagt, dass man stets befördert wird, so lange man seinen Job gut macht. So gelangt man irgendwann an eine Position, in vielen Fällen eine respektable Führungsposition, wo die eigene Kompetenz nicht mehr ausreicht, den Anforderungen gerecht zu werden, wo man also überfordert ist. Mit dem Aufstieg ist es nun vorbei, man verbleibt jedoch trotz Versagens aufgrund von Inkompetenz bis auf Weiteres auf der aktuellen Stufe, im schlimmsten Fall bis ans Ende der aktiven Arbeitsphase. Peter und Hull resümieren: „Die Arbeit wird von den Mitarbeitern erledigt, die ihre Stufe der Inkompetenz noch nicht erreicht haben."[13]

Die andere Seite der Medaille

Manche dieser Entscheidungen sind nur auf den ersten uneingeweihten Blick von außen falsch. Erschließt sich einmal die innere Logik, ändert sich das Bild grundlegend. So kann es für den übergeordneten Manager von großem Vorteil sein, wenn seine Wahl auf eine offensichtliche Niete fällt. Er braucht vielleicht gerade einen Jasager ohne eigene Meinung und Widerstandspotenzial – dann ist das Leben für ihn selbst deutlich einfacher. Erstens wird ihm ein Schwachmat nicht gefährlich, zweitens soll es ihm im Hinblick auf seine eigene Strahlkraft nur recht sein, wenn bloß ein mattes Licht neben ihm leuchtet. Vorsicht: Charisma, zu hohe Kompetenz und zu großes Erfolgspotenzial eines Kandidaten können mitunter zu bedenklichen Karrierestoppern werden.

Außerdem ...
... sind Fehlbesetzungen unterhaltsam, stets gut für einen Lacher. Oder zwei.
... haben sie alle etwas unbeholfen Sympathisches an sich, versprühen einen Hauch von Verspieltheit, Leichtigkeit, ja sogar Charme und Anmut.
... sind sie oft ungefährlich und harmlos, tun selten wirklich weh. Man verdreht höchstens die Augen. Aufgrund ihrer Grenzen sind sie automatisch gefeit davor, wirklich schlimmen Schaden anzurichten. Quasi hoffnungslos, aber nicht ernst.
... kann die Auseinandersetzung mit ihnen ein wunderbares Training für die wahrhaft gefährlichen Prüfungen im Leben sein. Sich mit fehlbesetzten Führungskräften anzulegen, ist wie ein Tanz auf einer stumpfen Rasierklinge.
... spricht man häufig und gerne über sie. Sie sind das Lieblingsthema des Tratsches am Shop-Floor, also auf Mitarbeiter-Ebene. Was kann man sich nicht toll über sie den Mund zerreißen? Jeder kann etwas beisteuern, man verbündet sich und zelebriert die gefundene Gemeinsamkeit. Danach sind alle ein wenig

13 Peter & Hull, 2001, S. 20

erleichtert. Es ändert zwar nichts an den Gegebenheiten, aber immerhin – man hat sich wieder einmal Luft gemacht und seinen Unmut in die Welt hinausposaunt. Auch nicht zu verachten.
... stellen sie für das gesamte System einen wertvollen Test dar. Nämlich dafür, wie stabil und belastbar es ist. Was hält es aus, wann gerät es ins Schwanken? Und ganz im Sinne des vorigen Punkts tragen auch fehlbesetzte Führungskräfte selbst gehörig zur Stabilisierung des Systems bei. Ein bisschen Aufregung muss schon sein.

Fehlbesetzungen können übrigens widerrufen werden. Das geschieht selbst in Organisationen, in denen es absolut unüblich ist, sich von unfähigen Mitarbeitern zu trennen. Allerdings stellt das keinerlei Garantie dafür dar, dass das Thema damit erledigt ist. Vermutlich kennen Sie dieses Phänomen: Man hat gedacht, es könne nicht mehr schlimmer werden. Also bestellt man eine neue Führungskraft, und was wird es? Noch schlimmer.

Richtig gut gemeint, zu gut.

Doch zu gut ist nicht immer von Vorteil.

Vor allem, wenn man sich dabei selbst im Weg steht.

Gebenedeit
seist Du
Karin

Gebenedeit seist du, Karin

Liebe Chefin, liebe Karin,

Heute ist ein ganz besonderer Tag. Dein Tag! Wir sieben, Deine treuen Mitarbeiterinnen, können es kaum glauben, dass Du schon den Fünfziger erreicht hast.
Du bist mit uns einen langen Weg gegangen, einen meist sehr freudvollen, teils auch beschwerlichen Weg, jedenfalls einen beeindruckend erfolgreichen. Hast Dich um so viel, ja beinahe um alles gekümmert, hast mit Umsicht und Weitblick stets den Laden zusammengehalten und dafür gesorgt, dass jede von uns ihren Platz findet. Wann immer es hart und manchmal wirklich eng war, Du hast uns da wieder herausgeholt, hast die Dinge wieder in Ordnung gebracht. Du warst und bist die Architektin unserer Erfolgsstory, das Mastermind hinter den vielen schlauen Entscheidungen, das strahlende Gesicht nach außen, der Garant für Qualität und Beherztheit, die Seele in unserem wundervollen Gefüge.

Wir haben unsere Dankbarkeit und Gedanken in Worte gefasst und wollen Dir damit von Herzen etwas für Dein weiteres Leben mitgeben.

In der Hoffnung, dass es noch ein langer gemeinsamer Weg wird
Annika, Beate, Gülen, Irina, Mona, Nicoletta, Zsófia

sieben mal sieben plus eins

Du bist hier unsere chefin
wo wären wir ohne Dich
die firma führst Du mit umsicht
hast alles, ja alles im griff
Du hältst alles zusammen
den einkauf, die kunden, den shop
beeindruckend, liebe karin – aber sag, wer schaut auf Dich?

anlaufstation für uns alle
bist für sämtliche fragen stets Du
mit offenen ohren und armen
gehst Du auf alle zu
nie machst Du etwas halbes
lässt Dich auf alles ein
es geht nun wirklich nicht besser – jedoch, wo bleibst da Du?

allzeit bist bereit Du für jeden
kunden, familie und uns
leicht hast Du es bei gott nicht
wenn jeder seinen wunsch tut kund
streckst helfend aus Deine hände
packst zu, wo Du anpacken kannst
hey, chefin, jetzt mal ehrlich – ist das noch gesund?

sollte uns mal etwas passieren
durch dummheit oder sonst ein malheur
wenn manches gerät aus den fugen
nimmst Du es ganz sicher nicht schwer
Du versuchst uns zu schützen
so gut und so häufig es geht
unsere gute seele – bloß, wo nimmst Du die kraft dazu her?

Du bist da für Deine eltern
unterstützt sie, gibst so viel von Dir,
auch Deinen kindern, so verschieden
nicht zwei, nicht drei, sondern vier
dazu noch Dein mann mit all seinen sorgen
der will auch geliebt sein, na klar
unglaublich, von Dir so viel liebe – nur, tu bitte gutes auch Dir!

erst wollten wir Dir nur schmeicheln
Du hättest es ja verdient
es gäbe so viel zu loben
wofür wir alle dankbar sind
doch wo sonne, ist auch schatten
nicht nur licht, das ist gewiss
zu wichtig bist Du uns, karin – drum tu was, das Dein wohlbefinden bestimmt!

die krise im letzten sommer
beinahe wär‘ es geschehn
wir sahen es lange schon kommen
nur Du wolltest nichts davon sehn
hast alle warner missachtet
sagtest, lasst mich in ruh
warst nach außen nur noch fassade
und machtest die tür hinter Dir zu
alles kam da zusammen
hast Dich in Dir verbarrikadiert
wärst seelisch beinahe verblutet
und ließest dennoch niemand zu Dir
so darf‘s nicht noch mal sein, karin – Du bist uns so wichtig, ja Du!

karin, wir machen uns sorgen
nicht über uns, sondern um Dich
opferst Dich auf, gehst vielleicht unter
im trubel, der rund ist um Dich
Du bist gottlob nicht alleine
damit Du es nicht vergisst
unsere mahnenden worte – übernimm Dich bitte nicht!

Selbstlos sei der Mensch

Wenn die (zu) Guten leiten und leiden

Es ist nun höchst an der Zeit, einen ganz besonderen Menschenschlag zu würdigen. Er ist der beste Beweis dafür, dass die Welt im Grunde in Ordnung ist. Der mit Herz und Empathie gesegnete Homo socialis ist nicht ausgestorben, auch wenn es manchmal den Anschein hat. Selbst unter Führungskräften gibt es noch wahre Gentlemen – die Ladies nicht zu vergessen. Vertreter*innen der alten Schule, die wissen, wie sie sich gegenüber anderen Menschen zu verhalten haben. Die sich ihrem Umfeld stets von der besten Seite zeigen, fast alle an ihrer Offenherzigkeit und Großzügigkeit teilhaben lassen und sich für ihr Gegenüber wirklich interessieren. Das ist beileibe keine Selbstverständlichkeit – welche Mitarbeiterin, welcher Kollege kann das schon von seiner Führungskraft behaupten? Nicht allzu viele. Diese wenigen Glückspilze haben es mit Führungskräften zu tun, die sich in erster Linie für andere engagieren und nicht für das eigene Wohl, für die eigene Karriere. Die ihre persönlichen Bedürfnisse zurückstecken, sie einfach nicht so wichtig nehmen. Die also keinerlei egoistische Anwandlungen zeigen. Denn dies wäre ein absolutes No-Go für unsere Mitarbeiterversteher*innen. Sich Egoismus nachsagen zu lassen – undenkbar!

Wahre Heldinnen und Helden in Führungspositionen also, die stets an das Gute im Menschen glauben. Die selbst beim hoffnungslosesten Taugenichts davon überzeugt sind, dass sich noch alles ins Positive drehen lässt. Mit diesem Mindset ausgestattet, scheint es ihnen leichtzufallen, stets Optimismus und Zuversicht auszustrahlen und eine ansteckende Lebensfreude zu versprühen – nun ja, zumindest manchen von ihnen.

Wie gut, dass es noch Manager*innen gibt, die nicht hinterfragen, ob etwas ihre Aufgabe ist oder nicht, sondern einfach übernehmen und tun! Als wäre es geradezu das Normalste im Leben, immer einsatzbereit zu sein, stets allen mit Rat und Tat zur Seite zu stehen und anderen die Arbeit abzunehmen, insbesondere die wirklich unangenehmen Tätigkeiten. Und sich mit einem schlichten Danke, einem kurzen Schulterklopfen zufriedenzugeben. Wenn es um die richtig große Ernte geht, um die Verteilung des dicken Lobs, sollen sich ruhig die anderen vordrängen. Unsere Held*innen halten sich lieber im Hintergrund – bescheiden, wie sie sind. Dabei würde dieses Lob doch ihnen gebühren. „Nein, nein", entgegnen sie, „das wäre zu viel der Ehre." Vielleicht fühlen sie sich kurz geschmeichelt, um sich dann rasch wieder Wichtigerem zuzuwenden – nämlich, anderen beziehungsweise einem höheren Ziel zu dienen und sich dafür mit allem, was ihnen zur Verfügung steht, einzusetzen.

Was täten wir nur ohne sie? Ihnen verdanken wir so viel. Sie halten uns den Rücken frei, packen an, wo sich andere drücken, machen Überstunden, wo andere längst den Feierabend genießen. Für sie eine Selbstverständlichkeit – für alle in ihrem Umfeld bald, nach nur kurzer Lernphase, ebenso. Man kann sich voll und ganz auf sie verlassen. Wenn man nicht mehr weiterweiß, ein Problem hat, zu viel Arbeit auf den Schultern oder ein unangenehmes Thema an der Backe, welches man so schnell wie möglich loswerden möchte – immer sind sie die willkommenen Adressat*innen. Wie gesagt, sie zaudern nicht, fragen nicht lange nach, besinnen sich nicht ihrer eigenen Bedürfnisse, sondern sagen einfach zu.[14]
Hand aufs Herz. Ohne sie wäre unsere Welt um einiges schlimmer dran. In den Familien schultern sie Pflege- und Betreuungstätigkeiten. Die meisten auf Ehrenamtlichkeit basierenden Vereine wüssten nicht, was sie ohne sie täten.

14 Interesse an der zum Thema passenden musikalischen Untermalung? Dann gönnen Sie sich „I bin a Weh", interpretiert von der Worried Men Skiffle Group beziehungsweise von Wolfgang Ambros. Breiter Wiener Dialekt der 1970er-Jahre und ein eingängiger Refrain, den man so leicht nicht mehr aus dem Kopf kriegt.

Und in den Betrieben fungieren sie als die dankbaren Abladestationen für alle undankbaren Aufgaben. Das ist beileibe kein neues Phänomen. Nach dem Krieg haben solche wie sie das Land aufgebaut, die Wirtschaft in Schwung gebracht, Betriebe gegründet, Mitarbeiter*innen angestellt und somit den Menschen und ihren Familien eine Existenzgrundlage verschafft. Und dann – anders als etliche kurzatmige Pioniere – über Jahre, ja, was schreibe ich, über Jahrzehnte durchgehalten. Nie gemurrt, nie aufbegehrt, sondern stets dafür gesorgt, dass es mit ihren Firmen gut weitergehen kann, dass die vielen zu erledigenden Dinge gemacht werden und dass sich andere verdienterweise einmal zurücklehnen, ausrasten und genießen können. Spricht man sie darauf an, dass dies auch ihnen einmal zustünde, winken sie dankend ab und geben ihrem Gegenüber noch etwas mit auf den Weg – nämlich die eine oder andere Lebensweisheit:
„Wahre Macht liegt in der Fähigkeit, anderen zu dienen."[15] „Anderen zu dienen, ist die Miete, die du für deinen Platz hier auf der Erde bezahlst."[16] Oder: „Der Hauptgrund für unser Leben ist es, anderen zu helfen. Und wenn du ihnen nicht helfen kannst, dann tu ihnen zumindest nicht weh."[17]

Alles ist gut

Gisela Gutmensch und *Johnny B. Goodman* verfügen über eine einfache Lebensphilosophie, von der sie felsenfest überzeugt sind: Der Mensch ist von Natur aus gut. Sollte jemand daran zweifeln, möge er sich bloß die Kinder ansehen. Manchen, okay, nicht ganz wenigen, meinetwegen, durchaus vielen von ihnen mag dieses Positive später in ihrer Entwicklung abhandenkommen. Das bedeutet allerdings nicht, dass es damit ganz weg ist. Bei jedem Menschen lässt sich immer irgendetwas Positives finden, selbst wenn es sich nur um eine Kleinigkeit handelt.
Zeigen ihre Mitarbeiter*innen und Kolleg*innen moralisch bedenkliche Seiten oder driften sie vom richtigen Weg ab, sind das für *Gisela Gutmensch* und *Johnny B. Goodman* vernachlässigbare Äußerlichkeiten. Tief drinnen hat jeder Mensch – und damit auch der unwilligste Mitarbeiter, der machtgeilste Top-Manager oder die arroganteste Kollegin – einen durch und durch

15 So soll es im I-Ging stehen – alleine ich habe es in dieser Form dort nicht so gefunden. Aber egal. Denn es wird genug falsch zitiert – frei nach dem Motto: Hauptsache, der Inhalt passt. Oder auch: Hauptsache, ich kann eine vermeintliche Weisheit einwerfen, die meinen Standpunkt untermauert. Und was noch nicht ganz passt, wird angepasst.
16 Soll von Muhammad Ali stammen.
17 Und dies vom Dalai Lama.

positiven Kern. Und zusätzlich das Potenzial zur Verbesserung, zur Weiterentwicklung und zur Entfaltung. Selbst aus der hässlichsten Raupe kann einmal ein wunderschöner Schmetterling werden. Sie braucht sich bloß auf ihre inneren Werte und ihr Potenzial besinnen, nach dem Motto: „Am Ende wird alles gut. Und wenn es noch nicht gut ist, ist es nicht das Ende."[18]

Die Mitarbeiterversteher*innen sind die Goodies unter den Führungskräften, sie nehmen bei anderen nur die Sonnenseiten wahr. Insofern ist es logisch, dass in ihrem Menschenbild nicht vorkommt, dass jemand etwas Böses im Schild führen könnte. Verhält sich jemand einmal wirklich unkooperativ, kann man ihm immer noch gute Absichten unterstellen. „Ach, das war doch sicher nicht so gemeint. In seinem Herzen fühlt er ganz anders. Das ist bloß sein Temperament, das da zum Ausdruck kommt, seine Hormone, die mit ihm durchgegangen sind."

Auf diese Weise werden selbst die heftigsten Entgleisungen erklärt, das krasseste Fehlverhalten entschuldigt. Das eigene Menschenbild macht es möglich. Man kann gar nicht anders, als nach schlüssigen Erklärungen außerhalb der Person zu suchen. Was auch immer man als „Ursache" oder „wahren Grund" findet, der Übeltäter ist jedenfalls fein raus. Ihn trifft keine Schuld, er war irgendwelchen Mächten ausgeliefert, er konnte nicht anders. Sollten ausnahmsweise die Tatsachen eine andere Sprache sprechen, dann ist ihm bestenfalls ein einmaliger Fehler passiert.

Wenn eine solcherart gepolte Führungskraft mit einem wirklich miesen Mitarbeiter zu tun und bereits alles Mögliche unternommen hat, um ihn zu einer besseren Performance zu bewegen, der Erfolg jedoch ausbleibt, sagt sie sich dennoch: „Jede Seele ist eine gute Seele. Ich vertraue auf Besserung und gebe meinem Mitarbeiter eine weitere Chance. Nicht gleich die Türe zuschlagen. Nur nicht die Geduld verlieren. Nicht zu scharf und zu viel auf einmal einfordern, das ist einem Mitmenschen nicht zuzumuten."

Gisela und *Johnny* sind Meister darin, andere von ihrer Verantwortung freizusprechen. Ein besonders pikantes Phänomen dabei: *Herr Goodman* und *Frau Gutmensch* werden sehr häufig gerade von jenen hinters Licht geführt, manipuliert und ausgenutzt, gegen deren Verurteilung sie sich besonders kräftig ins Zeug legen.

---

18 Unklar, ob das tatsächlich Oscar Wilde oder John Lennon so gesagt haben, jedenfalls wird es beiden zugeschrieben. Definitiv stammt das Zitat aus Fernando Sabinos Buch „Zélia, uma paixão" aus dem Jahr 1991: „No fim tudo dá certo. Se não deu certo, é porque ainda não chegou ao fim." (https://falschzitate.blogspot.com/2017/10/am-ende-wird-alles-gut-und-wenn-es.html)

Wo lässt sich dieses Gutmenschentum als dominante Führungshaltung am ehesten finden? Selbst wenn es ein altes Klischee ist: am häufigsten wohl nach wie vor in Organisationen im Gesundheits-, Sozial- und Bildungsbereich. Nicht bei den erfahrenen Profis in diesen Feldern – die haben sich längst von einem zu optimistischen und damit naiv-unrealistischen Menschenbild verabschiedet. Dort und da gibt es sie aber, jene Führungskräfte, die noch nicht so weit sind, die ihr zu einseitig positives Bild von ihren Kolleg*innen noch nicht hinterfragt und korrigiert haben. Die quasi unverbesserlichen Optimist*innen, die auf ihren Überzeugungen beharren, egal, welche Erfahrungen sie machen.

Zuständig für Zugeständnisse

Johnny Hütter leitet eine regionale Bildungseinrichtung. Seine Situation ist alles andere als einfach. So ist neben der großen strategischen Frage „Wird es diese Einrichtung im nächsten Jahr überhaupt noch als eigenständiges Institut geben?" auch die ökonomische Lage äußerst angespannt. Hütters rechte Hand, verantwortlich für die kaufmännischen Belange, teilt ihm wöchentlich mit, dass die Zahlen wirklich kritisch seien, die Lage ernst. Bekenne man sich nicht zu einer deutlichen Kursänderung, ist das Überleben der gesamten Einrichtung fraglich. Hütter will davon nichts hören. Hoffentlich kommt niemand im übergeordneten Management auf die Idee, sich die Kennzahlen der Einrichtung genauer anzusehen, denkt er sich.

Als ob er nicht schon genug um die Ohren hätte, stehen jetzt auch noch drei Mitarbeiterinnen von Tina Leitner, einer seiner Teamleiterinnen, in seinem Büro. Was die wohl wieder von ihm wollen? Vermutlich ein Problem mit Tina. Mit ihr hatte er schon mehrere Meinungsverschiedenheiten. Tina tickt einfach ganz anders als er – sie steht für Klarheit und enge Vorgaben, tritt gegenüber den Mitarbeitern manchmal etwas zu harsch auf und lässt ihnen aus Hütters Sicht viel zu wenig Freiräume. Wenn Tinas Teammitglieder bei ihrer direkten Führungskraft kein Gehör finden, wenden sie sich

an Hütter. Sie haben längst kapiert, dass sie in solchen Fällen in ihrem Einrichtungsleiter einen Verbündeten finden.
Diesmal geht es um die Fortbildungswünsche der Mitarbeiterinnen. Sie beklagen sich, dass diese von Tina Leitner nicht genehmigt wurden. Hütter versteht gar nicht, wie man ihnen ihre Wünsche da überhaupt versagen kann. Tina müsste doch froh sein, wenn sie mit konkreten Vorschlägen auf sie zukommen. Okay, streng genommen nutzen die ihnen privat mehr als beruflich, und die Personalsituation ist angespannt, da werden die Kurstage wohl nur schwer zu verkraften sein, man dürfte die Mitarbeiterinnen eigentlich nicht dafür freistellen. Und zugegeben, die ohnehin bedenkliche budgetäre Lage spricht ebenso dagegen. Dennoch. Ein Mitarbeiterwunsch ist ein Mitarbeiterwunsch. Den kann er ihnen nicht abschlagen. Wie würde er dann vor ihnen dastehen? Und noch schlimmer: wie vor sich selbst? Er weiß genau, er könnte abends nicht in den Spiegel schauen, ohne sich für sein unsoziales Handeln zu schämen. Dann schon lieber ein Ja zu den Mitarbeiteranliegen.
*Und Tina? Sie wird wieder einmal von ihm verlangen, er möge doch endlich Stellung beziehen und den Mitarbeiter*innen nicht alles durchgehen lassen. Worauf Hütter – wie schon so oft – in die Bredouille geraten wird, es nicht allen recht machen zu können. Im Zweifelsfall pflegt er sich für die Schwächeren zu entscheiden, und das sind nun einmal die Mitarbeiter*innen. Tina wird also das Nachsehen haben. So ist das halt manchmal. Als Führungskraft hat man damit zurechtzukommen. Das weiß Johnny aus oftmaliger eigener Erfahrung.*

Ich helfe, also bin ich

Als Gutmensch nimmt man sich selbst nicht so wichtig – andere dafür umso mehr. Ein wahrhafter Helfer unterstützt seine Mitmenschen, wo er nur kann. Nimmt ihnen Lasten ab und schultert sie selbst – ob sie das wollen oder nicht, ganz egal. Kommt ihnen wenigstens auf halbem Wege entgegen, auch wenn es für ihn selbst einen größeren Umweg erfordert. Opfert sich auf, geht über die eigenen Belastungsgrenzen hinweg – nur damit es den lieben Mitarbeiter*innen, Kolleg*innen, Freund*innen und Partner*innen gut geht. Das ist doch das Mindeste, was er für sie tun kann!

Wir unterscheiden hier zwei Charaktere, die manches in ihrem Handeln gemeinsam haben, von ihrer Motivation allerdings grundverschieden sind. Da sind zum einen *Brunhilde* und *Bruno Brightknight*, die feine Dame und der edle Ritter. Sie nutzen jede Gelegenheit, ihrer edlen Gesinnung Ausdruck zu verleihen. Ihre Mission ist ein Revival alter Tugenden: Integrität, Bescheidenheit und Demut, Aufopferung für das große Ganze. All ihre Stärken und Qualitäten werfen sie dafür ins Gewicht – zum Wohle ihres Umfelds.
Jeder Hilfsbedürftige ist ihnen willkommen. Er kann von all ihren Vorteilen profitieren: ihren Annehmlichkeiten, ihren Privilegien und, wenn es sein muss, von ihrem ganzen Hab und Gut. Im Gegenzug nehmen sie seine Bürden auf sich. Ein Handeln, das viele überrascht, manche befremdet und sie ungläubig den Kopf schütteln lässt. Ein Handeln, das sich nur aus der Gesinnung der *Brightknights* erklären lässt, ihrer durch und durch selbstlosen Interpretation von Ritterlichkeit. Sie erfreuen ihr Umfeld einmal mit ihrer Großzügigkeit, dann wieder mit ihrer Rücksicht und Zurückhaltung. Überall legen sie Hand an, wo sie gebraucht werden. Sie denken keine Sekunde an den eigenen Vorteil, Gott behüte, verschwenden keinen einzigen Gedanken daran, welchen persönlichen Benefit ihr altruistisches Auftreten ihnen verschaffen könnte. Auf großzügigste Weise teilen sie ihren Besitz, Materielles genauso wie Immaterielles, etwa eigenes Wissen, Erfahrungen und Ideen. Sollten sich andere auf diese Weise bereichern oder zu Ruhm und Ehre gelangen, die eigentlich ihnen zustünden, stört sie das keineswegs. Ganz im Gegenteil: Brunhilde und Bruno sind froh, Gutes vollbracht und damit wieder einmal der hohen Idee des sich

selbst aufopfernden Kampfes für eine bessere Welt einen großen Dienst geleistet zu haben. Sie selbst würden das nie so einstufen. „Andere vollbringen da viel mehr. Ihnen gebührt der Dank", würden sie wahrscheinlich entgegnen.

Ähnlich handeln *Rita* und *Rainer Retter*. Auch sie sind davon überzeugt, dass es an ihnen liegt, den Armen zu helfen, sie aus ihrem Elend und Kummer zu befreien, sie in ein einigermaßen erträgliches Leben emporzuheben. Allerdings aus anderem Grund: Das Faktum, dass andere ohne sie, die sich aufopfernden *Retter*, ohne ihre Unterstützung also, hilflos und aufgeschmissen wären, stellt unter Beweis, wie wichtig sie selbst sind. *Rita* und *Rainer* werden demnach – unbewusst! – von einem äußerst eigennützigen Motiv angetrieben, nämlich, durch ihr großzügiges Handeln selbst an Größe zu gewinnen. Man wird vom Helfer zum *Retter* – und manchmal gar zum Erlöser. Diese Helfer*innen brauchen ihre „Opfer". Sie retten sie, um selbst zu wachsen. Können sich *Rita* und *Rainer* nicht als Wohltäter profilieren, ist ihr Leben öd und leer. Dann fühlen sie sich bedeutungslos, klein und schwach. Hätten sie keine Gelegenheit, andere zu unterstützen, wäre ihr ganzes Sein ohne jeglichen Sinn.[19] Darin besteht der große Unterschied zu den vorhin skizzierten edlen Rittern.

Undank ist der Welten Lohn

Rita hat als Bereichsleiterin eine Unmenge an Themen zu überblicken. Eines beschäftigt sie ganz besonders: Martin, einer ihrer Mitarbeiter, hat ein massives finanzielles Problem, die Schulden wachsen ihm über den Kopf. Das wurde ihr von seinem Teamleiter zugetragen. Rita schiebt alle anderen Aufgaben beiseite. Irgendetwas muss sich da doch machen lassen. Mehr Gehalt kann sie ihm leider nicht zahlen, das würde das gesamte Gefüge durcheinanderbringen, diese Option scheidet definitiv aus. Sie setzt alle Hebel in Bewegung, um für Martin eine Lösung zu finden – etwa, indem er von der Firma einen Vorschuss bekommt oder einen beinahe zinsenfreien Kredit, den er im Rahmen seiner Möglichkeiten langsam, aber sicher abstottern könnte. Dazu spricht sie mehrfach mit

19 Hier gibt es eine starke Parallele zu *Gundula* und *Gustav Gönner* aus dem Abschnitt „Ich bin Führung", die diese Haltung ganz bewusst einsetzen, um selbst als Gewinner dazustehen.

dem Betriebsrat, der HR-Leiterin und der Geschäftsführung und entwirft mit diesen eine Vielzahl an möglichen Lösungswegen. Beseelt, ja geradezu besessen von der Idee, dem Mitarbeiter aus der Patsche zu helfen, stellt sie in diesen Gesprächen andere Anliegen zurück, obwohl diese für die weitere Entwicklung ihres Bereichs weit wichtiger wären. Rita erzählt ihren Kolleginnen und Kollegen im Führungskreis von ihren Anstrengungen. Fassungslos muss sie feststellen, dass diese ihr Engagement gar nicht so toll finden, dass niemand ihre Begeisterung teilt oder sie gar für ihren Einsatz lobt. Stattdessen erntet sie nur ungläubige Blicke, Schulterzucken und Unverständnis.

Noch unverständlicher ist für sie dann Martins Reaktion. Er erscheint zwar bei den Terminen mit dem Betriebsrat und der HR-Leiterin, lässt dann aber eine Frist nach der anderen verstreichen, ohne eines der Angebote anzunehmen. Letzten Endes wird das Gehalt des Mitarbeiters gepfändet, worauf er sein Dienstverhältnis kündigt und in die Arbeitslosigkeit entschwindet. Rita sieht zerknirscht auf ihren übermäßigen und letztlich erfolglosen Arbeitseinsatz zurück und muss anstelle von Dank und Zufriedenheit nun genau das Gegenteil zur Kenntnis nehmen: ihre Themen sind liegen geblieben, ihre Akzeptanz im Führungskreis ist deutlich gesunken. Sie fühlt sich müde und erschöpft, wie so oft in den letzten Jahren.

Legt eine Führungskraft eine derartige Haltung an den Tag – übrigens egal, ob aus edlen oder aus selbstsüchtigen Gründen – kann dies zu manch bizarrer Blüte führen, etwa in Form einer wundervollen, langfristig erfolgreichen Symbiose. Eine Symbiose zwischen einer sich aufopfernden Führungskraft und einem durchaus intelligenten, aber wenig ambitionierten und lediglich auf den eigenen Vorteil bedachten Mitarbeiter, der sich etwas dümmer und hilfsbedürftiger gibt, als er eigentlich wäre. Beide bekommen, was sie wollen, keiner hat das Bedürfnis, daran etwas zu ändern. Solange die Führungskraft ihrem Mitarbeiter Aufgaben und Verantwortung in einem gesunden, gerade noch vertretbaren Ausmaß der Aufopferung und Selbstaufgabe abnimmt, hat ein solches Duo eine aussichtsreiche Zukunft.

In der Praxis wird dieses Spiel gerne in getarnter Form gespielt. Hinter kräftigem Lamentieren – „Wie schlimm ich es doch erwischt habe! Alles muss man selbst machen, niemand rührt einen Finger, macht mehr als unbedingt nötig oder verlangt!" – verbirgt die Führungskraft ihre insgeheime Freude darüber, dass die Mitarbeiter*innen auf sie angewiesen sind. Ihr innerer Monolog hört sich da schon ganz anders an als das mit weinerlicher Miene vorgetragene Lamento: „Als Führungskraft hat man schon eine sehr große Verantwortung, im Grunde muss man die Mitarbeiter vor sich selbst retten, immer da sein, am besten die Dinge selbst anpacken. Das kann schon in Stress ausarten, aber was soll's, dafür gibt's mich ja schließlich. Und ja, die Abteilung wäre aufgeschmissen ohne mich, aber was tut man nicht alles?" Ebenso halten sich die Mitarbeiter*innen dezent zurück und posaunen es natürlich nicht hinaus, dass sie ihre Fähigkeiten bewusst schlechter darstellen. Die oberste Regel dieses Spiels – wie übrigens vieler solcher Spiele! – lautet: Es kann so lange unbeschwert und damit erfolgreich weitergespielt werden, als niemand aufdeckt, dass es bloß ein Spiel ist.

Affen-Alarm

Solcherart tickenden Führungskräften fällt es schwer, Aufgaben abzugeben, geschweige denn, ganze Verantwortungsbereiche zu delegieren. Obwohl sie fähige, kompetente Teammitglieder hätten. Oft verzichten sie auch noch darauf, Arbeiten einzufordern. Sie sehen schon, worauf das hinausläuft. Alles bleibt an der Führungskraft hängen. Diese bemüht sich nach Leibeskräften, obwohl sie so wie alle anderen bloß sieben Tage à vierundzwanzig Stunden zur Verfügung hat. Und zwei Schultern, zwei Hände und ein Gehirn – das allerdings vorwiegend für andere arbeitet.

So engagiert man sich, tut, übernimmt, schultert, tut noch mehr, rennt, checkt, führt aus, versucht, überall gleichzeitig zu sein und alles Wesentliche im Überblick zu behalten. Und tappt dabei immer wieder in die „Monkey-Falle" – die Probleme, Sorgen und Anliegen aller Menschen im Umfeld bleiben wie Klammeraffen an einem hängen, man wird sie so schnell nicht wieder los.[20] Eine fast magnetische Anziehung ist zu beobachten: Die „Affen", also die

20 Dieses Bild stammt von Blanchard, Oncken & Burrows, 1990.

ungelösten Themen und Probleme, „wissen" offensichtlich, wo sie hinmüssen. Das Gleiche gilt auch für die andere Richtung: Wer auf der – oft unbewussten – Suche nach „Affen" ist, wird garantiert fündig. Ihm wird sich rasch eine Gelegenheit bieten. Denn es gibt genug Menschen, die ihre Troubles loswerden wollen.

Kein Blatt vor dem Mund – dafür ein Brett vor dem Kopf

Ein beliebtes Ziel für „Affen" aller Art ist etwa Rainer, Bereichsleiter in einem Handelsunternehmen, der sich ganz im Sinne des vorhin beschriebenen Spiels über seine Lage beklagt, gut hörbar für alle: „Wie unfair, dass alles an mir hängenbleibt!" Wer genauer hinhört und es versteht, zwischen den Zeilen zu lesen, bekommt den Eindruck, dass dies Rainer gar nicht stört, sondern dass er es gleichzeitig auskostet, so wichtig zu sein. Er hat sich unersetzbar gemacht – alle sind auf ihn angewiesen. Ein überaus befriedigendes Gefühl für ihn. Sollen sich die anderen ruhig darüber beschweren, dass er der Flaschenhals sei, die Engstelle in der Firma, an der alles hängenbleibt, wo nichts weitergeht.

Manch einer fordert von Rainer vehement, dass sich etwas ändern müsse. Da kann es dann schon passieren, dass Rainer etwas unwirsch wird und seinem Gegenüber erwidert: „Ich habe das schließlich nicht selbst verbockt, wieso soll ich mich ändern? Was kann ich denn dafür, dass ich der einzig Kompetente in diesem Haufen von Unfähigen bin? Außer mir kennt sich hier ja niemand aus. Ach, ich hätte das selbst in der Hand, dass sich das ändert? Indem ich andere ranlasse und sie dadurch wertvolle Erfahrungen machen können? Indem ich für ihre Qualifizierung und Weiterentwicklung sorge? Und eine der zentralen Führungsaufgaben soll das sein? Ja, was soll ich denn noch alles übernehmen? Das kann doch ein Blinder erkennen, dass neben den vielen operativen Aufgaben keine Zeit für Mitarbeiterentwicklung ist. Und überhaupt: Was hat man davon, wenn man gut ausgebildete Mitarbeiter hat, inzwischen jedoch das Geschäft den Bach hinuntergegangen ist? Eben. Also bitte etwas Zurückhaltung und Respekt."

Und Rainer denkt sich dabei: „Auf mich selbst kann ich mich verlassen, da weiß ich, woran ich bin. Aber auf Mitarbeiter und Kollegen? Da weiß man nie, ob sie es können, ob sie es wollen und vor allem, ob sie es dann tatsächlich tun. Was man selbst macht, wird mit Sicherheit erledigt, und die Qualität passt. Also ist man letztlich auf sich allein gestellt." Glasklare Logik.

Stabile, symbiotische Beziehung zwischen Chef und (vermeintlich) hilfesuchenden Mitarbeiter*innen

Abb. 6: Stabile, symbiotische Beziehung zwischen Chef und (vermeintlich) hilfsbedürftigen Mitarbeiter*innen

Es ist die typische Entwicklung einer hilfsbereiten, selbstlosen Führungskraft: Man beginnt frohgemut als kooperativer Unterstützer, geht anderen gerne zur Hand, um ihnen dann immer mehr aus derselben zu nehmen. Bis man es geschafft hat und alle „Affen", also alle wesentlichen Aufgaben bei einem selbst gelandet sind. Was andere entweder lachenden Auges ausnutzen und sich einen Lenz machen. Oder sie beklagen sich, fordern mehr eigene Möglichkeiten zur Beteiligung und Übernahme von Verantwortung ein. Oder aber – und das ist ein immer wieder zu beobachtendes, durchaus unterhaltsames Phänomen – sie versuchen, Frau oder Herrn Hilfsbereit an Altruismus noch zu übertrumpfen. „Nein, lassen Sie mich das machen!" „Sie haben doch ohnehin schon so viel für uns getan, jetzt mal halblang, wir übernehmen an dieser Stelle." „Wenn Sie unbedingt meinen. Dafür kümmere ich mich in der Zwischenzeit um ..." und so weiter und so fort. Sollten Sie jemals Gelegenheit haben, als Zuseher*in an so einem Spektakel an gegenseitigem Überbieten in puncto Aushelfen und freiwilligem Übernehmen von Aufgaben anderer teilzuhaben, genießen Sie es. Lehnen Sie sich zurück und lassen Sie sich ein Gläschen einschenken – irgendeiner der „Kontrahent*innen" findet sich bestimmt dafür. Es sei denn, Sie ticken selbst so. Dann nutzen Sie das Durcheinander und erledigen in der Zwischenzeit selbst in aller Ruhe, was zu erledigen ist, während sich die anderen noch darum streiten.

Harmonie und Eintracht?

Ähnlich wie bei den *Goodmans* gibt es auch bei Rittern und Rettern eine naiv-märchenhaft anmutende Ausprägung. Alles ist gut, und falls es noch nicht gut ist, dann auf dem Weg dahin. Alle haben sich lieb, alle können bestens miteinander. In dieser heilen Welt kommt es weder zu Bösartigkeiten und Manipulationen noch zu Machtmissbrauch und Untergriffen, höchstens zu Missverständnissen. Aufgabe der Führungskräfte ist es, alles in Watte zu packen und stets für Harmonie und Wohlbefinden zu sorgen. Machen sie ihren Job richtig, können keinerlei Spannungen auftreten. Etwaige Konflikte werden von vornherein vermieden, weil der Nährboden dazu schlichtweg fehlt. Sollte es ihnen einmal nicht so toll gelingen, muss schnell die Watte her. Alle Ecken

und Kanten werden abgerundet und gepolstert. Durch die rosarote Brille des Gutgläubigen betrachtet, sieht das Ganze gleich viel freundlicher aus.
Ein zwischenmenschlicher „Konflikt" ist für Bewohner*innen der heilen Watteflausch-Welt tatsächlich ein Fremdwort. So etwas kann es zwar geben und soll tatsächlich schon einmal vorgekommen sein, sogar im näheren Umfeld. Aber dass man als umsichtige selbstlose Führungskraft im eigenen Verantwortungsbereich davon betroffen sein könnte? Äußerst unwahrscheinlich, eigentlich fast unmöglich. Denn diese wohlwollenden, zuvorkommenden Unterstützer wissen um ihre Stärke in der Konfliktprävention. All ihr Handeln ist darauf ausgerichtet, jeglichen Hauch von Disharmonie von vornherein zu verhindern. Sie sorgen für Eintracht im Team und verkünden: „Dafür ist eine Führungskraft doch da. Gemeinsam werden wir das schaffen. Ich glaube an euch."

So glatt und friktionsfrei wie eben dargestellt funktioniert das dann doch nicht immer. Selbst für die überzeugtesten unter den selbstlosen Führungskräften ist es schwer, eine stets dienende und harmonisierende Haltung durchzuhalten. Egal ob Gutmensch, Retter oder Affenträger, man gibt und gibt, man nimmt sich zurück, opfert sich auf, macht sich zum Blödmann, zum guten Depp der Abteilung. Man ist derjenige, auf den sich die anderen zu 100 Prozent verlassen, gerade bei unmenschlichen Anforderungen. Der dann nicht nur die eigene übergroße Verantwortung schultert, sondern auch noch bereitwillig den anderen ihre Lasten abnimmt. Und die eigenen Wünsche und Bedürfnisse entweder in der Prioritätenliste nach hinten reiht oder sich diese gleich völlig versagt. Altruistisch bis zur Selbstaufgabe, ausschließlich das Wohl der anderen im Fokus, vor allem jenes der eigenen Mitarbeiter*innen. Im Zweifel entscheidet man stets menschenfreundlich – um genau zu sein: im Sinne der anderen Menschen. Sogar wenn es dem großen Ganzen schadet, das Überleben des Systems gefährdet. „Hauptsache, den Mitarbeiter*innen geht es gut, Hauptsache, man kann mir nicht vorwerfen, ich hätte jemanden schlecht behandelt."
Sollte doch einmal der höchst unwahrscheinliche Fall eintreten und eine selbstlose Führungskraft die eigenen Motive voranstellen, also aus richtiggehend egoistischen Beweggründen heraus handeln, wird zur Kompensation

dieses Fehlgriffs augenblicklich ein mentales Gegenprogramm gestartet: Die gebieterische Stimme des schlechten Gewissens meldet sich, sorgt mithilfe von Selbstvorwürfen für mieses Befinden und setzt Überlegungen in Gang, wie man diesen – hoffentlich einmaligen – Ausrutscher wiedergutmachen könnte.

In der Firma Bausch und Bogen gibt es einen Bereitschaftsdienst – es sind alle Tage im Jahr, also auch Wochenenden und Feiertage, zu allen Stunden abzudecken. Der Teamleiter Retter ist dafür bekannt, vor allem jene Dienste zu übernehmen, für die sich sonst niemand findet.
Einmal kommt sein Mitarbeiter Mader auf Retter zu und bittet ihn, seinen Bereitschaftsdienst zu übernehmen, da er die Gelegenheit hat, mit Freunden wegzufahren, und das wäre total wichtig und so weiter. Retter zögert lange, lehnt dann aber tatsächlich ab. Seine Gattin hat ihm quasi das Messer an den Hals gesetzt, wenn er noch einmal einen Konzertbesuch wegen eines Dienstes quittiert, dann kann er sich in Zukunft zu Hause allein unterhalten. Blumig erklärt er Mader, warum er diesmal nicht aushelfen kann. Es wäre aber nicht Retter, würde er sich einfach so mir nichts, dir nichts aus der Verantwortung stehlen. Ganz im Gegenteil – mit zweierlei Aktivitäten will er sein zurückweisendes Handeln Mader gegenüber wiedergutmachen. Zum einen kümmert er sich um einen Ersatz für Mader, nämlich Preiner, dem er verspricht, die Zeit doppelt vergütet zu bekommen. Und zum anderen bietet er Mader an, seine nächsten drei Dienste zu übernehmen und Mader dafür dennoch die Bezahlung für die Bereitschaft zu überlassen – unter der Hand sozusagen. Hauptsache, der Friede im Unternehmen ist gesichert, und was bedeutet schon Geld!

Die Mitarbeiter*innen solcher Führungskräfte wie auch ihre Kolleg*innen im Führungskreis sind stets fein raus. Sie lehnen sich gemütlich zurück und sind schon längst im Feierabend oder im Wochenende, während die aufopfernde, harmoniesüchtige Führungskraft noch an ihrer statt malocht. Mit dem mittelfristigen Effekt, dass Frau und Herr Selbstlos zunehmend die einzigen Aktivposten sind und sich nach und nach ausgenutzt fühlen. Immer wieder müssen sie erleben und hinnehmen, dass ihre hohen Ansprüche an richtiges, sprich kooperatives Verhalten von den Egoist*innen in ihrem Umfeld mit Füßen getreten werden. Und was ist der Dank dafür? Wenn man sich schon über alle Maßen engagiert, einen übermäßig hohen Zeitaufwand ebenso in Kauf nimmt wie die Tatsache, dass Wohlbefinden und Lebensqualität sinken, dann wäre ein bisschen Anerkennung wohl das Mindeste. Jedoch, das Leben kann hart sein – vor allem zu jenen, die sich gerne aufopfern. So bleibt ihnen gerade das versagt, was sie selbst so sehr draufhaben und was sie sich – zumindest ab und an – von ihrem Umfeld wünschen würden: Empathie, Verständnis und Entgegenkommen.

Es brodelt

Langsam aber sicher wird sich sogar im selbstlosesten Menschen eine innere Stimme bemerkbar machen, die erst leise, dann etwas nachdrücklicher einfordert, dass diese Ungerechtigkeit endlich aufhören müsse. Dass es höchste Zeit ist, dass man selbst einmal in den verdienten Genuss der Erholung kommt und die anderen sich zur Abwechslung einmal mehr anstrengen sollen als sonst. Als überzeugte*r Altruist*in ist man richtiggehend von sich überrascht, dass man solche Gedanken entwickeln kann. Man spürt den aufkeimenden Widerspruch in sich. Ist man jetzt plötzlich ein schlechter Mensch? Hat man seine Ideale verraten? Ist man so labil, dass man die eigenen Überzeugungen gleich bei der erstbesten Gelegenheit über Bord wirft? Mit all diesen Fragen braucht man sich nur eine Weile intensiv auseinanderzusetzen und schon ist es wieder da, jenes so wirksame mentale Gegenprogramm, von Nicht-Eingeweihten abwertend als schlechtes Gewissen bezeichnet, das einen wieder auf den Pfad der Tugend und zu sich selbst führt. Wirklich zu sich selbst? Vielmehr zu den eigenen selbstlosen Idealen und Ansprüchen. Man atmet auf, denn man weiß, man gehört doch zu den Guten. Man hat es wieder einmal geschafft, der Verlockung des Egoismus, der verbotenen Stimme des Eigennutzes, der Verführung zum Bösen zu widersagen, und macht genauso weiter wie zuvor. Erträgt geduldig alle Mühsal. Muss immer wieder feststellen, dass anders gepolte Kolleg*innen mehr erreichen und man selbst das Nachsehen hat.

Und so kämpfen und leiden die selbstlosen Führungskräfte weiter, halten sich immer wieder vor Augen, dass sie schon das Richtige tun, dass sie auf der Seite der Guten sind. Auch wenn die betrieblichen Belohnungen eine ganz andere Sprache sprechen.

Abb. 7: Der Weg zur Selbstaufgabe - und die wichtige Funktion des schlechten Gewissens

Die selbstlose Führungskraft reibt sich somit immer mehr auf. Eine Zeitlang gelingt es ihr, dies zu ignorieren, es als geringfügige Zusatzbelastung abzutun oder wegzulächeln. Doch irgendwann ist Schluss mit Wegschauen, Nachsicht und Verzeihen. Dann kippt die Dynamik. Früher oder später, der Moment kommt garantiert – man muss bloß manchmal sehr viel Geduld aufbringen. Von wegen „Alles ist gut" – eine völlig ungerechte Welt ist das. Lange genug hat man anderen den Vortritt gelassen, selbst durch die Finger geschaut und auf alle Annehmlichkeiten verzichtet. Über die Jahre einen Groll entwickelt, der sich nun immer stärker bemerkbar macht. Auf einmal zieht man sich zurück, kümmert sich nur noch um die eigenen Aufgaben und lässt die Kolleg*innen und Mitarbeiter*innen im Regen stehen. Oder pflaumt sie an, die Schuld an seiner Misere zu tragen.

Das eben noch so tadellos funktionierende selbstzerstörerische Verhalten wendet sich in bislang ungekannter Form nach außen. Mit dieser Verwandlung verändert sich das Führungsverhalten der Gutmenschen und der Retter. Eben noch freundlich, zuvorkommend, unterstützend oder zurückhaltend, harmonisierend, stets gute Miene machend, wie böse die Umstände auch sein mögen. Und plötzlich scharf, aggressiv, vorwurfsvoll, laut klagend. Das klassische Phänomen der Überkompensation – man kippt von einem Extrem ins andere, kommt quasi vom Regen in die Traufe, treibt den Teufel mit dem Beelzebub aus.[21]

Diese unverfrorenen Kerle, was die sich herausnehmen! Unerhört, man müsste sie einmal in die Schranken weisen und ihnen auf die harte Tour beibringen, dass es so, bitte, nicht geht! Schließlich treten sie alle Werte mit den Füßen, und die Guten, die sich an alle Leitprinzipien und Regeln halten, gehen unter. Man muss sich schon sehr zusammenreißen, dass man da nicht einmal aus der Haut fährt, den unverfrorenen Kolleg*innen die Meinung sagt oder gar einmal im Betriebsgebäude Amok läuft. Und überhaupt ...

Hoppla, da wird ihnen, den Selbstlosen, bewusst, dass sie nun ihre eigenen Wertvorstellungen vollends über Bord kippen, dass sie auf einmal gar nicht mehr das Gute in ihrem Gegenüber sehen und eine vorher so nicht gekannte Intoleranz gegenüber anderen entwickelt haben. Das Umfeld erschrickt ob der geballten Aggression, die sich da mit einem Mal entlädt. Und schon nehmen sie sich wieder zurück, fahren ihre Krallen wieder ein, rufen sich zur Ordnung

21 Übrigens: Wird dieses Hin und Her zu einem durchgängigen Merkmal, haben wir es mit einem Vertreter der *Wankelmuts* zu tun. *Wanda* und *Walter Wankelmut* sind im Kapitel „Oops, I did it again" zu finden, wo jene Führungskräfte beschrieben sind, die das Talent haben, sich äußerst ungeschickt anzustellen.

und geloben zähneknirschend, von nun an wieder gute Miene zum bösen Spiel zu machen. Fragt sich bloß, wie lange das gutgeht. Beziehungsweise – wenn es tatsächlich nicht mehr gutgeht – ob es sich dann in einer depressiven Mischung aus tiefster Erschöpfung und völlig frustrierter Resignation entlädt oder doch in einem Amoklauf.

Letztlich doch alles gut?

Um es zusammenfassend nochmals ganz deutlich zu konstatieren: Egal welche destruktiven Kräfte da in ihnen schlummern mögen – dies sind die (zu) Guten unter den Führungskräften. Sie bestechen durch eine Vielzahl an positiven Qualitäten, von denen ihre Mitarbeiter*innen allesamt stark profitieren. Ihre charakterlichen Vorzüge wie Menschenliebe, Einfühlungsvermögen, Bescheidenheit und Großzügigkeit schlagen sich stark in ihrem Handeln als Führungskraft nieder. Im Normalfall treten sie höflich, freundlich und wohlwollend auf, begegnen ihren Mitarbeiter*innen und Kolleg*innen respektvoll, achtsam und empathisch. Sie setzen auf Kooperation und unterstützen andere, wo sie nur können. Damit es denen gut geht und an nichts fehlt. Das ist ihnen mindestens genauso wichtig wie das große Ganze und der gemeinsame Erfolg.
Sie drängen sich nicht in den Vordergrund, auf die großen Bühnen, die dort erhältliche Zuwendung seitens des Managements bleibt ihnen verwehrt. Oft sind sie kaum präsent, manchmal völlig unscheinbar. Wenn man ihnen – neben dem bereits ausführlich beschriebenen Hintanstellen ihrer eigenen Bedürfnisse – noch etwas vorwerfen will, dann, dass sie zu gut sind – vor allem, was ihren Führungsstil angeht. Einen tendenziell zu weichen, zu schwachbrüstigen Führungsstil. Denn sie verzichten völlig darauf, Ecken und Kanten zu zeigen. Weshalb bloß? Wir wissen schon, dies hat mit ihrer Persönlichkeit zu tun. Mit ihrer allzu positiven Grundeinstellung, ihrem etwas einseitigen rosaroten Welt- und Menschenbild, mit ihrer Tendenz zum Beschönigen, Harmonisieren und Ausgleichen und ihrer Scheu vor Auseinandersetzung und Konflikten. Alles, damit nur ja kein Zwist entsteht, kein böses Wort nötig wird. Man könnte dadurch ja die Büchse der Pandora öffnen.

Sie selbst führen andere Gründe an und lenken damit von der eigenen Schwäche ab. Manch eine Führungskraft begründet ihre Zurückhaltung in der Führung einem bestimmten Mitarbeiter gegenüber damit, dass sie ihm nicht mehr zumuten will. Andere schwach agierende Manager*innen machen wiederum ihr Umfeld für das eigene Verhalten verantwortlich: „Autoritäres Auftreten ist bei uns verpönt. Das tut man hier einfach nicht." Dies hat zumeist tatsächlich einen wahren Kern. Man findet das Phänomen der Führungsschwäche gerade in Unternehmen mit sehr zurückhaltender Konfliktkultur. Es gibt dort die stille Übereinkunft, einander nicht auf die Zehen zu treten, geschweige denn einander wehzutun. Der Kuschelbär als Führungskraft ist dort wesentlich häufiger anzutreffen als etwa der klassisch-autoritäre Chef.

Mitarbeiter*innen wünschen sich zurecht, dass ihre Vorgesetzten Kontur zeigen und dort für Klarheit und Orientierung sorgen, wo es tatsächlich erforderlich ist. Dass sie Entscheidungen treffen und damit einen bereits mühsam gewordenen Prozess der Entscheidungsfindung endlich beenden. Und manch eine Führungskraft wünscht sich das ebenso:

> *„Was ist bloß in meine Mitarbeiterinnen und Mitarbeiter gefahren? Seit einigen Wochen tanzen sie mir nur noch auf dem Kopf herum", fragt sich Janine Zusoft-Weichspüler, Teamleiterin in einer psychosozialen Einrichtung. Dabei hat sie ihre Teammitglieder stets wohlwollend, zuvorkommend und fair behandelt, nie einen von ihnen bevorzugt. In ihrer Organisation gilt sie als Vorzeige-Führungskraft, weil sie die zentralen Werte Menschlichkeit, Wärme und Wertschätzung geradezu vorbildlich verkörpert.*
>
> *Bisher ist Janine bestens mit dieser Strategie gefahren. Gut, sie wurde bereits des Öfteren enttäuscht und musste schon mehrfach den Kopf für die Verfehlungen eines Mitarbeiters hinhalten. Ihr Leitspruch lautet: „Es liegt an mir. Wenn ich als Führungskraft mein Bestes gebe, können die Mitarbeiter*innen gar nichts falsch machen." Dieses Prinzip durchzuhalten war nicht immer leicht, mitunter durchaus bedenklich. Sie weiß, dass sie an einem massiven Burnout dahinschrammt. Die Vorstufen dazu sind Normalzustand*

*bei ihr, manchmal geht es deutlich darüber hinaus. Wann immer ihr dies bewusst wird, schiebt Janine es rasch von sich. „Man soll sich selbst nicht zu wichtig nehmen“, sagt sie dann zu sich. „Wenn ich stark bleibe, wird das auch positiv auf mein Umfeld ausstrahlen.“ Bloß, jetzt wird das Verhalten ihrer Mitarbeiter*innen langsam kritisch. Sie sollte wirklich einmal durchgreifen und ihnen ihre Grenzen aufzeigen. Ihnen vermitteln, dass sie zu weit gegangen sind und sie sich anderes von ihnen erwartet. Sie weiß, sie sollte das wirklich tun. Gleichzeitig hat sie die Gewissheit, dass sie das nie in der gebotenen Deutlichkeit zustande bringen wird. Sondern wie immer lieber relativieren und einen Rückzieher machen wird. Sie kennt sich ja ...*

Entscheidet man sich für einen zurückhaltenden Führungsstil, darf man sich nicht wundern, dass es Auswirkungen auf das Standing als Führungskraft hat. Man wird kaum ernst genommen, tendenziell eher belächelt oder gar ignoriert. Was die eigene Wirksamkeit gleich noch einmal reduziert.

Mein*e Chef*in ist so – Hilfe!

Ihre Führungskraft weist tatsächlich alle genannten Merkmale auf? Dann gratuliere ich Ihnen, Sie dürfen sich wirklich glücklich schätzen, besser könnten Sie es nicht treffen, eine leichter zu führende Führungskraft könnten Sie nicht finden! Wenn Sie happy sind – und davon gehe ich aus – sorgen Sie dafür, dass es möglichst lange so bleibt. Machen Sie sich bewusst, dass es für Ihre Führungskraft die höchste Erfüllung darstellt, anderen Menschen zu dienen, sie vollumfänglich zu unterstützen. Ermöglichen Sie ihr das, so häufig es geht. Sie finden sicher ausreichend Gelegenheit dazu, stimmt's? Achten Sie allerdings darauf, dass sie sich dabei nicht zu sehr verausgabt. Wenn Sie es besonders geschickt anstellen, lassen Sie ihr hin und wieder ein kleines Danke, eine kleine Aufmerksamkeit zukommen. Nur damit sie erfährt, dass ihr Einsatz tatsächlich wahrgenommen und geschätzt wird. Dann können Sie sich weiterhin ihrer stabilen Unterstützung gewiss sein. Oder Sie ermutigen sie, auf sich

selbst gut zu achten, für das eigene Wohl auch einmal zu sorgen, und bieten ihr sogar an, etwas von ihrer Aufgabenflut abzunehmen. Sie wird Ihnen für Ihr Einfühlungsvermögen und Ihre Anteilnahme zutiefst dankbar sein und gleichzeitig den Anflug eines schlechten Gewissens Ihnen gegenüber entwickeln, sich Ihnen also in doppelter Hinsicht verpflichtet fühlen.
Vielleicht aber empfinden Sie anders. Es tun sich ja nicht alle Menschen leicht mit einer Führungskraft, die sich stets unterstützend, wertschätzend und vermittelnd gibt, die selbst in den heikelsten Situationen milde, besänftigende, fast heilig anmutende Worte findet. Manch ein*e Mitarbeiter*in fühlt sich in einem solchen Umfeld, in einer derartigen „Kuschelkultur" nicht hundertprozentig wohl. Sondern vielmehr eingelullt, in Watte gepackt – am besten in rosarote Zuckerwatte. Mit der Zeit wird es außerdem etwas eintönig. Lechzen Sie geradezu nach etwas Reibung und Auseinandersetzung? Wünschen Sie sich deutlichere Konturen von Ihrer Führungskraft, ein wahrnehmbares Profil, Ecken und Kanten, klare, mutige Entscheidungen? Selbst wenn dabei einmal jemandem auf die Finger geklopft oder auf die Zehen getreten werden muss – beziehungsweise vor allem gerade dann? Gut nachvollziehbar. Jedoch im Hinblick auf Ihre aktuelle Führungskraft höchst unrealistisch. Und sollte sich diese tatsächlich einmal dazu aufraffen, dann in einer völlig übertriebenen, hochexplosiven Weise – das Phänomen der Überkompensation, Sie wissen schon. Also fragen Sie sich lieber, ob Sie nicht besser anderswo (un)glücklich werden wollen.

Verflixt, das bin doch ich!

Gebeugten Hauptes haben Sie die Ehre angenommen, Führungskraft sein zu dürfen, demütig haben Sie sich damit dem Höheren untergeordnet. Sie sind bereit zu dienen, insbesondere anderen Menschen. Sehr schön. Lassen Sie sich als erstes gesagt sein: Es ist gut. Sie sind gut. Selbst wenn Sie sich da vielleicht manchmal nicht so sicher sein sollten.
Viele helfen und unterstützen einfach so. Ohne bewusste oder unbewusste dunkle Absichten dahinter. So scheint es zumindest. Und es trifft meist auch zu, wenn es sich um ein „normales" Ausmaß handelt. Wenn man also den

Eindruck gewinnt, okay, das ist stimmig und angemessen, das passt zur Situation, da erhebt sich jetzt niemand über einen anderen, da gibt es keine emotionale Abhängigkeit in irgendeine Richtung. Sind Sie so jemand? Dann atmen Sie kräftig durch, entspannen Sie sich und lassen Sie sich gesagt sein: Sie machen absolut das Richtige – es ist schlau und vernünftig, einander zu unterstützen. Dies erleichtert allen Beteiligten ihre Arbeit.

Fragwürdig wird es bloß, wenn es sich bei Ihnen um ein durchgängiges Verhaltensmuster handelt. Wenn Sie Ihre eigenen Interessen völlig zurückstecken, weil Ihnen diese aus Prinzip nachrangig erscheinen. Wenn Sie sich in Situationen als Helfer*in aufdrängen, wo dies schlicht nicht nötig wäre. Sie also sprichwörtlich den älteren Blinden auf die andere Straßenseite zerren, obwohl er Sie nicht darum gebeten hat – vor allem, weil er gar nicht dorthin wollte. Wenn Sie als Chef*in auf edler Helfer beziehungsweise auf große Unterstützerin machen, obwohl die Mitarbeiter*innen gerne mehr übernehmen würden – und dies auch könnten. Nur wollen oder können Sie es als Vorgesetzte*r nicht wahrhaben, weil Ihr Weltbild darauf aufbaut, nur Bedürftige um sich zu wissen. Wundern Sie sich in diesem Falle bitte nicht, dass andere Sie laufend enttäuschen, keine Dankbarkeit zeigen oder Sie gar ausnutzen. Sie wissen ja, dass sie tief drinnen gute Menschen sind, dies aber – aus welchen persönlichen Gründen immer – nicht zeigen können und deshalb halt so agieren. Machen Sie sich vielmehr klar, dass es eine schöne Aufgabe, vielleicht sogar Ihre Berufung sein kann, sie zu stützen und auf den rechten Weg zu führen.

Sollte Ihnen einmal der Kragen platzen, machen Sie sich ruhig richtig Luft. Gehen Sie in einen Wald und brüllen Sie ein paar besonders gemeine Bäume an. Sie werden rasch merken, wie gut Ihnen das tut. Wenn Ihnen wieder leichter ist, kehren Sie gereinigt und positiv aufgeladen an Ihren Arbeitsplatz zurück und besinnen sich Ihrer Ideale und Werte. Diese wollen Sie doch nicht aus Wut oder Groll heraus über Bord werfen? Eben.
Schlimmstenfalls nutzt das alles nichts und Sie liegen irgendwann am Boden, von der mangelnden Integrität Ihres Umfelds und der Ungerechtigkeit der Welt maßlos enttäuscht, von den Entbehrungen und den Frustrationen des Führungsalltags gepeinigt. Dann können Sie immer noch darauf vertrauen,

dass Sie spätestens am Tag des Jüngsten Gerichts bei der Zuweisung aller Belobigungen und Annehmlichkeiten zu Potte kommen. Gott, der allwissende Buchhalter, hält für Sie den besten aller möglichen Plätze reserviert. Machen Sie zumindest dann nicht den Fehler, anderen wieder den Vortritt zu lassen und Ihre mühsam verdienten Privilegien an sie weiterzureichen. Wofür sonst hätten Sie sich ein Leben lang abgerackert, gedient, gebuckelt, stumm gelitten und geduldig ertragen? Wofür sonst, wenn nicht zumindest für diesen letzten Lohn?

Dürfen's denn das?

Über Moral und Unmoral im Management

Management ruft bisweilen Empörung hervor. Insbesondere, wenn man unmoralisches Agieren unterstellt: Egoismus, Profitmaximierung als einziges Bestreben, das Fehlen jeglicher Rücksichtnahme, quasi ein „Gehen über Leichen". Unerhört, was sich die Mächtigen herausnehmen. Skandalös, wie sie sich einfach nichts pfeifen und Grundlegendes mit den Füßen treten! Dazu sind sie nicht berechtigt, das müsste doch verboten werden, jemand müsste einschreiten und sie zur Ordnung rufen, sie zur Räson, zum gewissenhaften Handeln bewegen!

Selten wird diese Empörung laut hörbar artikuliert, entweder aus Angst oder weil es vermeintlich eh nichts bringt. Dagegen wird im Untergrund vor sich hin lamentiert, meist begleitet von resignativem Kopfschütteln. So formiert sich eine zahnlose Allianz, der Klub der Werte-Hochhalter und Gutmenschen. Man versichert sich gegenseitig, dass man auf der richtigen Seite steht und beruft sich, je nach eigener Überzeugung, auf den unternehmensinternen Wertekatalog, die christliche Soziallehre oder die Konvention der Menschenrechte. Jedenfalls auf eine höhere moralische Instanz, die über alle Zweifel erhaben sein sollte. Die Einmahnenden schwingen sich dadurch selbst in diese Höhen auf, fordern aus ethisch überlegener Position von Machtträgern rechtschaffenes Handeln und das Wahrnehmen ihrer Verantwortung.

Verantwortung nicht bloß für die eigene Haltung, das Tun und Lassen, sondern auch für die Konsequenzen daraus.
Für ihre Forderungen lassen sich prominente Fürsprecher finden. Der Philosoph Immanuel Kant etwa, der seinen berühmten kategorischen Imperativ als grundlegendes Handlungsprinzip postulierte: „Handle so, dass die Maxime deines Willens jederzeit zugleich als Prinzip einer allgemeinen Gesetzgebung gelten könne."[22] Auch Heinz von Foerster[23] hat sich mit einem Imperativ verewigt, nicht mit einem kategorischen – dieses Wort wäre ihm zu kategorisch gewesen – sondern mit einem ethischen: „Handle stets so, dass die Anzahl deiner Möglichkeiten wächst." In einem Gespräch mit Bernhard Pörksen führt er aus, was darunter zu verstehen ist: „Gemeint ist, dass man die Aktivitäten eines anderen nicht einschränken soll, sondern dass es gut wäre, sich auf eine Weise zu verhalten, die die Freiheit des anderen und der Gemeinschaft vergrößert. Denn je größer die Freiheit ist, desto größer sind die Wahlmöglichkeiten, und desto eher ist auch die Chance gegeben, für die eigenen Handlungen Verantwortung zu übernehmen. Freiheit und Verantwortung gehören zusammen. Nur wer frei ist – und immer auch anders agieren könnte – kann verantwortlich handeln. Das heißt: Wer jemand die Freiheit raubt und beschneidet, der nimmt ihm auch die Chance zum verantwortlichen Handeln. Und das ist unverantwortlich."[24]

Will ein bis dato erfolgreicher Manager jedoch auch weiterhin erfolgreich sein, darf er sich von solchen Gedanken nicht bremsen lassen. Neben einer verheerenden Außenwirkung – „Was könnten nur die anderen von mir denken, wenn ich auf einmal all mein Tun auf seine Rechtschaffenheit hinterfrage?" – würden sich möglicherweise Selbstzweifel einstellen, die das Erfolgskonzept rund um seine mühselig entwickelte Identität als effektiven, schlagkräftigen und kompromisslosen Entscheider torpedieren. Darunter würden seine Wirksamkeit und in weiterer Folge sein Stellenwert als anerkannte, geschätzte und möglicherweise gefürchtete Top-Führungskraft leiden. Was es mit allen zur Verfügung stehenden Mitteln tunlichst zu verhindern gilt. Man will schließlich der bisherigen Erfolgsstory zu einer ebensolchen Fortsetzung verhelfen.

---

22 Spierling, 2017, S. 161
23 Der Physiker, Kybernetiker und Wegbegründer des Konstruktivismus wurde bereits im Abschnitt „Wieso kompliziert, wenn es einfach geht?" vorgestellt.
24 Heinz von Foerster im Gespräch mit Bernhard Pörksen, „Die Wahrheit ist die Erfindung eines Lügners", in: Die Zeit, Datum der Publikation nicht mehr zu eruieren; vgl. auch Foerster & Pörksen, 1998

Wie lässt sich nun dem Gegenwind aus der Ecke der Moralapostel beikommen? Kein Problem für moralisch-elastische Führungskräfte. Smart argumentierend wischen sie derartige Einwände gekonnt vom Tisch, verweisen auf Sachzwänge und ökonomische Notwendigkeiten, die Sicherung der Existenzgrundlage des Unternehmens und damit pikanterweise gerade auf ihre Verantwortung als Manager*innen. Wo andere zentrale Werte wie Respekt und Wertschätzung propagieren, hören sie Wertschöpfung. Dafür stehen sie, darin sehen sie ihre vordringliche Aufgabe, und diese erfordere eben manchmal unpopuläre Maßnahmen. „Der Zweck heiligt bekanntermaßen alle Mittel", führen sie ins Feld. Mit weltfremder philosophischer Haarspalterei wie dem Bemühen von Ethik und Moral komme man nicht weiter. Vielmehr gelte es, konkrete pragmatische Lösungen zu finden und sich dabei manchmal über das eine oder andere Prinzip hinwegzusetzen, vergleichbar mit vernünftig agierenden Realpolitikern. Dies würden die Umstände erfordern, da kann man halt nicht auf alle und alles Rücksicht nehmen. Obendrein habe man Essenzielleres zu tun, als sich um althergebrachte Regeln und Prinzipien zu kümmern.
Manager*innen, die argumentativ nicht so beschlagen sind, finden andere Wege, dem leisen Widerstand der Moralisten beizukommen. Sie ignorieren diese, strafen sie mit Verachtung oder würdigen sie herab. Jedenfalls weigern sie sich, deren Ansinnen auch nur im Geringsten ernst zu nehmen. Sollten sie ihnen unbequem werden, können sie immer noch die Machtkarte ausspielen und sie mit Nachdruck in die Schranken weisen.

Die Moralfraktion schäumt: Das darf doch alles nicht wahr sein! Doch, ist es. So handelt man doch nicht, wenn man das Herz an der richtigen Stelle hat! Dürfen die tatsächlich so agieren? Ja, dürfen sie, weil sie als Machtinhaber*innen durch eines der wesentlichen Grundprinzipien der Hierarchie dazu autorisiert sind. Wer die Positionsmacht besitzt, kann Regeln vorgeben und ändern, für deren Umsetzung und Einhaltung sorgen und über Konsequenzen aus der Nichteinhaltung richten. Das politische Prinzip der Gewaltentrennung wird hier kräftig mit den Füßen getreten: Legislative, Exekutive und Jurisdiktion befinden sich in einer Hand.

Der Protest der Werteorientierten bleibt hingegen zahnlos und aussichtslos ohne Rückhalt des Top-Managements. Es fehlt ihm an institutioneller Macht und Kraft – der systemimmanente Schwachpunkt der Allianz der Guten.

Die Prophezeiung, dass ihre Chancen auf Durchsetzung weiterhin äußerst gering sein werden, ist keine allzu gewagte. Und jede wirtschaftliche Krise verschärft diese Dynamik: Je unsicherer die Zeiten, je bedrohlicher die Umstände, umso mehr Gehör wird jenen geschenkt, die Wertschöpfung und damit profitable Ergebnisse und das Überleben versprechen. Dafür werden die in den Unternehmen real existierenden Machtverhältnisse sorgen. Die Empörung der Gutmenschen wird bestenfalls in Schönwetterphasen, also in Zeiten wirtschaftlichen Prosperierens Gehör finden, aber selbst dann für die Machtinhaber nur eine lästige Begleiterscheinung darstellen. Leichter Hand wird sie von unmoralisch oder amoralisch agierenden Führungskräften mit dem Verweis auf die Grundlagen der bisherigen Erfolge vom Tisch zu wischen sein. Ab und an ein kleines Entgegenkommen, einige sparsame Korrekturen, wenn das Vorgehen allzu brachial gerät, einfach einmal guten Willen zeigen und so tun, als würde man die Einwände ernstnehmen, und schon kann man kurz darauf wieder getrost zu jenem vielfach bewährten, bestens eingeübten Auftreten zurückkehren. Ein Auftreten, das tugendhafte Prinzipien mit den Füßen tritt und Menschen als bloßes Humankapital, als leider notwendige Ressource versteht.

Manch eine Führungskraft aber belächelt die ganze Auseinandersetzung und stellt süffisant fest, dass diese Kontroverse rund um rechtschaffenes, moralisch richtiges Handeln eben „Part of the Game“ sei. Nicht mehr als eine weitere Spielwiese, auf der sich gewiefte Manager*innen geschickt zu bewegen haben.

IM KPI-COCKPIT VON
ESC_
KEY PERFORMANCE INDICATION - MANAGEMENT 2021

Im KPI-Cockpit von GS-m31

Key Performance Indication – Management 2021

„Day2Day“, das elektronische Tagesplanungstool, erinnerte Giorgio Selenko, männlich, 31 Jahre (GS-m31), rechtzeitig: Zeit für die quartalsweise Selbstevaluierung seiner Management-Tätigkeit. Exakt 90 Minuten waren dafür vorgesehen. Giorgio legte das Zweiknopfsakko seines Slim-Fit-Anzuges ab, hängte es fein säuberlich mit dem dafür vorgesehenen Kleiderbügel am Garderobenständer auf und schlug – anders als sonst – die Ärmel seines weißen maßgeschneiderten Hemds um. Dann stellte er die senkrechten Lamellen in seinem Glaskobel inmitten des Großraumbüros auf blickdicht – für seine Mitarbeiterinnen und Mitarbeiter ein unmissverständliches Signal. Jetzt durfte der Leiter der Abteilung Supply Chain Management keinesfalls gestört werden.

Der Schreibtisch blitzeblank, vor ihm nur der 35-Zoll-Bildschirm, Tastatur und Maus, beide kabellos, logisch. Kabelsalat konnte Giorgio nicht ausstehen. Er minimierte alle anderen Anwendungen und öffnete ein Meta-File. „KPI-GS“ hatte er es genannt. Wie wichtig es war, die Schlüsselfaktoren für den Erfolg im Überblick zu behalten, hatte er in der umfangreichen Management-Ausbildung gelernt und in seinen nunmehr zwei Jahren als Supply Chain Manager in dem mittelgroßen Produktionsunternehmen mehrfach unter

Beweis gestellt. Nichts, aber auch gar nichts Relevantes entging seiner Aufmerksamkeit, für alle entscheidenden Einflussgrößen hatte er Sollwerte, Kontingenzintervalle und Monitoring-Zeitpunkte definiert.
Der Herbst war vergleichsweise turbulent gewesen, gleich nach dem Ende der Urlaubszeit. Also scrollte Giorgio zu den Einträgen ab Mitte September und las.

Protokoll GS-m31, 2019-09-17, Dienstag

Tagesgeschäft i.O., Kennzahlen durchgängig > 90 %.

Wochenfokus Terra IX (Augenmerk auf Verfolgung Liefertreue Produktgruppe P07 – Terminabweichung < 2 Tage).

Mitarbeiterstatus unverändert: 6 anwesend, keine Dienstreisen. LN-m27 Urlaub. AS-w34 Pflegefreistellung. KD-m41 krank.

Ego-Status stabil.

Protokoll GS-m31, 2019-09-20, Freitag

Zielerreichung Wochenfokus Terra IX 65 %. Offene Aufgaben eingetaktet.

Neuer Wochenfokus erst, wenn Terra IX bei 90 % Erfüllungsgrad.

Zwischencheck Leadership: Anforderung aktuell mittel, Zufriedenheit Ego > 85 %, vermutete Zufriedenheit Team dito. Offene Vorhaben: keine.

Ego-Plan Wochenende zu 90 % finalisiert. Freitag Studio, Wocheneinkauf, Vernissage, Brasserie. Samstag laufen, Einkauf Markt, Mittag Mutter, Fachliteratur, Studio, Netflix. Sonntag laufen, Brunch bei Müllers, Nachmittag bei Bruder und Familie, Geschenk für Neffen, Fachliteratur.

Protokoll GS-m31, 2019-09-24, Dienstag

Kennzahlen alle > 90 %, nur Produktivität 82,5 %. Erste Gegenmaßnahmen kommuniziert.

Wochenfokus weiter Terra IX. Keine neuen Zusatzaufgaben neben Dispo Tagesgeschäft.

Mitarbeiterstatus: 8 anwesend, keine Dienstreisen. KD-m41 krank; Vermerk: Gespräch bei Rückkehr aus K.

Ego-Status stabil.

„Business as usual", murmelte Giorgio, „die Illusion von Stabilität."

Protokoll GS-m31, 2019-09-25, Mittwoch

Unvorhersehbarer Vorfall. TZ-w44 hat Konflikt mit Teamkollegin JB-w24 und besteht auf sofortigem Vieraugenchefgespräch. Wäre möglich gewesen. Auf Nachmittag terminiert.
Querverweis Dinkley: *„Die Führungskraft definiert den richtigen Zeitpunkt."*
Investigative Gespräche mit allen aus Terra IX-Team. Dinkley: *„Zuerst hat sich die Führungskraft einen Überblick zu verschaffen, indem sie Einzelgespräche mit allen Beteiligten führt. Dann erst kann sie an die Klärung eines Konflikts gehen."*
Termine: 16:00 TZ-w44, 16:30 JB-w24.

Konfliktdiagnose K09: 30 % strukturell, 65 % interaktiv, 5 % personell. Teamkonflikt entstanden, obwohl Diversity-Koeffizient DK wie vorgesehen zwischen 2 und 4,5. Mit 3,7 zwar im oberen Bereich, dennoch klar innerhalb des empfohlenen Intervalls.

Konfliktintervention: in diesem Fall Kombination aus Konfrontation und Moderation in 6-Augen-Gesprächen mit externem Mediator, also nochmaliges Offenlegen der zugrunde liegenden Annahmen, der impliziten Wertvorstellungen und Grundhaltungen sowie der persönlichen Anliegen und Bedürfnisse.
Entsprechende Maßnahmen eingeleitet. Erster vereinbarter Checkpoint: 2019-10-11.

Giorgio hielt kurz inne. Ja, dieser Konflikt hatte ihn kurzfristig von den tatsächlich entscheidenden Themen abgelenkt. Dennoch: Er hatte richtig reagiert und den Spannungen im Team die gebührende Aufmerksamkeit geschenkt.

Protokoll GS-m31, 2019-09-27, Freitag

Zielerreichung Wochenfokus 91 %. Letzte offene Aufgaben eingetaktet.

Neuer Wochenfokus ab 2019-10-01, Dienstag.

Zwischencheck Nahtstellen: Kontaktquote laut Soll (100 %), Beanstandungen: keine, Auffälligkeiten atmosphärisch: kurzzeitige Verstimmung bei Abteilung WPO (bereits geglättet), alle anderen i.O.

Ego-Plan Wochenende erst zu 40 % finalisiert. Freitag Studio, Wocheneinkauf. Samstag laufen, Fachliteratur, Studio. Sonntag laufen, Fachliteratur.

Protokoll GS-m31, 2019-10-01, Dienstag

Kennzahlen alle unter 90 % gefallen, bedenklich! Nur Produktivität gestiegen (auf 87,5 %). Meeting zur Ursachenanalyse bringt kaum Ansatzpunkte.
Neuen Wochenfokus daher zurückgestellt.

Mitarbeiterstatus: 9 anwesend, keine Dienstreisen. KD-m41 aus K zurück. Gespräch 2019-10-03, Donnerstag.

Ego-Status überwiegend stabil. Anzeichen von innerer Spannung.

Protokoll GS-m31, 2019-10-04, Freitag

Zielerreichung Wochenfokus: entfällt, kein Wochenfokus.

Zwischencheck Leadership: Anforderung aktuell sehr hoch, Zufriedenheit Ego 90 %, vermutete Zufriedenheit Team dito.

Monatlicher Vital-Check: Selbstevaluation zeigt körperliches Wohlbefinden 75 %, muskuläre Fitness ok, Energielevel mittel, Anzeichen von Müdigkeit, mentales Wohlbefinden minimal 40, maximal 60 %, Phänomene von leichtem Überdruss und innerer Spannung, deutlich gesunkener Freude-Indikator, soziales Wohlbefinden 85 %, auf hohem Niveau stabilisiert.
Trainingsschwerpunkte für den nächsten Monat: Meditation, Achtsamkeits- und Gelassenheitsübungen.

Ego-Plan Wochenende zu 75 % finalisiert. Freitag Studio, Wocheneinkauf. Samstag laufen, Einkauf Markt, Mittag Mutter, Fachliteratur, Studio, Netflix. Sonntag laufen, Brunch bei Bruder und Familie, Fachliteratur.

Protokoll GS-m31, 2019-10-08, Dienstag

Kennzahlen praktisch gleichbleibend (kaum Veränderung zum letzten Messpunkt), Verstärkung der bereits 2019-10-03, Donnerstag eingeleiteten Gegenmaßnahmen kommuniziert.
Neuen Wochenfokus weiter zurückgestellt.

Mitarbeiterstatus: 9 anwesend, keine Dienstreisen. K-Rückkehr-Gespräch mit KD-m41 2019-10-03, Donnerstag geführt. Leichte Regulation des Anforderungsniveaus. Dinkley: „*Gutes Urteilsvermögen bedeutet, die Dinge zu tun, die ein Team auf seine Ziele ausrichtet, aber auch, die Dinge zu unterlassen, die es von diesem Ziel abbringt.*“

Ego-Status unverändert, weitgehend stabil.

Dinkley[25] stellte sich immer wieder als wahre Goldgrube heraus. Eines der wenigen Bücher, das er regelmäßig zur Hand nahm. Als Buch wohlgemerkt und nicht als File in seiner umfassenden elektronischen Bibliothek.

Protokoll GS-m31, 2019-10-11, Freitag

Zielerreichung Wochenfokus: entfällt, kein Wochenfokus.

Monatlicher Strategie-Check: Zielerfüllungsgrad zwischen 40 % (nur bei Projekt Terra XIV) und 87,5 %. Damit im Plan. Wichtig: weiter in Wochenfokus berücksichtigen. Prognose Wahrscheinlichkeit der Zielerreichung bis Ende Kalenderjahr bei 95 %! Stimmigkeit Mission 100 %. Commitment dafür durchgängig vorhanden.

Motto Dinkley: „*Eine wahre Führungspersönlichkeit macht die Mission zur größten und einzigen Sache in ihrem Leben und ist jemand, der sagt, ‚Ich gebe dieser Sache Priorität. Ich verpflichte mich, meine gesamte Zeit und Energie dafür aufzuwenden, dass dieses Projekt ein Erfolg wird.‘*“

Zwischencheck Nahtstellen: Kontaktquote leicht unter Soll (91 %), Beanstandungen: keine, Auffälligkeiten atmosphärisch: keine.

Offene Vorhaben Leadership: Check Konflikt TZ-w44 / JB-w24. Aufgrund von Vorrang Kundenprojekt (JB-w24 unabkömmlich) auf 2019-10-14, Montag vertagt.

25 Die Zitate aus dem (fiktiven) Management-Ratgeber Dinkley sind teilweise abgewandelte Textstellen aus Loeb & Kindel, 2005.

Ego-Plan Wochenende zu 85 % finalisiert. Freitag Studio, Wocheneinkauf, Kino (T. Berger), evtl. Absacker Vinothek. Samstag laufen, Einkauf Markt, kochen, abends Gäste (Naumanns zu zweit). Sonntag laufen, Ausflug mit Mutter (Tisch reserviert), Studio, Fachliteratur.

Protokoll GS-m31, 2019-10-15, Dienstag

Kennzahlen wieder durchgängig > 90 %, Turnaround scheint geschafft.

Neuer Wochenfokus: Terra XIV (Augenmerk auf Just-in-Time-Verfügbarkeit Rohmaterial RM03 und auf Liefertreue Produktgruppe P04 – Terminabweichung < 5 Tage).

Monatlicher Innovations-Check: Tool >>Delta 3.1<< zur Prozessoptimierung bei 40 % Entwicklungsgrad. Detailprogrammierung Cockpit bei IT in Auftrag gegeben, Umsetzung 2019-11.

Mitarbeiterstatus: 9 anwesend, Dienstreise UF-m56 mit KM-w53 – Verhandlung mit möglichem Neulieferant Materialgruppe RM03.

Check Konflikt TZ-w44 / JB-w24. Verbesserung bereits eingetreten. Fortsetzung Mediation (2 weitere Termine) und Monitoring. Nächster Checkpunkt 2019-11-15.

Ego-Status stabil.

Protokoll GS-m31, 2019-10-18, Freitag

Zielerreichung Wochenfokus 75 %. Damit Zielerfüllung Gesamtprojekt bei 60 %. Offene Aufgaben eingetaktet.

Zwischencheck Leadership: Anforderung aktuell hoch, Zufriedenheit Ego 95 %, vermutete Zufriedenheit Team 90 %. Offene Vorhaben: keine, außer monatliches MA-Meeting.
MA-Info: Info über Kennzahlen, Wochenfokus, Strategie-Check und Innovation. Keine bedenklichen Abweichungen, alles weitgehend im Plan.

Ego-Plan Wochenende erst zu 30 % finalisiert. Freitag Studio, Wocheneinkauf. Samstag laufen, Mittag Mutter. Sonntag laufen, Brunch bei Bruder und Familie. Fokus Freitag Nachmittag auf Präzisierung Ego-Plan WE.

Auch hier wieder scheinbare Stabilität. Nichts in den Kennzahlen deutete auf das kommende Ungemach hin. Was hatte er übersehen?

Protokoll GS-m31, 2019-10-22, Dienstag

Kennzahlen stabil > 90 %.

Wochenfokus weiter Terra XIV.

Mitarbeiterstatus: 9 anwesend, keine Dienstreisen.

Ego-Status stabil.

Protokoll GS-m31, 2019-10-24, Donnerstag

Überraschende Rückmeldung. Nach Ende Terra XIV-Meeting Feedback durch KM-w53 und JC-w21 (gleichzeitig!), ich würde nicht authentisch sein, Mangel an Herz und Humor. Und damit für beide Mitarbeiterinnen auch nicht einzuschätzen. Zumindest nicht ausreichend. Ein wesentlicher Eckpfeiler für die Orientierung würde für sie damit wegfallen.
Evtl. versteckte Botschaften, manipulative Absichten: nicht auszumachen.

Plausibilität > 50 %.
Kein Eintrag dazu bei Dinkley.
Durchforstung Protokoll (letzte zwei Quartale), Auflistung (aus Gedächtnis) von Belegen dafür. Zwischenergebnis: Weitere Analysen notwendig.

Nicht vorherzusehen. Nicht zu erklären. Zur Unvorhersehbarkeit findet sich in der anderen Management-Literatur einiges: „Die Ungewissheit als das neue Normal" oder „Moving Targets – sich verändernde Vorgaben erfolgreich managen" und auch andere Einträge. Daily Business für einen Supply Chain Manager.
Aber er selbst als unstete Variable? Wie konnte die Gleichung dann aufgehen, wenn selbst die stabilsten Faktoren an Zuverlässigkeit verlieren? Immerhin hatte er die Plausibilität richtig eingeschätzt.

Protokoll GS-m31, 2019-10-25, Freitag

Zielerreichung Wochenfokus 95 %. Letzte offene Aufgaben eingetaktet.

Zweimonatlicher Check Ego-Development: überaus positives Ego-Bild in Frage gestellt durch Feedback 2019-10-24. Wie bereits festgehalten: Plausibilität > 50 %. Fokus Ego-Development bis Jahresende: Authentizität stärken. Schrittweises Vorgehen: Analyse mit neutraler Person, Zielbild und Mission formulieren, Trainingsplan, laufende Umsetzung, neuen Kennwert für Selbstevaluation AI (AuthentizitätsIndex) definieren, regelmäßiges Monitoring, nochmaliges Einholen von Feedback bei KM-w53 und JC-w21 nach erfolgreicher Entwicklung.

Ego-Plan Wochenende zu 75 % finalisiert. Freitag Studio, Theater (Abo, mit Mutter). Samstag und Sonntag zweitägiger Ausflug mit Müllers, Naumanns und Liebscher. Motto: Wein und Wellbeing. Erfragen weiterer Assessments betr. Authentizität vorgesehen.

Giorgio stoppte an dieser Stelle. Ja, er hatte es sich vorgenommen und unmittelbar darauf mit der Umsetzung gestartet. Logisch. Weil sonst bräuchte man sich gleich gar nichts vorzunehmen. Seine Ratio (und im Übrigen stand das auch bei Dinkley so) sagte ihm: Nicht alles, was man erstrebt, lässt sich 1:1 verwirklichen. Dann gilt es die Abweichungen vom erwünschten Soll zu akzeptieren und substanziell zu analysieren, um dann wiederum geeignete Maßnahmen zur Zielerreichung zu definieren. All das hatte er getan. Wenn er ehrlich zu sich war – und Giorgio pflegte schonungslos ehrlich zu sich zu sein – sah er seine Authentizität nach wie vor meilenweit von seinem Zielwert entfernt. Das Ergebnis war jetzt, Anfang Dezember, also nach weiteren sechs Wochen, äußerst bescheiden. Niemand wollte ihm einen Fortschritt bescheinigen, der AI war kaum gestiegen.
Er hielt nur kurz inne. Rasch hatte er den Entschluss gefasst, die Anstrengungen noch mehr zu verstärken. Denn offenbar war er bisher zu wenig konsequent an das Thema herangegangen. Er musste also seine Prioritäten ein weiteres Mal überarbeiten, der Optimierung seiner Authentizität einen noch höheren Stellenwert beimessen. Ein neues Sonderprojekt für das nächste Quartal musste her – eines, für dessen erfolgreiche Bewältigung es Extrameilen, Überstunden und besonderer Beharrlichkeit bedarf. Unter der Bezeichnung „Ego-Dev AI 2.0" trug er es in sein Multi-Projektmanagement-Tool ein. Versah es mit Kenngrößen, Zielwerten, Kontingenzintervallen und Messzeitpunkten. Nun war alles bestmöglich vorbereitet. Wäre doch gelacht, wenn er gerade daran scheitern würde. Scheitern? Wann war er überhaupt schon einmal gescheitert? In seiner Biographie war kein Vorkommnis dieser Art auszumachen, so etwas wie Scheitern war in seinem Lebensplan nicht vorgesehen. Jedenfalls hatte er für den Moment das mögliche Optimum herausgeholt, sein situatives Potenzial also voll ausgeschöpft. Mehr konnte er nicht von sich verlangen.
Zufrieden mit sich schloss er die offenen Files zur Selbstevaluierung, atmete einmal kräftig durch und adjustierte sich wieder in seinem Business Outfit. In diesem Moment kam auch schon der Reminder von Day2Day für den nächsten Punkt auf seiner Agenda. „Perfektes Timing macht den perfekten Manager", stand darunter am Monitor zu lesen. Giorgio nickte sich anerkennend zu – das war sein Satz, er hatte die elektronische Erinnerung genau so programmiert.

Alles unter Kontrolle

Die strenge Welt der Perfektionist*innen

Fokussieren wir uns darauf, worum es geht, auf die Sache sozusagen. Sie wollen etwas über fundiertes und vielfach erprobtes Führungswissen erfahren. Wie Sie sicher selbst schon herausgefunden haben, gehen wir hier stets nach derselben oder zumindest beinahe derselben Systematik vor. Sie werden die Protagonist*innen dieses Abschnitts in folgenden fünf Feldern eingehender kennenlernen:

1. Wer sie sind, was sie auszeichnet, was sie antreibt und zu welchen Leistungen sie imstande sind.
2. Welche – ja, nennen wir es doch beim Namen! – Schwachstellen und Notwendigkeiten der Optimierung sie sich einzugestehen haben. Da braucht man nicht lange um den heißen Brei herumzureden, selbst sie müssen dies zur Kenntnis nehmen.
3. Wer genauer hinsieht, kann etliche Unterschiede zwischen den verschiedenen Vertreter*innen dieser Gruppe an Führungskräften entdecken. Mindestens drei erhebliche, aber das würde hier zu weit führen.[26]
4. Ebenso betrachtet wird ihre soziale Akzeptanz, ihr durchaus beachtlicher Stellenwert für das Funktionieren diverser Gemeinschaften. Dafür ist es übrigens nur in eingeschränktem Maße essenziell, in welcher hierarchischen Ebene eine Führungskraft verortet ist.

---

26 Von seiner Bedeutsamkeit müsste dieser Punkt eigentlich als Nummer eins gereiht sein, so viel zur Richtigkeit dieser Aufzählung.

5. Abschließend finden Sie wiederum diverse Empfehlungen, je nachdem, in welcher Form Sie von diesem Phänomen „betroffen" sind.

Dieses Kapitel verlangt geradezu danach, genau zu sein – vage Andeutungen oder gar Spekulationen haben hier nichts verloren. Fakten, klare Eckpfeiler und Leitplanken sowie eine deutlich erkennbare Struktur – das ist doch das Mindeste, was Sie sich als anspruchsvolle*r Leser*in erwarten dürfen. Sonst würden Sie zurecht beanstanden, dass das nur so dahingeschrieben ist. Übrigens: Nur weil Sie in diesem Punkt hohe Ansprüche haben und diese auch einfordern, müssen Sie sich noch nicht zu den auf Kontrolle programmierten Perfektionist*innen zählen. Um zu diesen zu gehören, bedarf es schon mehr als nur Genauigkeit, Ehrgeiz und hohes Qualitätsbewusstsein.

Keine andere Wahl

Eines muss ich vorausschicken, damit Sie keinen falschen Eindruck bekommen. Es gibt Notwendigkeiten, also quasi übermächtige Gründe dafür, weshalb die hier beschriebenen kontrollwütigen Führungskräfte so denken und handeln, wie sie eben denken und handeln. Nicht, weil es eine der Situation angemessene Vorgehensweise ist, für die sie sich frei entschieden haben. Auch wenn sie ihre Form von Führung und Steuerung im Nachhinein mit rationalen Argumenten begründen – sie sind nicht so, weil sie es wollen. Sondern in erster Linie, weil sie müssen. Weil ihnen eine mächtige Instanz in ihrem Inneren gar keine andere Wahl lässt. Sie müssen ihr gehorchen und ihren Auftrag ordnungsgemäß erfüllen. Dieser strikte innere Gebieter, der einen gnadenlos vor sich hertreibt. Der unermüdlich die Ziele immer höher steckt, der einem zuruft „Streng dich an – das geht noch besser!" Der dafür sorgt, dass man sich einem rigorosen Programm nach dem anderen unterwirft, immer wieder neue ambitionierte Pläne schmiedet und akkurat auf ihre Einhaltung achtet. Streng genommen gibt es für Führungskräfte dieser Art keine Wahlmöglichkeit. Genauso wenig, wie Kompromisse oder halbe Lösungen in Frage kommen. Diese würden ihrer Entweder-oder-Haltung widersprechen. Ihre Logik ist bestechend einfach: Entweder ist etwas falsch oder richtig. Wenn es kein

Erfolg ist, dann ist es ein Misserfolg. Und man selbst ist entweder in Ordnung oder schäbig, liebenswert oder verachtenswert.
Also schaffen und rennen sie. Sie planen, ziehen durch, kontrollieren. Sie überarbeiten, optimieren, planen neu und ziehen dann wieder konsequent durch. Ablenkungen vom Weg werden nicht zugelassen, Störungen minimiert oder ganz unterbunden. Alles kann, alles muss! Jetzt wird wieder in die Hände gespuckt ...

Sich selbst dermaßen unter Druck zu setzen, ist eine Sache – jede*r Perfektionist*in weiß davon ein Lied zu singen. Die richtigen Hardliner unter ihnen jedoch machen mit dieser Haltung auch vor ihrem Umfeld nicht halt. Sie konfrontieren es mit völlig überhöhten Vorgaben und Erwartungen. Da ihnen jede Entspanntheit fehlt, tun sie sich äußerst schwer damit, mal zwischendurch die Ansprüche runterzuschrauben, mal etwas weniger von den Menschen in ihrer Umgebung einzufordern. Das steht gar nicht zur Disposition, das kommt im Plan so nicht vor. Und sie haben zumeist einen Plan – jedenfalls etwas, was einem Plan nahekommt. Ein Ziel, definierte Maßnahmen und Schritte, einen Korridor, das dazugehörige Monitoring, um sicherzustellen, dass man den Korridor nicht verlässt, und vieles ähnliches mehr. Sie gebärden sich als Prinzipienreiter und mahnen die Einhaltung des jeweiligen Kodex ein. Sie weisen auf Standards, Soll-Prozesse und andere Normierungen hin. Ist etwas vereinbart, dann muss es auch eingehalten werden.

Weshalb die Welt nur eine vermeintlich perfekte ist

Die Welt steckt voller Gefahren – insbesondere für eine Führungskraft. Man weiß nie, welche Herausforderung als nächste auf einen zukommt. Da meint man, man hätte die Lage im Griff, und auf einmal gestaltet sich alles anders. Man wird mit Ungeplantem konfrontiert, hat mit plötzlich auftauchenden Engpässen zu kämpfen, mit Rückschlägen, krisenhaften Ereignissen, muss zur Kenntnis nehmen, dass nicht alle Beteiligten so handeln, wie man sich das vorstellt, und schlimmstenfalls verliert man letztlich in all dem den Überblick –

zum Fürchten! Insbesondere, wenn man sich vor Augen hält, dass man selbst die Verantwortung trägt und manch Ungemach vielleicht von vornherein verhindern hätte können.
Kein Wunder also, dass sich etliche Manager*innen darauf fokussieren, möglichst alles vorgeben, überwachen und kontrollieren zu können. Je mehr aus ihrer Sicht am Spiel steht, umso straffer ziehen sie die Zügel an. Kein Millimeter Abweichung wird geduldet. Es braucht ihre absolute Kontrolle – auch wenn das bedeutet, alles selbst machen zu müssen. Sie bestimmen und regeln, sie tun und überprüfen – strikt, rigid und konsequent. So schaffen sie es, den Spielraum für eventuelle Überraschungen möglichst gering zu halten. Durch ein Optimum an Planung und Organisation, durch klare, eindeutige Vorgaben sowie durch deren konsequente Einhaltung und Überprüfung lässt sich Risiko minimieren. Und genau darum geht es schließlich, wenn man verantwortungsvoll managt, oder? Man will ja schließlich nicht im Chaos versinken.

Sehen wir uns einmal systematisch an, wovor sich solche Führungskräfte in Acht nehmen, wofür sie sich wappnen, worüber sie Kontrolle zu erlangen versuchen. Es sind dreierlei Aspekte, die es unter Kontrolle zu halten gilt:[27]

- Die „bösen Dinge", also möglicherweise kritische äußere Ereignisse und Umstände im Job, etwa die Komplexität und Unvorhersehbarkeit von Entwicklungen, egal, ob kleinere oder größere, Unfälle, Krankheit und anderes Ungemach, was das Leben bereithält.
- Andere Menschen, denn nie kann man sich gewiss sein, was sie denken, wie sie handeln und was sie als nächstes im Schilde führen. Noch dazu, wenn Launen, Befindlichkeiten und Emotionen eine Rolle spielen.
- Man selbst – ein nicht zu vergessender beachtlicher Risikofaktor. Welcher Manager kann schon von sich behaupten, er würde stets alles zu 100 Prozent erfolgreich meistern und nie versagen? Es ist die Angst, sich selbst einen kräftigen Strich durch die Rechnung zu machen, und damit vor dem eigenen inneren Kritiker nicht zu bestehen.

27 Diese Differenzierung stammt von Mallinger & De Wyze, 1992 – schlüssig, ordentlich, wohl strukturiert, schlichtweg perfekt ;-)

Die Gefahren-Landschaft der Kontrollwütigen

Abb. 8: Die Gefahren-Landschaft der Kontrollwütigen

Die hier beschriebenen Führungskräfte erleben zumindest eines dieser drei Motive als so starke innere Kraft, dass sie ihm andere wichtige Bedürfnisse unterordnen. Im Zweifelsfall entscheidet sich der Kontrollwütige lieber für das rigorose Durchziehen einer klaren Linie als dafür, Verständnis für die Sichtweisen seiner Mitarbeiter*innen zu entwickeln und vielleicht einmal deren Wünsche zu berücksichtigen. Selbst wenn er sich damit ins soziale Abseits bugsiert – besser konsequent und alleine als integriert und flexibel.

1. Die „bösen Dinge“

Wer nicht aufpasst, hat mit viel Ungemach zu rechnen. Die moderne, stets komplexer werdende Arbeitswelt macht es einem nicht immer einfach. Sehr leicht kann man in diesem Geflecht von wechselseitigen Abhängigkeiten und Zusammenhängen relevante Informationen übersehen. Wichtige Entwicklungen sind ohnehin unberechenbar, die Zukunft nicht vorhersagbar. Die Menschen wissen nicht, welche Prioritäten sie setzen sollen, was gestern noch richtig war, kann heute schon die falsche Herangehensweise sein. In Organisationen kommt schlimmstenfalls ein heilloses Durcheinander an Aufgaben, Verantwortungen und anderen unwägbaren Dingen hinzu. Daten, Gegenstände und Informationen sind plötzlich nicht mehr auffindbar, Projekte laufen aus dem Ruder – alles zusammen ein Horrorszenario für kontrollbedürftige Führungskräfte. Dazu noch die permanente Gefahr von Unfällen und Krankheiten – wobei es einen selbst oder Mitarbeiter*innen treffen könnte. Kurzum: Stets kann etwas passieren, Chaos droht aus allen Richtungen über einen hereinzubrechen. Da ist es nur logisch, dass wachsame, verantwortungsvolle Manager*innen bestrebt sind, all dies zu vermeiden oder zumindest bestmöglich in den Griff zu bekommen. Dies kann sich in verschiedener Weise in ihrem Führungshandeln manifestieren.

Planungswütige und Nie-Entscheider*innen

Gerda und *Gregor Grübel* etwa analysieren oft endlos. Sie sehen es als Lebensaufgabe, alle relevanten Informationen einzuholen, korrekt einzuordnen und somit bestmöglich unter ihre Kontrolle zu bekommen. Gerade in einem hochkomplexen Arbeitsumfeld sind sie auf kurz oder lang maßlos überfordert. Der Zugang zu Unmengen an Information ermöglicht ihnen, sich in der Tiefe und Komplexität zu verlieren.

Besonders drastisch wird es für sie, wenn sie mehrere, annähernd gleichwertige Alternativen vorfinden. Wenn sie sich zu einer Entscheidung durchringen und eine Empfehlung abgeben, hinterfragen sie diese Wahl und führen die Vorteile der anderen Optionen ins Feld. Im Extremfall laufen sie damit ewig im Kreis. Es ist wie bei den Häschen aus der Werbung: Sie werden so lange trommeln, bis ihre Batterien leer sind. So ziehen sie Schleife um Schleife, weil Weiteres, Neueres ebenso relevant sein könnte. Sie holen Angebot um Angebot ein, lesen Hunderte von Referenzen und Erfahrungen anderer. Sie befürchten, Wesentliches zu übersehen, eine mögliche Chance zu verpassen oder gar ein bedeutendes Risiko zu missachten. Daher investieren sie weiter Stunde um Stunde und „trommeln", bis sie nicht mehr können. Nur, um ja keine Überraschung erleben zu müssen.

Für und wider

Es war schon bei seiner Abschlussarbeit an der Uni so gewesen. Immer gab es zusätzliche Informationen, noch neuere Studien, deren Veröffentlichung Gregor abwartete. Deren Ergebnisse er unbedingt noch in seine Arbeit integrieren wollte. Viele Monate schleppte sich das hin. Im Nachhinein betrachtet musste selbst er sich eingestehen: An der Qualität seiner Arbeit hatte das rein gar nichts geändert.
Später dann scheinbar simple Kaufentscheidungen. Ein Fahrrad etwa. Er hatte einen Favoriten ausgemacht und dafür Preisvergleiche bei verschiedenen Anbietern eingeholt, so weit war er immerhin schon gekommen. Doch dann: Eine der Kundenbewertungen – nur ein Stern! – riet dringend vom Kauf seines ausgewählten Produkts ab. Man bekäme eindeutig Besseres, sogar um weniger Geld. Auch wenn ihm klar war, dass dies nur eine subjektive Einzelmeinung war und tausend verschiedene Gründe hinter diesem vernichtenden Urteil stecken könnten, machte es ihn stutzig, und er betrachtete seinen Favoriten mit noch kritischerem Blick. Was bisher schon ansatzweise dagegengesprochen hatte, wog auf einmal noch schwerer. Mit dem Ergebnis, dass er seine Nummer eins letztlich verwarf. Also wieder zurück zum Start. In dieser Tonart ging es weiter. Überall fanden sich gute Argumente dafür, aber stets auch

einige nicht zu verachtende Nachteile. Im Vergleich zueinander gab es keinen eindeutigen Gewinner. Er entschied sich letzten Endes dafür, das optimale Fahrrad selbst aus Komponenten verschiedener Anbieter zusammenzustellen. In der perfekten Kombination. Immerhin musste er nicht bei null beginnen. Dennoch, bis er alle Teilentscheidungen beisammenhatte, vergingen weitere Wochen. Hätten ihn seine Trainingspartner nicht zur finalen Entscheidung gedrängt, er hätte wohl die gesamte Trainingssaison verpasst.
Nun ist Gregor zum Teamleiter in der IT-Abteilung befördert worden und gleich mit einer kniffligen Frage konfrontiert. Wie hoch darf das Bruttogehalt des neuen Mitarbeiters sein? Am frühen Nachmittag soll er beim Meeting mit der HR-Direktorin einen Vorschlag einbringen. In Anbetracht der angespannten Arbeitsmarktlage – gute IT-Leute sind rar gesät und entsprechend stark nachgefragt – und des vergleichsweise niedrigen Gehaltsniveaus der erfahreneren Mitarbeiter in seinem Team eine schwierige Aufgabe. Er entwirft fünf verschiedene Varianten und geht dann daran, für jede der Optionen Argumente pro und kontra aufzulisten …

Alles hat seine Richtigkeit

Ähnlich ticken die Ordnungsfanatiker*innen *Richard Richtig*, *Penny Belle*, *Per Pendikular* und *Prisca Principella*. Auch sie trachten danach, die Dinge unter Kontrolle zu halten. Für alles haben sie Listen und Tabellen angelegt. Überall gibt es bei ihnen ein ausgeklügeltes System oder einen minutiös und perfekt skizzierten Plan, nichts ist per Zufall so. Um ihren Alltag zu strukturieren, setzen sie auf rigoros einzuhaltende Abläufe, also auf Wiederholungen und Rituale. So versuchen sie, ihrer größten Angst, nämlich jener vor dem unüberschaubaren Chaos, Herr zu werden. Nicht vorzustellen, dass auf einmal die Ordnung verloren ginge. Oder dass sich etwas nicht in das eigene System einordnen ließe. Im schlimmsten Fall ist eine neue Kategorie, ein neuer Ablauf, eine neue Regel zu definieren. Das System selbst darf keinesfalls in Frage gestellt werden.

In meinen Seminaren habe ich regelmäßig das Vergnügen mit diesen Damen und Herren. Einer erklärte mir einmal, seine Fernbedienungen zuhause müssten immer in einem Winkel von genau 90 Grad positioniert sein, also derart, dass sie exakt auf das jeweils zu bedienende Gerät ausgerichtet sind. Als ich das bei einem späteren Seminar als Beispiel erwähnte, meldete sich eine Frau und sagte: „Na, das ist ja wohl logisch, dass man die so platziert. Das muss so sein. Bei mir kommt allerdings noch ein Faktor dazu. Man hat ja mehrere Fernbedienungen, die nicht alle gleich aussehen. In meinem Haushalt müssen die zusätzlich farblich sortiert sein, von Hellgrau bis Schwarz."

Man kann sich gut ausmalen, wie derart gestrickte Menschen als Führungskräfte die Organisation ihrer Teams regeln. Das Prinzip Struktur und Ordnung geht über alles, nichts wird dem Zufall überlassen, für alles gibt es klar definierte Regeln, Vorgaben und Korridore. Korridore, die von den Mitarbeiter*innen häufig als straff sitzendes Korsett erlebt werden.

2. Gefährliche Menschen

Ein weiterer Unsicherheitsfaktor, der unliebsame Überraschungen, Unordnung und Konfusion ins Arbeitsleben bringen kann, sind Menschen. Für Führungskräfte zunächst einmal die eigenen Mitarbeiter*innen, aber auch Vorgesetzte und Kolleg*innen, ja sogar Kundinnen und Kunden sowie andere externe Geschäftspartner. Daher trachten kontrollwütige Perfektionist*innen mit allen möglichen Mitteln danach, diese unwägbaren Einflüsse, also am besten alle Menschen in ihrem Umfeld, in Zaum zu halten.

Kontrolle ist immer besser

Besonders gut darin erweisen sich *Conny* und *Conrad Controlletti*. Für sie ist Kontrolle oberstes Dogma. Kontrolle hier, Kontrolle da. Kontrolle ist alles.

Jenseits davon kann es nichts geben; das Prinzip der Kontrolle ist nicht zu hinterfragen. All ihre Anstrengungen zielen darauf ab, den Dämon der Unkontrollierbarkeit zu bändigen. Mit anderen Worten alles Spontane, Wilde, Turbulente und damit Unberechenbare am besten ganz zu verhindern, Fehler auszuschließen, dem Ungeplanten keine Chance zu geben.

Ein Abteilungsleiter kontrolliert praktisch alles. Nichts darf ohne sein Okay erfolgen, zu allem muss er seine Freigabe geben. Überall verlangt er 100 % Richtigkeit, mit anderen Worten 0 % Fehlerquote. Das mag bei manchen Aufgaben durchaus nachvollziehbar sein, schließlich ist seine Abteilung dafür verantwortlich, dass der Materialfluss im High-Tech-Unternehmen nicht ins Stocken kommt. Rechtzeitig dafür zu sorgen, dass die vorgesehene Anzahl an Materialien und vorgefertigten Einzelteilen in der geforderten Qualität zur Verfügung steht, das ist tatsächlich einer der Schlüssel zum Unternehmenserfolg. Aber dass er als Vorgesetzter diese Perfektion bei völligen Nebensächlichkeiten einfordert, kann niemand nachvollziehen. Es kommt häufig vor, dass er dann laut wird und sich im Ton vergreift. Das ist der richtige Zeitpunkt für die Mitarbeiter, sich in ihren Büros zu verschanzen und dem Chef möglichst aus dem Weg zu gehen.

Dem Chef ist das alles bewusst, alleine er schafft es nicht, dem Ganzen Herr zu werden: dieser übermäßigen Kontrollwut, der Enttäuschung über seine immer wieder unfähigen Mitarbeiter und den daraus folgenden Wutausbrüchen. Er fühlt sich innerlich getrieben, er kann gar nicht anders. Sein innerer Druck erhöht sich kontinuierlich, und irgendwann platzt es dann wieder aus ihm heraus. Im Nachhinein verurteilt er sich für sein unprofessionelles Verhalten. Andererseits ist es wirklich nicht einzusehen, dass die Mitarbeiter die einfachsten Dinge nicht fehlerfrei hinkriegen können. Die Ordner richtig beschriften, das Zeiterfassungssystem fehlerfrei handhaben, den Geschirrspüler ordentlich einräumen. Das müsste doch bei minimalem Engagement und Nachdenken von einem normal intelligenten Menschen zu schaffen sein, denkt er sich. Kein Wunder, dass dann auch in den wichtigen Aufgaben Fehler passieren. Unvorstellbar, was geschehen würde, würde er die Zügel etwas schleifen lassen. Ob die immer voll bei der Sache sind? Wer weiß, was in denen vorgeht? Er merkt, er kann ihnen einfach nicht vertrauen. Die einzig logische Konsequenz: Er muss die Kontrollschraube noch fester anziehen ...

Schwächere Ausprägungen der *Controllettis* posaunen gerne das Motto „Vertrauen ist gut, Kontrolle ist besser" als wichtiges Führungsprinzip hinaus. Immerhin räumen sie ein, dass Vertrauen seinen Wert hat. Im Gegensatz dazu geht den Hardlinern unter den Kontrollwütigen selbst das zu weit. „Kontrolle ist alles" lautet ihr Credo. Vertrauen kommt in ihrem Weltbild schlichtweg nicht vor. Wann immer von „Vertrauen" und „Offenheit" die Rede ist, begegnen sie dem mit Argwohn und kritischer Distanz.
Vielmehr setzen sie auf permanente Überwachung. Die Technologie hat sich in diesem Bereich massiv weiterentwickelt, nun will sie auch genutzt werden. Das erinnert mich an einen Witz: Zwei Mitarbeiter in der Firmentoilette, nebeneinander am Pissoir stehend. Sagt der eine: „Hast du schon gehört? Angeblich hat der Betriebsrat den neuen Überwachungsmethoden zugestimmt!" Worauf es aus dem Pissoir nebenan tönt: „Alles nur Gerüchtemacherei!"
Die Überwachung – oder wie es im modernen Manager-Denglisch heißt: das Monitoring – stellt „im Optimalfall" sicher, dass die kontrollwütige Führungskraft jegliche Abweichung von der definierten Norm entweder von vornherein unterbinden oder sie schnellstmöglich sanktionieren kann. Mitarbeiter*innen werden streng abgemahnt, wenn sie die Vorgaben nicht erfüllen. Oder – vor allem, wenn es sich um bedeutende Verfehlungen handelt – es kommt gleich zu einem größeren Tribunal. Die Vorführung des Übertäters soll abschreckend auf potenzielle Nachahmer wirken.

Manchmal sind die *Controllettis* unter den Pseudonymen *Hans Dampf-in-allen-Gassen* und *Susan Superwoman* unterwegs. Sie haben überall ihre Finger drinnen beziehungsweise ihre Hand drauf. Alles ist von ihnen selbst gesteuert, nichts wird den unberechenbaren anderen überlassen. Es muss sichergestellt sein, dass die Dinge so laufen, wie man das selbst für notwendig und richtig hält. Und wie bitte soll das anders klappen, als dass man die Verantwortung für alles Wichtige selbst übernimmt? Eben.

> *Was Susan alles hinkriegt, ist einfach unglaublich. Die Geschäftsführung weiß, was sie an ihr hat, und befördert sie nach nur kurzer Unternehmenszugehörigkeit zur Bereichsleiterin. Ausgestattet mit enormer Verantwortung leitet Susan ein Team von acht Mitarbeiterinnen und Mitarbeitern, allesamt eher zurückhaltend. Sie erfüllen ihre Pflicht, engagieren sich aber nicht darüber hinaus. Denn sie haben rasch erkannt, dass ihre Chefin bereit ist, alles selbst zu schultern. Und so kommt es, wie es kommen muss. Die Arbeitslast ist ungleichmäßig verteilt, Susan ist sich selbst die beste Mitarbeiterin. Am Nachmittag verlassen die Teammitglieder nach und nach das Büro – und wer hält bis in den späten Abend hinein die Stellung? Klar, es ist Susan, die sich nun um alles offen gebliebene Wichtige und Dringliche kümmern muss. Sie findet das nicht eigenartig – nein, dazu ist doch eine verantwortungsvolle Chefin da. Für das Nach-Hause-gehen-Können hat sie klare Prinzipien. Zunächst gilt es, die ruhige Phase für die anspruchsvollen Tätigkeiten zu nutzen. Jene Tätigkeiten, die im Trubel tagsüber unmöglich zu erledigen waren. Schließlich wird sie – solange jemand aus dem Team im Büro ist – immer wieder mit irgendwelchen operativen Fragen eingedeckt. Dann muss noch einmal alles Wesentliche durchgecheckt und der nächste Arbeitstag bestmöglich vorbereitet werden. Außerdem hat man als Chefin als Letzte das Büro zu verlassen und frühestens dann, wenn es draußen finster ist, sogar in den Sommermonaten …*

Wer einmal dieser Form des Kontrollwahns verfallen ist, will gerne alles selbst schultern und alleine meistern. Lucky Luke und viele andere Westernhelden sind bekannte Exemplare dieser Unterart. Wenn es eng wird, kneifen sie Augen, Lippen und Arschbacken zusammen, satteln ihre Pferde und reiten als Lonesome Cowboys Richtung Sonnenuntergang. Quasi allein gegen das Böse dieser Welt. Jemand anderen um Unterstützung bitten? Undenkbar. Irgendwann einmal eingestehen, dass man am Ende seines Lateins angelangt ist? Kommt nicht in Frage. In ihren Heldengeschichten wird ihnen diese Strategie nie zum Verhängnis – schlimmstenfalls sterben sie einen beeindruckenden Heldentod. Im Alltag befänden sie sich mit dieser Haltung schnell im Abseits – solche Held*innen kann in einem halbwegs intakten Umfeld niemand brauchen.

Dennoch finden sich nach wie vor etliche – überwiegend männliche – Chefs und Mitarbeiter mit dieser Haltung. Sie wollen als Helden gesehen werden, als autonome, selbstständige Wesen, die nicht auf die Hilfe anderer angewiesen sind. Das gilt es täglich unter Beweis zu stellen – Gelegenheiten dazu gibt es genügend. „Das wird sich ja irgendwie schaffen lassen, schließlich habe ich schon Schwierigeres gut hingebracht." Man tigert sich richtig hinein, um ein bestimmtes Problem zu lösen. Und sei es eine Sache, die schon Tausende andere vor einem hingekriegt haben. Zum Beispiel, wenn man ein komplexes Projekt planen, eine neue Software installieren oder ein technisches Gerät reparieren will. Je verfahrener die Situation, umso höher die Erregung und umso niedriger die Bereitschaft, jemand anderen aktiv einzubinden, auf seinen Rat zu hören oder gar seine Unterstützung in Anspruch zu nehmen. „Da muss ich jetzt alleine durch. Wie sähe das denn aus, wenn ich jetzt, wo ich mich schon so lange damit beschäftige, plötzlich jemanden um Hilfe bitte? Nein, das geht gar nicht."
Nun ja, liebe Superhelden, liebe Lonesome Cowboys, liebe Allein-gegen-die-Welt-Anrennende, ich wünsche euch viel Erfolg bei euren weiteren hartnäckigen Versuchen. Beklagt euch aber nicht, wenn ihr nicht jede Situation und jeden Mitarbeitenden damit zu 100 Prozent steuern könnt. Etwas an Eigenleben werdet selbst ihr euren Mitmenschen zugestehen müssen. Vermutlich nehmt ihr genau das zum Anlass, die Zügel der Kontrolle noch straffer in der Hand zu halten oder noch mehr an Verantwortung selbst zu schultern.

3. Wenn man selbst der Risikofaktor ist

Zuletzt sind da noch jene Führungskräfte, die in der eigenen Person eine veritable Gefahrenquelle sehen, danach trachten, nur ja keine Schwäche zu zeigen, sich von keinem inneren Impuls überwältigen zu lassen – und sich damit erst recht selbst ein Bein stellen. Vielleicht fragen Sie sich: „Was kann denn an der eigenen Person so gefährlich sein? Niemand ist perfekt, jeder Mensch hat so seine Schwächen, das ist doch ganz normal. Und wenn einmal etwas misslingt, was soll's? Wie heißt es so schön? Aufstehen, Krönchen richten, weitergehen." In diesem Fall haben Sie offensichtlich nicht das Bedürfnis, sich selbst permanent unter Kontrolle zu bringen, und zählen damit definitiv nicht zu den im Folgenden unter die Lupe genommenen Familien *Makellos* und *Willensstark*.

Wenn man allerdings *Makellos* oder *Willensstark* heißt, ist der Name Programm und man sieht etwa in den eigenen Emotionen einen bedrohlichen Feind. Man befürchtet, von einer emotionalen Regung oder gar einem unkontrollierten Gefühlsausbruch übermannt zu werden und die Contenance zu verlieren. Also legt man sich am einfachsten einen Schutzpanzer zu, der garantieren soll, dass weder etwas von außen nach innen noch von innen nach draußen dringen kann. Orientiert sich dabei an heroischen Vorbildern aus einschlägigen Metiers – wählen Sie selbst, ob Ihnen mehr nach Action-, Western- oder Fantasyheld*in ist! – und greift tief in die Requisitenkiste für das perfekte coole Outfit. Je cooler und überzeugender der Auftritt, umso schwieriger zu erahnen und daher umso besser geschützt ist der verletzliche Kern von Mister Cool. Unnahbarkeit als wesentlicher Trumpf, dagegen ist nichts einzuwenden – man sollte bloß aufpassen, dass dieser Schutzpanzer nicht einrostet, man sich dann nicht mehr bewegen kann und auf einmal statt cool nur noch steif und unlocker wirkt – eine Horrorvorstellung, oder?
Intelligente Führungskräfte erkennen, dass Emotionen zum Menschsein dazugehören und eine zentrale Rolle in der Mitarbeiterführung einnehmen sollten. Da mag selbst Mister Cool zustimmen, dennoch: Bei ihm sind die vorhin beschriebenen Kräfte stärker, die Angst vor einer Auseinandersetzung auf der emotionalen Ebene dominiert. Er versucht daher, allem Emotionalen möglichst

aus dem Weg zu gehen. Und er kann es auch rational begründen: Emotionen sind unberechenbar, nicht vorhersagbar, ja irrational. Und Irrationales ist nicht zu dulden.

Fehler? Fehlanzeige!

Kein Fehl und Tadel – nicht einmal in der unwichtigsten Nebensache. So lautet das Lebens- und Arbeitsmotto der vermeintlich Unfehlbaren, allen voran *Manuela* und *Marcel Makellos*. Sie erlauben sich keinerlei Blöße. Einwandfrei ist ihr Lieblingswort. Lieber alles noch einmal überprüfen, gerne dreimal, bevor man es aus der Hand gibt. Schließlich will man vor sich selbst bestehen, also den inneren Kritiker ruhigstellen, und anderen keine Angriffsfläche bieten. Solange man selbst in allen Belangen immer tadellos bleibt, kann einem nichts Gravierendes passieren.

Das Schwert des Damokles

Manuela weiß, was als Büroleiterin von ihr erwartet wird. Schließlich ist sie seit einigen Jahren in dieser Position. Die Frisur sitzt perfekt. Die Fingernägel sind 1a manikürt. Die Kleidung tipp-topp, die Schuhe stets auf Hochglanz poliert. Kein Staubfusselchen am Arbeitsplatz. Eine bestechende Ordnung. Die Qualität ihrer Arbeit: einwandfrei. Ebenso in der Kundenzufriedenheit: nur Bestnoten. Manuela ist die beliebteste Ansprechpartnerin für Externe ebenso wie für alle Internen. Kein Fauxpas passiert ihr. Kein böses Wort verlässt ihren Mund, selbst wenn es einmal richtig stressig zugeht. Stets strahlt sie nach außen hin Ruhe und professionelle Gelassenheit aus. Sollte es jemandem nicht so gut gehen, nimmt sich Manuela um diesen Menschen an. Die gute Seele der gesamten Firma: Sie hält alles zusammen, denkt an Geburtstage, sorgt dafür, dass gemeinschaftliche Aktivitäten zustande kommen. Egal ob als Führungskraft, als Expertin, als Umsetzerin – in allen Rollen ist sie beliebt und erhält die ihr gebührende Anerkennung. Wenn sie etwas übernimmt, hat das Hand und Fuß. Wenn nicht irgendetwas Unvorhersehbares dazwischenkommt, ist ein sehr gutes Ergebnis vorprogrammiert. Kurz zusammengefasst: das absolute Wunschpaket, besser kann man sich das gar nicht vorstellen.

Dennoch: Manuela fühlt sich so, als stünde sie knapp vor dem finalen Zusammenbruch. Ihre größte Sorge: sie könnte etwas übersehen. Etwas wirklich Wichtiges, etwas Entscheidendes. Gerade sie, bei aller Aufmerksamkeit, Genauigkeit und Hellhörigkeit, die sie auszeichnen – ja, es ist fast übermenschlich, welche Zwischentöne sie wahrnehmen und welche möglichen Komplikationen sie antizipieren kann. Der große, alles entscheidende Fehler – wann wird er ihr wohl passieren? Sie ist überzeugt: Dieser Moment rückt näher und näher. Muss ja auch, weil irgendwann wird es passieren. Unvermeidlich. Was wird sein, wenn es tatsächlich so weit ist? Eigentlich unglaublich, dass sie bis jetzt davon verschont geblieben ist. Je näher sie diesen Zeitpunkt kommen spürt, umso stärker strengt sie sich an. Immer auf Empfang, stets achtsam, nur ja nichts falsch machen, permanent für Rundum-Zufriedenheit sorgen, alle Bälle in der Luft, alle Kollegen bei Laune halten. Niemand darf mitkriegen, dass ihr die Dinge nur scheinbar leicht von der Hand gehen, dass sie bei weitem nicht so souverän und entspannt ist, wie andere meinen.

Also mahnt sich Manuela zur Selbstkontrolle, ruft ihr mentales Notfallprogramm ab, geht es Schritt für Schritt durch. Augen schließen, ruhig und tief atmen, bis zum Mittelpunkt der Energie, die Energie wahrnehmen, die Kraft spüren, die Muskulatur versorgen, dann die Zähne zusammenbeißen, ein strahlendes Lächeln ins Gesicht zaubern und weiter wie bisher. Durchhalten und sich nichts anmerken lassen.

Manche der Möchtegern-Makellosen kennen dies besonders gut: die Angst vor dem großen fatalen Fehler. Wie beim sprichwörtlichen Kartenhaus würde dann alles einstürzen und in sich zusammenbrechen. Jegliches Bemühen bis dahin wäre letztlich umsonst gewesen. Gerade deshalb gilt es, sich exakt jetzt noch mehr anzustrengen, noch akribischer darauf zu achten, dass ja nichts passiert. Solange es gelingt, diesen Zustand aufrecht zu erhalten, ist die Welt für sie in Ordnung. Jedoch machen sich Herr und Frau *Makellos* nichts vor: Sie wissen, dass dies ein überaus labiler, unsicherer Zustand ist. Dass das Gefühl der vermeintlichen Gewissheit ein sehr trügerisches sein kann. Dieses Wissen treibt sie an, weiter alle Energie und Konzentration darauf auszurichten, jeglichen Fehltritt zu vermeiden.

Kein Wunder, dass es diese angstgetriebenen Fehler-Vermeider nur sehr selten in einigermaßen verantwortungsvolle Führungspositionen schaffen. Denn davon weiß jede Führungskraft ein Lied zu singen: Je höher man aufsteigt, umso wackeliger werden die Entscheidungsgrundlagen, umso größer wird damit die Chance, immer wieder einmal mit seinen Einschätzungen und Entscheidungen kräftig danebenzuliegen. Das sind keine wünschenswerten Rahmenbedingungen für jemanden, der Risiko, Ungewissheit und Unsicherheit nicht einmal aus der Ferne erträglich findet.

Wenn es einmal darauf ankommt, mutig nach vorne zu preschen, ein paar Wagnisse in Kauf zu nehmen, ein Experiment mit ungewissem Ausgang zu starten, dann verlässt man sich besser nicht auf *Manuela* und *Marcel*. Es sei denn, man will sie absichtlich an ihre Grenzen führen und zur Verzweiflung treiben. Sie kommen am besten dann zum Einsatz, wenn etwas 1:1 feinsäuberlich umzusetzen ist, wenn es auf Einhaltung von Vorgaben und Standards zu achten gilt oder wenn sie als Korrekturleser Fehler aufspüren sollen. Dann sind sie ganz in ihrem Element und erweisen sich als wahre Meister*innen ihres Fachs. Denn für diese Aufgaben haben sie ausgezeichnete Antennen und können ihre besonderen Fähigkeiten bestmöglich zur Geltung bringen.

Weitere Mitglieder der Familie *Makellos* sind noch die zwei *Justins*. Nicht Justin Timberlake und Justin Bieber. Sondern jene zwei, die sich nichts zuschulden kommen lassen, die sich gegen alle Eventualitäten absichern. *Justin Time*, der alles gerade rechtzeitig macht und so seine Tadellosigkeit beweist. Sowie sein übervorsichtiger Zwillingsbruder *Justin Case*, der stets die Sicherheitsvariante einplant, für alle Risiken vorsorgt und damit bestens gegen alle Unwägbarkeiten gefeit ist.

Nicht vom Weg abzubringen

Wilma und *Wilhelm Willensstark* schenken sich nichts. Gnadenlose Selbstdisziplin ist ihr Lebensprinzip. Alles wird den eigenen Zielen und Programmen untergeordnet. Sie sind ihre eigenen Drill-Sergeants, sie pushen sich zu Höchstleistungen. Leistungen, die sich oft in ausgefeilten Statistiken niederschlagen – tendenziell wohl eher *Wilhelms* Steckenpferd.

Vom Sport kann man extrem viel für das Führen lernen, denkt sich Wilhelm W., von Beruf Gruppenleiter einer Fachabteilung. Er ist bekannt dafür, dass er nichts dem Zufall überlässt, dass man von ihm immer vorzüglich ausgearbeitete Pläne und Projektbeschreibungen bekommt. Sein Team führt er über klare Zuordnung von eindeutig abgesteckten Verantwortungsbereichen und, indem er seine typischen Stärken einbringt.
Stärken, die ihn sowohl als Mensch wie als Triathlet auszeichnen. Seine Zielorientierung, seine Systematik und Planungsgenauigkeit und vor allem seine Konsequenz in der Umsetzung, sein unablässiger Wille, sein Zug zum Tor. Durch nichts ist er von seinen Vorhaben abzubringen. Was er sich einmal vorgenommen hat, das wird eins zu eins so durchgezogen.
Motivationsschwächen dürfen nicht sein. Treten sie doch einmal auf, werden sie weggeschoben. Eine Schwäche zu zeigen oder gar den Sinn des gesamten Vorhabens in Frage zu stellen, das geht nicht. Wie ein Mantra sagt Wilhelm es sich vor: „Dranbleiben, durchziehen, Härte beweisen." Selbst ein nur einmaliges Versagen ist nicht drinnen. Dies würde automatisch bedeuten, dass damit der gesamte Plan gescheitert ist. Relaxen ist in den extra dafür vorgesehenen Entspannungszeiten angesagt.
Wenn Wilhelm noch zusätzliche Motivation zum Durchhalten benötigt, hält er sich die eiserne Disziplin seiner Vorbilder vor Augen: Hermann Maier und Marcel Hirscher, zwei Spitzensportler, die er nicht wegen ihrer Erfolge bewundert, sondern einzig und allein deshalb, weil sie im Training härter mit sich selbst umgegangen

sind als alle ihre Kontrahenten. Und letztlich deshalb ihre Erfolge eingefahren haben. Also: ein weiteres Mal die Zähne zusammenbeißen, Augen zu und durch.

Die *Willensstarks* fühlen sich permanent unter Beobachtung – und zwar durch ihren eigenen inneren Kritiker. Dieser zeichnet sich durch seine besondere Strenge aus. Von ihm belauert und angetrieben wissen *Wilma* und *Wilhelm*: „Ich muss permanent optimal performen." Abweichungen vom Plan sind nicht vorgesehen. Ein Schwächeln ist undenkbar. Sie leben in einer klaren Entweder-oder-Dichotomie. Schwarz oder weiß, ganz oder gar nicht. Dazwischen gibt es nichts. Keine Grautöne, keine Schattierungen, keine Abstufungen. Das bedeutet: Ist man einmal vom Plan abgewichen, gilt der Plan als gescheitert. Ein Horrorszenario für die *Willensstarks*. Also investieren sie enorm viel Energie, um stets dranzubleiben, um ja nicht zu versagen. Ihre eiserne Disziplin hält sie am Weg.

Abb. 9: Perfekt(ionistisch): Auszeichnung mit 6 Sternen

Alles in Ordnung, alles im grünen Bereich?

Sollte es bislang zu wenig deutlich geworden sein: Die hier dargestellten Führungskräfte profilieren sich in vielen Belangen als Vorzugsschüler. Sie sind keine oberflächlichen Manager*innen, die nur des Führens willen führen, sondern wahre Expert*innen in allem, was mit Planung, Struktur, Organisation und Kontrolle zu tun hat. Sie punkten mit ihrer Verlässlichkeit, Systematik und Genauigkeit und bringen durch ihre Zielstrebigkeit und Konsequenz vieles weiter – oft zahlenaffin, lösungsorientiert und vor allem strukturiert. Die meisten unter ihnen scheuen keine Konfrontation, sind bereit, für ihre Ideale einzustehen und sich mit strenger Argumentation dafür einzusetzen. Ihre persönlichen Steckenpferde haben sie zur Meisterschaft entwickelt und sich dadurch als wichtige Säulen des Systems profiliert. Was sie in die Hand nehmen, daraus wird etwas. Was sie verantworten, wird Ergebnisse bringen. Ihre Vorgesetzten und Kunden sind auf sie angewiesen und schätzen ihr Engagement überaus – und sie haben hohes Interesse daran, dass sie weiter so funktionieren wie bisher.

Wir sprechen hier von wesentlichen Stützen einer leistungsorientierten Gesellschaft. Einer Gesellschaft, die sich dem Streben nach Makellosigkeit und Perfektion verschrieben hat. Die Kontrollwütigen könnten sich eigentlich zufrieden zurücklehnen, ihre wertvollen Beiträge mit Genugtuung und Stolz betrachten und ihr Leben genießen. Ja, das könnten sie. Eigentlich. Wenn sie könnten. Da haben wir den Haken an der Sache. Sie müssen immer weiter, immer besser, noch ein Stück näher ran an die Perfektion. Innehalten, Anerkennen und Genießen? Fehlanzeige. Das Programm verlangt mehr und nochmals mehr. Immer weiter.

Entspannt, gelassen, vielleicht sogar locker? Unvorstellbar. Wo, bitte sehr, soll im Arbeitsleben Platz sein für Lockerheit und Entspannung? Arbeit ist schließlich kein Kindergeburtstag. Entspannung gehört bestenfalls in definierte Zonen, Pausen etwa, die nachgewiesenermaßen der Produktivitätssteigerung dienlich und peinlich genau einzuhalten sind. Wenn die Pause vorbei ist, ist es mit dem Entspannen vorbei. Dann ist wieder Ernsthaftigkeit und konsequentes Abarbeiten der Aufgaben angesagt, oberstes Gebot dieser Führungskräfte. Schließlich geht es ums Prinzip, um die Erreichung der Ziele, die Einhaltung der Vorgaben und Regeln, die Verfolgung des Plans und damit um einen weiteren wichtigen Beitrag zur Aufrechterhaltung von Struktur und Systematik. Humor? Ebenso Fehlanzeige. Bestenfalls entkommt ihnen ein steifer Gag, ein gepresstes Lachen. Keine Spur von Leichtigkeit – die würde viel Unkontrollierbarem Tür und Tor öffnen, Gott behüte! Man mag Perfektionist*innen amüsant finden und sich vielleicht sogar an ihnen belustigen. Sie selbst halten sich zumeist für gar nicht witzig. Unter anderem dadurch können sie auf unbedarfte Zeitgenossen umso unterhaltsamer wirken.

Vielleicht protestieren Sie jetzt: „Moment mal! Das kommt hier nun doch etwas zu kritisch rüber. Gegen Korrektheit ist nichts einzuwenden. Tatsächlich ist das ein wesentliches Fundament für das Funktionieren all unserer Abläufe." Sie haben damit völlig Recht. Die Führungskräfte, um die es hier geht, sind unverzichtbare Stützen ihrer Organisationen. Viele, vielleicht sogar all diese Systeme funktionieren nur deshalb, weil sie von korrekt agierenden und auf die Einhaltung der Regeln achtenden Menschen getragen werden. Welch ein Chaos, hätten die Revoluzzer die Oberhand. Sprich: die Taugenichtse, die Müßiggänger, die Saboteure, die Faulen, die Genießer.

Mein*e Chef*in ist so – Hilfe!

Ihr*e Chef*in tickt so? Was, bitte, gibt es daran zu meckern? Solche Führungskräfte bringen – wie gerade vorhin ein weiteres Mal skizziert – unzählige Vorteile mit sich. Man kann sich auf sie verlassen. Ohne Wenn und Aber. Mitunter können sie vielleicht etwas mühsam sein. Weil sie neben ihrer Kontrollwut oft I-Tüpfel-Reiter sind, sich auf Kleinigkeiten kaprizieren und dabei eine Hartnäckigkeit und Sturheit an den Tag legen, eine Haltung der Null-Toleranz verkörpern.

Machen Sie sich bewusst: Ein wahrer Perfektionist kann nicht aus seiner Haut heraus. Verlangen Sie von ihm daher niemals, er möge die Zügel etwas lockerer lassen und sich entspannen, einfach mal gute Miene zum bösen Spiel machen. Versuchen Sie erst gar nicht, ihn dazu zu überreden wegzuschauen und sein Einverständnis für Verwerfliches zu geben. Sie werden ihn dafür nicht

gewinnen können. Er wird Ihr Ansinnen als weltfremd abtun und es kategorisch ablehnen.
Geben Sie ihm vielmehr das, worauf er angewiesen ist. Vermitteln Sie ihm, dass Sie keinesfalls den definierten Korridor verlassen werden, dass Sie höchstes Augenmerk darauf richten, dass alle Vorgaben tunlichst eingehalten und Hinweise genau beachtet werden. Senden Sie ausreichend Signale, die ihn noch stärker in Sicherheit wiegen – und dies nicht bloß einmal pro Quartal, nein, am besten mehrfach täglich. Damit er weiß, dass er sich auf Sie verlassen kann. In diesem Fall können Sie mittelfristig sogar mit dem einen oder anderen unvermuteten Gestaltungsspielraum rechnen.

Verflixt, das bin doch ich!

Haben Sie sich in den vorhin skizzierten Typen wiedererkannt? Sind Sie manchmal etwas zu kontrollorientiert, zu perfektionistisch, zu strukturiert? Oder sogar noch drastischer? Versagen Sie sich jedes Ausscheren, jeden Unsinn, jede unproduktive Pause? Außer wenn dies die Effizienz steigert oder einen sonstigen erwähnenswerten, großen Nutzen stiftet? Ja? Dann dürfen Sie sich zu den kontrollwütigen Perfektionist*innen zählen.
Vermutlich ist diese Erkenntnis gar nicht so schlimm. Denn falls Sie ein hochreflektierter Endlos-Analysierer sind, eine *Gerda* oder ein *Gregor Grübel*, wird dies für Sie nichts Neues sein. Sie werden das schon x-fach selbst behirnt haben. Vielleicht haben Sie sich schon das eine oder andere Mal vorgenommen, das zu ändern, einen Plan dafür gemacht und ein Umsetzungsprogramm gestartet. In diesem Fall gibt es exakt zwei Möglichkeiten. Entweder Sie haben Ihren Vorsatz gnadenlos konsequent durchgezogen, bis zum (bitteren?) Ende. Hochachtung, Herr oder Frau *Willensstark*! Oder Sie haben sich dabei ertappt, wie Sie ein einziges Mal Ihr Vorhaben torpediert haben. Das darf jedoch nicht sein, das geht gar nicht. Denn das bedeutet in Ihrem Denken – vorausgesetzt, Sie haben das typische Alles-oder-nichts-Mindset des Perfektionisten – dass Ihr Plan zu keinem guten Ende mehr kommen kann, dass ein Gelingen nicht mehr möglich ist, dass Sie gescheitert sind. Aus, Ende, vorbei. Ganz ähnlich der Ihnen sicherlich vertrauten Erfahrung, zum wiederholten Male versucht

zu haben, Ihre widerspenstigen Zeitgenoss*innen auf Schiene zu bringen – und ebenso oft frustriert feststellen zu müssen, dass die nicht so spuren, wie Sie sich das vorstellen. Und wie es die Umstände, das System, die Regeln erfordern.
Das klingt stark nach den Anstrengungen des Sisyphos. Ist es wohl auch. Eine mühsame Aufgabe, ein Ziel, mit voller Kraft steil bergauf. Dann eine Unachtsamkeit, ein kleiner Ausrutscher, zumeist gar nicht selbst verursacht, und schon ist das ganze Unterfangen misslungen. Also zurück zum Start ...
Hut ab vor Ihrer Hartnäckigkeit! Diese wird dafür sorgen, dass Sie Ihrer Linie weiterhin treu bleiben. Weshalb auch sollten Sie sich verbiegen, wenn alle anderen von der Linie abweichen? Eben. Sie werden also Ihre Korrektheit und Ihre Strenge nicht ablegen, und da tun Sie gut daran. Die zeichnen Sie aus, die machen Sie erst richtig stark. Ihr Umfeld hat sich darauf eingestellt, sich damit arrangiert, zumindest damit abgefunden. Nutzen Sie all Ihre Stärken, um Ihre eventuellen Engpassfaktoren in den Griff zu kriegen. Machen Sie das Beste aus Ihrer Zielorientierung, Ihrem Qualitätsbewusstsein, Ihrer Strukturiertheit und Ihrer Konsequenz. Sie wissen, was zu tun ist. Bleiben Sie mit aller Entschlossenheit dran. Und bleiben Sie wachsam, reflektieren Sie immer wieder, welche eventuellen Risiken auf Sie und Ihren Verantwortungsbereich zukommen könnten. Aber wem sage ich das? Ihnen wird nichts entgehen. Alle potenziellen Bedrohungen und möglichen Gefahren werden Sie schon entdecken, bevor sie real sind. Man wird es Ihnen danken – Ihnen, dem Botschafter von Richtigkeit und Korrektheit, dem Wächter über die Einhaltung aller Vorgaben und Richtlinien, dem betriebsinternen Aufsichts-, Kontroll- und Exekutivorgan.
Ich möchte Ihnen ein letztes Mal zurufen: Bleiben Sie bei Ihrem Stiefel, setzen Sie auf Ihre Stärken – Sie sind schon auf der richtigen Seite. Und: Verbiegen Sie sich nicht. Versuchen Sie nicht, extra locker zu sein. Oder gar absichtlich originell. Glauben Sie mir, auf eine bestimmte Weise sind Sie dies bereits. Originell meine ich, nicht locker.

Eine kleine Kartographie der Angst

Die Welt des Managements ist nicht nur schillernd, anregend und erfolgsverwöhnt. Nein, es gibt auch unangenehme, düstere, beinahe beklemmende Aspekte. Hätten Sie vermutet, dass Sie hier etwas über die Ängste von Führungskräften zu lesen bekommen? Wohl eher nicht. Die Management-Literatur scheint einen recht großen Bogen um dieses Thema zu machen,[28] und auch im Unternehmensalltag wird es zumeist erfolgreich tabuisiert.

Dabei ist Angst – mal ganz nüchtern betrachtet – eine unserer Grundemotionen. Ein Gefühl, das in uns entsteht, wenn unser Wahrnehmungssystem signalisiert, dass Gefahr im Verzug ist. Durch unseren inneren Aufpasser samt dazugehörigem Bewertungsmechanismus wird etwas als gefährlich eingeordnet – häufig, bevor es überhaupt eingetreten ist. In Bruchteilen von Sekunden werden wir in Alarmbereitschaft versetzt, bekommen einen erhöhten Puls und Blutdruck, atmen flacher, dafür schneller, spannen unsere Muskulatur an, schütten die berühmten Stresshormone aus, fokussieren die Gefahr und blenden alles aus, was nicht dem unmittelbaren Überleben dient. Körperliche und kognitive Prozesse, die ganz ohne unser willkürliches Zutun ablaufen und die wir deshalb wie eine übernatürliche Kraft erleben. Eine Kraft, die mit eisernem Griff das Steuer packt, kurzerhand Körper und Seele in vorübergehende Geiselhaft nimmt und uns zum scheinbar hilflosen Passagier

28 Gerade zwei Titel lassen sich auf die Schnelle finden: Freimuth, 1999, und Malzacher, 2019.

werden lässt. Eine Kraft, die es schafft, in einem Menschen zur selben Zeit völlig Gegensätzliches auszulösen und ihn damit noch heftiger aus seiner Komfortzone zu bugsieren. Sie bremst und aktiviert, regt an und hält ab, warnt vor Gefahren und heizt Situationen weiter an, gießt Öl ins Feuer, stachelt an und hat gleichzeitig eine lähmende Wirkung. Wie soll man da kühlen Kopf bewahren? Schlicht unmöglich.

Diese inneren Vorgänge kommen vielen so mächtig und (für sich) bedrohlich vor, dass sie eine besondere Angst entwickeln, nämlich die Angst vor der Angst. Die letztlich mächtiger als die eigentliche Angst sein kann. Sie fürchten sich davor, es mit ihr zu tun zu bekommen, und versuchen deshalb bestimmte Situationen – wie etwa Präsentationen, zwischenmenschliche Spannungen und mögliche Konflikte, aber auch Prüfungen – von vornherein zu vermeiden.

Selbst Führungskräfte? Ja, selbst die – weshalb sollten sie davor geschützt sein?! Gerade von Menschen in Führungspositionen wird mehr erwartet als von anderen, etwa Entscheidungsfreude, Kommunikationsstärke, das Aushalten von Ungewissheit, Frustrationstoleranz, um nur einige zu nennen. Angst passt da gar nicht hinzu und kratzt somit am souveränen Erscheinungsbild eines Managers. Gerade für jene Führungskräfte, die um ein makelloses Image bemüht sind, ein absolutes No-Go. Da haben wir sie wieder, die Angst vor der Angst.

Darüber hinaus gibt es weitere, durchaus reale Bedrohungen für Manager*innen. Sie werden permanent beobachtet, und oft wartet der Feind nur darauf, dass sie endlich danebengreifen. Um sie öffentlich anzupatzen, sie vorzuführen und bloßzustellen. Schnell ist ihr Ruf nachhaltig beschädigt, ihre Position geschwächt. Im schlimmsten Fall wird man aus dem Kreis der Begünstigten ausgestoßen und muss in weiterer Folge auf alle bisherigen Annehmlichkeiten des Managerlebens verzichten, ob das nun Statussymbole, Insiderinformationen oder irgendwelche anderen Privilegien sind. Eine besonders bittere Form des kollektiven Liebesentzugs – man hat nun alle gegen sich, egal, ob gerechtfertigt oder nicht. Von der Gefahr des Jobverlusts ganz zu schweigen.

Abb. 10: Düstere Optionen

Betrachten wir nun die im Buch präsentierten Typen unter dem Aspekt Angst etwas näher. Die *Einfaltspinsel* sowie die *Ungeschickten* vermitteln eher einen naiv-natürlichen und nicht unbedingt von Angst getriebenen Eindruck. Dennoch findet man selbst bei diesen das Motiv der Angst in ganz besonderen Ausprägungen. So fürchtet zumindest mancher *Einfaltspinsel* die intellektuelle Überforderung und scheut deshalb vor allem zurück, was sich möglicherweise als (zu) komplex herausstellen könnte. Und die mit ihm verwandte Familie *Yesser* hat ohnehin die Hose gestrichen voll – weshalb wären sie sonst so konsequente Jasager? *Greenhorns* wiederum müssen sich erst bewähren, ein Versagen gilt es um jeden Preis zu verhindern. Sie stehen unter ständiger Beobachtung und damit unter Dauerstrom. Je wichtiger ihnen

ihre Karrierechancen sind, umso stärker werden sie diese Spannung empfinden. Ebenso kann man sich gut vorstellen, dass etliche *Tollpatsche* Schiss davor haben, dass ihr nächster Fehltritt unmittelbar bevorsteht.
Gutmenschen und *Helfer*innen* halten ihre Ängste gut versteckt, verbergen sie hinter dem, dass sie für andere sorgen. Nur ja keine Disharmonie entstehen lassen oder gar einen persönlichen Zwist! Außerdem will man sich nichts Negatives nachsagen lassen, etwa, dass man auf den eigenen Vorteil aus ist. Manche von ihnen haben vielleicht sogar Angst vor der eigenen Courage – man könnte ja jemand verletzen, wenn man nicht aufpasst, Gott behüte.
Warum setzen *kontrollwütige Perfektionist*innen* wohl so stark auf Kontrolle? Weil ihnen alles Unkontrollierbare – ihr persönliches Schreckgespenst! – unheimlich, ja zutiefst bedrohlich erscheint und sie es damit in den Griff zu kriegen trachten. Egal ob Dinge, andere Menschen oder sie selbst das Chaos hervorrufen könnten. Ihnen ist angst und bang davor, darin unterzugehen, sich einen Fauxpas zu erlauben, etwas nicht ganz richtig zu machen und daher mit dem eigenen Versagen und der eigenen Unzulänglichkeit konfrontiert zu werden. Bei dieser Gruppe kommt das Angstmotiv wohl am offensichtlichsten zum Ausdruck.
Für *Blender* wäre es ganz schlimm, wenn ihre Camouflage enttarnt wird, sie also auffliegen und damit ihrer Machtmittel verlustig gehen. Die Stärke ihrer Angst hängt in erster Linie davon ab, wie sehr sie wirklich von sich und ihrer Inszenierung überzeugt sind beziehungsweise welche Selbstzweifel sie tief drinnen quälen. Die Gleichung ist simpel: Je mehr Selbstzweifel, umso größer die Sorge, dass dies auch jemand anderer mitkriegt und dass sie auf diesem Weg ihre Macht und ihren Einfluss einbüßen.
Der Großteil der *Brutalos* bemüht sich mit Leibeskräften, nur ja keine Schwächen sichtbar werden zu lassen. Ihr grobes Auftreten und ihre brutale, abschreckende Art verhindern, dass jemand anderer zu genau hinsieht und dadurch erkennen könnte, wie verletzlich und schwach sie in ihrem Inneren eigentlich sind. Oft empfinden sie generell großes Unbehagen vor Nähe und vor der Auseinandersetzung mit den Emotionen anderer, sind also heilfroh, wenn ihnen andere nicht zu nahe kommen. Dies kann allerdings für andere Typen genauso zutreffen.

*Draufgänger*innen* wiederum fürchten die Routine und damit die Langeweile wie der Teufel das Weihwasser – plötzlich wären sie auf sich selbst zurückgeworfen, plötzlich würde das Leben keine Aufregungen mehr bieten – Hilfe! Und für alle *Ich-Menschen* ist die schlimmste Befürchtung jene, dass ihr mühsam erzeugtes Konstrukt der eigenen Grandiosität plötzlich brüchig wird oder sich gar in Luft auflöst. Je krasser diese Konstruktion, umso mehr Verrenkungen sind im Führungshandeln nötig, um das zu übertünchen. Und umso größer auch die Angst davor, dass es aufkommt, dass man doch nicht so toll ist. Man wäre bloßgestellt, würde das Gesicht und in weiterer Folge womöglich alle Follower und Bewunderer verlieren – ein Horrorszenario!

Jeder Typ hat seine eigene Schreckensvision, entweder ein sehr konkretes persönliches Bedrohungsszenario oder eine Art Hirngespinst, das er sich zusammenreimt und das jeder realen Grundlage entbehrt. Mitunter wirkt es so, als ob so mancher darauf aus ist, die innere Anspannung noch stärker anzuheizen, zusätzliches Öl ins Feuer zu gießen. Indem er die realen und eingebildeten Bedrohungen mit stressverschärfenden Denkmustern und Überzeugungen kombiniert, etwa „Besser geht immer – es ist nie gut genug" oder „Überall lauert der Feind – alle wollen mich ans Messer liefern" oder „Wehe, wenn meine Fassade zusammenbricht". Solche unheilvollen Mischungen stecken hinter dem Kontrollwahn der *Perfektionist*innen*, der Zurückweisung jeglicher Kritik durch *selbstverliebte Egomanen*, dem geschliffenen Auftreten der *Blender* oder jenem überaus brutalen der *Grobiane*. Wundern wir uns also nicht, wenn sich Führungskräfte grotesk und scheinbar irrational verhalten, eigenartig anmutende Purzelbäume schlagen, ihr Umfeld vor den Kopf stoßen, die Scheuklappen aufsetzen und ihre Linie stur wie ein Ochse durchziehen. In vielen Fällen können sie gar nicht anders, es ist eine starke innere Dynamik, die sie zu solch abstrusen Verhaltensformen treibt. Sie mögen damit eine Erklärung – jedoch keinen Freibrief! – für ihr bizarres Handeln haben. Dem neutralen Sammler und Kartograph von Führungskuriositäten aber zeigen sie eine weitere interessante Facette ihres reichhaltigen Universums und lassen ihn staunend, bisweilen schmunzelnd zurück.

Wir sind fies, na und?

Was auch immer man macht, die Macht heiligt die Mittel.

NUNQUAM
RETRORSUM
r den Fängen des Seelenschlächters Kostic ist niemand sicher.
n Schatten legt sich auch über dein Schicksal.
ıge schon, bevor er dich packt. Verfluchter, sei Dir gewiss:
DER TERROR DEINER TRÄUME WIRD REAL.

Nunquam retrorsum

Nunquam retrorsum. In Kürze ist es wieder so weit. Mein Puls scheint mir davonzugaloppieren, meine Atmung schnappt nach mir. Als ob ich mehrere Tassen starken Kaffee getrunken und dazu die falschen Pillen genommen hätte. Habe ich aber nicht, weder noch. Wie durch einen Strohhalm sauge ich die Luft ein, halte sie, bis es der Überdruck in meinem Kopf nicht mehr zulässt. Stoßförmig atme ich aus, ganz gepresst. Mein Kopfschmerz wird langsam unerträglich. Ich spüre eine massive Verspannung, die sich über Schultern und Nacken bis zum Hinterkopf hinaufzieht. Es fühlt sich an, als ob sich da hinten alles in eine unter Strom stehende Substanz verkrampfen würde.

Ich versuche einen halbwegs klaren Gedanken zu fassen, wie ich die verbleibende Zeit sinnvoll nutzen könnte. Doch es will mir nicht gelingen. Immer wieder schaue ich auf die kleine Zeitanzeige auf meinem Bildschirm. Noch sieben Minuten. Dann heißt es antreten. Zur Produktionsbesprechung. Nur nicht daran denken. Sechs Minuten. Das zieht sich, wenn doch nur der ganze Spuk schon wieder vorüber wäre.

Gottlob nur einmal jede Woche. Wenn das täglich stattfände, ich wäre ein Wrack. So rette ich mich von Woche zu Woche. Die Produktionsbesprechung. Morgenappell laut Chef. Befehlsausgabe sagen wir dazu. Jedes Mal jemanden zur Sau machen würde besser passen.

Wer ist heute dran? Wem geht es dann gleich an den Kragen? Wer wird zuerst verbal vorgeführt und dann mental gelyncht? Von Kostic. Dem Seelenschlächter, wie wir ihn hinter vorgehaltener Hand nennen. Wer wird es diesmal sein? Wer hat sich in letzter Zeit nicht korrekt und anständig benommen? Wer hat Gröberes verbockt? Und falls sich niemand aufdrängt: Wer hat gar nichts verbockt, sondern einfach nur Pech, dass die Wahl auf ihn fällt?
Coram publico, vor versammelter Menge. Einfach um zu demonstrieren, dass eine früher ausgesprochene Drohung tatsächlich, wenn die Zeit reif ist, konsequent in die Tat umgesetzt wird. Oder als neuerliche Warnung vor eventuellem übermütigem Ausscheren. Die klare Botschaft: Das hat zu unterbleiben. Immer auf Linie. Nicht abweichen. Auf keinen Fall widersprechen. Direkte Opposition, undenkbar, das wäre ein Kapitalverbrechen im Kostic-Reich!

Noch zwei Minuten. Wir sind alle überpünktlich. Zu spät zu kommen riskiert keiner. Ich weiß, ich sollte cool sein. Wenigstens eine gewisse Souveränität ausstrahlen. Gerade als Gruppenleiter. Es wäre besser für mich und mein Team. Nur weil ich Gruppenleiter bin, heißt das noch lange nicht, dass ich auf der sicheren Seite bin. Ganz im Gegenteil. Ich werde wieder vorne stehen, die Mannschaft aufgereiht hinter mir. Und werde dem Kostic direkt in die Augen sehen. Ihm in die Augen sehen müssen.

Wir nehmen Aufstellung und Haltung ein. Kostic betritt den Raum. Er fackelt nicht lange und teilt uns mit knappen Worten die Vorgaben zur neuen Produktionsplanung mit. Dabei schreitet er die Reihen ab. Ich stehe da, blicke geradeaus, fixiere einen Punkt an der gegenüberliegenden Wand, das hat sich bewährt. Er kommt näher. Er spricht jetzt nicht mehr, er mustert uns nur. Jetzt ist er direkt hinter mir. Weshalb geht er nicht weiter? Wird er mich herauspicken oder einen aus meinem Team? Wen wird es treffen, wen? Ich habe den Impuls, mich umzudrehen. Im letzten Moment versage ich es mir. Der Selbsterhaltungstrieb ist stärker als die Neugierde. Langsam und ruhig atmen. Nur, wie geht das, wenn mein Herz rast? Wenn mein Puls so laut pocht, dass es wahrscheinlich alle im Raum hören können. Mir ist abwechselnd heiß und eiskalt.

Die Zahlen sprechen für ihn. Eigentlich sprechen die für uns und nicht für ihn. Aber das wissen nur wir. Mit unserem stillen Gehorsam machen wir uns zu Mittätern, zu den Garanten dafür, dass das System weiter so funktionieren wird. *Citius, altius, fortius* – schneller, höher, stärker. So lautet sein Credo, das er uns immer wieder vorhält. Der wahre olympische Gedanke. Nicht bloß: Dabeisein ist alles – das Prinzip der Loser. Die Herren im Top-Management stehen zu Kostic. Auch wenn sie über seine Methoden Bescheid wissen. Das hat Kostic aber bisher nicht geschadet. Er macht Fehler und macht doch keine Fehler. Kostic ist *per se* ohne Fehl und Tadel, man wagt es nicht, ihm etwas vorzuwerfen. Sonst geht es einem an den Kragen, unvermeidbar. Wenn er selbst einen Fehler gemacht hat, wird er umso gefährlicher. Dann bietet man ihm am besten keine Angriffsfläche. Man ist am besten nicht in seiner Nähe, weicht ihm aus, lässt ihn gewähren. Alle machen möglichst leise ihren Job und warten ab, bis sich der Sturm gelegt hat. Wer da auffällt, wird garantiert derjenige sein, den Kostic für seinen eigenen Fehler bestrafen wird. Er pflegt dann zu sagen: *Ignorantia iuris nocet.* Unwissenheit schützt vor Strafe nicht. Oder: *Quod licet Iovi non licet bovi* – was Jupiter zusteht, ist einem Ochsen noch lange nicht erlaubt.

Kostic schreitet weiter die Reihen ab. Noch ist nichts passiert. Jedoch könnte es jederzeit so weit sein. Ich ahne, es wird in Kürze etwas Schlimmes geschehen. Etwas Furchtbares. Wann genau und was genau, weiß ich nicht. Das kann keiner von uns vorhersagen. Nicht einmal der Einser-Capo, der Lieblingsspitzel von Kostic. Den hat Kostic nur deshalb zum Gruppenleiter gemacht, weil er damit alle Infos über dessen Gruppe bekommt. Und – nicht zu vergessen – auch darüber, wie wir als Gruppenleiter denken, worüber wir uns miteinander unterhalten.

Ich habe mir geschworen: Mich kriegt er nicht. Aus mir macht er keinen willenlosen Hampelmann. Informationen von meiner Gruppe? Nun, ich stecke ihm ab und an mal etwas zu. In der Hoffnung, dass er mich dann in Frieden lässt. Dass er seinen Ärger an einem anderen auslässt. Und es gibt immer etwas zu ärgern für Kostic. Er tut zwar so, als stünde er über den Dingen. Aber in ihm, da kocht es so vor sich hin, ständig ist da was am Köcheln. Dann reicht die kleinste Kleinigkeit, und er explodiert. Nicht dass er sich dann nicht mehr unter Kontrolle hätte. Nein. Er explodiert ganz kontrolliert.

Gestern – oder war es vorgestern? – hatte ich einen Traum. Einen der schlimmeren Sorte. Minuten lang nach dem Aufwachen zitterte ich noch am ganzen Körper. An allen Vieren gefesselt bin ich in einer Autowaschanlage, kann kaum stehen. Immer wieder falle ich um, rapple mich auf und werde weiter bugsiert. Da bin nur ich, kein Auto weit und breit. Das Förderband auf Minimalgeschwindigkeit, dafür die Bürsten und Düsen auf Maximaltempo und Maximaldruck. In maximaler Lautstärke. Ich will wegschauen, kann es aber nicht. Ich versuche mich zu winden. Keine Chance. Letztlich ergebe ich mich in mein Schicksal und probiere, möglichst wenig dabei zu empfinden. Vergebens, die Maschine findet meine wunden Punkte. Und wer erst einmal aufjault, bekommt das volle Programm. Ohne Weichspüler, ohne Abfederung, ohne Sicherheitsnetz, ohne Schutzanzug. Ich, nackt und hilflos der Willkür der Maschinerie ausgeliefert. Und plötzlich ist eine Stimme zu hören, ein Satz, immer wieder der gleiche Satz, eindeutig die Stimme von Kostic, sie kommt von überall her, aus den Lautsprechern, aus den Bürsten, aus den Düsen, aus der ganzen Maschine, ja sogar aus mir selbst: „*Nunquam retrorsum* – niemals zurück!"

Er steht jetzt auf dem Holzstuhl. Direkt vor uns Gruppenleitern. Überragt uns. Überblickt alles. In seinem schwarzen Ledermantel, in seinen Stiefeln, die er stets bei diesem Anlass zu tragen pflegt. Jetzt wird er gleich zu schreien beginnen. Uns zuerst als Gruppe beschimpfen. Dann vielleicht einen oder zwei seiner Getreuen als löbliche Ausnahmen hervorheben. Als die wenigen Ausnahmen, die ihm über die katastrophale Lage mit uns restlichen Versagern hinweghelfen. Und wenn er damit fertig ist, dann kommt es. Das große Messerwetzen. Die öffentliche Schlachtung eines Einzelnen.
Vorigen Monat erst war es, als er auf den Stuhl stieg. Als er meinen Kumpel aus der Reihe treten ließ und ihn nach vorne holte. Er dann oben auf dem Stuhl, der Kollege damit mehr als einen Kopf kleiner. Zuerst noch ruhig und sachlich sprach er ihn auf den einen Vorfall in der Vorwoche an. Sezierte alle Einzelheiten, die schief gelaufen waren, alle Entscheidungen, die mein Kollege falsch

getroffen hatte. Fragte ihn dann, was er sich dabei wohl gedacht hatte. Und ob er vorhätte, weiter so kurzsichtig, hirn- und verantwortungslos zu agieren. Er ließ ihn nicht zu Wort kommen, nahm jeden seiner Versuche, etwas zu sagen, zum Anlass, selbst einen draufzusetzen. Immer schwerere Geschütze fuhr er gegen ihn auf. Etwa, dass er ihn schon länger beobachtet hätte und sich ihm nun die Frage stellte, ob er ihn überhaupt noch brauchen würde. Er bezeichnete ihn als Versager, als letztklassig, als hoffnungslose Kreatur, die dankbar sein sollte, so jemanden wie Kostic als Vorgesetzten zu haben. Schließlich hätte ihn jeder andere vernünftige Chef schon längst ausgemerzt. Das als allerletzte Warnung, als unmissverständlicher Schuss vor den Bug! Dann erst stieg Kostic von seinem Stuhl und ließ uns alle im Nachhall seiner Worte in der Halle zurück. Der Kollege war seit diesem Tag nicht wiederzuerkennen, ein Schatten seiner selbst.

Wie kann ich verhindern, dass seine Wahl auf mich fällt? Jetzt nur kein falscher Blick, keine unbedachte Bewegung und schon gar kein Wort. Wie stehe ich da, wie wirke ich wohl? Nur ja nicht zu locker, zu gelassen, auch nicht zu fordernd. Möglichst neutral sollte es sein, nicht apathisch, nicht zu aktiv.
Bilde ich mir das ein? Oder haben mich seine Capos in den letzten Tagen stärker bedrängt als üblich? Zwei von ihnen haben mich vorhin so bedeutungsvoll angesehen. Was wollten sie mir damit sagen? Da waren Gesten dabei, die alles bedeuten könnten: „Warte nur ab“ oder „Du wirst schon sehen“ oder „Heute wird jemand geliefert, der dir sehr nahesteht, vielleicht sogar du selbst“.

Sein Blick schweift über die versammelte Menge. Er sortiert aus. Es werden weniger und weniger. Damit steigt die Wahrscheinlichkeit, selbst das Objekt seiner Wahl zu werden. Man weiß nicht: Hat er sein heutiges Opfer schon vorher definiert, oder macht er es erst jetzt aus? Nach welchen Kriterien entscheidet er, auf wen seine Wahl fällt? Wie denkt er eigentlich? Was geht in diesem kranken Gehirn vor? Ich will es gar nicht wissen.

Um mich abzulenken, versuche ich, an etwas ganz anderes zu denken. Den Blick weiter starr geradeaus, den Punkt an der Wand gegenüber fixierend, klammere ich mich an ein Fantasiebild, das ich immer wieder bemühe und neu ausschmücke. Ein Geheimbund, der eine Meuterei plant, eine stille Revolution. Wir sind eine Gruppe aus wackeren Legionären und nennen uns *viribus unitis*, mit vereinten Kräften. Unser Leitspruch lautet *consilio et virtute*, mit Rat und Tat, unser Gruß: „*Salve!*" Ein besonders Mutiger gibt die neue Losung aus: *Invictis victi victuri*, den Unbesiegten sei gesagt, die Besiegten werden wieder siegen. Und am Ende werden wir die neuen Helden sein.

Die Atmosphäre ist nun bis aufs Äußerste gespannt. Man hört die Geräusche aus der Nebenhalle. Ein dumpfes Hämmern, monoton und nervtötend. Eine Fliege zieht gemächlich und gleichzeitig hektisch ihre Runden. Der Stuhl des Chefs kratzt am Hallenboden, ein eindringliches Geräusch, das unter die Haut geht, wie Kreide auf einer Tafel, oder ein Diamant auf einem Glas, ein Fingernagel auf einem Blech. Ein Handy vibriert. Hat er es gehört? Ich sehe ein leichtes Zucken in seinem Gesicht. Er könnte jederzeit explodieren.
Ich muss schlucken. Hoffentlich bemerkt er es nicht. Doch er sieht sofort in meine Richtung. Ihm entgeht nichts. Langsam zieht sich die Schlinge zu. Ich kann schon spüren, wie er sie um meinen Hals legt, wie er immer wieder überprüft, ob ich schon an seinem Haken hänge.
Kostic sieht mir direkt in die Augen. Mehrere Sekunden lang. Ich spüre seinen Blick, habe aufgehört zu atmen, sein Blick hört nicht auf. Was? Jetzt mach schon!
Er jedoch lässt seinen Blick langsam weiterwandern, um dann gemächlich zurückzukehren. Und dann ganz leise: „*Navigare necessum est. Favete linguis* – hütet eure Zungen!"

Tatsächlich, Kostic ist gegangen. Ist die Produktionsbesprechung damit beendet? Wir sind unschlüssig. Noch wagt es kaum jemand, sich zu bewegen. Er könnte ja plötzlich wieder da sein. Eine gefühlte Ewigkeit bleiben wir in Reih und Glied stehen. Bis endlich der Einser-Capo sagt: „So, Leute, ich glaube, das war es. Alle an die Maschinen, da weitermachen, wo ihr vorher aufgehört habt."
Ein Raunen geht durch die Mannschaft. Endlich drehe ich mich um und blicke in Gesichter, die ihre Ränder verloren haben. Zurück an die Arbeit.

Management by Schleifpapier

Der kompromisslose Führungsstil der Brutalos

Sehen Sie zu, dass Sie gut sitzen, wenn nötig, schnallen Sie sich an, denn jetzt wird es richtig fies. Wir wenden uns den Rohlingen unter den Führungskräften zu. Den Grobianen und Brutalos, die in ihrer Gangart kein Pardon kennen und vor nichts zurückschrecken, auch nicht vor massiven Kränkungen und Verletzungen. Sie kümmert es nicht, wenn „Leichen" ihren Weg säumen, wenn ihnen ihre Mitarbeiter*innen mit kreidebleichen Gesichtern, schlotternden Knien und angsterfüllten Stimmen gegenübertreten. Ihnen fehlt es an jeglicher Empathie – Mitgefühl ist in ihrer Denke etwas für Weicheier.
Der Grobian fackelt nicht lange, er tut einfach – und dies zumeist mit voller Wucht, ohne Rücksicht auf Verluste. „Angriff ist die beste Verteidigung" scheint sein Führungsprinzip zu sein. Der „Erfolg", sprich, dass sich sein Umfeld schließlich fügt, gibt ihm zu oft recht. Weshalb also über alternative Vorgehensweisen nachdenken? Wo doch Nachdenken ganz und gar nicht zu seinen Lieblingsbeschäftigungen zählt. Das dauert, hält auf und bringt einen möglicherweise vom Weg ab. Dann schon lieber direkt mit Vollgas dorthin, wo es wehtut.
Der brutale Manager arbeitet vornehmlich mit Abschreckung und Einschüchterung. Dass er dadurch anderen schmerzhaft auf die Zehen tritt, stört ihn

nicht im Geringsten, ganz im Gegenteil, es ist vielmehr Bestätigung dafür, dass das eigene Handeln ernstgenommen wird und Wirkung zeigt.

Abb. 11: Wie sich Grobiane weiterentwickelt haben.

Man möchte meinen, Brutalos hätten ausgedient und zumindest in den Führungsetagen der Unternehmen längst keinen Platz mehr. Dass dem nicht so ist, belegen Beispiele aus der jüngeren Vergangenheit von sehr renommierten Managern[29] und vielen mehr, die weniger bekannt sind, ihr Umfeld dennoch in Angst und Schrecken versetzen. Am offensichtlichsten sind physische Gewaltausbrüche – wenn etwa der rabiate Küchenchef eines Gastronomiebetriebs mit schweren Pfannen, Töpfen mit heißem Wasser oder mit scharfen Küchenmessern um sich wirft. Gewaltaktionen gehören in der Tat kaum mehr zum alltäglichen Umgang in den Organisationen, da hat sich in den letzten hundert Jahren doch einiges verändert.

Die früher so geradlinigen und einfach gestrickten Brutalos haben es schwer heutzutage. Wo können sie sich noch richtig austoben? Selbst in eingefleischten Macho-Kulturen macht sich langsam die Überzeugung breit: So richtig

29 Thomas Kuhn & Jürgen Weibler, 2020, S. 22 ff., nennen etwa Steve Jobs, Jose Ignacio Lopez und Ferdinand Piëch.

brutal geht nicht mehr. Jemandem kräftige Prügel androhen? War einmal. Die Folterwerkzeuge aus dem Keller holen, um eine Information aus jemandem zu pressen? Kommt nur noch in Filmen vor beziehungsweise in Diktaturen und Milieus, von denen wir besser gar nichts wissen wollen. Derbe Sprüche? Dieses Feld lässt sich ab und an beackern, immerhin. Aber Vorsicht, da ist schnell etwas politisch oder ethisch unkorrekt.

Nichtsdestotrotz ist ein gewisses Rowdytum immer wieder zu beobachten. Weniger auf körperlicher Ebene – da gilt vieles von dem, was früher gang und gäbe war, als verpönt und ist höchstens noch in ganz üblen Arbeitsstätten anzutreffen. Sondern vielmehr auf der Psycho-Ebene – wenn also der Führungsstil dadurch gekennzeichnet ist, einen oder mehrere Menschen im direkten Umfeld seelisch zur Schnecke zu machen. Diese subtileren Machtdemonstrationen erweisen sich im Übrigen zumeist als deutlich wirkungsvoller.
Brutalos brauchen ein Umfeld, das ihr menschenfeindliches Verhalten zumindest toleriert, wenn nicht gar unterstützt. Denn eines ist klar: Der Grobian leistet seinen Beitrag. Er hält dem Top-Management den Rücken frei und die potenziell unangenehmen Widerständler vom Hals. Er ist der Mann fürs Grobe, der nötigenfalls als willkommener Buhmann geopfert werden kann.

Mit Nebenwirkungen ist zu rechnen

Brutalos hinterlassen recht deftige Spuren: Verletzungen und Kränkungen aller Art – Verluste, die man bei einem derart empathielosen Führungsstil in Kauf nehmen muss, die sogenannten Kollateralschäden. Insofern ist es nachvollziehbar, dass das Commitment der Mitarbeiter*innen nur so lange hält, wie sie sich vor dem Chef genügend fürchten. Fühlen sie sich ausreichend sicher, verweigern sie dem Grobian – zumindest innerlich – die Gefolgschaft.
Wie sieht das der Brutalo, wenn jemand durch ihn zu Schaden kommt? Was ja durchaus häufig der Fall ist. Selber schuld, Pech gehabt. Hätte man nicht im Weg gestanden, wäre man nicht niedergemetzelt worden. Oder man hätte sich doch wehren können, ja müssen. Man weiß ja, was auf einen zukommt. Der

Grobian ist kein Blender – ganz im Gegenteil. Sein Handeln ist vergleichsweise leicht vorherzusagen. Diese Eindimensionalität zeichnet ihn aus, macht ihn berechenbar und – irgendwie auch sympathisch. Beinahe könnte man Mitgefühl mit ihm entwickeln und ihm unterstellen, er wüsste sich nicht anders zu helfen. Gerade jene Exemplare, die dem Klischee „raue Schale, weicher Kern" entsprechen, werden dieses Mitgefühl zu schätzen wissen. Gerät der Menschenversteher allerdings an jemanden der Sorte „außen hart und innen noch härter", wird er mächtig Fett abbekommen.

Brutal gibt es in verschiedensten Ausführungen. Intelligent und weniger intelligent, harmlos-drollig bis superscharf. Mit kaum, wenig oder ganz viel Kalkül dahinter. Oft mit arger Auswirkung auf alle in der näheren Umgebung oder auf ein bestimmtes, beabsichtigtes Opfer.

Auf grob gebürstet

Werfen wir zunächst einen Blick auf die gewöhnlichen Rohlinge. *Goran Garoppolo* – oder wie ein Legionär aus Asterix heißt: Schlagdraufundschluss – ist der Klischee-Grobian. Was ihn auszeichnet: der stets ernste Blick. Kein Lächeln entkommt ihm. Humor ist ihm fremd, der würde alles nur weichzeichnen und verwaschen. Worte braucht er kaum, er lässt vielmehr Taten sprechen. Mitunter sind die *Garoppolos* Muskelpakete mit tätowierten Oberarmen, tragen einiges an Metall am Körper, manchmal im Gesicht, und zählen Camouflage-Style-Klamotten, Boots, Ketten und Gürtelschnallen zu ihren wichtigsten Merkmalen. Wenn ihre Augen eng zusammenliegen und der Mund etwas offensteht, vermitteln sie nicht unbedingt einen intelligenten Eindruck und wirken wie unterbelichtete Actionhelden und Comicfiguren. Die legendären österreichischen Comedians „Die Hektiker" bringen in einem ihrer Klassiker treffend auf den Punkt, auf welchem Niveau solche Klischeetypen intellektuell und sprachlich einzuordnen sind: „Bum, zack, in die Goschen."
Diese Rohlinge mögen langsam von Begriff sein, körperlich reagieren sie jedoch durchaus rasch. Man könnte ebenso sagen, ihre instinktiven Reflexe haben sich dermaßen verselbstständigt, dass das Großhirn es längst aufge-

geben hat, nach Strategien, Argumenten oder gar Alternativen zu suchen. Das führt dann dazu, dass sie oft erst einmal präventiv zuschlagen, bevor sie beginnen, Fragen zu stellen. Nun, so martialisch geht es in den wenigsten Betrieben zu. Den Auftragskiller, Marke Jules Winnfield aus Pulp Fiction (von Samuel L. Jackson gespielt), der Typ an der Seite von Vincent Vega (verkörpert durch John Travolta), findet man kaum in einem Unternehmen. Zumindest nicht als Schläger oder gar als Killer, jedoch durchaus in abgewandelter Form in einer unteren bis mittleren Managementfunktion. Das ist das höchste, was jene Typen karrieretechnisch erreichen können. Typen, die man früher beim Fußballspielen höchstens als Torstangen oder als Aufpasser engagiert hat, weil sie zu sonst nichts zu gebrauchen waren. „Also, du stellst dich am besten hierher. Und wenn jemand kommt, dann schreist du. Oder du vertreibst ihn anders – du kannst ihn auch gleich verprügeln!" Man schrieb ihnen die Intelligenz eines Vorzimmerschranks zu und lag damit wohl nicht völlig falsch. Es ist doch erstaunlich, wenn man erleben darf, dass solche Menschen Karriere machen können und sich dann noch im Machtgefüge auf der Leiter ein bis zwei Stufen über einem befinden. Man versucht sich vorzustellen, wie sie es auf diesen Posten geschafft haben. Irgendwann einmal wird jemand gesagt haben: „Also, du stellst dich am besten hierher. Und wenn jemand kommt, dann ...!" Diese Aufgabe haben sie offenbar erfolgreich gemeistert.
Gibt es denn nicht diese drolligen, gutmütigen Rohlinge? Die einfach zu viel Kraft haben, wodurch sie Spuren der Verwüstung hinterlassen, die sie gar nicht beabsichtigt haben?[30] Nein, diese mit beinahe übernatürlichen Kräften und eindeutig zu wenig Kontrollmöglichkeiten ausgestatteten Rohlinge sind in unserer Systematik viel eher den Tollpatschen zuzurechnen als den Grobianen. Letztere setzen ihre Kraft mit Absicht, also gezielt zur Ausübung und Ausweitung ihrer Positionsmacht ein.

Wer es tatsächlich des Öfteren in Führungspositionen schafft, sind Grobiane, die sich vor allem verbal äußern. In diesem Fall haben wir es mit Familie *Derber* zu tun: *Dagmar* und *Dennis Derber*, wobei die weibliche Variante eher selten anzutreffen ist. Die verbale Rohling-Variante funktioniert vortrefflich vor Publikum, da wirkt es gleich um ein Vielfaches stärker. Am besten garniert mit deftiger Ausdrucksweise. Für die ausufernde Verwendung von Kraftausdrücken,

30 Ich denke da an Hulk, an Obelix oder an Grawp, den Halbbruder von Hagrid aus Harry Potter. Allesamt Fantasiegestalten natürlich. Es ist das gleiche Muster wie bei Klaus Körper aus diesem Buch – Sie erinnern sich? – und bei Grisu, dem kleinen Drachen. Er will eigentlich Feuerwehrmann werden, jedoch passiert ihm immer wieder genau das Gegenteil. Durch ein Niesen oder einen sonstigen Ausrutscher entkommt ihm versehentlich ein Feuerschwall, und schon ist ein Teil seiner Umgebung niedergebrannt.

Schimpfwörtern und dergleichen gibt es etliche Beispiele aus dem gehobenen und doch rüpelhaften Management. Weil wofür braucht es so etwas wie Stil, wenn man eh schon der Ranghöchste und damit der Mächtigste ist? Hier sei allerdings der Fokus auf zumindest sprachlich gesellschaftsfähiges Niveau gelegt.
Eine Anweisung des Chefs an den ihm unterstellten Experten, der wohlgemerkt ebenso Akademiker ist: „Nimm dir einen Notizblock und schreib mit, was ich dir sage. Weil merken wirst du es dir eh wieder nicht!“ Das gleiche Gespann in einer anderen Situation. Die Aufforderung des Vorgesetzten: „Steh auf und setz dich weg, das ist mein Platz!“
Ebenfalls von der plumpen Sorte, eine Führungskraft in einem Abteilungsmeeting: „Da schau her. Die Frau Huber spricht wahre Worte. Endlich hat sie einmal etwas Gescheites gesagt.“
Oder der Big Boss zu einem seiner Top-Manager bei einem Meeting, an dem auch andere Kollegen aus der Führungsetage teilnehmen: „Gehen Sie raus, Sie atmen hier bloß die Luft weg!“
Eine Fallbesprechung in einer Gesundheitseinrichtung. Der Leiter der Einrichtung fragt nach: „Patientin L., wer ist diese Dame? Ich habe kein Bild zu ihr.“ Einer der Ärzte beschreibt die auffallend korpulente Patientin anhand eines typischen, markanten Kleidungsstücks und eines Body-Mass-Index von 40. Die Reaktion des Leiters: „Ja, die habe ich schon gesehen, diese amorphe Masse, die sich immer die Stiegen hochschleppt. Da muss ich sofort an die Kollegin K. denken, das ist auch so eine Tonne. Wo ist die überhaupt? Wahrscheinlich plündert sie gerade irgendeinen Kühlschrank.“
Oder die simpelste Variante: ein Manager gegenüber einem Mitarbeiter, der es tatsächlich gewagt hat, im Workshop Fragen zu stellen, weil er etwas verstehen wollte, weil er es genau wissen wollte: „Sie sind ein wirklich dummer Mensch.“

Ein Lieblingsterrain für das plumpe Gehabe des derben Grobians ist der Sexismus.

An einer Projektbesprechung nehmen sechs Personen teil: eine Frau Ende zwanzig, sie ist die Projektleiterin, und fünf Männer, allesamt Führungskräfte in höheren Positionen, die das Projekt beauftragt haben und somit die wesentlichen Träger des Projektes darstellen. Die noch nicht allzu erfahrene, jedoch höchst engagierte Projektleiterin hält die Fäden zusammen. Sie ist etwas nervös, immerhin geht es um die Abnahme der eben abgeschlossenen Projektphase und das Go für den Übergang in die nächste Phase. Extra für dieses Meeting hat sie ein dezent-elegantes Business-Outfit gewählt. Sie präsentiert den Projektfortschritt Punkt für Punkt sowie die geplanten nächsten Schritte, alles auf inhaltlich fundierte und kompetente Weise. Auf ihre abschließende Frage an die Meeting-Teilnehmer, ob die nun beendete Projektphase so abgenommen, also für in Ordnung befunden und akzeptiert wird, antwortet einer der Manager: „Ja, natürlich, Frau Kollegin. Ihnen segne ich doch alles ab. Und wenn Sie beim nächsten Mal einen kürzeren Rock anziehen, dann klatsche ich sogar.“

Grob gestrickte Manager*innen, die ihre Position nicht riskieren wollen, sollten sich demnach überlegen, wie sie ihre Brutalität verpacken, dass ihnen daraus kein Strick gedreht werden kann. Nun, Sie ahnen es wohl bereits. Es geht darum, andere, smartere Formen ins Spiel zu bringen. Oder noch kräftigere Machtmittel einzusetzen – das allerdings ist eine andere Geschichte, nachzulesen im letzten Abschnitt, wo es um die Mischungen aus verschiedenen Charakteren geht. Besonders beeindruckend die so genannte „dunkle Triade“. Aber ich will nicht vorgreifen ...

Gekonnt grätschen und foulen

Unter den Brutalen macht sich also nach und nach die Überzeugung breit: so richtig brutal darf einfach nicht mehr sein. Der Kampf muss mit anderen Mitteln geführt werden. Um Macht dreht es sich nach wie vor, und es ist immer noch von großem Vorteil, ohne den Ballast der Empathie der von Grund auf Mächtigere zu sein und dadurch ordentlich Druck machen zu können. Die neue Brutalo-Normalität verzichtet allerdings auf die meisten althergebrachten Mittel plumper Durchsetzung und vermeidet dadurch, ins Primitive abzurutschen. Jetzt ist eine deutlich feinere Klinge angesagt, etwa ein sauber geführtes verbales Schwert.

Gekonnt verbal zu foulen, das ist die Domäne von *Chilly Tongue*. Er weiß, wann man welche verbale Attacke reitet. Und ebenso, wie scharf sie sein muss. Der Kenner und Könner vermag aus verschiedenen Schärfegraden zu wählen: von Pimientos über Peperoncini und Jalapenos bis zu den Habaneros und den ganz feurigen wie etwa Bhut Jolokia.

Es muss nicht immer so roh, so grob, so sehr unter der Gürtellinie ablaufen. Nein, es geht auch anders. Ein gewiefter Scharfzüngler, der mit der feinen Klinge zu hantieren vermag. Zing! Ein verstecktes Foul, das nie geahndet wird. Zing! Ein Nadelstich, der nur dem Getroffenen auffällt, ihn dafür umso mehr schmerzt. Zing, zing! Der Adressat zuckt kurz, weiß nicht recht, wie er das eben Erlebte einordnen soll, erst Stunden oder gar Tage später beginnt das emotionale Gift nach und nach zu wirken. Zuerst nur wenig, dann immer stärker. Auf diese geschickte Art vergiftete Pfeile abzufeuern, dies ist hohe Kunst, daran erkennt man den wahren Fachmann in dieser Disziplin. Manchmal tut es dem Image des Zynikers aber keinen Abbruch, wenn man die Attacken so setzt, dass sie alle Anwesenden und vor allem der Adressat sofort mitbekommen.

Die Belobigung

Ein großes Meeting mit circa 30 Teilnehmenden in einem mittelständischen Unternehmen. Das Vorstandsmitglied Holger Hurtauer hat das Wort:

„Liebe Kollegen, wir kommen nun zum nächsten Agendapunkt unseres Management-Meetings. Es geht um die Umorganisation im Bereich Auftragsabwicklung und Logistik. Manchmal bringen solche Umstrukturierungen besondere Konsequenzen mit sich. In diesem Fall hat dies unter anderem zur Folge, dass unser Kollege Ingenieur Walter Wieselburger ab sofort die Leitung der Abteilung ALP übernimmt. Walter, das Management-Board gratuliert dir zu diesem Karriereschritt. Du bist ja schon lange Teil dieses Teams

und kennst dich in den wesentlichen Belangen gut genug aus. Insofern hat diese Personalentscheidung durchaus ihre Logik. Dennoch, wenn man ehrlich ist, war diese Entscheidung lange Zeit gar nicht so sicher. Wir hatten einfach keinen wirklich besonders geeigneten Kandidaten zur Hand und haben uns dann auf dich, Walter, als das geringste Übel geeinigt. Es ist jetzt nicht so, dass wir da alle zweifelsfrei dahinterstehen. Unter uns gesagt – wir haben hier keine Geheimnisse in unserer Management-Runde, wir können ja offen sprechen – Außergewöhnliches hast du bisher noch nicht geleistet. Wie lange bist du jetzt in unserem Unternehmen? Fünfzehn Jahre? Mir kommt es wie fünfundzwanzig vor. Egal. Andere haben in der gleichen Zeitspanne deutlich mehr zu Wege gebracht. Wenn sich ein anderer für diese Abteilungsleitung aufgedrängt hätte ... naja, es ist, wie es ist. Wir wissen alle, Walter, du hast lange auf diese Position hingearbeitet, aber – Hand aufs Herz – viel ist dabei bisher nicht herausgekommen. Hätten wir jemand anderen in petto ... ach, lassen wir das, wir haben uns jetzt mal so entschieden. Wie heißt es so schön: ‚Auch ein blindes Huhn kann einmal fündig werden und zufällig auf ein Korn stoßen.' Oder auf eine taube Nuss, haha. Ja, ein Ingenieur hat's schwör, wie ich immer sage. Sich mit einem Titel vor dem Namen zu schmücken, obwohl man nicht einmal das Wort ‚Universität' richtig buchstabieren kann. Ob so ein Ingenieur dann in diesem illustren Kreis bestehen kann? Man wird sehen. Wenn ich nur an das hilflose Gewimmer des Kollegen Wieselburger denke, das er im Juni 2018 anlässlich der Import-Troubles mit China vom Stapel gelassen hat. Meine Fresse, da hat er noch einiges zu lernen, der Kollege Wieselburger, um wirklich dazuzugehören, um wirklich einer von uns zu sein. Nur weil man Abteilungsleiter ist, heißt das noch lange nicht, dass man unter Naturschutz steht. Verstanden, Wieselburger? Memmen können wir hier keine brauchen. Bin wirklich gespannt, Kollegen, ob der tatsächlich das Zeug dazu hat. Im Notfall können wir immer noch die Reißleine ziehen. Trotzdem wünscht dir das Management-Board viel Glück, du wirst es brauchen, Wieselburger."

Manchmal jedoch täuscht man sich, wenn man nicht genau genug hinhört oder die tatsächliche innere Haltung des Sprechers nicht kennt. Die kann eine ganz andere sein, nämlich eine durchaus wertschätzende, obwohl die Worte anderes vermuten lassen.

> *So etwa bei Lörant, einem Manager, der bekannt ist für sein loses, scharfes Mundwerk. Wohl jeder, der mit ihm zu tun hat, hat schon sein Fett abbekommen. Lörant sagt über einen Kollegen, mit dem er schon über Jahre konstruktiv zusammenarbeitet und den er für seine Beharrlichkeit überaus schätzt: „Der S. ist lästig wie eine Scheißhausfliege." Wer nur diesen Satz hört und den Hintergrund sowie die Eigenarten von Lörant nicht näher kennt, wird nie erahnen, dass diese Worte gar nicht abwertend gemeint sind.*

Verletzen als Kernkompetenz

Kommen wir nun zu *Chillys* Bruder im Geiste, *Karlo Kränker*. Er arbeitet mit allen Psycho-Tricks, die zur Erniedrigung anderer taugen, er spielt auf der ganzen Tastatur der Demütigung. Sein Ziel: andere herunterzumachen und sie kleinzuhalten, um sich selbst zu erhöhen und in der eigenen Machtposition gestärkt zu sein. Er ist Meister darin, den Chef raushängen zu lassen. Eines seiner Hauptmerkmale ist sein auf abgrundtiefer Menschenverachtung basierender Zynismus. Dieser geht über das bloße Fehlen von Empathie hinaus, es bereitet ihm diebische Freude, wenn er andere erniedrigt und schlecht aussehen lässt. Anlässlich einer Betriebsführung durfte ich einen solchen Zyniker kennenlernen.

> *Der Produktionsleiter hat sichtlich großes Vergnügen daran, uns unwissenden Besuchern zu vermitteln, dass er hier der Chef ist. Er zeigt uns einen Produktionsbereich nach dem anderen. „Alles meins", sagt sein Gehabe. Wie ein Raubtier, das sein Revier abschreitet und zur Sicherheit überall noch einmal markiert, nutzt er die kurzen Begegnungen mit den Mitarbeitern, um sie an diverse*

Regeln und Vorgaben zu erinnern. So weit, so normal unter Chefs und Raubtieren, denke ich mir. Als wir zu einer weiteren Abteilung kommen, ohne jegliche persönliche Schutzausrüstung ausgestattet, wohlgemerkt, verschlägt es mir plötzlich den Atem. Hier wird mit Säure hantiert, erfahren wir. Die Luft ist dermaßen von dem scharfen Säuregemisch durchdrungen, dass man kaum atmen kann. Unvorstellbar, in einer derartigen Umgebung arbeiten zu müssen, und das im 21. Jahrhundert, denken wir uns. Also fragen wir den Produktionsleiter, wie es die Arbeiter – allesamt Männer mit Migrationshintergrund – in dieser Luft nur aushalten können. Das sei doch sicher immens gesundheitsschädlich. „Ach, um die braucht ihr euch keine Sorgen zu machen", antwortet er mit einer wegwerfenden Handbewegung, „Das hat auch Vorteile. Von denen hat schon lange keiner mehr eine Verkühlung gehabt."

Wahre *Kränker* verstehen sich als Menschenknicker, als Brecher, als Seelenmörder. Sie können gar nicht genug davon kriegen, die Mitarbeiter*innen regelrecht vorzuführen. Dazu ist ihnen jedes Mittel recht – Hauptsache, es erfüllt seinen Zweck. Mitunter greifen sie zu herben Methoden der Einschüchterung und der Abschreckung, bedienen sich beim Repertoire der Grobiane und Derben. Allerdings mit dem Unterschied, dass sie das willentlich und mit klaren Absichten tun – nicht bloß, weil sie halt so sind. Sie setzen diese Waffen gezielt ein – weil sie wissen, dass sie damit ihr Gegenüber dort treffen können, wo es am heftigsten schmerzt.

Der Kränker und die Memme

Wenn Karlo, einer von zwei Geschäftsführern, aus seinem Büro in das Vorzimmer kommt, hat er zumeist schon davor das Ziel seiner Angriffe auserkoren. Welche der drei Assistentinnen wird diesmal vorgeführt? Abwechselnd nimmt er sie in die Mangel. Er weiß um ihre Sensibilität, er kennt ihre empfindlichsten Stellen. Von Assistentin zu Assistentin unterschiedlich, klarerweise. Mittlerweile zucken sie schon zusammen, wenn er seine Bürotür öffnet. Karlo bemerkt diese Reaktion und ist mit sich zufrieden. Er genießt es richtiggehend, wenn die Menschen in seiner Umgebung diesen angstbesetzten Blick bekommen. Wenn sie nicht wissen, ob sie ihm in die Augen schauen sollen oder nicht. Wenn die Gespräche verstummen und man nur darauf wartet, welche Spitze er diesmal vom Stapel lässt. Er spürt die Verunsicherung und vor allem das Gefühl der Macht, das damit verbunden ist. Egal ob seine Mitarbeiterinnen im Vorzimmer, die Meister oder Abteilungsleiter – alle schauen sie zu ihm auf, alle sind sie ihm unterlegen. Letztlich auch sein Geschäftsführer-Kollege, Arne.

Arne nervt Karlo. Stets in freundlichem Kontakt mit allen, fachlich äußerst kompetent, das muss man ihm lassen, und ein Arbeitstier ist er auch noch. Doch Arne ist ein Schwächling. Umso wichtiger für Karlo, es Arne regelmäßig zu zeigen, dass dieser neben ihm die klare Nummer zwei ist. Er hat bereits herausgefunden, wo seine wunden Punkte liegen. Und den einen oder anderen Giftpfeil in diese Richtung abgeschossen. Karlo weiß, er ist wirklich geschickt darin. Es so anzustellen, dass es höllisch wirkt, dass ihm allerdings niemand etwas nachweisen kann. Wenngleich das gar nicht tragisch wäre, mit der richtigen Taktik würde er seine Gegner rasch davon abbringen, weiter gegen ihn vorzugehen.

Seine Treffer zeigen schon Wirkung bei Arne. Er hat schon deutlich von seiner Gelassenheit verloren, seinen so elenden Gleichmut eingebüßt. Und einmal – darauf ist Karlo besonders stolz – war der ach so ausgeglichene und stets freundliche Arne dermaßen entnervt und aufgebracht, dass er sogar eine der drei Assistentinnen zur Schnecke gemacht hat. Natürlich hat er sich nachher sofort entschuldigt. Dieses Weichei. Karlo weiß: Je unrunder Arne wird, umso leichter wird es für ihn, sein Gegenüber aus der Bahn zu werfen. Außerdem durchschaut der in seiner Gutgläubigkeit gar nicht, worauf das hinausläuft. Opfer taugen nicht zum Alpha, eines der grundlegenden Gesetze im Management.

Die folgende Geschichte hat, wie man rasch erkennen kann, schon ein paar Jahre auf dem Buckel. Sie stammt aus der Zeit, als in den Büros mitunter noch kräftig geraucht wurde.

Tanner ist Kettenraucher und hat daher in seinem Büro auf dem Besprechungstisch einen überdimensionalen Aschenbecher, vergleichbar mit dem Fressnapf für einen mittelgroßen Hund. Der Manager ist verantwortlich für einige zentrale Bereiche im Unternehmen und genießt einen ambivalenten Ruf. Zum einen sieht man zu ihm auf und weiß, dass er für das Unternehmen überaus wertvoll ist, nicht nur ob seiner hohen Fachkompetenz. Zum anderen wird Tanner gefürchtet. Denn er unterscheidet sehr genau zwischen jenen Mitarbeitern, die er schätzt und die er durchaus höflich, wohlwollend und unterstützend behandelt, und den anderen. Also jenen, die ihm ein Dorn im Auge sind, die er für Minderleister oder Schwachköpfe hält oder die aus irgendeinem Grund seinen Ärger erregt haben. Für sie hat Tanner eine besondere Aufgabe reserviert. Sie – und nur sie! – bekommen von ihm den Auftrag, den randvollen Aschenbecher auszuleeren.

Ein paar weitere Beispiele gefällig?[31]

Der Geschäftsführer kommt von der in Tränen ausgebrochenen Buchhalterin: „Ha, jetzt heult sie. Da habe ich wohl den richtigen Schalter gefunden."

Der Chef hält eine Motivationsansprache: „Liebe Mitarbeiter, es gibt Büsche und Bäume. Wenn ihr schon keine Bäume seid, dann versucht wenigstens schöne Büsche zu sein ..."

Der Stellvertreter ist mit einer unklaren medizinischen Diagnose konfrontiert, erst eine Operation wird zeigen, wie gravierend das Ganze ist. Er teilt seinem Direktor mit, dass er wohl mindestens eine Woche ausfallen wird, aber eben auch die Möglichkeit einer

31 Allesamt gefunden auf www.derstandard.at in der Rubrik „Was Chefs sagen" am 15.09.2020.

schweren Erkrankung besteht. Die einzige Reaktion des Vorgesetzten: „Hast du an die Planung deiner Nachfolge gedacht?"

Bossing und Bypassing

Schikaniert ein Chef längerfristig und gezielt, also systematisch einzelne oder mehrere Mitarbeiter*innen, sprechen wir von Bossing. Die Mitarbeiter*innen haben ein hartes Leben. Sie werden von ihrem Vorgesetzten angepöbelt, bedrängt, attackiert, zur Schnecke gemacht, abgewertet, beschimpft, beleidigt, bedroht, eingeschüchtert, geringgeschätzt, erniedrigt, ignoriert, ausgegrenzt, schikaniert oder gar terrorisiert.
Noch heftiger wird es, wenn sich der Chef zu diesem Zweck mit einem oder mehreren im Team verbündet und sie dann gemeinsam beziehungsweise abwechselnd, in jedem Fall jedoch konzertiert gegen das ausgewählte Opfer vorgehen.

Meier kommt neu in die Abteilung und wird rasch zum Lieblingsmitarbeiter des Abteilungsleiters Lesser. Sehr zum Nachteil der Kollegin Kraml, eine angesehene und überaus engagierte Expertin, die von nun an nach und nach an den Rand gespült wird. Von Wertschätzung ihrer Expertise war schon bisher wenig zu spüren, nun werden ihr allerdings ihre Hauptverantwortungen sukzessive entzogen. Sie erhält nur noch weniger wichtige Aufgaben, wird in ihrem Handlungsfreiraum massiv eingeschränkt und sieht sich einer wesentlich strengeren Kontrolle gegenüber. Das geht so weit, dass sich Kraml – die ehemalige Nummer zwei des gesamten Teams – beim Chef ab- und anmelden muss, wenn sie die Abteilung verlässt beziehungsweise wieder zurückkommt. Das ist insofern bemerkenswert, als es zuvor nicht erforderlich war, sich an den Umständen nichts Relevantes verändert hat und sonst niemand im Team diese Vorgabe bekommt. Der Leiter lässt keine Gelegenheit aus, Frau Kraml vor anderen schlechtzumachen, etwa bei anderen Abteilungen. Dazu das übliche Programm an Schmähun-

gen, Ignoranz, direkten und indirekten Anfeindungen von allen Seiten im Team. Denn mittlerweile spielen die vorher noch neutralen Kolleginnen und Kollegen mit. Wenn Lesser und Meier, also die zwei mächtigsten in der Abteilung, die Devise ausgeben, fühlen sich die anderen geradezu verpflichtet, bei der Hetzjagd auf Kraml tatkräftig mitzuwirken. Wie erfolgreich die gesamte Vorgehensweise ist, erkennt man unter anderem am Ergebnis einer Teamsupervision. Alle – inklusive des Supervisors – sind sich einig, dass das Problem einzig und allein bei Kraml liegt. Man verständigt sich darauf, die Personalabteilung einzuschalten. Diese ordnet für die Mitarbeiterin ein Einzelcoaching an, damit sie die ganzen Geschehnisse verarbeiten kann. Kraml erkennt sehr rasch für sich, dass ihr nur ein Wechsel des Arbeitsplatzes aus dem Schlamassel helfen wird. Überraschend für alle: Trotz aller Diskreditierung – Lesser hat wirklich versucht, flächendeckend gegen Kraml Stimmung zu machen – wird sie mit offenen Armen an ihrem neuen Arbeitsplatz, einer Nachbarabteilung empfangen. Man weiß um ihre Expertise und um die besonderen Umstände in ihrem Team und ist froh, eine dermaßen kompetente neue Kollegin im Team begrüßen zu können.

Angenommen, ein Manager aus der ersten Berichtsebene, ist mit einer seiner ihm unterstellten Führungskräfte, einer Teamleiterin, ganz und gar nicht einverstanden. Er nimmt sie als inkompetent, störend oder einfach nur lästig wahr, vermag sie allerdings nicht so einfach loszuwerden, wie er das gerne hätte. Was kann der Manager außer Bossing noch unternehmen, wenn er so tickt wie *Karlo Kränker*? Richtig, er greift zur Methode des Bypassings, des systematischen Umgehens eines Mitglieds der Organisation. Er tut einfach so, als gäbe es die Teamleiterin nicht. Bei jeder wichtigen Information oder Entscheidung spricht er mit allen anderen, nur nicht mit ihr. Er geht direkt auf ihre Teammitglieder zu, regelt die wichtigen Dinge mit ihnen, ohne die Teamleiterin einzubinden. So, dass sie sich richtig überflüssig vorkommen muss. Sollte sie sich darüber beklagen, dann wird er ihre Renitenz und ihr mangelndes Commitment kritisieren und sie auf ein Motivationsseminar schicken.[32]

32 Bypassing funktioniert übrigens auch in die andere Richtung, indem Mitarbeiter*innen die direkte Führungskraft systematisch übergehen und sich – vor allem in heiklen Angelegenheiten – stets zuerst das Okay von ganz oben sichern.

Alles furchtbar, oder was?

Jetzt nur keine voreiligen Schlüsse. Nur weil aggressiv auftretende Führungskräfte einige Kollateralschäden verursachen und deshalb nicht den besten Ruf genießen, bedeutet das noch lange nicht, dass sie deshalb keine Stärken hätten.

Da sind zum einen die Energie und die Kraft, die Brutalos auszeichnen. Andere wären froh, wenn sie nur halb so viel davon aufweisen könnten. Das Gleiche gilt für ihre Direktheit und Impulsivität, ihr geradliniges Auftreten. Sie scheren sich nicht um Konventionen, reden nicht lange um den heißen Brei, sondern kommen sofort zur Sache. Zumindest die simpler gestrickten unter ihnen, also die Damen und Herren *Garoppolo* und *Derber*. Bei ihnen weiß man binnen kürzester Zeit, woran man ist. Sie können ein sehr hohes Tempo anschlagen, was ihnen bei vielen Gelegenheiten einen wichtigen Vorsprung verschafft. Andere sind vielleicht noch damit beschäftigt, die Situation auszuloten, eine Strategie oder einen Plan für das weitere Vorgehen zu erarbeiten oder an ihren Formulierungen zu feilen, um nur ja niemandem auf den Schlips zu treten. Alles kein Thema für unsere Direkt-oren. Einfach rein in die Sache, drauf auf das Thema, von Anfang an auf Krawall gebürstet, gewappnet für eine Konfrontation. Man kann sich schon denken, wie diese ausgeht: Wenn der Andere noch nicht bereit ist – und das sind die wenigsten – wird er in den meisten Fällen überfahren und plattgewalzt. Nicht unbedingt, weil der Brutalo das so wollte, sondern vielmehr, weil das Gegenüber nicht damit gerechnet hat oder einfach nicht damit zurechtkommt.

Aus all diesen Qualitäten der Brutalos ergibt sich oft große informelle Macht. Ein Standing, das auf einer besonderen Form von Akzeptanz fußt. Durch den eigentümlichen Führungsstil der Brutalos, dem „Management by Einschüchterung", wagt es einfach niemand, sie auch nur ansatzweise in Frage zu stellen. Die Gefahr ist groß, dass man eine auf die Mütze bekommt, wenn man den Kopf zu sehr in den Wind streckt. Daher verzichtet man lieber darauf, und der Grobian hat sich wieder einmal durchgesetzt. Und dies, ohne wirklich grob gewesen sein zu müssen.

Besonders gefragt sind diese Kompetenzen, wenn es wenig bis keinen Spielraum gibt, wenn es darum geht, klare Anordnungen zur Umsetzung zu verlautbaren, also etwa in Notfall- und Extremsituationen. Allerdings fehlt selbst den intelligenteren Vertreter*innen der Grobiane oft die Möglichkeit, bei Bedarf zu switchen, also auf einen umgänglicheren oder gar kooperativen Führungsstil umzuschalten. Der Hauptgrund dafür ist ihr – vorsichtig formuliert – fehlendes Interesse am Gegenüber beziehungsweise ihr mitunter teuflisches Vergnügen am seelischen Einknicken ihrer Mitmenschen.

Mein*e Chef*in ist so – Hilfe!

Da haben Sie sich mit der Auswahl Ihres Vorgesetzten ja einiges zugemutet! Am besten gehen Sie davon aus, dass die Tendenz zur Aggressivität bei Ihrem Chef stabile persönliche Hintergründe hat und er sie deshalb nicht so einfach mir nichts, dir nichts ablegen kann. Erwarten Sie sich demnach bitte keine Wunderdinge.

Sorgen Sie für Ihren eigenen Schutz, gehen Sie möglichst gestärkt und „gepolstert“ in eine Auseinandersetzung. Überlegen Sie sich vorher, wo die heiklen Punkte Ihres Gegenübers liegen, welche Themen Sie also besser nicht ansprechen, welche Druckpunkte Sie besser nicht aktivieren sollten. Machen Sie einen großen Bogen um die ganz persönlichen Reizthemen Ihres Chefs, vor allem um seine Schwächen und da wiederum in erster Linie um jene, die aus seiner Sicht besser im Verborgenen bleiben sollen oder die er selbst nicht wahrhaben will. Es sei denn, Sie wollen ihn bewusst reizen und herausfordern – aber wundern Sie sich nicht, wenn ihr Vis-à-vis dann explodiert und die Situation eskaliert.

Nehmen Sie Attacken ja nicht persönlich, auch wenn diese eindeutig so beabsichtigt waren. Damit würden Sie ihm sozusagen ins offene Messer laufen. Ein besonders eleganter Kniff besteht darin, emotional einzusteigen – am besten mit lauter, kräftiger Stimme – und dann den Fokus sofort auf die Sachebene zu verlagern, also zum Beispiel: „Okay, Chef – was gibt es also zu tun?“

Wenn Sie sehr mutig sind, reagieren Sie auf eine Anfeindung, indem Sie unmittelbar zurückbrüllen. Manchmal klappt das, und Sie werden ab diesem Moment als gleichwertig verrückter Partner wahrgenommen und akzeptiert. Für das Gelingen kann ich Ihnen allerdings keine Garantie ausstellen, dieses Verhalten kann ebenso extra-böse Folgen für Sie haben. Sagen Sie nicht, ich hätte Sie nicht gewarnt.

Verflixt, das bin doch ich!

Frau oder Herr Grobian, geschätzte und vor allem gefürchtete Führungskraft, sollte es nicht deutlich genug rübergekommen sein, ich bin wahrlich beeindruckt von den Stärken und Potenzialen, die Sie in Ihre Führungstätigkeit einbringen können. Dennoch wage ich es – ich weiß, etwas vorlaut, sehen Sie mir dies bitte nach – einige Tipps und Empfehlungen zu geben, wie Sie Ihren Charakter noch effektiver nutzen und somit Ihr Standing im Unternehmen noch weiter verbessern können. Sie brauchen mir deshalb nicht in einer dunklen Gasse auflauern, mir Ihre Schlägertrupps schicken oder mich als das nächste Opfer Ihres Vernichtungsfeldzugs bestimmen. Ich komme gut ohne Ihre spezielle Zuwendung zurecht, ich glaube an Ihre Macht und Ihre Stärke, und das Wichtigste: Auch wenn Sie das vielleicht eher selten zu hören bekommen, ich meine es nur gut mit Ihnen. Mir ist Ihr Erfolg ein Herzensanliegen. Bitte behalten Sie das im Hinterkopf, wenn Sie sich nun meine Vorschläge zu Gemüte führen.

Bauen Sie Ihre Vorzüge weiter aus. Machen Sie regelmäßiges Krafttraining, arbeiten Sie an Ihrer Muskulatur und damit an Ihrem Erscheinungsbild. Kombinieren Sie dies mit den richtigen Accessoires wie Tattoos und ähnlichem. Tragen Sie die richtigen Klamotten. Trainieren Sie den grimmigen Blick vor dem Spiegel. Alles, was einschüchtert, ist erwünscht.
Lassen Sie sich nicht von irgendwelchen Konventionen, Regeln, Verhaltenskodizes oder Ähnlichem bremsen. Die sind allesamt von Weicheiern, Gutmenschen, Bremsern erfunden, um solch kraftvolle Energiebündel wie Sie in ihrer Macht zu beschränken.

Feilen Sie an Ihrer Scharfzüngigkeit. Lassen Sie sich von einem persönlichen Rhetorik-Coach in die wundersame Welt wahrhaft grausamer Kränkungen und Verletzungen einführen. Sollten Sie noch irgendwelche Überbleibsel von Gewissensbissen aufweisen, können Sie diese gleich in einem Aufwaschen abtrainieren. Ihr Personal Coach hilft Ihnen garantiert dabei. Legen Sie sich einige Standardfloskeln zu, falls es jemand wagt, Sie zu kritisieren, und Sie wollen ihm „die Fresse polieren", dürfen dies aus irgendeinem Grund aber nicht. Was stets gut passt: „Was uns nicht umbringt, macht uns nur härter." Oder: „Nur die Harten kommen durch. Und von denen auch nur zwei Prozent." Oder, fast überall einsetzbar: „Wo gehobelt wird, da fallen Späne."

Setzen Sie Ihre Kraft gezielt ein, nutzen Sie den Grips, der Ihnen zur Verfügung steht. Was wollen Sie erreichen? Was ist Ihr Ziel? Dann wissen Sie gleich, wo Sie in die Offensive gehen sollen und was eventuell nicht so viel bringt. Ihre Handlungen haben dann einfach mehr Effekt, mehr Wumms.
Vielleicht gestehen Sie sich ein, dass Ihnen das Strategische nicht so liegt, dass Sie sich mit dieser Art des Denkens eher schwertun. Ist ja nicht jedermanns Sache, sich einmal zurückzulehnen, die Situation cool zu analysieren und dann Ziele und Strategien zu entwickeln. Sie sind eher jemand fürs Konkrete, fürs Anpacken und Umsetzen. Sie wollen gleich zur Sache kommen. Dagegen ist nichts einzuwenden. Nur könnte es dann eventuell hilfreich sein, wenn Sie sich einen Adlatus checken. Einen harmlosen Begleiter oder persönlichen Einsager, der Ihnen zur Seite steht, natürlich in Ihrem Schatten. Der soll gar nicht nach außen auftreten oder zu sehr sichtbar werden. Machen Sie ihm klar, dass er unter Ihrem Schutz steht und dass es jeder mit Ihnen zu tun bekommt, der Ihrem Vordenker nur ein Haar krümmen will.
Gehen Sie konsequent Ihren Weg. Blicken Sie dabei stets nach vorne. Vermeiden Sie es zurückzublicken und all die Leichen und Verletzten wahrzunehmen, die Ihren Weg säumen. Lassen Sie sich nicht beirren, halten Sie nicht inne, bleiben Sie nicht stehen. Ihre Stärke liegt im Vorangehen und im Tun.

Reden oder so

Die Kommunikation der Mächtigen

„Zeige mir, wie du kommunizierst, und ich sage dir, wer du bist." Diese Behauptung ist nicht allzu gewagt. Nimmt man die menschliche Kommunikation etwas genauer unter die Lupe, werden Rückschlüsse auf die unter der Oberfläche befindlichen Ebenen einer Persönlichkeit möglich, insbesondere der inneren Haltung sich selbst und anderen gegenüber. Inklusive aller Untiefen und Abgründe.

Viele ambitionierte Menschen, darunter etliche Führungskräfte, sind bestrebt, ihre Kommunikation zu professionalisieren. Sie halten sich an Anleitungen, Tools und Tricks, mit deren Hilfe sie sich eine Art des Kommunizierens antrainieren wollen, die unabhängig von der jeweiligen Persönlichkeit funktioniert. Glatt, geschliffen, fehlerlos und überzeugend.[33] Also üben sie mit Video, vor dem Spiegel und in Rollenspielen. Zu Hause, in Seminaren und mit extra beauftragten Personal Coaches und Kommunikationstrainer*innen. Nur um dann in den meisten Fällen feststellen zu müssen, dass es ihnen nicht gelingen wird, hundertprozentige Kontrolle über ihr Auftreten und Gehabe zu erlangen. Sie offenbaren doch immer wieder auf verräterische Weise, wie sie innerlich gestrickt sind. Entweder explizit verbal, indem ihnen ungewollt die „falschen" Worte entschlüpfen. Oder es schimmert nonverbal zwischen den Zeilen durch, welche Einstellung man zu sich und den anderen hat. Friedrich Nietzsche hat dieses Phänomen folgendermaßen gefasst: „Man lügt wohl mit

33 Im Optimalfall übrigens doch wieder mit einer feinen Prise Authentizität und persönlicher Eigenart.

dem Munde, aber mit dem Maule, das man dabei macht, sagt man doch noch die Wahrheit."[34]

Kommunikation lässt sich auf viele Weisen verbocken – da ist für jede*n etwas dabei. Man kann das Gegenüber vor den Kopf stoßen. Zu wenig oder zu viel mitteilen, zu unklar oder zu ausführlich, zu kühl, zu emotional, zu sprunghaft, zu desinteressiert, zu abweisend, zu scharf, zu derb, zu zaghaft, zu viel von sich, zu wenig Platz für den anderen, zu sehr auf die Sache fokussiert und zu wenig auf den Menschen oder genau umgekehrt den Inhalt in den Hintergrund rückend und nur das Zwischenmenschliche betonend. Wie gesagt: Es gibt Unmengen von Möglichkeiten, ungeschickt oder auch gewollt danebenzugreifen.

In den Organisationen unternimmt man deshalb allerlei Anstrengungen, um die Qualität betrieblicher Kommunikation zu verbessern. Man definiert Werte und Handlungsanleitungen, formuliert Leitbilder und Führungsprinzipien, entwickelt etliche Tools und lässt diese in zahlreichen Trainings üben. Unternehmen investieren viel Geld in Kommunikationstrainings: Seminare, in denen aktives Zuhören, Zuwendung und wertschätzendes Eingehen auf das Gegenüber, „Erst verstehen, dann verstanden werden"[35], fragende und lösungsorientierte Strukturierung von Gesprächssituationen, der Einsatz und das Lesen von Körpersprache, rhetorische Tipps und Tricks und vieles andere mehr vermittelt werden. Der Return on Investment erweist sich jedoch oft als fraglich. Ein Auseinanderklaffen von Soll und Ist, also von Kommunikationstheorie zum einen und der gelebten Managementpraxis zum anderen, ist überraschend häufig zu beobachten. Insbesondere dann, wenn Führungskräfte es nicht zustande bringen beziehungsweise nicht dazu bereit sind, ihr Mindset, ihre innere Haltung zu hinterfragen.

Welche speziellen „Talente" in puncto Kommunikation weisen nun die in diesem Buch beschriebenen Prototypen merkwürdigen, mitunter miesen Managements auf?

Das Phänomen, überwiegend heiße Luft zu produzieren, also viel zu reden, aber substanziell wenig bis nichts zu sagen, findet man in seiner einfältigeren Form bei den *Greenhorns* und *Tollpatschen*, also bei jenen, die sich durch große

34 Nietzsche, 1994, S. 73
35 Covey, 1995, S. 217 ff.

Unsicherheit und Ungeschick „auszeichnen". Ohne jede rhetorische Gewandtheit fabrizieren sie hohle Floskeln, inhaltsleeres Gebrabbel und substanzlose Äußerungen. *Blender* und *Trickser* hingegen können wahre rhetorische Meister sein. Sie beherrschen die Kunst der ausdrucksstarken und gleichzeitig nichtssagenden Rede, in der es darum geht, wie man als Sprecher möglichst viel Wirkung erzeugen kann. Und das, ohne thematisch etwas auf dem Kasten haben zu müssen. Also mithilfe diverser Winkelzüge genau so viel heiße Luft zu produzieren, dass den Zuhörenden warm ums Herz wird, dass sie sich gut eingekocht fühlen und auf das mögliche Einfordern substanzieller Aussagen vergessen. Ein paar Andeutungen hier, ein vorsichtiger Griff in die Phrasenkiste dort, dazu einige höchst anschauliche Beispiele, die entsprechend viel Wind und Emotion auslösen. Als Topping die richtige Portion Blickkontakt und direktes Ansprechen der Zuhörenden. Damit legt man dem Gegenüber nahe, gnädig über die Untiefen der eigenen Argumentation hinwegzusehen.
Noch weniger bekommt man von den *Einfaltspinseln* und hier insbesondere von den Damen und Herren *Lazybone*. Sie bevorzugen den simplen Weg und beschränken sich in ihrer Kommunikation auf das Nötigste. Der andere kann ja nachfragen, wenn er etwas ausführlicher erfahren will. Oder sich am besten gleich selbst darum kümmern.
Das pure Gegenstück dazu sind *Perfektionist*innen*. Sie schaffen es einfach nicht, einen Punkt zu machen. Man merkt ihnen an, unter welchem inneren Druck sie stehen. Alles muss gesagt werden, bis ins letzte Detail, nichts darf weggelassen werden. Also können sie gar nicht aufhören und kommen vom Hundertsten ins Tausendste. Ihre strenge Strukturiertheit hilft ihnen allerdings, immer wieder zu ihrem roten Faden zurückzufinden. Nicht so die bereits erwähnten *Tollpatsche*. Wenn sie einmal beginnen, hin und her zu hüpfen, schaffen sie es, durch ihre planlose, unstrukturierte Kommunikation ein heilloses Durcheinander anzurichten.
Dann sind da all jene, die in ihrer Art zu kommunizieren stark auf Emotionales setzen. Zum einen *selbstlose Helfer*innen*, die es im schlimmsten Fall mit ihrer Empathie übertreiben: „Wie fühlen Sie sich? Wie spürt sich das für Sie an? Ich merke schon, Sie ... Was kann ich für Sie tun? Sagen Sie schon, offenbaren Sie sich, mir können Sie vertrauen ..." – und dies bei jeder Gelegenheit, auch wenn es noch so unpassend ist.

Ebenfalls überschwänglich, vor allem dann, wenn man es am wenigsten erwartet, kommunizieren *Drama-Babes* und mit Abstrichen auch andere *Draufgänger*innen* – jedoch aus anderen Motiven. Sie wähnen sich in ihrem Element, wenn die Dinge eskalieren, und tragen mit ihrer herausfordernden Art der Kommunikation aktiv dazu bei. Eine gezielte Provokation hier, ein paar aufbauschende Worte dort, dazu eine geschickte Verlagerung von der Sach- auf die Gefühlsebene, und schon nehmen die Dinge ihren Lauf.
Grobiane wiederum setzen Sprache als Waffe ein, benutzen sie dazu, andere zu demütigen, sie herablassend zu behandeln und zur Schnecke zu machen. Bei ihnen wird verbal gegrätscht und gefoult, sei es auf äußerst derbe, auf anzügliche oder auf scharfzüngig verletzende Weise.
Bei den *Ich-Menschen* unter den Führungskräften schließlich steht naturgemäß die Selbstdarstellung im Mittelpunkt ihrer Kommunikation. Alles muss sich stets um sie drehen, andere sind bestenfalls Mittel für ihre Zwecke. Das Wort „ich“ dominiert, ein „Wir“ kommt höchstens im Majestätsplural vor, „du“ und „Sie“ werden fast ausschließlich in abwertendem Zusammenhang gebraucht. Die entsprechende Körpersprache trägt das Ihre dazu bei.

Gerade für Führung gilt, was Paul Watzlawick für unser tägliches Miteinander treffend formuliert hat: „Man kann nicht nicht kommunizieren.“[36] Eine wahrhaft niederschmetternde Erkenntnis für jemanden, der veritable Schwächen in seiner Kommunikation aufweist: Wählt man den scheinbar einfachsten Weg, also den Verzicht auf jegliche Kommunikation, ist damit das eigene Problem längst nicht aus der Welt. Ganz im Gegenteil: Man ist trotzdem immer auf Sendung.
Und nicht nur das. Ebenso wenig lassen sich die mehr oder weniger fragwürdigen Seiten der eigenen Persönlichkeit verheimlichen – selbst mit den besten Trainings erhält man keinerlei Anleitung, wie man garantiert aus seiner Haut herauskann. Insofern ist es ein Leichtes zu konstatieren: Zeige mir, wie du kommunizierst, und ich sage dir, wer du bist.

36 Watzlawick, Beavin & Jackson, 1990, S. 53

Sie wollte bloß
arbeiten ...
GEHT
DOCH!
Meint zumindest Wurmgrabner.

Geht doch!

Sabine Eckstein schlüpft aus ihren Pumps. Obwohl sie kaum von ihrem Schreibtisch wegkommt, brennen ihr die Fußsohlen. Sie sollte ein paar Schritte machen, das Gebäude ist schließlich weitläufig genug. Sabine nimmt den Schminkspiegel aus ihrer Handtasche. Ein kritischer Blick, die Frisur passt, die Lippen brauchen noch etwas Farbe, eine minimale Korrektur, Check. Die Frage „Für wen?“ stellt sie erst gar nicht. Außer ihr und ihrem Chef ist jetzt in den Sommerwochen kaum jemand im Haus. Kunden kommen keine vorbei, gerade an Montagen fokussiert sich alles auf Telefon und PC.
Als ob sie es geahnt hätte, läutet es auch schon.
„Herbal Supplements Vienna, Sabine Eckstein. ... Guten Tag, Frau Gruber. ... Hm, ja, ich verstehe. ... Ja, klar, das geht in Ordnung. Kein Thema, das kriegen wir hin. ... Danke, Ihnen auch. Wir sehen uns bei der Veranstaltung. Auf Wiederhören.“
Eine etwas schrullige, aber sehr nette Kundin. Sabine freut sich jedes Mal, wenn sich Frau Gruber meldet und Sabine ihr bei ihren Fragen zu den Bestellungen helfen kann. Jedes Mal bis auf heute. Dieser Tag ist irgendwie anders – und doch ein typischer Montag, seufzt Sabine. Sie macht den Job nun seit fünfeinhalb Jahren und weiß, solche Tage kommen vor. Eine ganze Menge an To-do's ist offen, alles auf Termin, vieles davon muss heute noch raus. Sabine ist im Rückstand – nicht, weil sie nicht angepackt hätte. Nein, sie tut ihr Möglichstes und das schon seit halb acht Uhr morgens. Dennoch befürchtet sie, dass auch noch ein Teil des Abends draufgehen wird.

Da kommt ihr Chef bei der Tür herein. Den ganzen Tag hat er sich nicht blicken lassen. Fängt der etwa erst jetzt knapp nach Mittag zu arbeiten an?
„Ich wollte nur Hallo sagen", meint er. „Wenn Sie was brauchen, ich bin nun in meinem Büro."
Glück gehabt, keine zusätzlichen Aufgaben ausgefasst. Also wieder zurück ans Abarbeiten: Einträge im System, Mails an Kunden und Lieferanten, ein Geschäftsfall nach dem anderen.

Glück gehabt, denkt sich auch Manfred Wurmgrabner, immerhin wollte sie nichts von mir, die Eckstein. Es reicht auch so. Seit mehreren Wochen schon geht es vor allem privat drunter und drüber. Der Kaufabschluss der Eigentumswohnung verschleppt sich, Yvonne, seine Ehefrau, wird immer gereizter, und die Kinder nerven auch. Seit wann fängt denn die Pubertät schon mit elf Jahren an? Ein bisschen mehr an Dankbarkeit, mehr verlangt er gar nicht. Da rackert man sich ab, nimmt sogar das Risiko der Unternehmensgründung in Kauf, obwohl nicht gesegnet mit finanziellen Mitteln, weil ja aus einer einfachen Arbeiterfamilie kommend. Ganz allein hat er die Firma hochgezogen, trotz aller Unkenrufe. Und die Dinge haben sich gut entwickelt, also hat er Mitarbeiter eingestellt, anfangs sehr zögerlich, dann immer mehr, mittlerweile sind es schon 35 Köpfe. Die meisten im Außendienst. Von dieser Zahl wird ihm ganz schummrig, wie konnte er sich bloß auf solch hohe Fixkosten einlassen? Gut, dass ihm stets etwas einfällt. Wie etwa dieses Jahr mit der großen Urlaubsaktion. Die tut der Firma nicht weh und ließ sich als Aktion zugunsten der Mitarbeiter bestens verkaufen. Obwohl dahinter natürlich klares betriebswirtschaftliches Kalkül steckte. Nimm den gesamten Resturlaub und mindestens zwei Wochen des neuen Urlaubs, dann erhältst du einen Urlaubstag geschenkt. Und hilfst mir, dass ich am Jahresende nicht wieder Troubles mit den Banken bekomme, wenn es um die Rücklagen in der Bilanz geht. Kosten, Kosten, Kosten. Stets dieser Druck. Immerhin sind die Produkte gut am Markt verankert. Das Vertrauen der Kunden in Wurmgrabners Firma und ihre Produkte darf keinesfalls getrübt werden – das war bisher das Erfolgsrezept und soll es auch weiter bleiben.

Zu lange macht er diesen Job schon, zu viele Meetings, zu viele Probleme, zu viele Beinahe-Krisen und manch echte Krise. Gerade jetzt, wo alle bis auf ihn, die Eckstein und wenige andere weggefahren sind und ihre Urlaube genießen, wird ihm bewusst, wie sehr er diese ruhigere Zeit braucht. Dass er einfach nur noch seine Ruhe haben will. Einfach gar nicht den Computer hochfahren, das Handy auf lautlos und die Füße hochlagern.

15 Uhr. Sabine braucht jetzt mal einen starken Kaffee. Sieh an, wer da in der Teeküche ist. Claudia von der Firma nebenan, die sie außerhalb der Arbeit wesentlich häufiger trifft als im Büro. So wie etwa auch an diesem Wochenende gerade. Offenbar ist Claudia schon auf dem Weg in den Feierabend. Ihre Stimmung ist jedenfalls besser als die von Sabine:
„Gehen wir diese Woche einmal auf einen After-Work-Drink?"
„Mal schauen, Berge von Arbeit. Ich halte hier die Stellung, mache die ganzen Aufgaben der netten Kolleginnen mit, die jetzt alle ihre netten Urlaube mit ihren netten Familien genießen. Und der Chef ist auch keine große Hilfe. Bin schon froh, wenn er mir nicht noch zusätzliche Arbeit aufbürdet."
„Naja, schauen wir mal, dann sehen wir es eh. Am Freitag bist du dabei, oder?"
„Freitag?"
„Bei der Dreißigerparty von Manu, da geht die Post ab!"
„Na, dann – das lasse ich mir sicher nicht entgehen."

Kaffee und Schwatz haben ihr gutgetan. Sabine ist mit neuen Kräften zurück an ihrem Arbeitsplatz.
Das Telefon läutet. Herr Richter, ein Kunde. Er wirkt ziemlich aufgebracht. Irgendetwas hat mit einer Bestellung nicht geklappt, und jetzt geht es um die Rückerstattung von Stornokosten. Sabine erinnert sich an den circa vier Wochen zurückliegenden Anlass. Jedenfalls nicht ihre Zuständigkeit, eindeutig Chefsache. Sie verspricht Herrn Richter einen Rückruf und bittet ihren Vorgesetzten, das zu übernehmen.
„Passt, ich kümmere mich darum, meine Angelegenheit."
Sehr schön, denkt sich Sabine, der Wurmgrabner scheint ja einen besonders wohlwollenden Tag zu haben. So kann sie sich gleich wieder an ihre Aufgaben

machen, nachdem sie dem Kunden mitgeteilt hat, dass sich ihr Chef mit ihm in Verbindung setzen wird. Letztlich schafft sie es, sehr vieles abzuschließen und nicht allzu spät aus dem Büro zu kommen.

„Passt, ich kümmere mich darum, meine Angelegenheit", hat Manfred Wurmgrabner zwar gesagt, gemeint hat er aber etwas ganz anderes: „Wird schon nicht so schlimm sein, das kann warten." Und sollte es tatsächlich eine wichtige Sache sein, kann er sich ja morgen darum annehmen. Er seufzt erleichtert, als seine Mitarbeiterin sein Büro verlassen hat. Sekunden später blickt er wieder ohne festes Ziel beim Fenster hinaus und widmet sich erneut seinen Tagträumen. Der Segeltörn letzten Juni in Kroatien, schon wieder über ein Jahr ist das her, die Abende in den exquisiten, nur per Boot erreichbaren Restaurants, die Fischplatten, die sie da regelmäßig bestellten, stets den besten Wein dazu, nicht zu wenig natürlich, die einsamen Buchten, in denen sie ankerten, das süße Nichtstun. Die ganze Arbeit und auch die Verantwortung trugen der Skipper und sein Assistent, das war das besondere Extra des Full-Service-Packages, das sich seine Freunde und er geleistet hatten. „Der Sonne entgegen", der Ohrwurm aus der gleichnamigen TV-Serie der Achtziger, den sie mehrfach täglich anstimmten, geht ihm auch jetzt nicht aus dem Kopf, lässt jedoch seine Gedanken zum letzten Golfurlaub in Südafrika wandern, als es ihm erstmals gelungen war, dem lästigen Weihnachtstrubel zu entkommen. Perfekte zwei Wochen, selbst seine Yvonne war glücklich, Südafrika, der Club, alles top, Herz, was willst du mehr?! Dazu noch das Hole-in-One auf der Fünfzehn, so geht das, so stellt man sich sein Leben vor. Und nicht dieses mühsame Getue, Budgets hier, Verhandlungen da, Verträge prüfen, Statistiken erstellen und dann frisieren, Kosten optimieren und die ganzen anderen Verpflichtungen. Eine Kundenbeschwerde? Die muss er in der Tat nicht auch noch haben.

Dienstag und Mittwoch verlaufen aus Sabines Sicht ähnlich. Unmengen von Arbeit und irgendwann am Nachmittag der Anruf von Herrn Richter. Herr Wurmgrabner habe sich noch nicht bei ihm gemeldet. Das könne doch nicht sein, schließlich habe ihm Frau Eckstein schon am Montag den Rückruf versprochen.
Jeden Tag dasselbe Spiel. Richter ruft an, beklagt sich bei Sabine. Daraufhin geht sie zu ihrem Chef, setzt ihn davon in Kenntnis, der verspricht ihr, sich darum zu kümmern, sie macht sich wieder an ihre Arbeit. Von Mal zu Mal klingt Richter gereizter, seine Worte werden schärfer. Was sei denn das für ein Laden? Wenn diese Geschichte erledigt sei, werde er jedenfalls nie wieder Kunde von Herbal Supplements sein. Für Sabine nachvollziehbar. Auch ihre Geduld kommt langsam an die Grenzen. Was soll sie dem Kunden schon sagen?

Als sich das Ganze am Donnerstag noch einmal wiederholt, reicht es Sabine endgültig. Heute muss endlich etwas geschehen, heute wird sie sich nicht mehr von ihrem Chef abwimmeln lassen. Sie tritt vor ihn hin und macht ihm unmissverständlich klar, dass es allerhöchste Zeit ist, nun endlich Taten zu setzen.
Er sagt ihr dies zu. Wie üblich, denkt sich Sabine. Doch diesmal ist es anders, greift er doch tatsächlich zum Telefon und gibt Sabine zu verstehen, dass sie bei ihm im Büro bleiben soll. Dann führt er ein etwa fünfminütiges Telefonat mit Herrn Richter direkt vor Sabines Augen. Er fragt nach dem Anliegen des Kunden, diskutiert einige Details, macht dem Kunden die Position der Firma klar und vereinbart letztlich mit ihm eine Lösung, mit der offensichtlich beide Seiten gut leben können. Anschließend sagt er zu seiner Mitarbeiterin: „Sehen Sie, Frau Eckstein, so regelt man das. So führt man solche Gespräche."
Ein Problem weniger, denkt sich Sabine. Immer noch viel zu tun, aber wenigstens die eine lästige Geschichte ist vom Tisch.

Auch Wurmgrabner ist zufrieden mit sich. Endlich erledigt, diese Angelegenheit. Und dass er all dies auch noch so elegant gelöst hat, erfüllt ihn mit besonderer Genugtuung.

Freitag Nachmittag. Gleich habe ich es geschafft, sagt sich Sabine, nur noch die eine Statistik, dann soll es das gewesen sein. Bin ich froh, wenn ich diese Arbeitswoche hinter mir habe. Dafür könnte das Wochenende umso lustiger werden, immerhin steigt ja heute Abend Manus Dreißiger. Mit Vorfreude darauf macht sie sich daran, ihren Schreibtisch aufzuräumen.
Als das Telefon läutet, denkt sie sich noch nicht allzu viel. Obwohl ihr die Nummer am Display schon bestens bekannt ist. Sie vermutet, Richter will wohl noch einige Details für die ausständige Zahlung klären.
„Na, alles klar, Herr Richter?“ begrüßt sie ihn fast überschwänglich.
Der aber entgegnet: „Gar nichts ist klar, Frau Eckstein.“
„Wie? Was meinen ...?“
„Frau Eckstein, weshalb hat sich immer noch niemand gemeldet? Das kann doch nicht wahr sein.“
„Aber mein Chef ...“
„Ihr Chef kann mich kreuzweise. Jetzt muss mal Schluss sein.“
„Mein Chef hat doch gestern Nachmittag am Telefon mit Ihnen gesprochen. Und Sie haben ja auch eine Lösung gefunden, wie Sie ...“
Weiter kommt sie nicht, Richter fällt ihr zum dritten Mal ins Wort: „Bei mir hat gestern niemand angerufen! Mit Ihrem Chef habe ich das letzte Mal vor drei Wochen telefoniert, damals, als wir das alles ausgemacht haben. Seitdem habe ich nichts mehr von dem feinen Herrn gehört.“
Sabine versteht die Welt nicht mehr. Das passt überhaupt nicht zusammen. Nach ein paar Momenten der Verdutztheit fängt sie sich und fragt sicherheitshalber ein weiteres Mal nach. Tatsächlich, der Kunde bleibt dabei, niemand habe mit ihm gesprochen, er habe auch keinen Anruf erhalten. Sabine entschuldigt sich bei Herrn Richter und verspricht das Missverständnis umgehend aufzuklären.
Wie ist das möglich, denkt sich Sabine. Habe ich etwas übersehen, etwas überhört? Ich habe es doch gestern selbst mit eigenen Augen und Ohren erlebt. Oder habe ich mir das alles gar nur eingebildet? Moment mal, jetzt zweifle ich schon an mir. Das kann es dann doch nicht sein. Schließlich habe ich in der ganzen Sache sicher nichts verbockt. Der Einzige, der das aufklären kann, sitzt ein paar Büros weiter. Mein Chef. Glücklicherweise ist er noch da. Jetzt bin ich aber gespannt, wie er mir das erklären will. Wenn es sein muss, muss ich

halt mal kräftig auf den Busch klopfen. So einfach kommt er mir diesmal nicht mehr davon …
Sichtlich geladen eilt sie aus ihrem Büro, hinüber zu dem ihres Chefs, betritt es ohne anzuklopfen und konfrontiert ihn sofort mit dem, was sie gerade erfahren hat.

Manfred Wurmgrabner schrickt hoch, schnell ein paar Mausklicks, der Blick pendelt zwischen der vor ihm stehenden Eckstein und dem Bildschirm, noch ein paar Mausklicks, dann erst fragt er: „Wie können Sie nur? Hier einfach hereinzuplatzen …!"
„Darum geht es nicht. Mich interessiert auch nicht, was Sie gerade getan oder nicht getan haben. Das Einzige, was mich interessiert, ist, was mit Richter war."
„Richter? Da ist doch jetzt alles geklärt …"
„Ach was! Irgendetwas stimmt da nicht. Herr Richter hat gesagt, dass es das Telefonat gestern gar nicht gegeben hat."
„Sie waren ja dabei. Ich sage Ihnen, der Richter hat nicht alle Tassen im Schrank."
„Aber er hat mir völlig glaubhaft versichert, dass das Gespräch nicht stattgefunden hat. Chef, ich glaube ihm, er belügt mich sicher nicht. Wieso sollte er auch? Was hätte er davon? Erklären Sie mir, wie das wirklich gelaufen ist."
Frau Eckstein steht mit verschränkten Armen vor dem nach wie vor sitzenden Wurmgrabner. Sie atmet ruhig, blickt ihm direkt in die Augen.

Die lässt nicht locker, denkt er sich, verdammt, jetzt muss es wohl raus.
„Nun, Frau Eckstein, manchmal ist es nicht so leicht …"
„Ach, erzählen Sie mir keine Geschichten. Kommen Sie endlich zum Punkt."
„Na ja, Sie sagten ja, der Richter sei wirklich hartnäckig."
„Ja?"
„Wie soll ich es beschreiben? Ich wollte die Sache halt wieder vom Tisch haben."
„Kann ich nachvollziehen. Und?"
„Nun, da habe ich mir gedacht … also … es ist mir jetzt ein bisschen peinlich."

Wieso sagt die nichts, denkt sich Wurmgrabner. Er würde am liebsten die Zeit nach vor spulen oder, noch besser, ganz woanders sein.

„Mir ist das sehr unangenehm, Frau Eckstein. Ich habe nämlich, tja, ähm ... ich weiß nicht, wie ich mich ausdrücken soll ..."
„Jetzt spucken Sie es endlich aus, ich kann hier nicht ewig auf eine Antwort warten."
„Naja, wenn ich ganz ehrlich bin, Frau Eckstein ... es tut mir leid, Frau Eckstein, es ist nämlich so, dass es das Gespräch gestern tatsächlich nicht gegeben hat."
„Das heißt, Sie haben ..."
„Ja, ich habe, nun, es tut mir leid, ich habe in Wirklichkeit bloß so getan als ob, ich habe das Telefonat mit Herrn Richter nur simuliert."

Tarnen, Tricksen, Täuschen

So manipulativ führen Blender*innen

„Sag, meint der Chef das wirklich ernst?" „Ach, der zockt doch bloß wieder einmal. Viel Blabla und wenig dahinter, das kennen wir von ihm schon zur Genüge." „Aber eines muss man ihm lassen, darin versteht er sein Handwerk. Er macht das so geschickt, dass man ihm nicht ankann." „Nicht zu vergleichen mit seinem Vorgänger, der hat uns zwar auch das Blaue vom Himmel erzählt, aber geglaubt hat ihm das niemand. Und Mitstreiter hat er dann letztlich auch keine gehabt." „Ganz im Gegenteil zum Chef jetzt – wenn der was will, dann kriegt er das auch."

Willkommen im Universum der Trickser, Aufschneider und Blender. Hier wird geschummelt, hinters Licht geführt, vorgegaukelt, geprahlt, getäuscht, abgelenkt, manipuliert, aufgebauscht und bagatellisiert – mitunter bewusst gelogen und betrogen.
Manche Führungskräfte streben nach einer ganz speziellen Form von Macht und Einfluss. Wir werden sie als Cheater, Trickser und Gambler kennenlernen. Ihnen geht es um das zweifelhafte Vergnügen, ihr Umfeld durcheinanderzuwirbeln und dafür zu sorgen, dass sie selbst einige wesentliche Trümpfe – zumindest jenen der Irritation – in der Hand halten.[37]

37 Damit sind sie nahe Verwandte jener Typen, um die es im Kapitel „In die Vollen" geht.

Andere wiederum präsentieren sich als Glänzer und Selbstdarsteller. Aufschneider, wie sie im Buche stehen. Obwohl wenig Substanzielles dahinter, bezwecken sie mit ihrem Imponiergehabe in erster Linie, andere zu beeindrucken, selbst gut dazustehen, ihren Status zu erhöhen und dadurch ihre Machtposition auszubauen.[38]
Die einflussreichsten sind allerdings jene Führungskräfte, die weitreichendere Pläne verfolgen. Meist bestechen sie durch ihre Gewieftheit gepaart mit Durchtriebenheit, manchmal durch eine besondere Eleganz ihres Vorgehens. An ihre Wirksamkeit reicht kaum jemand heran. Blendend erreichen sie ihre Ziele, verkaufen sich selbst bestmöglich und setzen ihre Interessen durch – schaffen es dabei aber irgendwie, charismatisch und mitunter sogar sympathisch zu bleiben. Dazu ist ihnen fast jedes Mittel recht. Insbesondere jenes der Täuschung und Ablenkung. Dabei greifen sie entweder zu einer lauten, kräftigen Inszenierung. Mit Pauken und Trompeten, mit Pomp und Gloria. Eine Inszenierung, die alles übertönt und alle Münder offenstehen lässt. Oder sie agieren geschickt im Hintergrund, ziehen unmerklich und unsichtbar, jedoch mit spürbarer Wirkung die Fäden, spielen auf hinterhältige Weise andere gegeneinander aus. Ihre Absichten sind meist nicht zu durchschauen und wenn, dann zu spät.

Was ist all diesen Typen gemein? Sie sind Machtmenschen, die (zumeist) mit überaus raffinierten Methoden vorgehen. Schlagfertig treffen sie oft genau die richtige Kerbe, treten mitunter frech und rotzig auf und spielen damit andere an die Wand. Sie führen in die Irre, sie täuschen vor, sie manipulieren. Wahrheit und Fairness sind für sie keine relevanten Kategorien. Wirkung ist alles. Es geht ihnen stets um den Effekt. Dazu ist ihnen letztlich jedes Mittel recht.
Es gelingt ihnen häufig, aus fast nichts sehr viel zu machen. Man kann das als Faken abtun, es als unmoralisch und verwerflich kritisieren und ihnen deshalb die Legitimität als Führungskraft absprechen. Oder man betrachtet es einfach als einen weiteren möglichen Führungsstil. Eine allfällige Anerkennung für ihre Winkelzüge ist ihnen nur insofern wichtig, als sie beweist, dass ihre Vorgehensweise erfolgreich war. Das ist es letztlich, worauf es ihnen primär ankommt. Egal, ob man ihre Intentionen dabei durchschaut oder nicht.

---

38 Bei ihnen wiederum können wir Tendenzen der selbstverliebten Führungskräfte ausmachen, einer Spezies, der wir uns im Kapitel „Ich bin Führung" ausführlich widmen.

Was hat es nun mit der Macht auf sich? Unter anderem handelt es sich dabei um eine prächtig funktionierende sich selbst verstärkende zirkuläre Rückkoppelungsschleife. Blender*innen nutzen ihre Macht, um ihren teils fragwürdigen Handlungsweisen zum Erfolg zu verhelfen. Die erfolgreiche Wirkung wiederum vergrößert ihre Macht und macht sie noch unantastbarer, macht ihre nächsten Trickserereien noch wirksamer. Worauf sich ihr Einfluss weiter verstärkt – eine Dynamik, die nicht aufzuhalten ist.

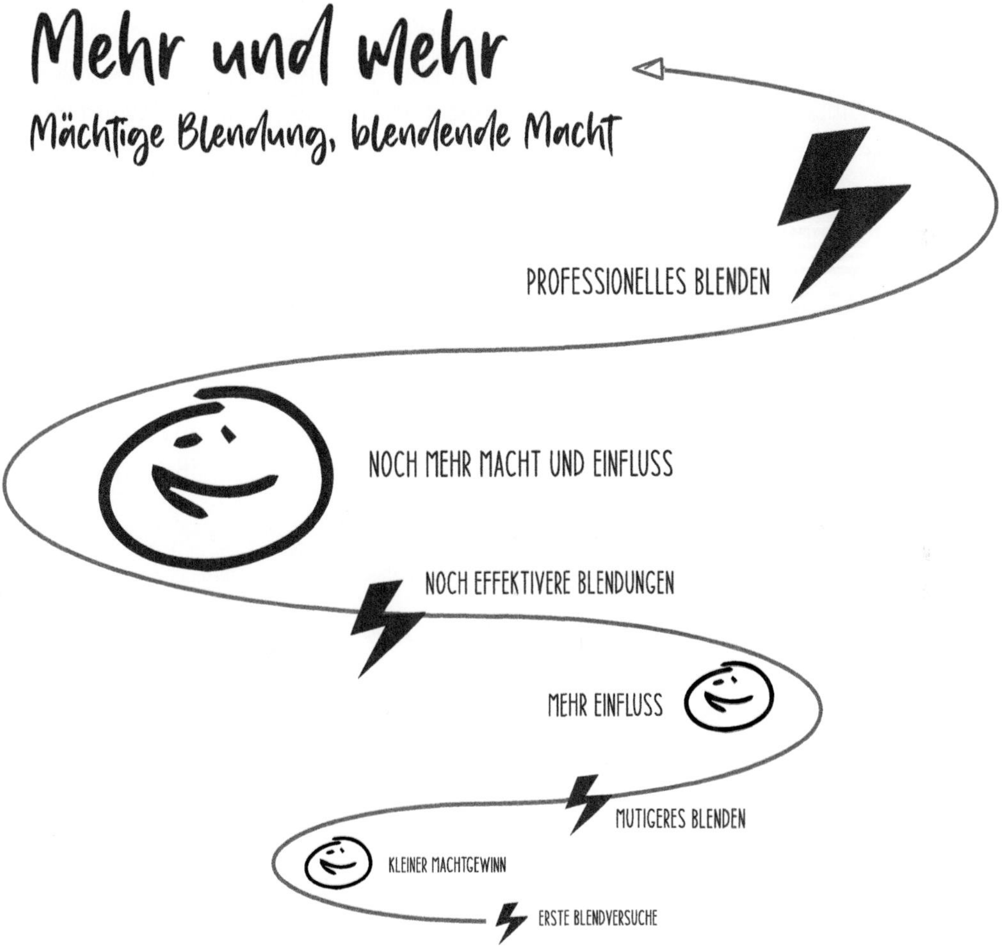

Abb. 12: Mehr und mehr - Mächtige Blendung, blendende Macht

Alles nur ein Spiel

Diese zirkuläre Dynamik der Macht, diese Art von Machtstreben zeichnet alle Protagonist*innen in diesem Abschnitt aus. Alle außer einen. Der führt ganz anderes im Schilde. *Jimmy Cheater* ist eine Spielernatur durch und durch, ein Gambler in allen Lebenslagen. Er liebt es zu zocken und die anderen hinters Licht zu führen, er ist der Trickser unter den Blendern, die verspielte Form des Blenders.

Es handelt sich dabei um eine zwar originelle, aber unter Führungskräften eher selten vorkommende Variante. Durch ein oft waghalsiges, meist jedoch verdecktes Manöver bringt *Jimmy* Unordnung in die Organisation, wirbelt alles durcheinander – und lacht sich klammheimlich in sein Fäustchen. Wenn ihm die anderen auf den Leim gehen und wieder einmal alle wie aufgescheuchte Hühner durch die Gegend rennen, hat er seinen Spaß daran. Das Spiel steht im Vordergrund – und letztlich ist für ihn alles ein Spiel. Das unterscheidet ihn von den anderen Blendern, für die das Streben nach Machtgewinn eine ernste Angelegenheit darstellt. *Jimmy Cheater* setzt auf Finten, auf oberflächliche Taktiken und auf Winkelzüge, die seine Kolleg*innen und Mitarbeiter*innen aus ihren geschützten Stellungen hervorlocken und aufs Glatteis führen sollen. Wenn das gelingt, freut sich *Jimmy* einen Ast ab. Sieht man genau hin, kann man ihn dann irgendwo im Hintergrund vor sich hin kichernd und glucksend beobachten.

Wenn die Karten neu gemischt werden

Ein international agierendes Großunternehmen ist permanent bestrebt, Strukturen und Prozesse zu optimieren. Durch die häufigen Veränderungen müssen auch interne Verantwortlichkeiten und Schnittstellen ständig überprüft und nachgeschärft werden. Eine prominente Runde von acht Managern aus der ersten Berichtsebene ist vom Vorstand beauftragt, in sogenannten Nahtstellen-Workshops das Zusammenwirken ihrer Verantwortungsbereiche zu analysieren und zu verbessern.

In mehreren Durchgängen wird intensiv diskutiert, viel erwogen und wieder verworfen, wieder diskutiert, geprüft und bestätigt. Die Manager kommen überein, das gemeinsame Interesse, das große Ganze über die Einzelinteressen zu stellen. So können sie sich letztlich auf ein Ergebnis verständigen, bei dem fast alle in vernünftiger Weise Abstriche machen. Man nickt einander zu und will damit die Workshop-Reihe abschließen.
Alle scheinen zufrieden zu sein. Alle? Nein, eben nicht alle. Denn einen von ihnen juckt es kräftig, einen reitet der Teufel. Freddy Fink. Er ergreift das Wort, lobt zuerst salbungsvoll das eben Erarbeitete, um es – gewitzt, wie er ist – im nächsten Halbsatz, beginnend mit einem dezenten „aber ..." gleich wieder zu relativieren. Weist dann auf diverse Ungenauigkeiten und Schwächen des Ergebnisses hin, um letztlich beim Vorschlag zu landen, es wäre eventuell doch für alle von Vorteil, sich zumindest den einen genannten Punkt noch einmal genauer anzusehen. Fink denkt sich: „Das ist mit hoher Wahrscheinlichkeit der neuralgische Punkt. Wenn erst einmal dieser in Frage gestellt und nach kritischer Überprüfung auch gekippt wird, muss das gesamte Paket aufgeschnürt werden, und das ganze Spiel kann von neuem beginnen. Mal sehen, wie es dann läuft." Er ahnt: Seine Kollegen werden nicht das Risiko eingehen, der Vorstand könnte ihnen nachsagen, dieser wesentlichen Warnung nicht oder nur halbherzig nachgegangen zu sein. Fink sieht in verdutzte Gesichter und klopft sich insgeheim auf die Schulter. Es ist ihm offenbar wieder einmal gelungen, alles durcheinanderzuwirbeln. Seine Kollegen wiederum denken sich, Freddy Fink sollte doch froh sein über den Lösungsvorschlag. Immerhin würde der Einfluss seines Verantwortungsbereichs deutlich gestärkt, seine Position kräftig aufgewertet.
Nun, es kommt, wie es kommen muss. Zähneknirschend begibt man sich in weitere Workshop-Runden, geht Finks Vorschlag nach und verändert das Ergebnis noch einmal substanziell. Mit dem wenig überraschenden Resultat, dass Finks Bedeutung deutlich reduziert wird. Tja, da hat sich Freddy Fink tatsächlich selbst ins

Abseits befördert. Fragt man ihn nach seiner Einschätzung dazu, sagt er: „Das war es mir wert. Ihr hättet die Gesichter meiner Kollegen sehen sollen!“

Macht und Einfluss sind eben nicht eindimensional zu verstehen – manch ein Manager tickt da wie Freddy Fink. Hauptsache, er gibt den Ton an, spielt die entscheidenden Bälle, die Wichtiges auf den Kopf stellen. Auch wenn er sich dabei letztlich selbst schadet.
Ob bei der folgenden Anekdote der Spaß am Mogeln im Vordergrund stand oder ob sich der Betroffene nur mit möglichst wenig Aufwand durchschummeln wollte, ist nicht überliefert. Es kann also durchaus sein, dass es sich hierbei bloß um eine einfache – und wirksame! – Überlebensstrategie handelt.

In einer sozialen Organisation fällt eine neue Führungskraft positiv auf. Der etwa 35-jährige Mann schreibt in jeder Besprechung eifrig alles mit, was umsetzungsrelevant ist – und zwar auf kleinen Zetteln, etwa in der Größe von Visitenkarten. Dadurch, dass er es so klein hält, ist für die anderen Teilnehmenden nicht einsehbar, was er genau aufschreibt. Dennoch, man freut sich, dass man endlich einen so engagierten Leiter für diese Position gefunden hat. Wenn beim nächsten Meeting die Rede auf das Thema vom letzten Mal kommt, stellt man zwar fest, dass vom Vereinbarten noch immer nichts umgesetzt ist. Aber man vertraut weiter auf ihn und sein Engagement, denn er macht sich wieder eine kleine Notiz. Erst nach etlichen Monaten kommt die Organisation dahinter, dass dieses Verhaltensmuster ein bloßes Vorschützen von Aktivität darstellt und der Leiter in Wirklichkeit gar nichts davon umsetzt. Nach einer Phase des Gut-Zuredens, der Willensbekundung und vielen Absichtserklärungen ohne zählbare Resultate trennt man sich letztlich von ihm. Er wechselt in eine andere Organisation, und es gelingt ihm auch dort mit derselben Strategie „Wer schreibt, der bleibt!“ wieder für etwas mehr als ein Jahr sein Auskommen zu finden.

Zu dick aufgetragen

Trickser und Blender zeichnen sich durch sehr hohe soziale Intelligenz aus. Rasch zu erfassen, wer wie worauf reagiert, wer womit zu gewinnen ist, wo die wahren Gefahren versteckt sind und worauf es zu achten gilt – darin sind sie wahre Meister. Die Aufschneider *Hans Prahl* und *Dick Ehose* können dies nicht unbedingt als Stärke verbuchen, doch selbst sie müssen ein Mindestmaß an Geschick für soziale Situationen mitbringen.
Hans Prahl und *Dick Ehose* sind jene Exemplare der Blender-Familie, vor denen man sich am wenigsten in Acht nehmen muss. Sie agieren plump und leicht durchschaubar. Sie treten als Angeber auf und schützen vor, etwas zu sein oder zu haben, was ihnen sowieso kaum jemand abnimmt. Dazu gehört unter anderem der Stehsatz des „Ich-bin-ja-so-wichtig"-Managers: „Bin im Stress. Always busy!" Nebenbei bemerkt: Dabei handelt es sich um die am weitesten verbreitete, damit gesellschaftlich am ehesten anerkannte und auch harmloseste Methode des Vorschützens.
Ihre kümmerlichen Versuche als Aufschneider enttarnen *Hans* und *Dick* rasch als miserable Lügner. Pech gehabt – die Natur hat sie nicht mit Scharfsinn gesegnet. Sie schießen über das Ziel hinaus, tragen eindeutig zu dick auf. Dass dies nur ein Bluff ist, begreift jeder. Man muss keine allzu gute Menschenkenntnis besitzen, um zum richtigen Urteil zu gelangen: alles nur Fake, alles nur Fassade.
Sie werden milde belächelt, manchmal auch offen gehasst, oft im Regen stehen gelassen. *Hans* und *Dick* sind eher traurige Erscheinungen, nicht wirklich erstrebenswerte Vorbilder manipulativen Managements.
Je abenteuerlicher das Lügengebäude, umso größer die Einsturzgefahr. Und je geringer seine intellektuelle Kapazität, umso mehr ist der Prahlhans davon überzeugt, noch dicker auftragen zu müssen, wenn ihm wieder einmal keiner glaubt. So manövriert er sich immer tiefer in das Schlamassel. Eigentlich bemitleidenswert. Denn will er sich weiterentwickeln, will er besser und überzeugender performen, hat er noch einen sehr weiten, beschwerlichen Weg vor sich. Einen Weg, der ihn näher an sein Vorbild heranführen würde, an *Miro Manipulante*.

Die Magier unter den Blendern

Kommen wir nun zu den Begnadeten unter den Blendern, also jenen Führungskräften, die sich die Wahrheit zurechtbiegen, und wenden wir uns *Miro Manipulante* zu. Er weiß bestens einzuschätzen, wieviel es wovon braucht: die richtige Dosis an Argumenten, das passende Maß in seinem Auftreten. Er versteht es, mit seinem Publikum zu spielen. Es abzulenken, es hinzuführen zu den vermeintlich wichtigen Aspekten. Die zufällig genau jene sind, die den Plänen des *Signore Manipulante* entsprechen.

Die wenigsten können *Miro Manipulante* etwas anhaben. Er ist der Blender par excellence und beherrscht die Kunst der perfekten, glatten und glänzenden Beeinflussung. Jenen, die vom Guten im Menschen überzeugt sind, bleibt die Spucke weg. Wie kann man sich nur so falsch und unfair verhalten? Man kann. Wenn man wie *Miro* gepolt ist, hat man das einfach drauf. Für ihn gibt es keinerlei Gründe, davon Abstand zu nehmen. Kolleg*innen, Mitarbeiter*innen, Vorgesetzte, sein komplettes Umfeld spürt, dass das nicht ganz echt ist, was *Miro Manipulante* in smarter, eleganter Weise zum Besten gibt. Jedoch, man weiß sich nicht zu helfen. Je mehr erfolglose Versuche man hinter sich gebracht hat, umso stärker, umso verzweifelter ringt man nach einer Gegenstrategie, die den gekonnten Blender aushebelt. Es lässt und lässt sich aber keine finden. Denn *Miro Manipulante* versteht sein Handwerk. So provoziert er die typische Reaktion in seinem Umfeld: resignatives Schulterzucken.

Think big – und mach dich sakrosankt

Eine namhafte gemeinnützige Organisation. Werte wie soziales Engagement und Menschlichkeit werden großgeschrieben. Einer der Top-Manager, der Verwaltungsdirektor, ist für sämtliche kaufmännische und administrative Agenden sowie für die Leitung der Zentralbereiche verantwortlich. Viel lieber hätte er in der Wirtschaft Karriere gemacht. „Wäre doch gelacht", denkt er sich, „wenn ich in diesem Laden nicht beweisen könnte, was ich alles draufhabe." Also richtet er sein Hauptaugenmerk auf das Feld Innovation und

Projekte. Das kommt seinem Naturell als Visionär am nächsten – jedenfalls in seiner Selbstwahrnehmung. Sein Motto: Think big. Er investiert in gewagte Innovationen, initiiert Projekte, bei denen alle anderen nur ihre Köpfe schütteln, und verbrennt auf diese Weise Unmengen von Geldmitteln. Kaum etwas von seinen großspurigen Plänen lässt sich realisieren. Das ist ihm allerdings gar nicht so wichtig. Für ihn zählt in erster Linie, wen er damit alles beeindrucken, mit welchen prominenten Netzwerkpartnern er dabei kooperieren kann und wer von diesen ihn bei passender Gelegenheit erwähnt – kurz: die Strahlkraft seiner Initiativen und insbesondere die seiner Kontakte. Wen kenne ich, wer kennt mich? Je bekannter, je prominenter, umso besser. Dazu soll ihm jedes Mittel recht sein. Er wirft mit falschen Sympathiebekundungen nur so um sich, streut Komplimente dort, wo es ihm strategisch nützlich erscheint. In seiner eigenen Organisation macht er sich quasi sakrosankt und unangreifbar – die wesentlichen Entscheidungsträger blendet er mit der Strahlkraft seines Netzwerks.

„Stellen Sie sich vor, auch der X macht mit. Und die Y hat schon mehrfach öffentlich betont, dass dies ein wunderbares Projekt ist. Ein Projekt, das unserer Welt guttun wird. Wenn wir so viele Fürsprecher haben, kann das Ganze nur ein Erfolg werden. Welchen Imagegewinn unsere Organisation letztlich davon haben wird! Alle werden sie nachher sagen: ‚Großartig von euch, dass ihr diese Kooperation ins Leben gerufen habt, dass ihr auf dieses Pferd gesetzt habt. Das bringt uns voran!‘ Also, wenn das keine schlagkräftigen Argumente sind …“

Geschickt nutzt er dabei auch die Besonderheit der eigenen Unternehmenskultur: Die Bereitschaft zur Konfrontation ist äußerst gering ausgeprägt, die Tendenz zur Konfliktvermeidung setzt sich fast immer durch. Außerdem gelingt es dem Verwaltungsdirektor, auf interne Stellen und auf externe Kooperationspartner gerade so viel Druck auszuüben, dass sie ganz in seinem Sinne argumentieren und damit weitere Gründe für die Realisierung seiner Vorhaben liefern.

Das Projekt selbst ist dann wie alle anderen von ihm initiierten nach ersten abgefackelten Strohfeuern versandet. Dennoch verbucht es der Verwaltungsdirektor als persönlichen Erfolg – schließlich hat er etwas bewegt, hat bewiesen, dass etwas möglich ist, und dem Ganzen seinen Stempel aufgedrückt.

Vielleicht fragen Sie sich, weshalb es gerade in diesem Kapitel fast ausschließlich um Manager geht, also um männliche Führungskräfte. Nun, selbst nach langer Recherche sind mir kaum Blenderinnen begegnet, das scheint tatsächlich ein in erster Linie männliches Phänomen zu sein. Fragen Sie mich jetzt nicht wieso – ich glaube, wir Männer wollen die Antwort gar nicht hören. Wie auch immer sie lauten mag.
Doch es gibt Ausnahmen, die – Sie wissen schon – die Regel bestätigen.

Die nie gehaltene Abschiedsrede

Eine Managerin, die mehr als dreißig Jahre in einem großen Beratungsunternehmen gearbeitet hat, durchwegs im Bereich Öffentlichkeitsarbeit, Kommunikation und Marketing, zieht Bilanz. Die überwiegende Zeit war sie die Leiterin dieses Aufgabenbereichs, nur der Geschäftsführung unterstellt. Stets hat sie polarisiert, man war entweder für oder gegen sie. Vor ihrem letzten Arbeitstag in der Firma formuliert sie – nur für sich – eine mögliche Abschiedsrede, die sie in dieser Form allerdings nie halten wird.
„Der Zeitpunkt ist gekommen. Der Zeitpunkt zu gehen und meine Belange zu übergeben. Auch der beste Zeitpunkt, um zur Abwechslung einmal offen und ungeschminkt zurückzublicken.
Jahrelang, was sage ich? Jahrzehntelang habe ich euch alle an der Nase herumgeführt. Wie einen Tanzbären am Nasenring habe ich euch durch die Manege manövriert, habe euch allerlei Verrenkungen entlockt, euch zu Handlungen veranlasst, zu denen ihr euch ohne mein Zutun nie hättet hinreißen lassen. Ich habe mich häufig erfolgreich in den Mittelpunkt gedrängt, die Zügel an mich

gerissen und mit Fachwörtern nur so um mich geschmissen. Für manche von euch hat das bereits gereicht – die waren durch diese Vehemenz schon an die Wand gespielt.
Eine meiner Stärken war es stets, rasch zu erkennen, woran ich bin und wie ich mein Gegenüber am falschen Fuß erwischen kann. Viele von euch haben mir gestanden, sie wüssten gar nicht, wie ihnen geschieht, wenn ich wieder einmal meine Show abgezogen habe. Manchmal subtil, fast unmerklich, nur für den jeweiligen Adressat spürbar. Dafür in anderen Fällen wieder ganz offensichtlich. Die billigsten Suggestionen haben geklappt und die beabsichtigte Wirkung nach sich gezogen. Eigentlich kaum zu glauben, dass ihr auf all das hereingefallen seid. Man braucht bloß eine Autorität, eine vermeintliche fachliche Koryphäe ins Spiel bringen: ‚Sie kennen doch den Professor Sowieso, der ist auch davon überzeugt …' Ja, wenn das der Herr Professor sagt!
Anderen wiederum musste ich deutlich kräftiger kommen: ‚Du? Dafür fehlt dir der nötige Hintergrund' und ‚Dafür hast du einfach nicht ausreichend Erfahrung' waren meine Lieblingssätze. Wenn es einmal gelungen war, den anderen aus seiner Komfortzone zu werfen, indem ich seine Kompetenz in Frage gestellt hatte, war der Rest ein Kinderspiel. Manche waren derart perplex, dass ihnen nichts mehr einfiel. Andere mussten zähneknirschend eingestehen, dass sie einfach nicht die Eier für eine offene Auseinandersetzung haben. Und wieder andere versuchten einen plumpen Gegenangriff, nur um dann festzustellen, dass sie am kürzeren Ast sitzen. Kein Wunder, völlig unvorbereitet, aus der Emotion heraus und ganz ohne Mitstreiter und Rückendeckung.
Da war ich deutlich besser aufgestellt. Es hat sich zwar mein Team einige Male verändert. Aber sehen wir genau hin, wer ist denn gegangen? Es waren jene, die sich entweder gegen mich positioniert haben oder ihr Fett anderweitig abbekommen haben. Sie waren schon vorher die perfekten Sündenböcke – mussten immer herhalten, wenn etwas schiefgegangen war. Und bei ihrem Abgang haben wir das dann jedes Mal so gedeichselt, dass sie die

schlechte Nachrede hatten. Ja, dank euch, die ihr jetzt noch da seid, habe ich mich stets unterstützt gefühlt, dank euch, meine Getreuen, die ihr mir gefolgt seid, die ihr immer für mich eingetreten seid. Es war nie zu eurem Nachteil. Nun, zugegeben, allzu viele Vorteile hattet ihr auch nicht daraus. Immerhin, ich ließ euch in Ruhe und – was ja auch etwas ist – ihr wart nicht auf der Seite der Loser.

Eine Kleinigkeit muss ich euch zum Abschied noch erzählen. Habt ihr euch jemals meine Ordner genauer angesehen? Nein, das hättet ihr euch nie getraut. Außen hui – das hat meine Assistentin wirklich supertoll hinbekommen. Ein letztes Mal danke, Astrid. Das macht echt was her. Die Optik strotzt nur so von Fachexpertise und Kompetenz, nicht wahr? Jetzt werft einmal einen Blick hinein. Seht ihr? Nichts, gähnende Leere. Höchstens ein Chaos von ungeordneten Zetteln ohne jeden Wert. Alles nur Fassade. Haha, da habe ich euch alle wunderbar hinters Licht geführt. Alle. Nicht einmal meine nächsten Kollegen, meine Vertrauten waren eingeweiht – das wäre mir dann doch zu riskant gewesen.

So, jetzt ist es endgültig Zeit zu gehen. Ich werde gerne zurückdenken, werde mir die eine oder andere gelungene Episode in Erinnerung rufen und mich auch im Nachhinein noch köstlich darüber amüsieren, wie ich euch alle so lange um den Finger wickeln konnte.“

Schon beeindruckend, mit welcher Chuzpe Führungskräfte dieses Schlags gesegnet sind. Es stellt sich die Frage, wie sie damit durchkommen. Der Begriff „Blendung“ verrät den entscheidenden Aspekt: Wer geblendet ist, kann nicht genau hinsehen. Ihm fallen die Unebenheiten, die Kerben, die Widersprüche nicht auf. Wer blendet, macht andere blind und sich selbst unantastbar. Wenigstens beabsichtigt er dies.

Können Zahlen lügen?

In einem Industrieunternehmen kommt Abteilungsleiter Arnold mächtig in die Defensive. Seine Zahlen verschlechtern sich von Monat zu Monat – und dies, obwohl sich insbesondere er selbst, aber auch all seine Mitarbeiter über das normale Maß hinaus für die Arbeit einsetzen. Sie tun, was sie nur können, machen Extraaufgaben und Überstunden. Alleine das Ergebnis bleibt kritisch. Wie man in diesem Unternehmen zu sagen pflegt: Zahlen können nicht lügen.

Arnold ist sich jedoch sicher, dass es für die Misere noch andere Gründe außerhalb seiner Abteilung geben muss. Er verzweifelt mehr und mehr und wendet sich letztlich an seinen Vorgesetzten, den Bereichsleiter Bauer, obwohl dieser immer unzufriedener mit der Performance von Arnolds Abteilung wird und ihn immer stärker unter Druck setzt. Bauer beauftragt nun eher halbherzig einen externen Berater, der Sache auf den Grund zu gehen, hat allerdings für sich schon mit Arnold abgeschlossen und insgeheim mit der Suche nach einem Nachfolger begonnen.

Der externe Berater geht tatsächlich Arnolds Vermutung nach – und siehe da, nach einer detaillierten Analyse des Zahlenmaterials stellt sich heraus, dass dafür gar nicht Arnold verantwortlich zeichnet. Sondern jemand anders, nämlich Schmid, Leiter der Nachbarabteilung. Er hat über viele Monate hinweg sehr geschickt seine eigenen Misserfolge verschleiert. Durch statistische Tricksereien zum einen und durch permanentes Schlechtmachen des Kollegen zum anderen ist es ihm über einen sehr langen Zeitraum gelungen, das Management über das eigene Versagen als Führungskraft hinwegzutäuschen.

Seine Blendung hatte eine klare Strategie mit Arnold als idealem Blitzableiter. Schmid hatte völlig richtig angenommen, dass das Top-Management des Unternehmens viel eher ihm Glauben schenken würde, dem smarten Strahlemann Schmid, der stets mit seinem souveränen Auftreten beeindruckt hat. Arnold hinge-

gen würde mit seiner Gutgläubigkeit, seiner Loyalität und seinem Arbeitseifer das perfekte Opfer, den perfekten Sündenbock abgeben. Die Rechnung wäre auch aufgegangen, wenn nicht ein unbefangener Externer hinzugezogen worden wäre. Pech gehabt, Schmid, knapp verkalkuliert!

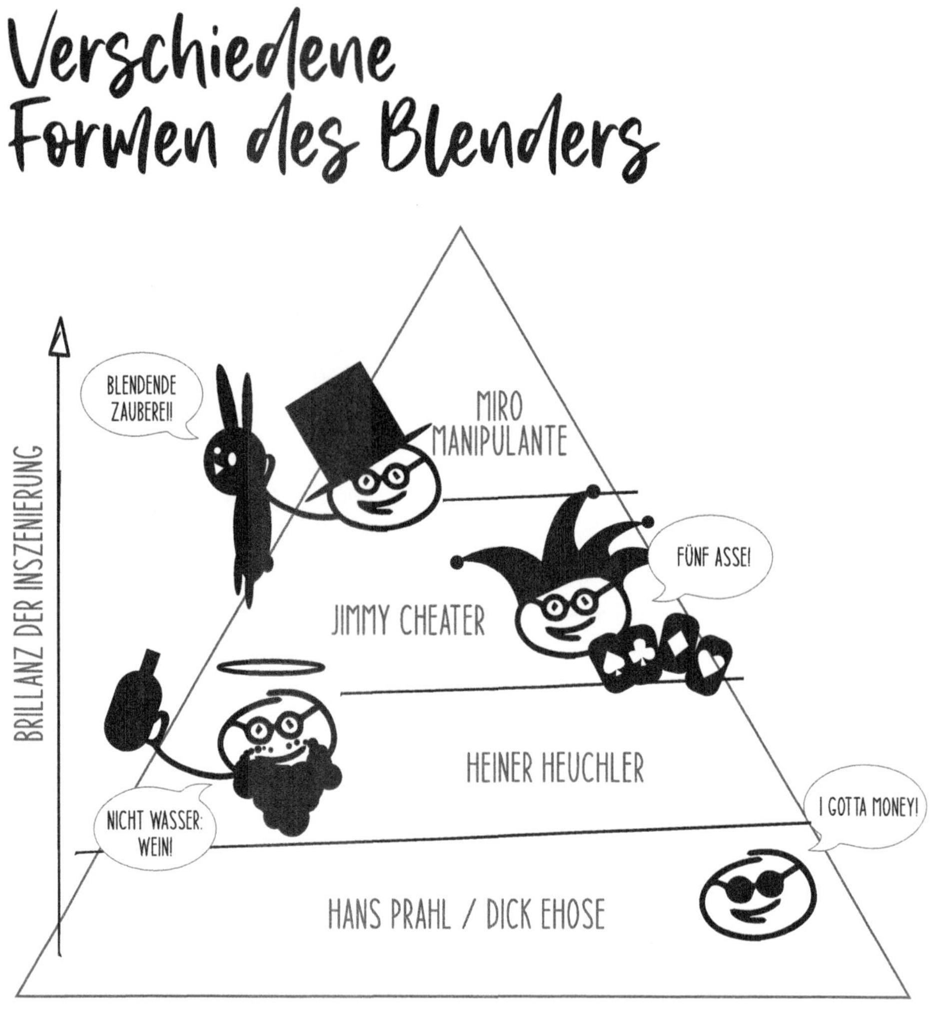

Abb. 13: Verschiedene Formen des Blenders - vom kümmerlichen Bodensatz bis zur Spitze

Die Kunst, sich die Regeln zurechtzubiegen

Zu den unbeliebtesten unter den Blendern zählt *Heiner Heuchler*. Flexibel, wie er ist, bastelt er sich die Wahrheit zusammen und biegt sich die Regeln so zurecht, wie er es gerade braucht. Von den anderen verlangt er, dass sie sich an die Vorgaben halten, dass sie auf keinen Fall den vorgegebenen Korridor verlassen. Bei ihm sieht das ganz anders aus, da pflegt er deutlich milder zu sein. Als Meister des Messens mit zweierlei Maß posaunt *Heiner Heuchler* seine Forderung hinaus, beim Wasser zu bleiben – und gönnt sich im selben Augenblick ein schmackhaftes Fläschchen Wein. Er predigt das eine und tut das andere – mit einer Selbstgerechtigkeit, mit der er sich spürbar über alle anderen erhebt. So ist es nur logisch, dass es ihm obliegt zu definieren, was unter moralisch einwandfreiem Handeln zu verstehen ist. Dadurch löst er automatisch den Widerspruch auf, der immer wieder entsteht, wenn er seine eigenen Prinzipien ad absurdum führt, indem er völlig anders handelt als vorgesehen oder eben noch verkündet. Sollte er gegen irgendeine Regel verstoßen, kann er diese flugs ändern oder einfach für sich das Recht in Anspruch nehmen, dass die Regel für ihn gerade nicht gilt.
Letztlich kann er tun und lassen, was er will. Vorausgesetzt, er kommt damit durch. Denn durch seine Scheinheiligkeit, durch seine Doppelmoral schafft er sich zwangsläufig eine starke Gegnerschaft.

Schauen wir auf die Geschichte einer etwa 35-jährigen Abteilungsleiterin, die Dinge von ihrem Team fordert, die sie selbst niemals zu leisten bereit wäre.

Alle tanzen nach meiner Pfeife – nur ich nicht!

*Alle Mitarbeiter*innen der Abteilung haben All-In-Verträge und arbeiten durchgängig deutlich mehr als das erlaubte Ausmaß. Die Aufgabe erfordert des Öfteren spontane Nachtschichten – kein Wunder, dass der darauffolgende Arbeitstag dann oft erst gegen Mittag begonnen werden kann. Nun führt die neue Leiterin, kurz nachdem sie ihren Job angetreten hat, ein System der Arbeitszeit-*

*erfassung ein. Nicht etwa zum Schutz ihrer Mitarbeiter*innen, damit sie nur im vorgesehenen Ausmaß arbeiten. Oder zu statistischen Zwecken, um etwaige Ablaufverbesserungen und Optimierungen abzuleiten. Nein, ihre Begründung lautet: „Die Mitarbeiter*innen sollen sich nicht aussuchen dürfen, wann sie da sind und wann nicht." Schon in ihren ersten Arbeitstagen hat sie mit ihrer Frage „Wann ist eure Kernarbeitszeit?" für Verwunderung und Kopfschütteln gesorgt.*

Die Teammitglieder sind also – gelinde gesagt – erstaunt über diese Maßnahme, die so gar nicht zu den Anforderungen passt. Waren sie doch aus der Vergangenheit völlig anderes gewohnt, und diese Änderung ergibt keinen Sinn, stiftet keinerlei Nutzen. Den einzigen Sinn könnte man vielleicht – bei sehr wohlwollender Interpretation – darin sehen, dass die Abteilungsleiterin „Leadership-Qualitäten" unter Beweis stellt.

*Es gibt noch einen zusätzlichen Haken. Die Leiterin kommt aufgrund ihrer privaten Lebenssituation selbst immer erst Montag mittags – und dies, obwohl Montag praktisch der wichtigste Tag der Woche ist. Dafür ist sie Freitag am frühen Nachmittag wieder weg! Am Wochenende ist sie für ihre Mitarbeiter*innen nicht erreichbar, gibt ihnen klar zu verstehen, dass sie sich um andere Dinge zu kümmern hat.*

*Durch die Widersprüchlichkeit in ihrem Handeln, also etwas einzufordern und für sich ganz andere Maßstäbe anzusetzen, verliert sie an Glaubwürdigkeit und Akzeptanz. Die Mitarbeiter*innen werten ihr Handeln als Ausdruck des Misstrauens und Machtgehabe und sprechen ihr jegliche Führungsstärke ab.*

Das nächste Beispiel zeigt auf ebenfalls beeindruckende Weise, wie man sich als Chef garantiert unbeliebt machen kann. Vor allem, wenn am Ende herauskommt, dass man Kooperation und Engagement eingefordert, dabei jedoch – unbedacht oder doch mit Absicht? – mit falschen Karten gespielt hat.

Die Terminvereinbarung

Angelika arbeitet in einem Kleinstunternehmen als einzige Mitarbeiterin zum großen Teil von zu Hause aus. Dies vor allem deshalb, weil der Firmensitz mehrere hundert Kilometer von ihrem Home-Office entfernt ist. Ihr Chef ist viel unterwegs – das muss auch so sein, schließlich handelt es sich um eine dynamische Branche, wo neue Aufträge in erster Linie aus persönlichen Kontakten resultieren. Angelika ist dafür verantwortlich, all die daraus entstehende Arbeit zu erledigen: Angebote, Bestellungen, Koordination wichtiger Partner, Abrechnungen et cetera. Wöchentlich mehrmals stimmt sie sich mit ihrem Vorgesetzten ab, per Telefon, Skype und regelmäßig auch persönlich. Wenn Angelika ins Büro kommt, muss sie ob der großen Entfernung stets im Hotel übernachten. Was ihr eigentlich widerstrebt, denn schließlich handelt es sich nicht gerade um ein Luxusquartier – mehr ist im Budget einfach nicht drinnen.

Ihr Chef informiert sie, dass sie am Montag auf jeden Fall im Büro sein soll, spätestens für Nachmittag hat er ein Meeting für sie beide anberaumt. Angelika ist da. Wer kommt allerdings nicht? Ihr Chef. Er ist auch telefonisch nicht erreichbar. Erst am Abend teilt er ihr per SMS mit, er habe seinen Flug canceln müssen und wird versuchen, auf Dienstag umzubuchen. Er werde ihr am folgenden Morgen Bescheid geben, wann er kommt. Sie solle auf jeden Fall im Büro bleiben und auf ihn warten.

Dienstag. Der Vormittag vergeht, Angelika erhält keine weitere Information, wieder ist der Chef telefonisch nicht erreichbar. Am Nachmittag gibt er Bescheid, dass er den Flug nicht umbuchen konnte. Dies wäre zu teuer gewesen. Er werde daher am Donnerstag kommen, an diesem Tag würden sie dann das Meeting nachholen.

Angelika ist des Wartens überdrüssig und sieht auch keinen anderen Vorteil darin, im Büro auszuharren. Daher reist sie – aus der Erfahrung mehrerer Vorkommnisse schon mit dem gewissen Riecher ausgestattet – noch am Dienstagabend ab. Der Chef ruft

tatsächlich an diesem Abend an und sagt, er komme doch erst am Sonntag. Angelika fühlt sich bestätigt und gefrotzelt zugleich und denkt sich: „Typisch Chef!“
Der große Hammer kommt aber erst im Nachhinein. Es stellt sich nämlich heraus, dass der Chef mit seiner Familie zehn Tage auf Urlaub in Italien war, dies vor Angelika verheimlichen wollte und sie daher für dumm verkauft hat.

Alles bloß Schimäre?

Vielleicht wollten Sie in diesem Kapitel schon mehrfach einwenden: „Jeder fängt einmal als Unerfahrener an. Wir alle standen schon vor der Herausforderung, zu Beginn unseres Berufslebens Fuß zu fassen. Manchmal müssen wir da einfach vorgeben, dass wir es bereits draufhaben. Damit wir überhaupt die Chance bekommen, es tun zu dürfen. Um es im Tun dann wirklich zu erlernen, zu festigen und damit zu beweisen, dass wir es tatsächlich können. Ist das dem Blender nicht sehr ähnlich? Der Grat zur bewussten Blendung ist da schon sehr schmal!“ Damit haben Sie durchaus Recht! Als ich als Trainer und Coach begann, stand ich vor genau diesem Dilemma. Wie kriege ich einen Fuß in die Tür, wie komme ich an herausfordernde, spannende Aufträge heran, wenn man mich noch nicht kennt, wenn man noch nicht wissen kann, dass ich dazu imstande bin? Ein Kollege und ich kreierten ein Motto, das uns über die ersten Jahre der beruflichen Selbstständigkeit unterstützend begleitete: Learning by Earning! Eine hilfreiche Form der Frechheit, des Selbstbewusstseins, des Zutrauens in die eigene Kompetenz – garniert mit einem Quantum Blendung. Wir behielten unsere Unsicherheiten für uns, konfrontierten unsere Kunden nicht damit. Jedoch – und das ist der entscheidende Unterschied zum Blender – machten wir uns selbst nichts vor und verstanden dieses Versprechen von Kompetenz als zwingenden Auftrag an uns selbst, eben diese im Laufe unseres professionellen Tuns zu entwickeln, zu stärken und auszubauen.[39]
Diese Haltung macht Sie also noch lange nicht zum Blender. Dieser verlässt sich – anders als eben dargestellt – voll und ganz darauf, dass seine Blendung

39 Christoph Zulehner, 2017, 2019, hat über diese zwar freche, aber durchaus professionelle Herangehensweise geschrieben: „Make the Fake. Warum Erfolg die Täuschung braucht“ und „The Art of Fake. Die schönsten Faker-Geschichten“, eine schöne Sammlung an Beispielen. Er betrachtet Faken als Leistungsversprechen und als fundamentale Kulturtechnik, quasi als „Good Fake“. Man tut zwar so, als ob man etwas bereits kann. Was streng genommen nicht ganz der Wahrheit entspricht. Gleichzeitig ist man allerdings bestrebt, alles Menschenmögliche zu unternehmen, um dieses Versprechen einlösen zu können.

erfolgreich sein wird. Er sieht sich eben nicht in der Schuld, die in Aussicht gestellte Performance tatsächlich abzuliefern.

Abb. 14: Nicht jede Täuschung ist eine Blendung

Eine große Stärke der Trickser und Blender – vor allem der gewandteren unter ihnen – ist bereits mehrfach deutlich geworden: sie wissen, welche Fäden sie ziehen, welche Aktionen sie setzen müssen, wie sie sich in welcher Situation als Führungskräfte zu verhalten haben, damit sie ihr Umfeld nach ihren Vorstellungen formen und beeinflussen können. Im Erlangen und Ausbauen ihrer Positionsmacht kennen sie sich bestens aus.
Je mächtiger sie selbst sind, umso leichter fällt es ihnen, von den angeblich für alle geltenden Regeln abzuweichen. Viele von ihnen, besonders in

oberen Etagen, haben noch einen weiteren Trumpf im Ärmel, den sie bei Bedarf ausspielen können, nämlich dann, wenn es einmal eng werden sollte. Sie sind bestens vernetzt, im Optimalfall honorige Mitglieder im Club der Blender. Eine elitäre Ansammlung von einflussreichen Persönlichkeiten, oft mit ganz harmlosem Anstrich, etwa dem Genuss von Wein oder Zigarren als Vereinszweck, manchmal sogar unter dem Vorwand sozialen Engagements. Wirft man einen kritischen Blick hinter die Kulissen dieser Netzwerke, entpuppen sie sich mitunter als klassische Männerbünde, in denen sich machtbewusste Blender wechselseitig die Stange halten. Ist man einmal Mitglied, geht vieles leichter. Man schützt und stützt einander. Eine Hand wäscht die andere. Und das auf eine unaufgeregte, elegante Weise. Blender ziehen Blender an, weil sie sicher sein können, von den Gesinnungskollegen nicht in Frage gestellt zu werden. Niemals würde man einem anderen den Boden unter den Füßen wegziehen. Die Logik dahinter ist simpel: So lange mein Kollege mit seinem Fake durchkommt, so lange sind auch meine Chancen ausgezeichnet. So verleiht man sich wechselseitig Rückendeckung, insbesondere, wenn ein Mitglied einmal in die Bredouille kommen sollte – ein Phänomen, das alle Clubmitglieder dazu ermuntert, noch unverfrorener aufzutreten, noch mutiger Sachverhalte vorzutäuschen, noch dreister auf die Wirkung der Blendung zu vertrauen.

Der professionelle Blender trägt ein beachtliches Risiko. Stets ist die Gefahr im Auge zu behalten, dass sein Schwindel ans Tageslicht kommen und die Blendung damit ihre Wirkung verlieren könnte. Menschen, die imstande sind zu durchschauen, dass alles nur vorgetäuscht ist, sind daher im direkten Umfeld nicht erwünscht. Blendende Manager*innen sind in ihrem Überleben auf ihr feines Sensorium angewiesen, das es ihnen ermöglicht, die potenziellen Kritiker rechtzeitig zu erkennen und sie letztlich mundtot zu machen. Ihnen die Glaubwürdigkeit oder das Recht auf Meinungsäußerung zu entziehen. Zur Blendung gehört auch, alles zu tun, dass ihre Wirkung nicht durch irgendwen oder irgendetwas geschmälert wird.

Mein*e Chef*in ist so – Hilfe!

Was Ihr Chef so treibt, kommt Ihnen also zumindest spanisch vor? Oder Sie haben ihn gar als astreinen Trickser oder Blender durchschaut? Dann seien Sie sich bewusst, dass Sie es vermutlich mit einem ausgeprägten Machtmenschen zu tun haben – insbesondere, wenn er versucht, alle in seinem Umfeld zu manipulieren. Wie vorhin erwähnt, sind Sie mit Ihrer Erkenntnis für ihn ein potenzieller Risikofaktor oder eine bereits real existierende Bedrohung. Dies sollten Sie stets berücksichtigen – bei allem, was Sie mit ihm, neben ihm oder sogar gegen ihn unternehmen wollen.

Möchten Sie den leichteren Weg wählen, dann machen Sie Ihrem Gegenüber die Freude und spielen mit. Lassen Sie ihm das Vergnügen an seinen Manipulationen. Versuchen Sie nicht, ihn in seiner Macht und Wirkung zu beschneiden oder gar destruktiv dagegen zu arbeiten – das würde ihn nur noch mehr herausfordern und ihn womöglich zu „blenderischen" Höchstleistungen treiben. Hüten Sie sich davor, genau jene Aspekte zu thematisieren, die der Blender mit seiner Blendung zu überdecken versucht. Es sei denn, Sie haben masochistische Anwandlungen oder Sie wollen aus einem anderen Grund Ihr Gegenüber zur Weißglut bringen.

Fragen Sie sich vielmehr: Was will ich erreichen? Wie kann ich die Situation am ehesten für meine Zwecke nutzen? Vielleicht finden Sie ja Wege, die gut mit den Motiven Ihres Chefs harmonieren.

Haben Sie es mit einem *Jimmy Cheater* zu tun, einem Trickser also, verderben Sie ihm nicht die Lust auf seine Spielchen. Fokussieren Sie sich besser auf die für Sie wichtigen Dinge. Worauf kommt es Ihnen an? Vielleicht (er)finden Sie ja sogar ein Spiel, etwa eine Wette, die Ihr Gegenüber in ganz besonderem Maße herausfordert – und in die Sie geschickt jene Aspekte einschleusen können, die Ihnen am Herzen liegen. Wenn Sie besonders mutig und gewandt sind, könnten Sie den Versuch wagen, ihn mit seinen eigenen Waffen zu schlagen, ihn also im Spiel zu besiegen. Im Gegensatz zum rein auf Macht gepolten Blender kann es gut sein, dass *Jimmy* diese Challenge zu schätzen weiß, er in Ihnen von nun an einen interessanten, wertvollen Kontrahenten erkennt und Sie dadurch in seiner Gunst und Anerkennung deutlich steigen. Wenn Sie es besonders schlau anstellen, verhalten Sie sich im Spiel so, dass er immer

wieder einmal gewinnt. Unter professionellen Spielern bezeichnet man diese Strategie als die „Kundenerhaltungsvariante".
Sollte Ihr Chef ein Aufschneider sein, gilt das Gleiche: Lassen Sie ihm seine kindliche Freude. Wenn jemand eine überdimensionale Klappe hat, ist er im Normalfall nicht besonders gefährlich, ganz nach dem Motto „Hunde, die bellen, beißen nicht". Gönnen Sie ihm seine Auftritte.

Verflixt, das bin doch ich!

Wenn Sie feststellen: „Huch! Die Beschreibung dieser Typen trifft ja ziemlich genau auf mich zu", fragen Sie sich vielleicht: Wie kann ich meine Vorerfahrungen, Kenntnisse und Fertigkeiten als Blender noch besser nutzen und damit noch besser auf meinem Karriereweg punkten? Sind Sie bereit, konsequent an dieser so smarten Technik des Steuerns und Führens von anderen Menschen, also an Ihrer Blender-Brillanz zu arbeiten? In diesem Fall empfehle ich Ihnen, nicht mit grobem Handwerkszeug vorzugehen, sondern mit edlen, wertvollen Instrumenten zu hantieren. Sie agieren quasi als Feinmechaniker, als Goldschmied, als Neurochirurg und eben nicht als Eisenbieger, Holzfäller oder Knochenbrecher.
Trainieren und perfektionieren Sie die Kunst der Blendung, feilen Sie an Ihrer Technik – nehmen Sie Unterricht bei den Meistern der Blendung, den Magiern und Mentalisten. Hören Sie genau hin – sie verwenden bestimmte Phrasen, um ihr Publikum in ihren Bann zu versetzen. Lernen Sie Ablenkungsmanöver, das Aufbauen und Spielen mit Spannungsbögen, den richtigen Zeitpunkt für die Auflösung, die Pointe, den Höhepunkt. Legen Sie sich ein Set an funktionierenden Methoden zurecht. Winkelzüge, taktische Manöver, Täuschungen, bewusstes In-die-Irre-Führen und so weiter.
Merken Sie sich, bei wem welche Tricks besonders gut funktionieren. Haben Sie Ihr Repertoire erweitert und können es mit hoher Wirksamkeit einsetzen? Nun, dann lassen Sie Ihre Interventionen kleiner und kleiner werden, immer schwerer zu erkennen, bis sie kaum mehr sichtbar sind, sondern nur noch für den gewünschten Adressaten zu spüren, zu erahnen.

Lassen Sie sich von Gegenwind nicht aus dem Konzept bringen. Ihr Vorteil: Sie sind ohnehin mit einer gewissen Grundimmunität ausgestattet - Kritik kann Ihnen von Natur aus vergleichsweise wenig anhaben. Selektieren Sie sorgsam, welche Rückmeldungen Sie an sich heranlassen und welche nicht. Und beachten Sie stets - vor allem bei positivem, wertschätzendem Feedback - die Ihnen so vertraute Möglichkeit der versuchten Blendung.

Sollten Sie an der Stärkung Ihrer Glaubwürdigkeit arbeiten und guten Willen zur Besserung zeigen wollen, machen Sie dies einfach bei irgendwelchen unwichtigen Nebensächlichkeiten. Springen Sie da effektvoll über Ihren Schatten, zeigen Sie sich - vielleicht sogar mit einem reumütigen Unterton - geläutert.

Sollte der unwahrscheinliche Fall eintreten, dass sich in Ihrem Inneren die Stimme des Gewissens meldet: Lassen Sie diese nicht zu laut werden. Hören Sie einfach weg. Sie können das.

Wählen Sie die für Sie richtigen Netzwerke. Suchen und finden Sie Gesinnungsgenossen, die so ticken wie Sie, ähnliche Interessen haben, jedoch keine unmittelbaren Kontrahenten von Ihnen sind. Unterstützen Sie andere Blender. Sie können mit deren Rückhalt für Sie rechnen. Beachten Sie dabei aber stets die Tatsache, dass diese ähnlich wie Sie gestrickt sind - lassen Sie sich also nicht blenden.

Wahrheit ist Trumpf

Oder etwa doch nicht?

Wie kommt es, dass Vorgesetzte tendenziell recht haben? Nun, ganz einfach: Im Normalfall sind sie mit Macht und Durchsetzungskraft gesegnet. Jedenfalls aufgrund ihrer Funktion, mitunter auch aus ihrer Persönlichkeit heraus. Dennoch echauffieren sich aufgebrachte Mitarbeiter*innen immer wieder darüber, dass ihre Chefs meinen, die Wahrheit gepachtet zu haben. Dass sie für sich in Anspruch nehmen zu entscheiden, was wahr und unwahr ist, was richtig und falsch, was sein darf und was nicht. Und dass sie dabei keine abweichenden Meinungen zulassen und nur ihren eigenen Standpunkt durchsetzen. Nun, wer das bekrittelt, hat offenbar – obwohl hinlänglich bekannt – eine der Grundregeln hierarchischer Systeme nicht verstanden. Die da lautet: Ober sticht Unter. Stellt jemand die Bedeutung dieses Prinzips in Frage, hat er in altbackenen Organisationen schlichtweg nichts verloren.

Nicht jede Führungskraft lässt auf übelste Weise den Chef heraushängen. Viele verzichten darauf, kräftig auf den Busch zu klopfen und auf ihre Macht und Entscheidungskraft zu pochen. Aus vielerlei verschiedenen Gründen. Weil sie es nicht zuwege bringen, da sie nicht wissen, wie sie es anstellen sollen, oder ihnen der Mumm dazu fehlt. Weil es als ein Zeichen von Schwäche gedeutet werden könnte. Oder auch, weil man das einfach nicht tut. Also wird die Sache mit „der Wahrheit“ als Begründung vorgeschoben, und letztlich entsteht ein Gerangel darum, wer denn nun im „Besitz“ dieser ach so heiligen „Wahrheit“ ist.[40]

Eine Frage, die die Menschheit schon lange begleitet. Seit Jahrhunderten streiten die Gelehrten darüber, was wahr ist und was nicht, wie man Wahrheit definiert und erkennt und ob es überhaupt absolut geltende Kriterien geben kann. Es ist Thema in Erkenntnistheorie, Ontologie und anderen philosophischen Disziplinen ebenso wie in der Theologie und den Religionen. Seit jeher wird zwischen „harten“ und „weichen“ Wissenschaften unterschieden. Zu ersteren zählen vor allem die Naturwissenschaften, wo man bis zur Etablierung der Quantenmechanik – und das ist immerhin auch schon zirka hundert Jahre her – felsenfest davon überzeugt war, Aussagen hieb- und stichfest auf ihren Wahrheitsgehalt überprüfen zu können. Zumindest die Falsifikation, also der Nachweis über ihre Nicht-Gültigkeit sei anzustreben, forderten etwa die Positivisten rund um Karl Popper. Dieses selbstbewusste Auftreten der „echten“ Wissenschaft wirkt sich noch heute auf das teils mangelnde Selbstbewusstsein in den Human- und Sozialwissenschaften aus. Nichts lässt sich hier endgültig beweisen. Überall, wo der Mensch eine zentrale Rolle einnimmt – und das ist rund um das Thema Führung definitiv der Fall – hat man es mit einer nur schwer zu ergründenden Blackbox zu tun. Die großen Fortschritte in der Hirnforschung scheinen etwas Licht ins mysteriöse Dunkel zu bringen und den Vertreter*innen von rein physiologischen Erklärungsmodellen Rückenwind zu verleihen. Über die Funktionalität der Spiegelneuronen lässt sich plötzlich sogar das Zusammenwirken verschiedener Personen mittels biologischer Theorien beschreiben. Dennoch bleiben Erklärungen für die meisten Phänomene sozialer Interaktion mehr eine Frage von Plausibilität, Wahrscheinlichkeit und Ungewissheit denn von stringenten, eindeutigen Kausalketten. Definitive Ursachen, Determinismen und zu hundert Prozent zutreffende Nachweise sind hier fehl am Platze, an ihre Stelle treten Zirkularität, wechselseitige Beeinflussung sowie individuelle Motive und Gründe.

Was ist nun der *richtige* Ansatz von Führung? Gibt es so etwas wie allgemein gültige Prinzipien des Führens, den *wahren* Führungsstil? Sorry, auch hier gilt:

---

40 Ein nettes Detail dazu: Das regelmäßig erscheinende Printmagazin der Belegschaftsvertretung eines Großunternehmens trägt doch tatsächlich den Titel „Die Wahrheit“. Noch Fragen?

Das Absolute, Kategorische erweist sich in diesem Kontext als der falsche Zugang. Es braucht vielmehr Kriterien wie adäquat, situativ passend, schlüssig, gut nachvollziehbar, stimmig, hilfreich, ermöglichend und andere „weiche", d.h. nicht eindeutig und „objektiv" fassbare Parameter. Daher macht es keinerlei Sinn, in Organisationen nach *Wahrheit* und *richtigem* Führen zu streben oder dies von anderen einzufordern.

Unsere Sprache gibt uns einen weiteren wertvollen Hinweis zur Entmystifizierung des Begriffs der Wahrheit. Wahrheit basiert auf Wahrnehmung – was wir wahrnehmen, ist, was wir für wahr nehmen! Genau an dieser Stelle wird es höchst individuell und subjektiv, da braucht man noch gar nicht die Ansätze diverser Konstruktivisten bemühen. Je nach Erfahrungshintergrund, Mindset und Einstellung, aktuellem Befinden und persönlichem Interesse liegt der Fokus der Aufmerksamkeit auf ganz bestimmten Aspekten. Die persönliche Haltung nimmt vorweg, was wann wie wahrgenommen wird.

Wenn, wie es in Unternehmen laufend der Fall ist, mehrere Personen aufeinandertreffen, entsteht alleine aus der Verschiedenartigkeit ihrer Zugänge und Perspektiven eine komplexe Situation. In dieser lässt sich nicht ohne weiteres definieren, wer recht hat beziehungsweise was wahr oder was falsch ist. Bestenfalls gelangt man über oft aufwändige Verständigungsprozesse zu intersubjektiven Absprachen, was man nun als wahr und richtig zu betrachten hat. Das Eis, auf dem wir uns bewegen, ist jedenfalls äußerst dünn.

Wie im Abschnitt „Tarnen, Tricksen, Täuschen" ausgeführt, gibt es zahlreiche Formen, sich willentlich, also mit voller Absicht, nach eigenem Gutdünken zurechtzubiegen, was als richtig und falsch zu gelten hat. Eindrückliche Beispiele dieser Art findet man nicht nur in Unternehmen, sondern auch in der schillernden Medienlandschaft, der hohen und der niederen Politik sowie manchmal sogar im Bereich der Rechtsprechung. Mit ein Grund dafür, dass das Ansehen und die Glaubwürdigkeit vieler Institutionen, Würdenträger und anderer Autoritäten in den letzten Jahrzehnten so stark abgenommen haben. Glaubwürdigkeit, Ansehen, Akzeptanz und damit letztlich Macht sind auf Vertrauen angewiesen. Gerade das leidet darunter, wenn Wahrheit zur Verfolgung eigener Zwecke kreativ interpretiert und so als Mittel zur Erhaltung und Erweiterung der eigenen Macht missbraucht wird.

Am 2005 in Salzburg stattgefundenen Kongress „Dem Sinn Leben geben" zu Ehren des 100. Geburtstags Viktor Frankls hat der Neurowissenschaftler Gerald Hüther für dieses Phänomen der gesellschaftlichen Veränderung eine schöne Metapher angeboten. In seinem Vortrag „Die Macht der inneren Bilder" sagte er sinngemäß, dass sich der Mensch in seiner Evolution am Übergang vom Wirbellosen zum Wirbeltier befinde. Die alten Strukturen, Regeln und Stereotypen zum Selbstverständnis des Menschen, wie sie früher von Kirche und anderen Institutionen propagiert wurden, gelten nicht mehr. Diese hätten zwar Sicherheit, Halt und Orientierung verliehen, aber auch stark eingeengt – wie der Panzer eines Insekts eben. Nun gehe es darum, stattdessen eine Stützstruktur von innen heraus zu entwickeln, wie Wirbeltiere: innere Leitbilder und Werte, die dem Individuum eine stabile innere Haltung, einen neuen Halt wie auch Beweglichkeit geben und ihn dabei unterstützen, sich in einer ständig komplexer werdenden Welt zurechtzufinden.

Übrigens: Wenn in Unternehmen eine Diskussion darüber vom Zaun gebrochen wird, was als wahr oder unwahr zu gelten hat, ist es sinnvoll, sich die Frage zu stellen, ob es mittels dieser – an sich unnötigen – Kontroverse nicht ein ganz anderes unbequemes Thema zuzudecken gilt. Werden in unternehmensinternen Auseinandersetzungen Argumente ohne entscheidende Beweiskraft vorgetragen, zeigt sich besonders beeindruckend, wie es um das interne Machtgefälle bestellt ist. Vor allem, dass die alte Weisheit nach wie vor viel zu oft Gültigkeit besitzt: Ober sticht Unter. Denn Wahrheit ist – zumindest in Organisationen und jedenfalls im Kontext Führung – letzten Endes keine absolute Größe, sondern vielmehr eine sozialpsychologische und machtpolitische Kategorie.

Ich bin.
Wir sind.

Und damit ist alles gesagt.

CASH.EXE
CASH.EXE
CASH.EXE
- DAS
PROGRAMM VON
MANAGEMENT-BUY-ALL!

CASH.EXE

Target Enterprise. Unter diesem Namen wird in einer österreichischen Kleinstadt eine neue High-Tech-Dienstleistungsfirma gegründet. Die erste Phase der Unternehmensentwicklung verläuft typisch: Man findet unkomplizierte, direkte Wege der Kommunikation miteinander und der Abstimmung untereinander, man gelangt unbürokratisch, ohne unnötiges Regelwerk zu pragmatischen, gut umsetzbaren Lösungen. Obendrein versteht man sich gut, geht regelmäßig miteinander zum Lunch oder nach getaner Arbeit gerne einmal auf einen Drink. Es entwickelt sich eine überaus kollegiale und angenehme Arbeitsatmosphäre, getragen von Experten und Expertinnen – in einem vom Eigentümer geführten Unternehmen, in dem man einfach gerne arbeitet. Alles ist klein, überschaubar, schnörkellos, engagiert und doch entspannt, beinahe familiär.

Nach einer längeren Phase langsamen, stetigen Wachsens gerät Target Enterprise in wirtschaftliche Turbulenzen. Aufgrund unvorhersehbarer Troubles bricht ein Teil des Geschäfts weg, das Unternehmen ist sogar existenziell bedroht. Dem Eigentümer gelingt es in dieser Phase, einen finanzstarken Investor zu gewinnen, den weiteren Bestand zu sichern und so die wirtschaftliche Durststrecke zu überwinden. Das Unternehmen erholt sich, man wächst sogar wieder, vor allem durch Zukäufe. Dabei handelt es sich durchgängig um Akquisitionen kleinerer Firmen, die gut zum Gesamtgefüge passen und das eigene Kerngeschäft optimal ergänzen.

Der Turnaround ist geglückt, alle sprechen von einer beeindruckenden Erfolgsgeschichte. Target Enterprise geht es bald wieder so gut, dass der Gründer und ursprüngliche Alleineigentümer die Anteile des Investors zurückkaufen kann. Nun scheint er auf den Geschmack gekommen zu sein und reiht eine Einkaufstour an die andere, erwirbt in halb Europa ein Unternehmen nach dem anderen. Er kauft und kauft und kauft, das Unternehmen wächst und wächst und wächst.
Die Unternehmenskultur verändert sich dadurch. Die ursprünglichen Qualitäten geraten mehr und mehr in den Hintergrund, der Zusammenhalt in der Firmengruppe lässt zunehmend zu wünschen übrig. Das geht über mehrere Jahre hinweg trotzdem ganz gut. Der frühere Elan ist allerdings verflogen, Stimmungslage und Motivation in der Belegschaft waren schon einmal deutlich höher. Der schwächere Teamspirit macht sich in einer nun schleppenden Produktentwicklung und in der mangelnden Herzlichkeit der Kundenbetreuung bemerkbar. Niemand wundert sich groß darüber – mit den Jahren kommen halt die Abnützungserscheinungen.

Eines Tages meldet sich der Eigentümer von einer seiner Einkaufstouren. Er kündigt für einen bestimmten Termin eine Telefonkonferenz an, an der alle Mitarbeiter in Österreich teilzunehmen haben. Was noch niemand weiß: Dieses Mal hat er mit der nicht allzu großen, jedoch sehr selbstbewussten Firma True Tales Limited eine Akquisition getätigt, die Target Enterprise schwere Verdauungsprobleme bereiten wird. Die Eigentümer von True Tales bestehen einerseits darauf, sich im neuen Firmennamen wiederzufinden. Nun, da ist rasch eine Lösung gefunden, man will sich von nun an True Target Enterprise nennen. So weit, so gut. Die zweite Forderung hat es allerdings in sich: Einige der zentralen Systeme und Abläufe von True Tales sollen für die gesamte Firmengruppe zur Anwendung kommen. Um die Übernahme nicht zu gefährden, hat sich der Eigentümer von Target Enterprise auf diese Kaufbedingungen eingelassen. Jetzt müssen sie bloß noch umgesetzt werden, denkt er sich.

An den österreichischen Standorten ist mittlerweile der gesamte Staff in den Meetingräumen versammelt, die Telefonkonferenz beginnt.
„Wie die meisten von euch wissen, bin ich dieser Tage in Skandinavien unterwegs. Beeindruckende Landschaft, schöne Städte, interessante Menschen. Und vor allem viel Knowhow in unserem Geschäft. Nun ist mir eine überaus interessante Akquisition gelungen. Das kleine, feine Unternehmen True Tales Limited wird ab nächstem Quartal zu unserer Firmengruppe gehören. Die Verträge sind bereits unterzeichnet, es ist alles unter Dach und Fach. Um den Kaufabschluss zu ermöglichen, haben wir mehrere Vereinbarungen getroffen, die für uns alle relevant sind. Zum einen wird sich der Name unserer Gruppe ändern. Wir werden dann True Target Enterprise heißen – eine Bezeichnung, die das Verbindende betont und unseren gemeinsamen Auftritt erleichtern wird. Eine weitere Abmachung beinhaltet, dass wir ab sofort von unseren neuen Partnern einige wesentliche Systeme und Geschäftsprozesse 1:1 übernehmen werden. Das heißt im Konkreten, dass von nun an folgende neue Regeln für die internen Abläufe gelten werden."
Dann liest er diese vor – ein Vorgang, der sich über mehrere Minuten zieht. Zum Abschluss sagt er noch: „Ihr habt nun vier Wochen Zeit, um Konzepte für die Umsetzung zu erarbeiten. Am besten, ihr fängt gleich damit an, dass sich das auch tatsächlich ausgeht." Und beendet mit diesen Worten seine Durchsage und damit gleichzeitig die Telefonkonferenz.

Die Mitarbeiter*innen sind verdutzt und sprachlos. Kaum jemand sagt etwas. Erst nach einer kurzen Schockphase reagieren die ersten. Man versichert sich gegenseitig, dass man sich nicht täuscht. Nein, der Chef meint es tatsächlich ernst. Und wie soll das, bitte, gehen? Wie stellt er sich das vor? Einfach so mir nichts, dir nichts einige wichtige Abläufe und Systeme verändern? Das kann ja nicht wahr sein! Doch, ist es.
Das Murren wird lauter, die Kollegen machen sich Luft. Man hört Worte der Verärgerung, der Wut, Stimmen der Resignation und des Frusts. Früher war alles besser und vor allem einfacher, da hätte es so etwas nicht gegeben. Nein, definitiv nicht. Aber jetzt, wo der Chef nur noch unterwegs ist, von einem Termin zum nächsten hetzt, jetzt soll auf einmal alles anders werden. Der hat doch völlig die Bodenhaftung verloren. Nichts ist mehr so, wie es einmal war.

Wir haben Target mitaufgebaut, mit uns ist die Firma groß geworden. Und jetzt soll das alles, was uns bisher ausgezeichnet hat, auf einmal nichts mehr wert sein? Seien wir ehrlich, das geht doch schon länger so. Aber gerade unsere Abläufe, die uns immer von allen anderen unterschieden haben, die sollen wir jetzt über Bord schmeißen? Nur, weil so eine dahergelaufene Company von irgendwo den Chef über den Tisch gezogen hat? Nein, da spielen wir nicht mit. Soll er sich andere Deppen suchen, die das umsetzen, die für ihn diese Extrameilen gehen. Wofür, bitte, lohnt es sich überhaupt noch, sich für die Firma anzustrengen? Weil einfach wird das sicher nicht. Ob es sich nicht vielleicht doch irgendwie verhindern lässt? Was, wenn wir zusammenstehen und beweisen, dass es einfach unmöglich ist …?!

In die Vollen

Draufgänger*innen, die es wissen wollen

Sollten Sie glauben, heftiger als bei den Grobianen und verwegener als bei den Blendern kann es wohl nicht mehr werden, dann irren Sie sich vermutlich. Nun folgt eine Spezies, die mit den Tricksern und Blendern aus dem vorigen Abschnitt zwar eng verwandt ist, sie in mancher Hinsicht aber noch toppt. Die im Folgenden beschriebenen Führungskräfte verstehen ebenso zu manipulieren, nur bewerkstelligen sie dies auf eine noch spektakulärere Weise. Sie fordern heraus, heizen an, bauschen auf, spitzen zu und wirbeln alles heillos durcheinander. Ihnen ist keine Kartoffel zu heiß. Sie spielen auf dem Klavier der Emotionen, wählen den Weg der Provokation und Eskalation. Mit ihrem gewagten Handeln setzen sie ihr Umfeld unter Druck und manchmal sprichwörtlich in Brand. Sie suchen und finden jene Punkte, an denen es ungemütlich wird und schmerzen kann. Sie sind die Dramatisierer, die Unruhe- und Brandstifter im Management. Wenn es rund geht, wenn sich endlich etwas tut und selbst die harmlosen, schläfrigen Kolleg*innen aus ihrem üblichen Trott gerissen werden, fühlen sie sich erst richtig wohl. Dann sind sie quasi in ihrer persönlichen Komfortzone angelangt.
So schaukeln sie Situationen auf und sorgen dafür, dass es zu Turbulenzen kommt, dass möglichst alle Beteiligte von den Wellen erfasst werden. Den Wellen des Angriffs, der Leidenschaft, der Schmach, der Niedertracht, der Empörung, der Verwicklung und der Irritation. Egal, wie nebensächlich der ursprüngliche Anlass war, mit dem entsprechenden Willen und ein paar

geschickten Eingriffen lässt sich beinahe alles zu einer „Staatsaffäre“ oder zu einem großen emotionalen Drama hochspielen. Sollte damit ein hohes Risiko für sie selbst verbunden sein, nehmen sie das bewusst in Kauf, manch ein Thrillseeker fordert es sogar aktiv heraus.

Weshalb bloß, fragen Sie sich? Was haben die davon? Welche Motive könnten hinter einem solchen Führungsverhalten stecken? Jedenfalls nicht vorrangig die Absicht, anderen Menschen Unrecht zu tun und ihnen Schaden zuzufügen, sie vorzuführen oder herabzuwürdigen. Welche Kollateralschäden sie durch ihre Lust an der Eskalation verursachen, steht ebenso wenig im Vordergrund wie der Machtgewinn auf Kosten anderer. Was also ist es dann? Agieren sie so, weil sie es schlichtweg phänomenal finden? Weil sie auf diese Weise das Gefühl haben, dass sie tatsächlich voll im Leben stehen? Das mag zutreffen, aber ganz so simpel ist die Sache nicht.

Beginnen wir mit jenen, die am wenigsten bewusst manipulieren, sondern schlicht und ergreifend auf Risiko aus sind. Ihr Hauptmotiv ist die Vermeidung beziehungsweise Erlösung von Langeweile. Lähmender, zermürbender Langeweile, ausgelöst durch Ordnung, Stabilität und öde Routinen, ihren Hauptfeinden quasi, ihrem persönlichen Gottseibeiuns. Da spielt es für sie auch keine Rolle, ob diese Routinen und Abläufe, die bisher für Struktur, Ordnung und Stabilität gesorgt haben, sich als äußerst erfolgreich erwiesen haben. Routinen disqualifizieren sich von selbst – die permanente Reproduktion des Gleichen, würg! Hauptsache, es ändert sich etwas. Risikosucher*innen können irgendwie gar nicht anders, als stets für Abwechslung, Auflockerung und eine frische Brise zu sorgen. Veränderung wird der Veränderung willen betrieben – ganz egal, ob sie vernünftig und sinnvoll ist.
Für die wirklich manipulativen Typen zählen jedoch andere persönliche Motive. Man hat beispielsweise die Erfahrung gemacht, dass es großen persönlichen Nutzen stiften kann, die Dinge durcheinanderzubringen. Entweder, damit alle den Durchblick verlieren – ganz nach dem Motto: „Erst wirbeln wir den Staub auf und behaupten dann, dass wir nichts sehen können.“[41] Besonders hilfreich, wenn einem selbst die Orientierung und Lösungsklarheit abhandengekommen sind und man keine Ahnung hat, wie man in der

41 Diese Weisheit stammt von George Berkeley, einem englischen Philosophen und Theologen aus dem 18. Jahrhundert, zitiert nach Watzlawick, Weakland & Fisch, 1992, S. 51.

Situation bestehen kann. Man lenkt elegant von der eigenen Unzulänglichkeit und Planlosigkeit ab und kann so den Kopf aus der Schlinge ziehen.

Oder es handelt sich um jene Strategie, die etwa bei etlichen, meist jungen Feuerwehrleuten, die sich als Brandstifter betätigen, zu beobachten ist. Sie tun dies, um sich effektvoll in Szene setzen und als Helfer in der Not einen wertvollen Beitrag leisten zu können. „Jetzt habe ich es euch allen endlich einmal gezeigt. Dass es mich gibt und dass ich auch etwas beizutragen habe. Das habt ihr euch nicht gedacht, ihr habt mich wohl unterschätzt!? Apropos meine Beiträge: ob die künftig destruktiv oder heilsbringend sein werden, hängt ganz von euch Knalltüten ab. Nämlich davon, ob ihr begreift, was ich alles bewerkstelligen kann. Ihr müsst mich bloß stärker miteinbeziehen, mich teilhaben lassen an der Aufmerksamkeit und Anerkennung. Also überlegt euch gut, wie ihr in Zukunft mit mir, dem selbst ernannten Wächter über Feuer und Wasser, zu verfahren gedenkt."

Eine weitere Möglichkeit: Wer andere in die Bredouille bringt, sie über Gebühr fordert und bei ihnen Kontrollverlust verursacht, beweist sich selbst, dass er Macht, Einfluss und Kontrolle hat. Dass er etwas bewirken kann, zumindest ein großes Durcheinander zu stiften vermag. Dabei scheuen viele draufgängerische Führungskräfte kein Risiko, nehmen bewusst in Kauf, dass ihnen durchaus einmal die Kontrolle entgleiten kann. Überhaupt ist – wie wir gleich noch deutlicher sehen werden – ihr Verhältnis zum Streben nach Kontrolle ein sehr vielfältiges und spannungsreiches.

Und ein letzter, durchaus gewagter, Erklärungsversuch: Vielleicht geht es bloß darum, von etwas anderem abzulenken. Wer eine Situation zuspitzt und eskalieren lässt, inszeniert eine dramatische Auseinandersetzung rund um ein scheinbar heißes, wichtiges Thema. Und verhindert damit, dass ein für ihn viel heißeres Thema aufs Tapet kommt und er sich damit auseinandersetzen muss. Mithilfe der Dramatisierung kann er also bestens verbergen, dass es sich in Wirklichkeit um ein Ablenkungsmanöver handelt, mit dem eigene Unsicherheiten und Schwächen überdeckt werden. So gesehen handelt es sich dann um eine Strategie der Feigheit.

Welches Motiv also auch immer dahintersteckt, es hat sich für den jeweiligen Draufgänger jedenfalls bereits mehrfach bewährt, so zu agieren, und ist damit in den Rang einer persönlichen Erfolgsstrategie aufgestiegen.

Mit der Gefühlsmasche zum Erfolg

Auch wenn es manch einer nicht gerne hört: Wir Menschen werden zu einem großen Teil von Gefühlen gesteuert. Gefühle entstehen unwillkürlich, also quasi von selbst, ohne unser willentliches Zutun, und werden uns oft erst mit Verzögerung und manchmal auch gar nicht bewusst. Selbst wenn wir erkennen, dass Gefühle im Spiel sind, fällt es uns schwer, sie richtig zu- oder einzuordnen. Und genau da kommen *Wiktoria* und *Winfried* ins Spiel – Personen, die ihre Umgebung emotional manipulieren und damit aus dem Gleichgewicht bringen. So können sie die Kontrolle erlangen und behalten, so sind sie immer obenauf. *Wiktoria* und *Winfried Wunderpunkt* agieren mit Drohungen, direkten Angriffen und versteckt abgefeuerten Giftpfeilen. Beispielsweise, indem sie ihr Gegenüber mit einer anderen Person vergleichen: „Das erinnert mich an den X. Der hat in solchen Situationen auch immer so jämmerlich reagiert." Oder, indem man die Probleme des Gegenübers nicht ernst nimmt, sie kleinredet und stattdessen nur die eigenen Themen gelten lässt: „Ach was! Das ist noch gar nichts im Vergleich zu den Problemen, mit denen ich mich immer herumschlagen muss. Das sind die wahren Herausforderungen des Lebens." Dazu noch ein: „Das willst du gar nicht näher wissen, ach!" – wodurch dem anderen klar werden muss, dass die eigenen Probleme deutlich größer, wichtiger, dramatischer und auch aussichtsloser sind. Danach der Check: Getroffen! Noch ein paar „Nachschläge", eine kleine Provokation hier, ein Ignorieren der Wünsche des anderen dort – und immer größer wird der Ärger, die Frustration und die Hoffnungslosigkeit des Gegenübers. Je schmerzhafter die Treffer, umso größer die Wahrscheinlichkeit, dass er sich bald ganz zurückziehen, in Tränen ausbrechen oder wild um sich schlagen wird. Die nächste Stufe der Eskalation ist erreicht, und *Wiktoria* und *Winfried* haben es somit wieder einmal geschafft: nichts wirklich an sich heranzulassen, ihr Gegenüber klein zu halten und selbst besser dazustehen.

Karl Horvath macht seine Sache als Leiter eines wichtigen Zentralbereichs wirklich gut. Seine Fachkenntnis und seine Erfahrung sind enorm, sein Verstand messerscharf, sein Auftreten picobello. Er gilt als akzeptiert und geschätzt von allen, auch von den Mächtigen im

Unternehmen. Offensichtlich eine 1a-Führungskraft, die positiv aus der Masse heraussticht. Wahrlich unumstritten, niemand kann und will ihm etwas anhaben. Bei genauerer Betrachtung fällt jedoch auf: Alle, die näher mit ihm zu tun haben, fürchten ihn und begegnen ihm mit Respektabstand. Wie kommt das? Nun, Horvath hat sich eine geniale, äußerst wirksame Technik angeeignet, mittels derer er es schafft, dass sich die Menschen in seinem Umfeld nie in Sicherheit wiegen können. So verhindert er, dass sie neben ihm zu groß werden, ihm Paroli bieten oder ihn gar ausstechen könnten.

Was ist Horvaths Trick? Angenommen, seine Mitarbeiterin S. kommt mit einem bestimmten Thema zu ihm und will ihm in einem Vieraugengespräch ihren Vorschlag unterbreiten. Kurz nachdem sie loslegt, unterbricht er sie und sagt: „Du schwitzt ja. Bist du nervös?" Oder er macht eine Anspielung auf ihr Aussehen oder ihre Kleidung, je nachdem, was ihm gerade so einfällt – es darf allerdings nichts mit dem Thema zu tun haben. Ein kleiner wohldosierter Stich, gerade so kräftig, dass S. aus ihrem Konzept gebracht wird und den Faden verliert. So sichert er sich von Anfang an die Oberhand im Gespräch und somit die Kontrolle nicht nur über Thema und Ergebnis des Gesprächs, sondern auch über seine Mitarbeiterin.

Karl Horvath ist ein Meister darin, den jeweiligen Schwachpunkt des anderen herauszufinden. Dadurch gelingt es ihm, alle in seiner unmittelbaren Umgebung auf jenes Maß zurechtzustutzen, das er für das richtige hält. Leadership definiert Horvath als den Anspruch, allen anderen eindrücklich zu vermitteln, dass allein er die Nummer eins sein kann.

Eine weitere hervorragende Möglichkeit, andere zu unüberlegten Aktionen zu provozieren, ist es, eigene Gefühle auf geschickte Weise ins Spiel zu bringen. *Wiktoria* und *Winfried Wunderpunkt* können sich gequält, persönlich gekränkt, beleidigt oder aufgebracht geben. Somit gelingt es ihnen, die Menschen rundherum aus ihrer Komfortzone zu bugsieren und zu unbedachten Äußerungen zu verleiten. Oder bei ihnen Schuldgefühle, ein schlechtes Gewissen oder einfach nur ein mieses Gefühl auszulösen. Etwa, indem sie sagen:

„Das war jetzt aber verletzend“, „Das hat mich getroffen“ oder „Seien Sie nicht so feig, sagen Sie schon etwas!“ Alles, was das Gegenüber dazu bringt, sich unwohl oder schlecht zu fühlen, plötzlich unsicher zu werden und die Orientierung in der Situation zu verlieren, ist dafür geeignet.
Das Spiel mit der Opferrolle kann übrigens sehr variantenreich gespielt werden, etwa, indem man diese ausschließlich für sich selbst beansprucht. Dann ist man niemals selbst verantwortlich, kann stets behaupten, jemand anderer hätte das so gewollt, man sei gezwungen oder überredet worden. Das aus der Transaktionsanalyse[42] stammende Modell des Drama-Dreiecks stellt die verschiedenen Positionen und Möglichkeiten in diesem „Spiel“ rund um die Rollen Angreifer*in, Opfer und Retter*in sehr übersichtlich dar.

Manipulation im Drama-Dreieck

Abb. 15: Manipulation im Drama-Dreieck

42 Eine ursprünglich von Eric Berne begründete psychologische Theorie der Persönlichkeit. Die TA wird u.a. eingesetzt zur Verdeutlichung von Phänomenen der menschlichen Interaktion und Kommunikation und ist als eigene Psychotherapie-Richtung anerkannt. Übersichtlich dargestellt etwa bei Stewart & Joines, 1990.

Wahre Profis schaffen es, dass es dem Gegenüber emotional richtig schlecht geht. Sie erkennen die empfindlichsten Stellen, die Schwachpunkte ihres Opfers und nutzen diese aus, verwenden diese gegen es. Vielleicht treiben sie das Ganze noch auf die Spitze, geben sich hilfsbereit, sind es dann aber nicht. Haben sie erst einmal den wunden Punkt entdeckt, ist ihnen der Erfolg gewiss. Dann haben sie den anderen richtiggehend in der Hand.
Winfried vermag ebenso den Verständnisvollen zu mimen, *Wiktoria* die Einfühlsame. Tatsächlich wollen sie nur ihr Gegenüber in Sicherheit wiegen. Um dann im geeigneten Moment plötzlich ganz andere Saiten aufzuziehen und den anderen mit einem Überraschungsangriff zu überrumpeln.

Das Spektrum der emotionalen Manipulation geht über das hier skizzierte weit hinaus.[43] Viele dieser Verhaltensweisen dienen dazu, die Aufmerksamkeit auf sich zu ziehen, Zuspruch und Anerkennung zu erhalten. Wir haben uns hier ausschließlich auf jene Strategien konzentriert, die andere aus ihrer emotionalen Komfortzone katapultieren, um die Beziehungsdynamik zu pulverisieren.

Spannend wird es im Übrigen, wenn zwei Vertreter*innen der Sorte *Wunderpunkt* aufeinandertreffen und in einen regelrechten Wettstreit verfallen. Wer bekommt wen früher unter seine Kontrolle? Wer vermag den anderen wirkungsvoller in ein bestimmtes emotionales Eck zu manövrieren? Wer schafft es, beim anderen eine gewollte emotionale Reaktion so genial zu provozieren, dass diesem gar nicht auffällt, wie ihm gerade geschieht? Das kann zu einem richtig interessanten Kräftemessen geraten. Spektakuläre Beispiele dazu finden Sie in zahlreichen US-amerikanischen Sitcoms. Achten Sie einfach darauf, wenn Sie sich das nächste Mal Ihre Lieblingsserie zu Gemüte führen – Sie werden mit hoher Wahrscheinlichkeit rasch fündig.

Die hier beschriebenen Kniffe werden übrigens gerne auch von den Drama-Babes eingesetzt, einer Spezies von Führungskräften, der wir uns etwas später eingehender widmen.

---

43 Sie wollen mehr davon? Etliche anschauliche Beispiele finden Sie etwa bei Dehner & Dehner, 2007.

Unmerklich und raffiniert

Deutlich dezenter gehen *Jeanne* und *Jean Coquette* vor. Sie sind überaus talentierte Schauspieler*innen und wissen, wie sie andere bezirzen, umgarnen und in ihre sorgfältig gesponnenen Geschichten einwickeln können. Je nach Gegenüber beginnen sie etwa mit kleinen Komplimenten und mehr oder weniger versteckten Einladungen, sich auf sie einzulassen. Sie ziehen Nutzen aus ihren persönlichen Vorzügen wie etwa ihrer Attraktivität, spielen mit Zwei- und Mehrdeutigkeiten und streuen manchmal Anspielungen ein, die der andere nicht eindeutig zuordnen kann: „War das jetzt gar ein schlüpfriges Angebot?!"
Hat ihr Adressat erst einmal den Köder geschluckt, erhöhen sie nach und nach die Schlagzahl, verstärken geschickt die Verwirrung. Bis sich ihr Opfer in einer Situation wiederfindet, wo es jede Orientierung verloren hat. Beispielsweise kann die Verteilung der Rollen mit einem Mal eine gänzlich andere sein – die zuvor noch distanzierte Führungskraft wird plötzlich zur vertrauten Komplizin, zum Verführer oder zur Leidensgenossin. Der andere ist zuerst fasziniert von seinem interessanten, vielleicht attraktiven Visavis, fühlt sich angezogen, geschmeichelt und auf angenehme Weise irritiert. Und muss dann, wenn er die entstandene Nähe für bare Münze genommen hat und sich in Sicherheit wiegt, feststellen, dass *Jeanne* oder *Jean Coquette* wieder alles über den Haufen wirft und eine professionelle Distanz einfordert beziehungsweise diese plötzlich wiederherstellt. Erst merkt er gar nicht, wie ihm geschieht, um sich dann in einem Wirrwarr wiederzufinden, aus dem er kaum mehr herauszufinden vermag.

Die *Coquettes* beherrschen es außerdem, mit kaum merkbaren, jedoch überaus wirksamen Mitteln die Unterhaltung bei größeren gesellschaftlichen Ereignissen zu dominieren und das Gesprächsthema auf geschickte Weise immer wieder auf ein rutschiges Terrain zu verlagern. Während sie selbst dabei elegant die Zügel in der Hand behalten, beobachten sie, wie sich die Personen in ihrer Umgebung nach und nach unwohler fühlen.

Verschiedene Stufen von Risiko und Kontrolle im Draufgängertum

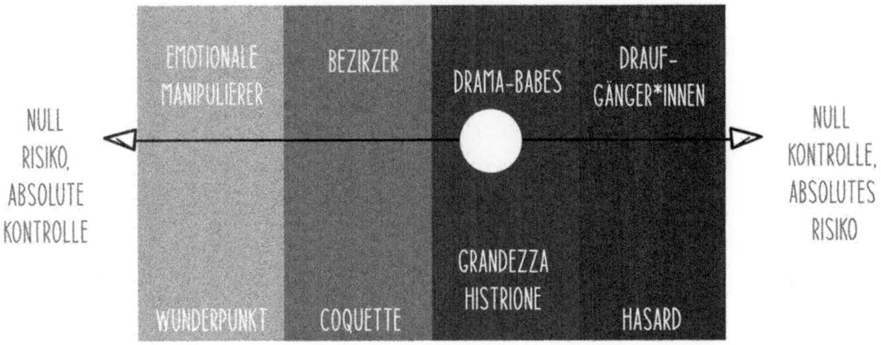

Abb. 16: Verschiedene Stufen von Risiko und Kontrolle im Draufgängertum

Eskalation pur, das Revier der Drama-Babes

Kommen wir nun zu jenen Führungskräften, die schon viel eher bereit sind, auf Kontrolle zu verzichten – solange sich die Dinge in Richtung Zuspitzung, Dramatisierung und Eskalation entwickeln. Es handelt sich um die Drama-Babes, also die Drama-Queen *Gloria Grandezza* und den Drama-King *Enrique Histrione*. Sie inszenieren, schaukeln auf und gießen zusätzlich Öl ins Feuer – selbst wenn dieses bereits lichterloh brennt. Durchaus im Bewusstsein des Risikos, selbst ein Opfer der Flammen zu werden. Hauptsache, die Post geht so richtig ab. Dafür drücken sie kräftig aufs Gaspedal, gehen stets in die Vollen und suchen den kürzesten Weg zur Eskalation. Ohne Rücksicht auf irgendwen – und schon gar nicht auf sich selbst.

Drama-Babes leben in einer farbenreichen Welt. Es ist die Welt der Leidenschaft, der Übertreibung, der Impulse und des spontanen Agierens. *Gloria* und

Enrique lachen gerne, auch laut, und sind vor allem eines: präsent. Ihr Herz – und damit ihre Herzlichkeit und Emotionalität – dominiert die Szenerie, sie agieren zumeist impulsiv und spontan. Und stehen gerne im Mittelpunkt der Aufmerksamkeit. Das Leben ist für sie eine Bühne, alles lässt sich inszenieren. Aus Mücken machen sie im Handumdrehen Elefanten, was sage ich – Mammuts! Sie nutzen geringste Anlässe und schaukeln sie zu wahren Dramen hoch – gewürzt mit großen Gesten, lauten Worten und heftigen Emotionen. All dies bringen sie selbst auf die Bühne und provozieren damit auch ihre Kolleg*innen und Mitarbeiter*innen, es ihnen gleichzutun. Für *Signora Grandezza* und *Señor Histrione* scheint alles Theater zu sein, mit ihnen als Regisseur*innen und Hauptdarsteller*innen zugleich.
Sie bedienen sich vieler Genres: des Kostümfilms, des Kammerspiels, der Operette und vor allem ihrer opulenten Schwester, der Oper. Hier pflegt man nicht leichtfüßig darüber hinweg zu tanzen und zu singen wie in oberflächlicheren Formaten, nein, hier ist Tiefgang angesagt, hier gibt es bei jeder Aufführung das volle Programm, die volle Dröhnung: Leidenschaft, Schmerz, Tränen, Eifersucht, Verletzung, Verzweiflung, Mord, Triumph. Eine typische italienische Oper ist wohl die beste Metapher dafür, was Drama-Babes als Führungskräfte auf die Bühne bringen. Alle wissen, es ist bloß gespielt. Und dennoch ist man genötigt, sich dazu zu positionieren – zum Stück, zu seinem Inhalt, zu den Personen, zur Musik. Entweder man liebt es, oder man hasst es. Niemand vermag sich dieser Intensität zu entziehen, jeden packt es, nimmt es gefangen und fordert es heraus – dazu nutzen Regisseur*in und Hauptdarsteller*innen all ihre Möglichkeiten viel zu gut. Die Musik nicht zu vergessen, die verleiht dem Ganzen erst die wirklich emotionale Note. Ohne Musik würde es zu einem oberflächlichen Theaterstück verkümmern, zu einem Stück mit kaum Substanz und mit, auf einer viel zu großen Bühne, verloren herumtorkelnden Figuren. Erst die Musik macht es zu dem, was es ist und bewirkt. Als Ouvertüre ein sich langsam aufbauendes, vielleicht erst kaum vernehmbares, dann immer kräftiger werdendes Crescendo. Die Einführung der Hauptfiguren und des Themas. Die sich immer stärker steigernde Geschichte, die unaufhaltsame Zuspitzung bis zum Höhepunkt. Dazu das Spielen mit Höhen und Tiefen, mit Harmonien und Disharmonien, mit Laut und Leise. Denken Sie nur an die großen Arien aus den Opern von Verdi und Puccini ...

Jetzt bin ich etwas abgedriftet, hätte mich beinahe in dieser so faszinierenden, so fesselnden Welt der Oper und des Dramas verloren. Kein Wunder, da sehen Sie, welche Sogwirkung diese besondere Welt hat. Sie hat so viel Spektakuläres zu bieten, so viel Energie und Strahlkraft. Stets geht es ums Ganze, um Leben oder Tod, um die großen Themen. Wenn man sich nicht vorsieht, ist man rasch in diesem Universum gefangen.
Also zurück zu *Gloria* und *Enrique*. Es ging um das Metaphorische der Musik. Ein Drama-Babe wird seine Auftritte stets akzentuieren, niemals monoton vor sich hin summen. Entweder laut, kräftig und offensiv oder ganz dezent und leise, dafür jedoch mit umso mehr Wehklagen und Leid in der Stimme. Oder überhaupt Pause – ein mindestens ebenso wichtiges dramaturgisches Element. Dann noch, keinesfalls zu unterschätzen, der Chor. Die lieben Kolleg*innen im Umfeld unterstreichen mit ihren vielfältigen Stimmen die Wirkung der Hauptdarsteller*innen. Wenn der Chor einsetzt, verdichtet sich die gesamte Atmosphäre, und es geht unaufhaltsam dem Höhepunkt entgegen. Jeder, der schon einmal eine Oper gesehen beziehungsweise ein Real-Life-Drama erlebt hat, weiß das – und sollte er es nicht wissen, dann wird er es spätestens an dieser Stelle spüren.
Erfahrene Drama-Babes haben bei Gott nicht den Anspruch, alle Rollen im Stück selbst wahrzunehmen. Sondern sie fokussieren sich auf das Wesentliche, ihre eigene Performance. Damit ist sichergestellt, dass dieses Drama alle Beteiligte in seinen Bann ziehen wird. Obendrein wollen sie sich nicht überfordern, indem sie sich zu viele tragende Rollen aufhalsen. Sie binden also ihre untergeordneten oder gleichgestellten Führungskräfte auf besondere Weise ein. Diese werden quasi als Dirigent*innen angelernt und können dann den Chor und das Orchester – also alle, die für Stimmung, Atmosphäre und damit Dramatik sorgen – zu einer konzertierten Aktion koordinieren. Und so haben unsere Drama-Babes ausreichend Möglichkeit, die Reaktionen der anderen Mitwirkenden und die Betroffenheit und den Applaus des Publikums auszukosten.

Nun, Sie können schon erahnen, wie viele verschiedene Interventionen *Gloria* und *Enrique* als Führungskräften zur Verfügung stehen. Je größer das Schauspieltalent, umso breiter die Möglichkeiten und umso variabler und reichhaltiger ihr Repertoire. Die wirklichen Profis unter den Drama-Manager*innen hassen es, das gleiche Stück öfter als einmal auf die Bühne zu bringen (hier hinkt der Vergleich mit den echten Bühnen, ich weiß). Sie lieben es, ihre Mitarbeiter*innen und Kolleg*innen jeden Tag aufs Neue zu überraschen und herauszufordern – mit bisher noch nicht zur Aufführung gekommenen Inszenierungen. Hauptsache, es tut sich etwas. Hauptsache, man kann die anderen aus ihrer Deckung locken.

Meine Bühne

Gloria ist Inhaberin eines kleineren, überaus gut gehenden Restaurants und mit diesem weit über die Grenzen der Stadt hinaus bekannt. Sie versteht es, aus jedem noch so banalen Anlass ein großes Ding zu machen. Gäste, die nach der Getränkekarte fragen? Stichwort für einen mindestens dreiminütigen schwungvoll vorgetragenen Monolog über die raffiniertesten Möglichkeiten für die Abfolge diverser Drinks. Die zu bezahlende Rechnung eines Lieferanten? Großes Unglück – wie kann der auch nur so herzlos sein und diese immense Summe in einem so knapp bemessenen Zeitraum fordern!? Ihre Mitarbeiterinnen in Küche und Service? Bemüht zwar und den Gästen gegenüber durchaus aufmerksam und freundlich, aber im Grunde ahnungslos. Nur Gloria selbst weiß, worauf es ankommt, wie das Geschäft zu laufen hat, wie man das Interieur zu gestalten, die Speisen und Getränke zu arrangieren hat und welche Konversation man in welcher Form mit wem führen soll. Weil ohne sie gar nichts ginge, ja alles sofort zusammenbrechen würde. Die Hände erhoben, nach oben blickend, beklagt sie ihre große Not, geradezu flehentlich: „Man helfe mir, man unterstütze mich! Jetzt!!!“

*Die Menschen in Glorias Umgebung, egal ob Mitarbeiterinnen, Gäste, Lieferanten oder auch Freund*innen und Bekannte, haben längst gelernt, auf sie und ihre Marotten Rücksicht zu nehmen. Nur ja kein falsches Wort im falschen Moment – denn sonst könnte* *sie ja wieder einmal aufdrehen, richtiggehend ausflippen und eine große Szene machen, bei der sie schon mal ins Hyperventilieren gerät. Alles schon dagewesen. Also hält man sich lieber zurück und lässt sie gewähren. Auch wenn dadurch manches Festessen, manche Familienfeier oder ein als romantisches Candlelight-Dinner geplanter Abend zu zweit plötzlich ganz anders abläuft als vorgesehen. Denn Gloria weiß diese Gelegenheiten für ihren großen Auftritt zu nutzen. Sie erscheint auf ihrer Bühne, legt los und ist binnen kurzer Zeit in voller Fahrt – und damit so schnell nicht mehr zu stoppen. Manch einer wirft einen betretenen Blick auf die ursprünglichen Stars des Abends – das Paar, den Jubilar, das Geburtstagskind. Welche Rollen dürfen sie in dieser Inszenierung übernehmen? Letztlich jene, die sie von Gloria zugewiesen bekommen: zumeist Statist*innen und/oder staunendes Publikum, im seltensten Falle Nebendarsteller*innen.*

Ganz ohne Netz

Im Reigen der Draufgänger*innen fehlt uns nun noch eine besondere Spielart, nämlich jene, die das volle Risiko sucht, die echte Gefahr, und dabei auf jegliche Kontrolle pfeift. *Harriet* und *Hartmut Hasard* sind immer wieder mal in den Führungsebenen von Unternehmen anzutreffen und erweisen sich, wie wir noch sehen werden, als richtiggehende Veränderungsfanatiker. Sie sind die wahren Draufgänger*innen unter den Manager*innen. Mit der Scharade eines auf billige Effekte heischenden Theaterfreaks haben sie nichts am Hut. Ihnen kann es gar nicht gefährlich genug sein. „Angstlust" wird dieses Motiv auf Deutsch genannt – als etwas holprige Übersetzung von „Thrill-Seeking" bzw. „Sensation-Seeking".

Absicherung? Kommt gar nicht in Frage. Ihnen eine solche anzubieten oder gar nahezulegen, würden sie mit hoher Wahrscheinlichkeit als Verkennen ihrer Persönlichkeit oder gar als Beleidigung auffassen. Denn sie möchten die Gefahr unmittelbar spüren, sich ihr ohne jeglichen Schutz aussetzen, den kalten Wind des Unberechenbaren auf der bloßen Haut wahrnehmen, das stetige

Steigen des Adrenalin-Spiegels intensiv erleben – um dann, wenn es soweit ist, am Höhepunkt der Anspannung und der Herausforderung, den ultimativen Kick zu erfahren. Dafür leben *Harriet* und *Hartmut* – und dafür wären sie sogar bereit zu sterben. Meinen sie.

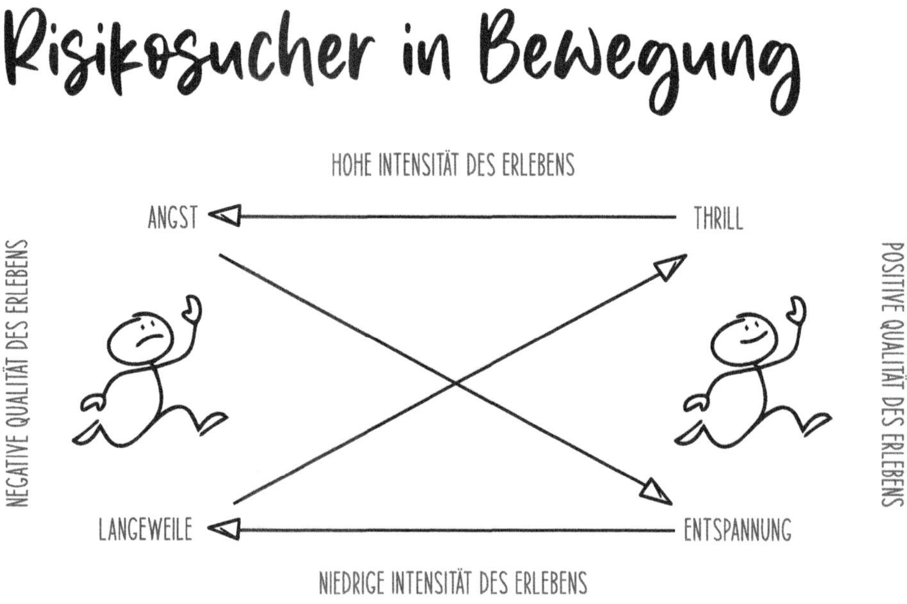

Abb. 17: Risikosucher*innen in Bewegung, von einem Extrem ins andere

Das Streben nach dem Kick, die Suche nach dem Thrill wird zu einem Herantasten ans Extreme, immer näher, immer gewagter, immer riskanter – und führt mitunter zum Überschreiten der Grenze. Dann ist es plötzlich kein Vergnügen mehr, auf einmal kommt doch die Angst zum Vorschein, und es geht nur noch ums nackte Überleben. In solch einer Extremsituation strebt selbst der risikogeilste Draufgänger nach Angstmilderung und Entspannung. Hat er diese Entspannung einmal erreicht, vermag er sie allerdings nicht lange auszukosten, denn rasch kippt die Entspannung in Langeweile. Und um dieser zu entfliehen suchen *Harriet* und *Hartmut* sofort die nächste tatsächliche Herausforderung, am besten eine noch größere Aufregung als beim letzten Mal.

Nun bietet das Leben als Führungskraft nicht ganz so atemberaubende Challenges. Werde ich beim Quartalsmeeting bestehen? Gelingt es mir, einen als besonders schwierig geltenden Kunden zu knacken? Schaffen wir es, die Produktionsanlage bis an ihre Grenzen auszulasten – vielleicht sogar unter Missachtung der Hersteller-Empfehlungen? Und wie werden die Kolleg*innen reagieren, wenn ich beim Teambuilding-Workshop ihre ach so kooperativen Ansätze unterlaufe? Damit erschöpfen sich meist auch schon die verfügbaren Gelegenheiten.
Weil das ganz offensichtlich für einen wahren Thrillseeker zu wenig hergibt, fängt manch krasser Vertreter an, eigene Gefahrenquellen zu kreieren und sich bewusst auf dünnes Eis zu begeben. Er beginnt, Vorgesetzte oder Kunden zum Narren zu halten, etwa indem er übermütige Annahmen und überoptimistische Prognosen in seine Präsentationen schummelt – mal sehen, was sie sich alles gefallen lassen und wann ihnen der Kragen platzt. Oder er lässt sich auf eine Affäre mit einer einflussreichen Person im Unternehmen ein, mit der Assistentin des Big Bosses, einem aus der Führungsetage selbst oder ein*e Lebenspartner*in einer Topmanagerin oder eines Topmanagers. Je heißer, umso besser. Ausbleibende Reaktionen stacheln ihn zu noch mehr Risiko an. Irgendwann landet der Hardcore-Draufgänger bei einer völlig halsbrecherischen oder ganz und gar illegalen Sache – nur, um das Kribbeln der Gefahr, des Verbotenen und des möglichen Scheiterns zu spüren.

Dies sind allesamt Extremfälle des Draufgängers. Weiter verbreitet sind jedoch seine milderen Versionen: Führungskräfte, die einfach Wert darauf legen, ihren eigenen Weg zu gehen. Also mutig jene Pfade zu beschreiten, die noch nicht so ausgetreten sind, oder, noch besser, Wege, auf die sich vorher noch niemand gewagt hat. Das Bekannte, die Routinen und damit die Mühen der Ebene interessieren sie schlichtweg nicht. Sollen sich doch die durchschnittlichen Unternehmensbewohner*innen daran versuchen. Für sie jedoch, die Abweichler*innen, die Individualist*innen, die kühnen Hasardeure ist etwas anderes vorgesehen, etwas Aufregenderes, Bedeutenderes, Größeres. Daher zieht alles, was neu ist, sie fast magisch an. Ein Think-Tank zur Neukreation des Unternehmens, beginnend auf der grünen Wiese, also ohne jede Vorbedingung? Sehr gerne. Ein Projekt, bei dem außer dem Namen und dem Budget noch gar nichts fixiert ist? Wunderbar, her damit – da lässt sich alles noch gestalten. Ein Lösungsweg, der völlig neuartig ist, eine Methode, die noch nie probiert wurde? Umso spannender. Wenn *Harriet* und *Hartmut Hasard* zu Pionieren werden und mutig voranschreiten können, sind sie voll und ganz in ihrem Element. Dann können sie ihre Stärken am besten ausspielen: Innovationsgeist, Beweglichkeit und Experimentierfreude. Angst vor dem Scheitern kennen sie nicht – ganz im Gegenteil: Die Chance zu scheitern erhöht nur noch das persönliche Glücksgefühl. Mit absoluter Freude wählen sie den abenteuerlichen, wagemutigen und riskanten Weg, gehen quasi „all in". Darin liegt doch der Reiz der Sache, alles andere wäre todlangweilig. Vorsicht und Absicherung, wer braucht das schon?

Die *Hasards* sind Führungskräfte, die sich als richtiggehende Veränderungsfanatiker erweisen. Hauptsache, es weht ein frischer Wind, und es wird kräftig durchgeputzt. Alles, was bisher gewiss und üblich war, muss neu verortet und bewertet werden. Oder gar entsorgt. Damit verfügen sie über enormes destruktives Potenzial, sie sind die Agenten der Dekonstruktion. Sie mischen auf, sie würfeln durcheinander, sie sorgen für Unordnung. Chaos ist ihre Religion. Ihre Mission gilt in erster Linie der Auflösung des Eingefahrenen, des Alten und Bewährten – und damit in weiterer Folge der Neuerung, der Kreation, der Innovation. Die Dekonstruktion ermöglicht erst die Neukonstruktion.

Top-Manager*innen, die eine*n solche*n Veränderungsfanatiker*in unter ihren Fittichen haben, verstehen es, dieses Talent zu nutzen. Vor allem, wenn es darum geht, Verkrustetes aufzubrechen und Bewegung in die Organisation zu bringen. In Kurt Lewins berühmtem 3-Phasen-Modell des Veränderungsgeschehens handelt es sich dabei um den so wichtigen Impuls des „Unfreezing". Dieses „Auftauen" ist die notwendige Vorbedingung für das darauffolgende „Moving" beziehungsweise „Changing". Sie können sich vorstellen, dass veränderungswütige Führungskräfte in der letzten Phase eines Change-Prozesses, dem „Refreezing", also der Verankerung und Stabilisierung, völlig fehl am Platze sind. Sie werden ganz hibbelig und wollen so rasch wie nur irgendwie möglich das nächste Projekt anpacken.

Der Kontext, also das organisationale Umfeld, spielt wie bei praktisch allen Phänomenen der Führung auch bei der Innovations- und Veränderungswut eine wesentliche Rolle. Oft wird diese aktiv gefordert und belohnt – genährt aus der Angst vor Stagnation, vor Stillstand und damit Rückschritt. Jene, die ausschließlich nach vorne ausgerichtet sind, sich mutig der Ungewissheit des Künftigen stellen und den riskanten Weg der Veränderung wählen, werden als Pioniere und Wegbereiter des Neuen auf das Podest gehoben. Übrigens ein Podest, das sich zur Abwechslung auch andere einmal für sich wünschen würden, nämlich jene, die brav und ordnungsgemäß ihren Job innerhalb der Vorgaben und Korridore ausführen, das Tagesgeschäft bedienen und damit die laufenden, wenn auch nicht so spektakulären Erfolge einfahren.

Nicht nur in Managementkreisen werden die Innovations- und Veränderungswütigen gefeiert. Auch die Medienlandschaft trägt das Ihre dazu bei, indem sie permanent Neues, Spektakuläres verlangt und geradezu nach solchen Heldengeschichten lechzt. Was die Medien als toll darstellen, mag einen hohen Wert im Infotainment-Business haben. Im alltäglichen Leben allerdings werden Draufgänger*innen skeptisch betrachtet, ihr Handeln oft als reiner Aktionismus abgetan, ignoriert oder gar sanktioniert. Mitunter bläst ihnen ein durchaus heftiger Gegenwind ins Gesicht.

Umgekehrt tun sich *Harriet* und *Hartmut* oft etwas schwer mit ihren Mitmenschen, also mit ihren Mitarbeiter*innen, Nachbarabteilungen, Kunden. Sie halten sie für fade Gewohnheitstiere, die stets dieselben Wege einschlagen, denselben Aufgaben nachgehen und mit denselben Menschen dasselbe unternehmen. Gähn. Langweiler, die am liebsten ewig so weitermachen würden wie bisher.

Dass die *Hasards* die Menschen in ihrem Umfeld so kritisch sehen, ist für sie – wie im Übrigen für Führungskräfte ganz allgemein – nicht immer von Vorteil. *Harriet* und *Hartmut* bringen keinerlei Verständnis für jene auf, die den Weg der Neuerung nur deshalb mitgehen, weil sie ihn mitgehen müssen, ganz gegen ihren eigenen Willen. Oder nur so tun als ob. Die *Hasards* erkennen dies nicht einmal. Es ist für sie unvorstellbar, einfach keine mögliche Option – beziehungsweise interessiert es sie schlichtweg nicht. Dann verlieren sie ihre Unterstützer*innen und Mitstreiter*innen und finden sich als unverstandene, im Regen stehen gelassene Einzelkämpfer wieder, die wie schon so oft davor feststellen müssen, dass sie letzten Endes auf sich allein angewiesen sind.

Alles der Action willen?

Dass draufgängerische Führungskräfte einiges auf dem Kasten haben, sollte bereits deutlich genug geworden sein. Vor allem, wenn es darum geht, die Situation zu dynamisieren, neue Impulse hineinzubringen und die kommende Veränderung anzustoßen, leisten sie großartige Dienste. Sie bringen Leben in die Bude, sorgen für Power und für Stimmung. Ohne sie wäre das Büroleben nur halb so amüsant.

Eine besondere Qualität wurde noch gar nicht erwähnt. Viele Konflikte und Spannungen erkalten, das heißt, sie dümpeln im Untergrund dahin, werden elegant unter der Decke gehalten, sind jedoch für alle Anwesenden deutlich spürbar. Das kann ewig so weitergehen – ohne Bewegung keine Chance auf Verbesserung. An dieser Stelle kommen die Damen und Herren *Grandezza*, *Histrione* und *Hasard* ins Spiel. Sie halten es gar nicht aus, dass da etwas unter der Tuchent schlummert. Das gehört für ihr Empfinden schleunigst ans Tageslicht. Da sie ja die letzten sind, die sich ein Blatt vor den Mund nehmen, schaffen sie es ohne weiteres, Dinge anzuheizen und frischen Wind in die Sache zu bringen. Erst durch sie werden verkrustete Muster aufgebrochen, erstarrte Fronten in Bewegung gebracht. Komfortabel ist das für die Beteiligten nicht, denn sie müssen sich mit der bisher so angenehm verfahrenen Situation neu auseinandersetzen und sich der nun entstehenden Dynamik mit all ihren Chancen und Gefahren stellen.

Problematisch ist das Zuviel des Guten: wenn die Draufgänger*innen über ein verträgliches Maß hinausschießen, wenn sie blind werden für alles, was sie damit verursachen, wenn ihnen nur die Eskalation wichtig ist. Im schlimmsten Fall kann es sich wie ein Rauschzustand gestalten und zu einer veritablen Sucht ausarten. Hauptsache, Rambazamba, alles andere ist nachrangig. So verzichtet die extrem draufgängerische Führungskraft völlig auf jegliches Risikomanagement. Dass dann größerer Schaden entstehen kann, ist selbstredend.

Sie tun sich allesamt schwer damit, wenn andere nicht bei ihren Spielen mitmachen – egal ob es jetzt um kleine Sticheleien geht oder um die große dramatische Eskalation. Sie sind angewiesen darauf, dass sich die Menschen in ihrem Umfeld aus der Reserve locken lassen – ohne sie gelingt die gesamte Inszenierung nicht. Wollen die Kolleg*innen partout nicht einsteigen, suchen sich dramatisch veranlagte Führungskräfte eben andere Mitspieler*innen. Sie übernehmen ein neues Projekt, fokussieren sich auf eine andere Person im Top-Management oder einen anderen Lieferanten – jedenfalls jemand, mit dem sie ihr Spiel neu zur Aufführung bringen können. Wenn dies gelingt, sind sie wieder in ihrem Element und alles ist gut.

Mein*e Chef*in ist so – Hilfe!

Wie bei allen anderen Führungskräften mit ganz besonderer Schlagseite gilt auch hier: Versuchen Sie nicht, Ihre Führungskraft umzupolen, sie in ein ungewolltes Korsett zu zwängen. Das klappt in den allerseltensten Fällen, eigentlich nie.
Legen Sie sich vielmehr eine Strategie zurecht, wie Sie mit den Macken und Besonderheiten Ihrer Chefin, Ihres Chefs umgehen wollen. Wichtig ist jedenfalls, dass Sie Ihre eigenen wunden Punkte kennen, also über etwaige heikle Angriffspunkte Bescheid wissen. So fällt es Ihnen wesentlich leichter, kühlen Kopf zu bewahren und sich nicht zu etwas hinreißen zu lassen, was dem Provokateur in die Karten spielen könnte und Sie später bereuen würden. Vielleicht wählen Sie ein geschicktes Ausweichmanöver wie im Kampfsport, beim Boxen oder beim Fechten, um die versuchte Attacke ins Leere laufen zu lassen. Reagieren Sie aber nicht zu cool, weil das könnte Ihr Gegenüber zu noch drastischeren Interventionen veranlassen.
Am besten Sie geben humorvoll augenzwinkernd zu erkennen, dass Sie die wahre Absicht der Irritation und Zuspitzung erkannt haben. Dass Sie diese unterstützen und gerne bereit sind, Ihren Beitrag zur Eskalation beizusteuern. Dann können Sie so tun, als würden Sie tatsächlich in das Spiel voll einsteigen. Natürlich können Sie diesen Weg auch verdeckt wählen, das heißt, ohne Ihr Gegenüber davon in Kenntnis zu setzen, dass Sie die Sache durchschaut haben. Sie steigen also in einem gewissen Maße ein, spielen mit, tun so, als würden Sie sich von ihm voll einwickeln lassen – und an der richtigen Stelle vollziehen Sie dann kunstvoll einen Schwenk in eine konstruktive Richtung.

Verflixt, das bin doch ich!

Sie manipulieren gerne andere auf der emotionalen Ebene? Fordern sie heraus, fügen ihnen kleine schmerzhafte Nadelstiche zu? Oder überrumpeln sie und drängen sie mit dem Rücken an die Wand? Nur um selbst der Tonangebende zu sein? Dann macht es wohl wenig Sinn, Ihnen zuzurufen, dass Sie das lieber lassen sollten. Sie würden es ja doch weiter tun, zu viel Vergnügen empfinden Sie dabei. Was Sie allerdings sehr wohl können: sich Zeit lassen. Werden Sie nicht ungeduldig, manches Gift wirkt eben erst nach einer gewissen Zeit. Geben Sie Ihren Opfern diese Zeit – sollten Sie dann noch immer keine Wirkung feststellen, können Sie ja eine weitere Dosis nachschießen.
Jedenfalls rate ich Ihnen, sich nicht in den falschen Gefechten zu verausgaben. Gehen Sie tendenziell sparsam mit Ihren Möglichkeiten um – ansonsten durchschauen selbst die weniger Gerissenen Ihre Masche zu leicht. Wählen Sie gezielt aus, wen Sie verunsichern, provozieren oder desavouieren wollen. Überlegen Sie gründlich, wozu das Ganze gut sein soll, welche Reaktion Sie sich von Ihrem Gegenüber erwarten und wie Sie dann Ihrerseits wieder darauf reagieren wollen.

Sind Sie ein*e *Coquette*, gilt dasselbe wie vorhin: Verschwenden Sie Ihr Talent nicht, nutzen Sie es nicht auf inflationäre Weise, lassen Sie sich nicht von irgendwelchen plötzlichen Impulsen mitreißen. Sondern entscheiden Sie mit Bedacht und bei vollem Bewusstsein, wen Sie als nächstes erfolgreich bezirzen und gewinnen werden.

Als Drama-Babe sollten Sie die Kunst der Inszenierung perfektionieren. Ich bin überzeugt, dass Sie darin noch etliches finden, das Sie optimieren können. Etwa die Wahl der richtigen Kulissen und Requisiten – bringen Sie einige überraschende Gegenstände auf die Bühne, mit denen niemand gerechnet hätte. Ein auffälliger Blumenstrauß mit einer kunstvoll gestalteten Grußkarte, offensichtlich von einem anonymen Verehrer stammend, wobei allerdings nicht so klar ist, für wen das Geschenk eigentlich gedacht ist. Oder, wenn Ihnen das noch Extremere naheliegt, ein Arzneifläschchen mit einer unleserlichen Beschriftung, die nur Schlechtes vermuten lässt, oder ein leeres Tabletten-

päckchen, das Sie angeblich am WC gefunden haben. Ein Brief, voll von Kränkungen und Drohungen, der zufälligerweise bei Ihnen gelandet ist. Ein Testergebnis, das beweist, dass der korrekteste Kollege von allen ganz offensichtlich ein schlimmer Finger ist. Ein Video- oder Tondokument, das Ihnen zugespielt wurde, das Sie aber keinesfalls zur Aufführung bringen können, weil es böses, kompromittierendes Material enthält. Nicht, dass ich Ihnen die ganze kreative Arbeit abnehmen will, ich wollte nur Ihren schöpferischen Ehrgeiz anstacheln.
Trainieren Sie das Treffen des richtigen Zeitpunkts für Ihre dramatischen Auftritte und den Einsatz der richtigen Mienen und Pointen. Am besten, Sie üben das unter geschützten Bedingungen, im Familien- oder Freundeskreis zum Beispiel. Nachdem Ihr Ruf dort ohnehin schon ein schräger ist und Sie – im Gegensatz zum Job – nicht mehr viel zu verlieren haben, können Sie ganz getrost experimentieren und auf diese Weise Ihr Repertoire erweitern. Apropos Repertoire: Sie können ebenfalls Ihre Bandbreite in puncto verschiedener Rollen erweitern. Mimen Sie einmal die Böse, dann den Verständnisvollen. Um kurz darauf ins Vorwurfsvolle oder ins Zu-Tode-betrübt-Sein zu kippen. Zählen Sie mit, wie viele Rollenwechsel Sie pro Minute schaffen. Steigern Sie diesen Wert sukzessive – Sie verbessern damit gleichzeitig Ihre Schlagfertigkeit.

Egal, welche spezielle Spielart des Draufgängers Sie verkörpern, vielleicht beschäftigt es Sie, inwiefern Ihr Agieren als Führungskraft Auswirkungen hat. Es meldet sich eine Stimme in Ihnen, die Ihnen einflüstert, dass Sie ja doch eine besondere Verantwortung haben? Nun, in diesem Fall kann ich mich nur wiederholen: Schlagen Sie nicht wahllos um sich, nehmen Sie nicht die erstbeste Gelegenheit wahr, um Ihrem Drang nach Risiko und Abenteuer nachzugeben. Nutzen Sie eben nicht jede sich bietende Chance, so schnell wie möglich die nächste Stufe der Eskalation herbeizuführen. Sondern bringen Sie Ihr spezielles Talent dann zur vollen Geltung, wenn sozusagen „alle Plätze besetzt" sind und die große Bühne alleine Ihnen gehört.

Bilder einer Einstellung

Was empfiehlt die aktuelle Management-Literatur – neben Ausrichtung an Purpose und Sinn sowie Orientierung in Richtung Ergebnisse und Lösungen – als eine der zentralen Grundhaltungen von Leadership? Die Wertschätzung der Menschen. Ausgehend von der Human-Relations-Bewegung vor fast hundert Jahren hat sich ein Führungsverständnis entwickelt (aber längst nicht überall durchgesetzt), das auf Ernstnehmen, Akzeptanz, Wohlwollen, Mensch- und damit auch Mitarbeiterorientierung setzt. Dabei handelt es sich um ein Konzept mehrdimensionaler Wertschätzung – insofern, als eine Wertschätzung des Anderen idealerweise von Selbstwertschätzung getragen wird. Ein stabiler positiver Selbstwert macht demnach eine reife Führungskraft aus. In der Transaktionsaktionsanalyse[44] wird diese wünschenswerte Grundeinstellung im Modell des OK-Geviert als „ich bin okay, du bist okay" bezeichnet. Sie stellt damit eine wichtige Basis für die eigene Selbstsicherheit und Selbstwirksamkeit dar, ebenso wie für das Achten der Integrität und der Autonomie des Anderen. Auf diesem Fundament können sich ein kooperativer Führungsstil sowie ein Agieren und Kommunizieren auf Augenhöhe etablieren.
In öffentlichen Statements bekennen sich heutzutage praktisch alle Manager*innen zu diesem Postulat. Das ist Common Sense, das versteht sich quasi von selbst, das ist der „Rhythmus, wo man mitmuss". Innerlich ticken zumindest manche unter ihnen ganz anders, sind von diesem aus ihrer Sicht weichgespülten Ansatz gar nicht so überzeugt. Ihr Handeln verrät sie.

---

44 Siehe Stewart & Joines, 1990, S. 177 ff.

Viel lieber würden sie den Weg vorgeben, ohne über die Beteiligung der Mitarbeitenden nachdenken oder gar diskutieren zu müssen, nette, pflegeleichte Mitarbeiter*innen vorfinden, die ihren Job erledigen, ohne groß nachzufragen.
Sie unterziehen – meist unbewusst – ihr Umfeld immer wieder einem Fähigkeits- und Intelligenzcheck und gelangen zum Ergebnis, dass sie sich überwiegend mit minderbemittelten Mitmenschen herumschlagen müssen. Mit Versagern, Dilettanten, Nichtsnutzen, Schwächlingen, intellektuellen Dünnbrettbohrern, Weichlingen, Spitzschießern und Blindgängern, ausgesprochenen Pfeifen. Gedanken oder Aussagen wie: „Das schafft er wieder einmal nicht, der Kollege. Dafür ist er einfach nicht geeignet" oder „Zu dumm für die einfachsten Aufgaben", begleitet von einem gut sichtbaren resignativen Kopfschütteln, sind keine Seltenheit. Sollte überraschenderweise doch etwas gelingen, lassen sie, mit leicht seitlich geneigtem Kopf und mitleidvollem Blick, Folgendes vom Stapel: „Ja, ja, ein blindes Huhn findet auch einmal ein Korn."
Es macht für sie ergo wenig Sinn, die Mitarbeitenden bei wichtigen Themen einzubinden, etwa direkt auf sie zuzugehen, sie ins Vertrauen zu ziehen und um Rat zu fragen. Selbstständiges Denken? Wäre schön, ist aber illusorisch. Oder es kommt dabei nur Unbrauchbares heraus. Also besser nichts Positives vom Gegenüber erwarten, ruhig vom Schlimmsten ausgehen, dann wird man nachher auch nicht enttäuscht sein.

Mitunter sind Mitarbeiter*innen zu schlau, um als Versager durchzugehen. Was bei manchem Manager die Alarmglocken schrillen und ihn denken lässt: „Lauter Gauner! Die versuchen bloß, für sich das Optimum herauszuholen oder gar, mich zu hintergehen. Man kann als Chef nicht vorsichtig genug sein. Sie führen sicher etwas im Schilde, vielleicht sogar gegen mich. Obacht!" Da haben wir sie wieder, die Abwertung, das Mindset „Du bist nicht okay – ganz im Gegenteil zu mir", wenn auch in anderer Verpackung.
Eine derart gepolte Führungskraft ist überzeugt, dass solche Mitarbeiter*innen kein Vertrauen verdienen. Zumindest nicht ohne Weiteres. Das haben sie sich erst hart zu erarbeiten. Bis dahin setzt die Führungskraft auf Kontrolle, Überwachung und sehr enge Gestaltungsräume – alles muss über ihren Schreibtisch, nichts von Belang darf ohne ihr Wissen und ihr Okay geschehen.

Überheblichkeit und Geringschätzung

Abb. 18: Überheblichkeit und Geringschätzung - eine der möglichen Führungshaltungen im OK-Geviert

Stets ist die eigene Haltung der Schlüssel, die innere Einstellung sich selbst und seinen Mitmenschen gegenüber. Der eine oder andere kriegt es schlichtweg nicht hin, eine menschenfreundliche Haltung einzunehmen, nicht einmal mit größter Anstrengung. Um sich den ganzen Zinnober der Arbeit am eigenen Mindset zu ersparen, konstatieren manche: „Haltung ist Luxus." Auch eine mögliche Einstellung. Bevor man sich lange fragt, was eigentlich die ideale professionelle Haltung in der Führung darstellt, welche am besten, am authentischsten zu einem passt und wie man diese dann durchgängig und konsequent leben kann, wählt man diese Einstellung der Nicht-Haltung – die im Übrigen auch eine Haltung ist – und macht es sich damit deutlich einfacher:

„Was geht mich das an? Was kümmert es mich? Ich bin hier schließlich nur Führungskraft. Zwar bekomme ich dafür etwas mehr bezahlt, aber letztlich ist das doch nur Schmerzensgeld. Stets dieses Gejammer der Gutmenschen über die Wichtigkeit der Personalführung, man solle sich Zeit nehmen für seine Mitarbeiter, für Fragen der Führung, schließlich habe man eine besondere Verantwortung. Seien wir mal ehrlich: Hauptsache, der Laden läuft. Dazu gibt es genügend zu tun. Die Mitarbeiter werden sich schon bemerkbar machen, wenn sie etwas brauchen."

„Der Mitarbeiter steht bei uns im Mittelpunkt", heißt es oft, vor allem in Hochglanzleitbildern und bei feierlichen Ansprachen. Nicht immer ist das tatsächlich auch so gemeint, manch Manager mit der vorhin beschriebenen Einstellung verfolgt völlig andere Prioritäten: Ehrliches Interesse am Gegenüber, egal ob Mitarbeiter*in, Kunde oder sonst jemand, ist für ihn in Wahrheit ein unnötiger Klotz am Bein! Aufrichtige Menschlichkeit? Nur hinderlich dabei, die wirklich wichtigen Aufgaben zu verfolgen: die Aufrechterhaltung des Business, die Maximierung der Gewinne und die Optimierung der eigenen Karriere – oftmals auch in umgekehrter Reihenfolge. Kein Wunder, dass unter diesen Umständen das Credo ein gänzlich anderes ist: „Wenn der Mitarbeiter im Mittelpunkt steht, ist er doch meistens im Weg. Der Mitarbeiter ist Mittel. Und Punkt!"
Jedoch lässt sich der Einsatz von Menschen nicht gänzlich vermeiden, man ist in vielem auf sie angewiesen, selbst für derart gestrickte Manager*innen trifft dies zu. Daher halten sie den Aufwand für Mitarbeiterführung möglichst gering und orientieren sich an trivialen, stark vereinfachenden Modellen vom Menschen. Etwa, indem sie ihre Untergebenen als Laborratten oder als Affen betrachten. Diese haben keinen freien Willen, der das Ganze nur unnötig verkompliziert. Sondern sie funktionieren mittels simpler Reiz-Reaktions-Muster und sind im Normalfall leicht zu dressieren. Oder sie sehen sie als Maschinen, Mechanismen oder Bioroboter, jedenfalls als herzlose Gestalten, dann spart man sich gleich die ganze emotionale Dimension. Wenn ein Mitarbeiter nicht mehr funktioniert, verpasst man ihm einfach eine Schulung, quasi ein 100.000 km-Service. Von dort soll er dann frisch repariert und neu geschmiert zurückkehren. Oder man schickt ihn gleich „in die Wüste", um leichter lenkbare Modelle zu engagieren.

Was also, wenn man sich mit Menschen prinzipiell schwertut? Sind Misanthropen als Führungskräfte von vornherein ungeeignet? Mag sein, ein Blick in die Managementpraxis zeigt allerdings: Allzu häufig sind sie in führenden Positionen anzutreffen. Das Fundament für ihr Mindset beziehen sie jedenfalls aus dem linken oberen Quadranten des OK-Gevierts: Ich bin okay, du bist nicht okay. Auch eine Grundlage!

DAS EWIG WÄHRENDE REICH DES GRANDIOSEN
WAN-KA
Der
Sonnenkönig
und sein Hofstaat

Der grandiose Wan-Ka

Tim Wanka strahlte. Ein wahrhaft guter Tagesbeginn. Er fühlte sich jung, frisch, dynamisch. Die Kombination aus seinem Lieblingsduft Fucking Fabulous von Tom Ford, den genagelten Maßschuhen vom angesagtesten Schuster der Stadt und der gut sichtbar getragenen Glashütte Original Limited Edition Celebration One verliehen ihm die Aura des Unbesiegbaren. Drei von fünf Büros hatte er bei seinem allmorgendlichen Rundgang bereits erfolgreich aufgesucht. In jedem war ihm ausnahmslos bestätigt worden, dass es wohl keine auch nur annähernd so großartige Führungskraft wie ihn gab. Bevor er das nächste Büro betrat, holte er das Handy hervor, ging in den Selfie-Modus und überprüfte kurz sein Äußeres. Alles perfekt. Er hörte, dass einer seiner Mitarbeiter, Jens Luther, gerade noch telefonierte. Also wartete er etwas zu, tat so, als würde er seine Mails checken. Schließlich sollten sich seine Leute auf ihn konzentrieren, wenn er sie schon mit seinem Besuch beehrte. Als Luther das Gespräch beendet hatte, klopfte er an und trat ein.

Wanka war wieder auf Tour. Die FFC-Tour, also Fishing for compliments-Tour, wie seine Mitarbeiter das insgeheim nannten. Er ahnte nicht, dass ihn längst alle durchschaut hatten. Selbst die beiden Kolleginnen, die erst seit ein paar Wochen zur Abteilung gehörten, spielten mit. Den Chef stets bestärken, ihm auf keinen Fall widersprechen oder ihn gar ignorieren. Wer ihm Anerkennung zollte, konnte mit einem ruhigen Arbeitstag rechnen.

Ja, Herr Wanka.
Selbstverständlich, Herr Wanka.
Ja, genau. Stimmt!
Vielen Dank für Ihren Rat.
Ohne Ihre Inputs und Hinweise hätten wir das nie herausgefunden.
Wenn wir Sie nicht als Chef hätten, wie könnten wir sonst vorankommen?
Natürlich, Herr Wanka, das sehe ich so wie Sie. Danke für Ihre Unterstützung.
Wir können uns wirklich glücklich schätzen, dass wir Sie als Vorgesetzten haben.
Und und und.

Manche Kollegen übertrieben es etwas, reizten die Komplimente aus, legten stets noch eines drauf. Man wollte einander übertreffen, schaukelte sich gegenseitig hoch. Ja, es kursierten sogar Wetten: Das traust du dich nie! Wenn du das sagst, dann checkt sogar er, dass da etwas faul ist. Da halte ich dagegen!
Vermutlich wollten sie mit ihrem Sich-gegenseitig-Hochlizitieren herausfinden, wann er es endlich kapieren würde.

Tim Wanka verstand es auf seine Weise. Er fühlte sich rundum in seinem Handeln bestätigt und kehrte daher stets prächtig gelaunt von seiner Abteilungsrunde zurück. Kein Wunder, dass man sich in einem derart positiven Arbeitsklima gegenseitig zu Höchstleistungen pushen konnte, dachte Wanka, da lobe ich mir unsere Truppe.
Er konnte sich wahrhaft glücklich schätzen. Privat wünschte er sich ebenfalls so ein tolles Umfeld. Allein es blieb bei seinem Wunsch. Etwa letztens bei diesem eigenartigen Klassentreffen. Keiner seiner ehemaligen Mitschüler hatte ihm zu seiner Erfolgsstory gratuliert, offenbar war niemand davon besonders angetan. Oder waren sie bloß neidisch gewesen? Dabei hatte er gar nicht dick aufgetragen, weder in der Beschreibung seiner Verantwortung im Job noch bei Kleidung und Accessoires. Eine Mittelklasseuhr, eine No-Name-Brille, Sneakers, nichts, woran jemand Anstoß nehmen hätte können. Es hatte kaum jemand über seine Witze gelacht, er hätte beinahe an seinen Qualitäten als Unterhalter gezweifelt.

Komische Bande. Wanka hatte sich in ihrer Gesellschaft gar nicht wohl gefühlt. Das war im Kreis seiner Mitarbeiter gänzlich anders. Hier im Büro klappten sogar die flacheren Zoten. Wahrscheinlich war er lockerer und brachte deshalb die Pointen einfach besser rüber. Da wusste Wanka, woran er war. Manchmal, ganz selten eigentlich, musste er gegensteuern, weil die Dinge anders liefen als erwünscht. So hatte er etwa die Versetzung seiner langjährigen Assistentin in eine Schwesterfirma veranlasst. Die war ihm doch tatsächlich etwas über den Kopf gewachsen, unerhört! Jetzt, nachdem sie weg war und die Neue, die junge, unerfahrene Miriam, ihre Stelle übernommen hatte, lief es wieder deutlich besser.

Luther und seine beiden Bürokollegen Baumann und Celič blickten sich an. Wanka also, wie beinahe jeden Morgen. Was sollten sie tun? Das altbekannte Spiel spielen? Um damit etwas Zeit und Ruhe zu gewinnen? Sie wussten, diese Ruhe wäre nur von kurzer Dauer. Spätestens in ein paar Tagen würde alles hochkochen. Die geplante Umstellung des IT-Systems war zu prominent, zu bedeutsam, um die gemachten Fehler unter den Teppich zu kehren. Es ging jetzt nicht mehr nur um Anpassungsprobleme bei der Verwendung der neuen Datenbank, es waren nicht mehr bloß die Abrechner, das Controlling und die Buchhaltung betroffen. Nein, es würde in Kürze auf wesentliche Prozesse, auf das Daily Business durchschlagen, und spätestens dann würden alle Mächtigen in der Firma „Feuer!" schreien und mit dem Finger auf sie, die IT-Abteilung zeigen.
Sie reagierten kaum auf das freundliche „Guten Morgen!" durch den Chef. Jedenfalls nicht in der von Wanka erwarteten Weise. Wanka war irritiert, hakte noch mal nach. Es sei doch ein wirklich schöner Tag, wahrlich eine Freude, hier zu arbeiten, oder? Wieder nur Gemurmel, keine wirkliche Zustimmung. Wanka wurde zusehends unruhiger, trat von einem Bein aufs andere.
Luther wusste nicht recht, was er tun sollte. Hat irgendwer Wanka bereits mit der Hiobsbotschaft konfrontiert? fragte er sich. Oder haben ihn wie immer alle verschont? Orientierte man sich an Wankas Gesichtsausdruck, wohl eher Letzteres. Liegt es also an mir, ihm reinen Wein einzuschenken? Ihm zu sagen, dass es um unser Ansehen aktuell wirklich schlecht bestellt ist? Ihn vor allem davon zu überzeugen, dass das noch gar nicht das Schlimmste ist,

sondern dass es zu argen Problemen in den Geschäftsprozessen kommen könnte? Und zwar aufgrund dieser fatalen Fehleinschätzung durch uns, die IT. Uns Mitarbeitern ist bewusst, wer es verbockt hat. Wir haben mit Nachdruck darauf hingewiesen, dass wir für die Entwicklungsphase deutlich mehr Abstimmungen und damit mehr Zeit vorsehen sollten. Doch wer hat gesagt, dass schon alles gutgehen wird? Wanka, eh klar. Er hat die Dimension, die Relevanz des Ganzen unterschätzt, insbesondere die Querverbindungen zu den anderen Prozessen. Deshalb haben wir auf seine Anweisung hin auf bestimmte Analyseschleifen im Vorfeld bewusst verzichtet. Letztlich war es seine Fehleinschätzung, er hat damals gesagt: „Ach, das braucht doch keiner!“ Jetzt könnten wir noch gegensteuern. Dazu müsste man allerdings eine deutliche Strategieänderung vornehmen. Das hieße einzugestehen, dass man etwas wirklich Wichtiges übersehen oder zumindest falsch beurteilt hatte. Anders würde man diese Kursänderung nicht erklären können. Und es würde hohe zusätzliche Kosten verursachen, um das einigermaßen aufzufangen und die Versäumnisse im Projekt nachträglich aufzuholen.
Das alles ging Luther in Sekundenschnelle durch den Kopf. Sie hatten das gerade zuvor im Büro intensiv diskutiert. Er wusste, es lag wohl tatsächlich an ihm, seinen Vorgesetzten hier und jetzt davon in Kenntnis zu setzen.
Luther holte tief Luft und fasste dann in wenigen Sätzen die wesentlichsten Inhalte zusammen. Redete nicht viel herum, kam gleich zum Punkt, machte den Vorschlag, reinen Tisch zu machen, den Fehler – den Fehler der gesamten IT, logisch! – offen einzugestehen und unmittelbare Gegenmaßnahmen einzuleiten. Baumann und Celič nickten bestätigend, sagten selbst jedoch nichts dazu.
Stille.
Man sah Wanka an, wie es in ihm arbeitete.
Sein erster Einwand „Ach, Kollegen, das ist gar nicht so schlimm, wie es vielleicht auf den ersten Blick aussieht!“ war rasch entkräftet. Man konnte es drehen und wenden, wie man wollte, es war schlimm. Und es würde noch schlimmer werden, wenn man jetzt nicht rasch handelte, ergänzte Luther.
„Dann haben wir es also tatsächlich mit Komplikationen zu tun“, antwortete Wanka. „So, so. Komplikationen, die man offensichtlich nicht vorhersehen konnte. Nun, das gehört zu unserem Job. Es wäre allerdings hilfreich gewesen,

wenn uns der Finanzbereich rechtzeitig auf die Querverbindungen zwischen Datenbank, Abrechnungssystem und den Freigabeprozessen hingewiesen hätte. Außerdem hätte darauf ja auch jemand von Ihnen kommen können ..."

„Aber, Herr Wanka, wir haben doch ...", entgegnete Baumann. Luther hielt sich zurück. Er wusste schon aus früheren Erfahrungen, zu hoffen oder gar einzufordern, dass der Chef die Verantwortung übernehmen würde, machte jetzt am wenigsten Sinn.

„Ach was, niemand hat da rechtzeitig darauf aufmerksam gemacht. Ende der Diskussion. Wenn ich den Kollegen Luther richtig verstanden habe, bleibt uns nicht viel übrig. Begreifen wir es als Lernchance – machen wir das Beste daraus. Meine Herren, Sie wissen, was zu tun ist!"

Sprach es, stellte mit jedem seiner drei Mitarbeiter nochmal kurzen Blickkontakt her, verbunden mit einem kaum merkbaren aufmunternden Nicken, und verließ dann den Raum. So, wie er es vor Jahren an der Fünfstern-Management-Akademie gelernt hatte und es seit Jahren erfolgreich praktizierte. Man musste sich – gerade in heikleren Situationen – der Akzeptanz und der Gefolgschaft besonders versichern. Das war ihm unter anderem vom Best-Leadership-Curriculum in Erinnerung geblieben. Bei seinem Status hielt er es zwar mittlerweile für durchaus verzichtbar – andererseits spulte er das automatisch ab. Und schaden konnte es nicht.

Gerade in solchen Situationen wie eben vorhin war es wichtig, dem Gesagten volle Wirkung zu verleihen, etwa durch den richtigen Abgang. Ja, daran kann man wahre Leader erkennen. Vor allem in kniffligen Situationen Stärke zeigen, nie um eine Antwort verlegen sein, stets eine klare Botschaft für das Team parat haben. Er wusste, das würden alle an ihm schätzen, das war einer der Gründe, weshalb er stets so positive Rückmeldungen von seinen Mitarbeiterinnen und Mitarbeitern bekam.

Baumann, Celič und Luther waren sprachlos. Was war das gerade gewesen? Welch eigenartigen Auftritt ihres Chefs hatten sie eben erlebt? Eine Lernchance? Hatte er jetzt völlig den Boden unter den Füßen verloren? Und vor allem: Wie sollte es jetzt weitergehen? Fühlte sich Wanka in irgendeiner Weise für das Ganze verantwortlich? Für die Entstehung sowieso nicht, aber für die nun folgenden Maßnahmen? War da mit ihm in irgendeiner Art und Weise zu rechnen? Oder hatte er sich gerade – nun ja, nicht wirklich elegant – aus der Affäre gezogen? Mussten sie ihm das durchgehen lassen? Oder sollten sie ein weiteres Mal versuchen einzufordern, dass er Flagge zeigt, Leadership lebt – also genau jenen Begriff, den er selbst so gerne in den Mund nimmt, tatsächlich wahrnimmt?

Tim Wanka hingegen war inzwischen beim letzten Büro der IT-Abteilung angekommen, bei jenem der Projektassistentinnen. Ganz bewusst hatte er es sich zum Abschluss seiner Runde aufgehoben, das hatte sich schon x-fach bewährt. Er wollte seine Mitarbeiterinnen nicht mit den Herausforderungen im Nachbarbüro belasten. Also betrat er mit besonderem Elan das Büro der Projektassistentinnen.
„Ich wünsche einen wunderschönen guten Morgen, meine Damen. Alles bestens bei Ihnen?"
Ja, hier war die Welt in Ordnung. Hier wusste man zu schätzen, welch umsichtiger und überaus wohlwollender Leiter er war. Hier bekam er ausschließlich Rosen gestreut und musste sich nicht mit irgendwelchen fremdverschuldeten Problemen herumschlagen. Auf seine Mitarbeiterinnen war eben Verlass.

Zurück in seinem Büro, wartete Miriam, seine neue Assistentin, schon mit dem üblichen Morgenkaffee. Nicht zu stark, nicht zu schwach, etwas Milch, kaum Zucker. Dazu ein kleines Stück Schokolade wegen der Glückshormone. Er nahm Platz in seinem Chefsessel Topstar Director – in schwarzem Leder gehalten, wie sonst? – und blickte in den vor ihm stehenden Spiegel. Sein Gegenüber lächelte ihm zu und versicherte ihm mit einem Ausdruck der Gewissheit: „Wir beide sind unschlagbar." Wanka lehnte sich zurück, schloss kurz die Augen, genoss das königliche Glück mit sich und nippte dann mit selbstzufriedener Miene an seiner Präsident Classic Collection.

Ich bin Führung

Selbstverliebte Ich-Menschen an der Macht

Ich stehe nun vor einer besonderen Herausforderung, geradezu vor einer Gratwanderung. Es gilt, einen ganz speziellen Menschenschlag und seine Vertreter*innen darzustellen und zu würdigen: die Ich-Menschen oder auch Egomanen. Diese Typen reagieren derart sensibel auf den leisesten Hauch von Bedenken, dass ich sie hier zumindest neutral, jedenfalls wertschätzend, vielleicht sogar ein wenig aufschauend beschreiben möchte. Als Leser*innen würden sie sonst das Buch zuklappen und in die Ecke stellen. Weil sie sich missverstanden, ungerecht behandelt oder einfach nur schlecht getroffen fühlen. Der Wert des gesamten Buches würde damit aus ihrer Sicht unter null sinken. Und wer will das schon?

Betrachten wir also ihre Eigenheiten nüchtern als spannende Phänomene – und als Stärken. Sie verfügen, anders als die meisten ihrer Kolleg*innen in Managementkreisen, über ein klares Bezugssystem, das ihnen stets Orientierung verleiht: nämlich sich selbst, ihr eigenes Wohlbefinden. „Dient mir etwas, ist es gut“, lautet die Devise, „schadet es mir, ist es böse“. So einfach funktioniert ihre Welt. Wo andere sich die Frage stellen „Wonach soll ich mich jetzt richten? Wer oder was sagt mir, was von Bedeutung ist?“, sind sie bereits einen großen Schritt weiter. Für sie existieren diese Fragen schlichtweg nicht. Ich, ich und noch einmal ich, das ist ihr einziges Lebens- und damit auch Führungsprinzip. Wer, wenn nicht sie selbst, soll der Leitstern für das weitere Vorgehen sein?

Sie bestechen durch ihr grandioses Selbstbewusstsein und ihre deutlich zur Schau getragene Selbstsicherheit. Ganz egal, welche Führungsaufgabe es zu lösen gibt, sie wissen, was zu tun und worauf zu achten ist. Oft reicht es, gar nichts zu tun und einfach nur als Führungskraft auf der Bildfläche zu erscheinen – ihr Auftreten und ihre Präsenz sichern den gewünschten Effekt.

Ihre Akzeptanz mag bisweilen darunter leiden, dass sie blasiert, herablassend, überheblich oder gar borniert rüberkommen. Das bringen ihr ichbezogener Führungsstil und ihre durch und durch egozentrische Sicht der Dinge mit sich. Ihre größte Herausforderung: damit zurechtzukommen, dass sie bisweilen Gegenwind und manchmal sogar direkter Kritik ausgesetzt sind. Wie geht nun ein Egomane damit um, wenn der für ihn unwahrscheinliche Fall eintritt, dass die Reaktion des Gegenübers anders ausfällt als von ihm vorgesehen? Er vermag dies mit wenig Interpretationsaufwand so hinzubiegen, dass es ins eigene grandiose Selbstbild hineinpasst: „Der kennt sich doch gar nicht aus." „Die will sich nur wichtig machen. Von der lasse ich mir sicher nichts sagen." „Der hat meine Ausführungen gar nicht verstanden. Und jetzt versucht er, mit seinen kruden Gegenargumenten davon abzulenken." Oder, besonders gefinkelt, die psychologisierende Variante: „Offensichtlich habe ich da einen wunden Punkt bei meinem Gegenüber angesprochen. Sein Widerstand beweist mir, dass ich ins Schwarze getroffen haben muss." Beziehungsweise: „Hätte er die innere Reife, die persönliche Größe und Integrität, er würde sicherlich zustimmen."
Ich-Menschen sind Meister darin, die Rückmeldungen aus ihrer Umgebung so zu deuten, dass sie sich bestätigt fühlen. Bestätigt und bestärkt in dem, was sie gesagt haben, in ihrem Tun sowie in ihrem ganzen Sein. Somit erhalten sie stets einen weiteren Grund, mit sich selbst zufrieden und glücklich zu sein, sich großartig zu fühlen. Es ist gewiss: vorzügliche Rückmeldungen stehen ihnen schlichtweg zu. Und schon können sie bei der nächsten Herausforderung mit noch stärker geschwellter Brust, mit noch mehr Selbstsicherheit, Überzeugtheit und Souveränität auftreten.

Die sich selbsterfüllende Prophezeiung der Ich-Menschen

Abb. 19: Die sich selbsterfüllende Prophezeiung der Ich-Menschen

Nebenbei immunisieren sie sich durch ihre Strategie des Ausblendens, Entwertens und Umdeutens von möglicherweise kritischen Inhalten gegen jegliche Kränkung. Dieser Schutz vor den Auswirkungen von Kritik wird umso wichtiger, je mehr sich eine gewisse leise Ahnung bewahrheitet. Nämlich, dass die Egomanen tief drinnen vielleicht doch nicht so souverän und selbstsicher sind, wie sie nach außen wirken. Selbst wenn der eine oder andere Selbstzweifel an ihnen nagen mag, kann man das an ihrem souveränen Auftreten kaum erkennen. Somit lösen sie im Normalfall bei ihrem Publikum genau jene Reaktionen aus, die sie erwartet haben. In erster Linie also die Bestätigung ihrer selbst.

Das stets selbstsichere und häufig überheblich und selbstgefällig wirkende Verhalten dieses Typs lässt andere – vor allem jene, die nicht mit solcher Überzeugung von sich selbst ausgestattet sind – vor Neid und vor Scham erstaunen, erröten und manchmal sogar erzürnen. Was sich der X doch alles traut! Mit welcher Chuzpe die Y durchs Leben geht! Diese Reaktionen bestätigen die Egomanen naturgemäß in ihrer Haltung und in ihrem Handeln. „Siehst du, man bewundert dich", sagen sie zu ihrem Spiegelbild, „man beneidet dich – und selbst die, die dich offen anfeinden, wären lieber so wie du, würden sich gerne die eine oder andere Scheibe von dir abschneiden."

Primadonnen und Pfauen

Die offensichtlichsten Vertreter*innen dieser selbstverliebten Spezies sind *Patricia Prächtig* und *Sigismund Schönemann*. Aufgeplustert stolzieren die beiden durch das Unternehmen. Sie sind auf Bewunderung angewiesen und trachten daher in all ihrem Tun danach, ihr Umfeld auf das Kräftigste zu beeindrucken. Mit Hilfe von Statussymbolen, Äußerlichkeiten, Ritualen, die ihre Überlegenheit demonstrieren. Ihnen ist jedes Mittel recht, wenn es nur ihrem Ego dient.

Nach außen geben sie sich (meist) adrett und eloquent, vielleicht sogar smart. Auf die Perfektion der Hülle, der Fassade wird überaus viel Wert gelegt. Schließlich hat man etwas darzustellen, schließlich ist man nicht irgendwer. Manchmal gerät das etwas plump – ich denke da an die eine oder andere Selbstdarstellung auf Instagram, Facebook oder ähnlichen Plattformen, auch und gerade von einflussreichen Menschen mit Führungsanspruch. Der Kenner vermag rasch und eindeutig zu unterscheiden, was Niveau hat und was gerne Stil hätte.

Primadonnen und Pfauen gehen davon aus, dass sie stets von allen bewundert werden. Da kann es schon einmal vorkommen, dass man in diesem Rausch den Boden unter den Füßen verliert.

> *Eine große Institution mit vielen Standorten in Österreich. Eine Leiterin, nennen wir sie Linda, wird befördert. Eine Mitarbeiterin dieser Organisation, Martina, wurde vor mehreren Jahren bei ihrem Einstieg von Linda unterstützt. Sie ist nunmehr in Wien stationiert und erfährt dort von der Beförderung ihrer ehemaligen Mentorin. Sie beschließt, Linda zur Beförderung zu gratulieren, und beauftragt eine bestens bekannte Konditorei, eine Sachertorte in einem Päckchen an die Leiterin zu senden. Sie legt eine Karte bei:*

„Herzlichen Glückwunsch zur neuen Position. Liebe Grüße und alles Gute wünscht Ihnen Martina".
Eine Woche vergeht, keine Reaktion. Also ruft sie bei Linda an und fragt, ob das Päckchen angekommen sei. Linda bestätigt dies, erzählt, dass die Torte allen gut geschmeckt habe, und fragt, warum Martina davon wisse. Im weiteren Gesprächsverlauf stellt sich heraus, dass Linda die Karte übersehen hat. Weshalb? Weil sie offenbar davon ausgegangen ist, dass die Konditorei selbst auf die Idee gekommen war, ihr zur Beförderung zu gratulieren!

Für jemanden, der derart tickt, ist es naheliegend, Empfehlungen der Management-Literatur nach eigenem Ermessen zu interpretieren. Aus „Den Mitarbeiter*innen die Erfolge zugestehen, für Rückschläge und Fehler hat man als Führungskraft einzustehen", wird ein neues und viel besser passendes Führungsmotto generiert: „Wenn es ein Erfolg war, dann war es mein Verdienst! Dann stehen auch mir als Führungskraft die Lorbeeren zu. Sollte einmal etwas schiefgehen, gerade dann, wenn der Fehler mir selbst passiert ist, dann haben es eben die Mitarbeiter*innen verbockt." Manches muss man also bloß um 180 Grad drehen – und schon passt es.

Alles im Auftreten und Verhalten von *Patricia Prächtig* und *Sigismund Schönemann* läuft auf Selbstdarstellung, Wirkung und Anerkennung hinaus. Auf die zustimmenden und – aus ihrer Sicht – begeisterten Reaktionen ihres Umfelds sind sie angewiesen wie Junkies auf die tägliche Dosis ihres Suchtmittels. Aber, wie es sich eben verhält bei Süchten, was gestern noch ausreichend war, muss heute getoppt werden. Kein Wunder, dass sie ihr Umfeld so zu gestalten trachten, dass es auf sie selbst zurückstrahlt, dass es sie in ein schillerndes Licht hüllt.

Ein Top-Manager in einem größeren Unternehmen ist dafür bekannt, um sich etliche attraktive, wortgewandte Mitarbeiterinnen zu scharen. Eines Tages sagt er zu einer seiner Assistentinnen: „Kennen Sie schon unseren Werte-Diamanten? Der ist eine tolle Sache, etwas ganz Wichtiges. Nicht nur inhaltlich, sondern auch

> *symbolisch. Denn ich will, dass es rund um mich funkelt vor lauter schönen Frauen."*

Wenn dann noch einige Aspekte der in einem anderen Abschnitt beschriebenen Blender hinzukommen, kann das schon mal manchen Mitarbeiter zur Verzweiflung bringen.

Ziemlich dreiste Freunde – das Netzwerk lässt grüßen

> *Hans Hamann ist gestresst. Diese unverfrorene Kollegin Kötzinger wird ihn noch in den Wahnsinn treiben. Vielleicht beabsichtigt sie ja genau dies, denkt sich Hamann. Sitzt da in ihrer politisch bestens abgesicherten Position, mit ihrem mächtigen Netzwerk im Rücken, und dann meckert sie noch in einer Tour. Über all seine Beiträge. Seine Drafts, seine Proposals, seine fachlichen Inputs. Dabei kennt sie sich doch null aus, fachlich zumindest. Sie mag vielleicht besser über die verschiedenen Vertriebswege Bescheid wissen, aber selbst da hat er aufgrund seiner jahrelangen Unternehmenszugehörigkeit deutlich mehr Erfahrung und damit einen Knowhow-Vorsprung. Von der Sache versteht sie jedenfalls gar nichts. Was sie nicht daran hindert, seine Expertise vor dem ganzen Management-Board in Frage zu stellen. Sitzt dabei selbstgefällig vor ihrem Notebook, betrachtet zwischendurch immer wieder ihre Fingernägel und lässt eine spitze Bemerkung nach der anderen vom Stapel. Dann behauptet sie, so, wie er das in seinem Projektbericht dargestellt hat, werde das nichts. Sie habe das bereits überprüft, der Plan des Kollegen Hamann könne unmöglich klappen. Nichts hat sie überprüft, keinen blassen Schimmer hat sie von dem ganzen Projekt! Vielleicht glaubt sie selbst tatsächlich daran, dass sie es besser wüsste und dass sie deshalb überall ihren Senf dazugeben muss. Dann noch dieser herablassende Blick und dieses scheinbar souverän-gelassene Getue. Was Hamann jedoch am meisten auf die*

Palme bringt, ist, dass niemand aus dem Vorstand in seinem Sinne reagiert. Dass der Neue nichts sagt, wundert ihn gar nicht, der hat ja diese Kötzinger ins Unternehmen mitgebracht. Aber der CEO, der ihn früher immer gefördert hat. Dass der nicht für ihn Partei ergreift – unglaublich! Netzwerke müsste man haben. Dann könnte man ebenfalls so überheblich auftreten und so unverhohlen agieren wie die Kötzinger.

Sonnenkönige – besser geht's nun wirklich nicht

Im Vergleich zu den Primadonnen und Pfauen haben es die Königinnen und Könige der Sonne wesentlich leichter. Sie sind dermaßen überzeugt davon, dass sie groß, wichtig, ja Übermenschen sind, dass sie gar nichts extra dafür zu tun brauchen. Für sie genügt es, zu erscheinen und zu sein. Das muss reichen. Jedem im Umfeld ist klar, mit wem er es zu tun hat. Schließlich sind sie nicht irgendwer, sondern *Ricarda La-Royale* und *Richard Le-Roi*.
Selbst wenn sie es nicht aktiv betreiben, ihre Position kommt der eines Monarchen gleich, ihr Sitzplatz dem eines Throns. Ihre Meetings geraten zu Audienzen, zu denen sie sich gnädigerweise herablassen. Man braucht sie nicht mit „Eure Majestät" ansprechen, das wäre übertrieben und würde die Tatsache ihrer Überlegenheit höchstens in ein schiefes ironisches Licht rücken. Das haben sie bei Gott nicht nötig – anders als die armseligen Anbiederer *Prächtig* und *Schönemann*.
Es ist absolut verpönt, die Sonnenkönige in ihrem Wohlbefinden zu beeinträchtigen, etwa, indem man ihnen die Sonne verstellt. Wie heißt es so schön: Wenn die Sonne tief steht, werfen sogar Zwerge lange Schatten. Was umgekehrt bedeutet, je höher man selbst steht und je stärker man strahlt, umso leichter lässt sich verhindern, dass sich andere in die Sonne drängen.

Wie kommt jemand zur Bezeichnung „Sonnenkönig"? Weil er so viel Wärme verstrahlt? Nein. Weil er mit solch enormer Energie ausgestattet ist, die Leben erst ermöglicht? Mitnichten. Weil er einfach eine Lichtgestalt ist, die von allen geliebt und verehrt wird? Das schon viel mehr. Wenn sie oder er noch dazu blendend aussieht und exzellent agiert, umso besser. *Madame La-Royale* und *Monsieur Le-Roi* befinden sich per definitionem stets in der Sonne. Wo sie sind, ist die Sonnenseite. Der Schatten ist für die Unscheinbaren da, die Nachtschattengewächse, die Mauerblümchen, die Loser.

Kein Wunder, dass es ihnen unter diesen Umständen nicht besonders schwerfällt, ihre Art des Führens und des Kommunizierens zu begründen.

> *So sagte etwa ein mittlerweile pensionierter Direktor in einem Dienstleistungsunternehmen: „Ihr seid viele, ich bin einer – warum sollte ich mich in meiner Kommunikation nach euch richten, auf euch eingehen? Ihr braucht euch nur an mir orientieren – also an einer Person, noch dazu der, die das Sagen hat. Das ist doch viel einfacher!"*

Es kann also recht leicht passieren, dass man die Bodenhaftung verliert, wenn man sich stets in solch luftigen Höhen und erlauchten Gefilden bewegt und sich vor lauter Zuspruch, ja geradezu Anbetung und Verehrung nicht mehr zu helfen weiß.

> *Ein bezeichnendes Beispiel dafür stammt aus einem großen internationalen Konzern. Es ist in diesem Unternehmen allgemein bekannt, dass mit einer bestimmten Hierarchiestufe entsprechende Statussymbole einhergehen: Dienstauto, eigenes Sekretariat und so weiter. Ein verheirateter Top-Manager dieses Konzerns beginnt eine Affäre mit einer Angestellten. Seine Frau weiß Bescheid, im Unternehmen wird davon nicht viel Aufhebens gemacht. Bis es eines Tages zu internen Turbulenzen kommt. Sein Vorgesetzter, der Vorstandsvorsitzende, spricht den Top-Manager auf die Affäre an und legt ihm mit deutlichen Worten nahe, diese zu beenden. Dessen Antwort: „Ich habe einen Dienstwagen der Klasse S, eine eigene Sekretärin, ein Büro der zweitgrößten Kategorie und einen eigenen Besprechungsraum. Da steht mir doch auch eine Affäre zu!"*

Ein anderer Konzernmanager machte tatsächlich seiner Mitarbeiterin den Vorschlag, ihre Fernreise in Südostasien für einen Firmentermin zu unterbrechen. Er hatte den Termin ohne Rücksicht auf ihre Urlaubspläne eingetaktet. Sie könne ja nachher wieder in den Urlaub zurückfliegen. Auf eigene Kosten, versteht sich. Kleine Pointe am Rande: Dieser Manager war unter anderem für die Personalagenden im Unternehmen verantwortlich.

Ich-Menschen und ihr Verhältnis zu den Mitarbeiter*innen

Nun mögen Sie sich fragen, wie *Ricarda La-Royale* und *Richard Le-Roi* und auch die zuvor genannten *Patricia Prächtig* und *Sigismund Schönemann* zu den Mitarbeiter*innen stehen. Den Egomanen sind ihre Mitarbeitenden die meiste Zeit vor allem eines: lästig. Eine Mühsal, wodurch der anspruchsvolle Alltag einer so wichtigen Führungskraft noch beschwerlicher wird.

Dennoch, ohne Mitarbeiter*innen geht es nicht – aus mehrerlei Gründen. Zum einen braucht man sie zur Aufrechterhaltung des Betriebes, als eifrige Arbeitsbienen, die mit ihrem Arbeitseinsatz den Primadonnen und Sonnenkönigen den Rücken freihalten und ihnen dadurch weitaus wichtigere Zeitvertreibe ermöglichen. Golfplätze etwa sind dann am angenehmsten zu bespielen, wenn sich darauf kein Pöbel herumtreibt – zu den besten Arbeitsstunden also.

Zum anderen ist ein Manager ohne Team nichts wert, und je größer die Mannschaft, umso wichtiger die Führungskraft. Und zu guter Letzt sind vor allem die *Prächtigs* und *Schönemanns* in gewisser Weise emotional abhängig von ihren Untergebenen. Wie schlecht würde es ihnen wohl gehen, wenn ihnen niemand zujubelte, wenn sie niemand auf Händen tragen und für ihre Genialität emporheben würde?

Jedenfalls sorgen sowohl Sonnenkönige als auch Primadonnen und Pfauen dafür, dass ihnen niemand ihren Platz streitig machen kann. Eine nur annähernd bedeutsame Nummer zwei – geschweige denn eine zweite Nummer eins! – wird nicht geduldet. Man ist der einzige Gockel am Hof.

Manch eine Top-Führungskraft gibt sich äußerst wählerisch, wen aus ihrem Mitarbeiterkreis sie an sich heranlässt.

*So geschah es etwa in der österreichischen Niederlassung eines weltweit agierenden Produktionsunternehmens, dass der Standortleiter, selbst promovierter Techniker, dafür bekannt war, sich nur mit Akademiker*innen, und da nur mit den PhD's, also den Doktoren, zu unterhalten. Der Kreis seiner potenziellen Gesprächspartner wurde auf diese Weise recht überschaubar.*

Mitarbeiter*innen und auch andere Menschen im Umfeld können für selbstverliebte Manager*innen überhaupt leicht zum Störfaktor werden. Ein falsches, unüberlegtes Wort – schon fühlt sich *Patricia Prächtig* oder *Sigismund Schönemann* gekränkt. Wenn es das Fußvolk an Wertschätzung und Anerkennung mangeln lässt, ist ihm offensichtlich nicht bewusst, welch großartige Führungskraft es da zu bestaunen gibt. Oder, noch schlimmer, will ihr der Pöbel wieder einmal den Tag verderben?
Wie man es dreht und wendet, die soziale Distanz zwischen den einfachen Leuten und dem grandiosen Egomanen bleibt ein unwiderlegbares Faktum. Diese Führungskräfte wissen, dass man nicht zu viel von gewöhnlichen Menschen erwarten sollte. Das oberste Prinzip ihrer Personalführung lautet, Mitarbeiter*innen so einzusetzen und sie mit solchen Aufgaben zu beauftragen, dass sie optimal dem Vorteil der Führungskraft dienen. Wenn etwas nicht passt, wenn ein Mitarbeiter nicht die hohen Erwartungen des Chefs erfüllt, kommt das einer persönlichen Kränkung schon sehr nahe. Man darf dann seiner Enttäuschung Ausdruck verleihen. „Da hatte ich mir, gerade von Ihnen, mehr erwartet. Ich muss schon sagen, ich bin wirklich enttäuscht von Ihnen."
Wenn Mitarbeiter*innen sich über alle Gebühr angestrengt haben, soll ihnen etwas Wertschätzung zugestanden werden. Nicht allerdings für die ordnungsgemäße Erledigung ihrer üblichen Aufgaben – das versteht sich von selbst.

Kritisches Feedback – der Schierlingsbecher des Ich-Menschen

Ein Freund erzählte mir, was er in einem mittelgroßen Industrieunternehmen erleben durfte:
Der Wohlfahrt hat eingeladen. In ein Seminarhotel, nicht allzu weit entfernt von der Firma. Kein allzu nobles, immerhin mit Übernachtung. Zum einen erfreulich, da sind wir uns einig, dem Trubel des Alltagsgeschäfts entfliehen zu können. Wir haben die Hoffnung, dass wir auf unserem Abteilungsworkshop endlich mal kontrovers diskutieren werden, dass auch kritische Aspekte zur Sprache kommen, dass wir gehört werden. Zum anderen hat manch einer von uns ein unangenehmes Gefühl. Nicht, dass es etwas Bestimmtes zu befürchten gibt. Es ist eher so eine vage Vorahnung. Immerhin haben wir schon einige unerfreuliche Erlebnisse mit unserem Chef hinter uns. Wohlfahrt ist bekannt für seine unliebsamen Überraschungen.
Am ersten Tag steht Kapa-90 am Programm. Jenes Projekt, mit dem wir damals am meisten kämpften und dessen erfolgreiche Durchführung für unser Unternehmen so wichtig war. Wir kommen gut voran und schaffen eine wichtige Weichenstellung. Filipovic übernimmt die Rolle des Koordinators, Burrer und Eberle andere wichtige Aufgaben. Wir vereinbaren eine vernünftige Roadmap und wie wir diese mit dem Kunden und den anderen im Projekt involvierten Abteilungen vorantreiben werden. Wohlfahrt hält sich in der Diskussion zurück, außer ein paar Fragen zwischendurch ist von ihm nichts zu hören.
„Jetzt aber auf in den Feierabend, Kollegen. Wird Zeit, dass wir wieder mal so richtig die Sau rauslassen!“ Durstberger ist nicht zu bremsen. So kennen wir ihn, unseren Partyhengst – er findet stets den kürzesten Weg an die Bar. Selbst unser Chef ist dabei. Er gibt sogar eine Runde aus. „Schau dir den Wohlfahrt an, der macht auf einmal auf Kumpel!? Wo hat man das schon erlebt?“ raunen wir uns gegenseitig zu. „Nur nicht zu früh freuen, warten wir es mal ab“,

meint Aslaber. Und siehe da, Wohlfahrt zieht sich recht bald mit den Worten zurück: „Sorry, Leute, ich habe noch eine wichtige Telefonkonferenz mit dem Geschäftsführer. Ihr wisst schon, der will wieder alles genau berichtet haben. Viel Spaß noch!"
„Na dann, auf geht's! Auf den künftigen Erfolg von Kapa-90!" ruft Filipovic. „Ach was, lass mal dein Projekt beiseite", wendet Durstberger ein, um sich gleich ein kräftiges Kontra von Filipovic einzufangen. „Ja, so beruhige dich doch, Filipovic, ich hab's verstanden, es ist nicht nur dein Projekt, es ist unser Projekt. Aber jetzt ist Schluss mit Arbeit." Jeder stimmt zu. Endlich mal andere Themen. Kein Firmengequatsche. Theoretisch völlig richtig. Eine Zeitlang halten wir das ganz gut durch. So richtig will uns das jedoch nicht gelingen. „Und morgen? Was fällt ihm morgen wieder ein?" „Wem?" „Na, dem Wohlfahrt natürlich." „Ach morgen, morgen ist noch so weit weg ..." „Streng genommen ist morgen bereits heute." „Aslaber, du musst es wieder genau wissen." „Er hat schon recht, der Aslaber. So weit weg ist das gar nicht mehr." „Und was steht am Plan?" „So eine Feedback-Sache. Müssen jetzt alle Abteilungen machen." „Feedback an wen?" „Na, an den Chef natürlich." „Echt jetzt?" „Feedback – an den Wohlfahrt!" „Das haben wir noch gebraucht." „Was wirst du ihm sagen?" „Die Wahrheit! Nein, natürlich nicht – das war ein Schmäh." „Ach was soll's? Reden wir wieder über Angenehmeres. Noch eine Flasche, bitte! Ja, noch mal von demselben Roten, der war hervorragend."

Der nächste Tag. Wenn das mal gut geht. Alle angeschlagen, nur Wohlfahrt in bester Laune. Immerhin arbeiten wir nur noch bis Mittag. Da sollten wir einigermaßen unbeschadet über die Runden kommen. Hoffen wir. Aber es gibt da den einen Punkt auf der Agenda. Das Führungsfeedback. Uns schwant nichts Gutes. Wie sehr wird sich der Wohlfahrt darauf einlassen? Wir sind schon gespannt.
An späteren Vormittag ist es so weit. Wohlfahrt fordert uns auf, ihm ein Feedback zu seinem Führungsverhalten zu geben: „Vorgabe der

Geschäftsführung, war nicht meine Idee. Jetzt rückt mal raus mit der Sprache." Schweigen. Wer wird als erster etwas sagen? Und was vor allem? Wir sind zögerlich. Noch längeres Schweigen. Langsam wird die Spannung im Raum unangenehm. Dann bricht Filipovic das Eis: „Aus meiner Sicht alles okay, Chef." Wieder Pause. „Ja, man merkt, es geht was weiter. Wir haben einiges gut geschafft." „Unsere Abteilungsmeetings sind jetzt wieder effizienter." „Ja, passt eigentlich eh alles." „Ich kann mich meinen Vorrednern nur anschließen." Das Ganze zieht sich. Es dauert, bis wirklich jeder etwas gesagt hat. Man kann direkt spüren, wie alle im Raum – Wohlfahrt wohl eingeschlossen – hoffen, dass der Spuk bald sein Ende gefunden hat. Als man schon glauben könnte, jetzt kommt nichts mehr, sagt der Aslaber zum Chef: „Eine Kleinigkeit muss ich schon noch hinzufügen. Ich bin nicht einverstanden, dass Sie unsere Erfolge als die Ihren verkaufen. Sonst steht doch auch stets das Wir, das Team im Vordergrund ..." Da unterbricht ihn Wohlfahrt: „Ich verstehe Ihren Kritikpunkt nicht, Sie haben wirklich keinen Anteil an meinem Erfolg." Jetzt meldet sich Burrer: „Ein guter und erfolgreicher Chef ist doch nur möglich mit guten Mitarbeitern."
Wir anderen tauschen Blicke aus. Bei einem normalen Chef ginge das vielleicht durch, Kritik zwar, jedoch durchaus mit einer wertschätzenden Grundhaltung und konstruktiv formuliert. Aber bei Wohlfahrt? Seine Antwort lässt nicht lange auf sich warten: „Das sehe ich nicht so. Schließlich habe ich euch als Mitarbeiter ausgesucht und eingestellt. Damit gebührt mir der Erfolg, da ich es war, der die richtigen Personalentscheidungen getroffen hat."

Gleich zu Beginn der nächsten Woche ruft er Aslaber und Burrer nacheinander zu sich. Nachher erfahren wir von den beiden Kollegen, worum es da ging. „Wohlfahrt hat in diesem Gespräch glatt von uns verlangt, dass wir schriftlich bestätigen, also einen vorgefertigten Text unterschreiben, in dem steht, dass wir als Mitarbeiter keinen Anteil am Erfolg des Chefs haben!" „Unglaublich!" „Und? Habt ihr unterschrieben?" Aslaber antwortet mit halblauter

Stimme: „Ich schon, Burrer nicht." Wir anderen sagen erst mal ein paar Augenblicke nichts. Alle schauen zu Burrer. „Wie geht es jetzt weiter?" Burrer zuckt mit den Schultern.
Noch im selben Monat wird Burrer ein weiteres Mal zum Chef bestellt und das Dienstverhältnis mit ihm gelöst.

Wenden wir uns noch einmal eingehend dem so heiklen Thema der kritischen Rückmeldung zu. Weshalb ist diese für einen Egomanen so unangenehm, ja sogar gefährlich? Zum einen, weil sie für ihn eine tiefe Kränkung seiner selbst darstellt. Er fühlt sich in seinem Innersten getroffen, im Kern seines Selbstbilds verwundet, persönlich in Frage gestellt. Und weil sie zum anderen eine fast existenzielle Befürchtung des Egomanen Wirklichkeit werden lässt: dass er plötzlich als gar nicht so großartig und erfolgreich, schlimmstenfalls sogar als wenig kompetent dasteht. Nur weil jemand die Situation verkennt. Daher arbeitet er hart und ständig an seiner möglichst unangreifbaren Fassade, seiner Erfolgsstory, hinter der er sich perfekt verschanzen kann. Ein Auftreten, das ihm den besten nur möglichen Schutzschild verleiht. Ein Image, hinter dem niemand etwas anderes vermuten würde als den super-souveränen, stets glänzenden Macher. Wie aus dem Ei gepellt zieht er seine schillernde Show ab. Steht aufrecht und stolz da, ja beinahe erhaben. Hält salbungsvolle Reden, spricht über die großen, bewegenden Themen – und verbittet sich dabei jede Widerrede. Nur, damit ja niemand seine Inszenierung in Frage stellen kann.

Kritik ist also Gift für einen Egomanen, ein schmerzhafter Stachel für sein grandioses Selbstbild. Was passiert, wenn sich tatsächlich jemand erdreistet und dieses in Frage stellt, inklusive der Story, die man sich mit viel Anstrengung zusammengezimmert hat? Dieser Jemand, der so Ungeheures wagt, gehört kräftig in die Schranken gewiesen. Die selbstverliebte Führungskraft aktiviert ihr Selbstschutzprogramm und macht sich rasch klar: Hinter der Kritik kann nichts Substanzielles stecken, sie muss aus der Luft gegriffen sein. Ich bin die Macht und Punkt.

Abb. 20: Weshalb Kritik für Ich-Menschen so gefährlich ist

Unerhört

Gemeinsam mit einem Kollegen moderierte ich einen Workshop mit der etwa 20-köpfigen Führungscrew eines in vielen Belangen erfolgreichen Unternehmens. Es ging um die Organisations- und Führungskultur. Ein heikles Themenfeld. Vor allem im Spannungsfeld zwischen Schein und Sein, also zwischen propagierten Werten und tatsächlichem Handeln, tut sich schon der eine oder andere Abgrund auf. Das Managementteam stellte sich der Heraus-

forderung und arbeitete drei zentrale Werte heraus: Von nun an wollten sie noch stärker auf den internen Unternehmergeist, auf Wertschätzung und auf Kooperation setzen. Insbesondere den letzten Punkt, das „Wir", betonten die Führungskräfte, allen voran die beiden Vorstände. Mit kräftigen Worten unterstrichen sie die Bedeutung dieses Schwerpunkts für ihre weitere Kulturentwicklung. Einige Wochen später kam es wie geplant zu einer Nachbesprechung, an der neben dem Vorstandsvorsitzenden, dem Big Boss also, noch zwei weitere Führungskräfte aus den Ebenen darunter sowie mein Kollege und ich teilnahmen. Schon im Vorfeld dieses Meetings hatten mein Kollege und ich diskutiert, wie wir es anlegen sollten. Schließlich war unser Gegenüber beileibe kein Leichtgewicht. Der Big Boss galt als überaus überzeugt von sich, in manchen Dingen als eitel und selbstgefällig und nur äußerst schwer in seinem Kurs zu beeinflussen. Dennoch beschlossen wir, dass ich ihn mit einer kritischen Wahrnehmung meinerseits konfrontieren würde. Ich hatte nämlich beim Workshop mehrfach beobachtet, dass er zwar vom „Wir" sprach, sein Handeln jedoch etwas ganz anderes vermittelte.

Das Gespräch fand im Büro des Vorstandsvorsitzenden statt. Der Raum war in modernem Design gehalten und mit edlen Materialien, wertvollen Gemälden und Skulpturen ausgestattet. Der Big Boss ließ uns etwas warten, bis auch er erschien: Zweireiher, Hemd mit aufgestickten Initialen, goldene Manschettenknöpfe, feinsäuberlich gebundene Krawatte und ebenso makellos manikürte Hände, die Schuhe auf Hochglanz poliert – als ob man in einer perfekt arrangierten Inszenierung von „Ich zeige euch allen, wie bedeutsam und mächtig ich bin" gelandet wäre. Quasi als Intro vermittelte er uns, dass er sich gerade um etliche wesentlich wichtigere Themen zu kümmern hatte, zählte einige auf, um sie gleich darauf mit einer fast verächtlich anmutenden Handbewegung vom Tisch zu wischen – aber natürlich wäre auch unser gemeinsames Thema von äußerst großer Bedeutung. Von Anfang an hatte ich den Eindruck, dass er das Meeting möglichst rasch hinter sich bringen wollte. Er betonte, wie toll doch der Workshop gelaufen wäre und wie gut er das Unternehmen seit Jahren führte und dass dies – klarerweise neben den neu erarbeiteten Werten – die Grundlage für den weiteren Erfolg der Firma wäre. Er blickte in die Runde, um sich unserer ungeteilten Zustimmung zu versichern. Seine beiden Führungskräfte wagten nicht, ihm zu widersprechen, wenngleich ich ihnen ansehen konnte (und auch aus diversen Gesprächen mit ihnen wusste), dass sie von diesem „Erfolgsgeheimnis" gar nicht so überzeugt waren. An dieser Stelle hakte ich ein, wohl wissend, dass ich damit großes Risiko nahm, und teilte ihm recht unumwunden mit, von der Stimmigkeit seiner am Workshop verkündeten Botschaften nicht wirklich überzeugt zu sein. Ich belegte dies mit Fotos, die ich am Workshop gemacht hatte und die eher das Gegenteil seiner Statements dokumentierten. Die Atmosphäre war mit einem Mal höchst angespannt, es knisterte förmlich. Mein Kollege hielt sich im Hintergrund, und die beiden Führungskräfte wussten offenbar nicht, wie sie sich verhalten sollten. Vermutlich befanden sie sich in einem inneren Zwiespalt, hin- und hergerissen zwischen Zustimmung einerseits, zumindest zu Teilen meines kritischen Befunds, und panischer Angst vor den Folgen, die diese Reaktion für sie zeitigen könnte, andererseits. Also verhielten auch sie sich abwartend.

Nun, es kam, wie es kommen musste. Der Vorstandsvorsitzende lehnte meine Sichtweise kategorisch ab und ließ sich in keiner Weise auf meine kritische Rückmeldung ein. Der Termin fand ein recht jähes Ende. Als Folge hätten wir beinahe unseren Beratungsauftrag verloren, daran schrammten wir noch einmal haarscharf vorbei. Ich hatte die unsichtbare Linie überschritten, ich war eindeutig zu weit gegangen, hatte mich eines der schlimmsten Vergehen schuldig gemacht, der Majestätsbeleidigung. So etwas tat man dort nicht.

Wie war die rundweg ablehnende Haltung des Big Boss zu erklären? Ich machte mir danach meinen eigenen Reim darauf. Für ihn war es ein öffentliches Forum gewesen, ihm hatte ein Ge-

*sichtsverlust gedroht, eine Schramme in seinem – vermeintlich perfekten – Image. Was würden die beiden Führungskräfte und in weiterer Folge schlimmstenfalls alle Mitarbeiter*innen von ihm denken? Da baut man in jahrelanger konsequenter Arbeit ein Bild von sich auf, das eher gottgleich oder zumindest eines Monarchen würdig ist. Und dann kommt so ein lästiger Externer daher, deutlich jünger ist er auch noch, und nimmt sich die Frechheit heraus, hinauszuposaunen, dass man gar nicht so großartig und unfehlbar ist. Unerhört!*

In vielen Fällen verbirgt sich hinter der zur Schau gestellten Grandiosität ein eher gering ausgeprägtes oder zumindest labiles, leicht zu gefährdendes Selbstwertgefühl. Dann darf Kritik einfach nicht sein, sie trifft am empfindlichsten Punkt, fühlt sich an wie Salz in einer offenen Wunde. Meist kennt man seine Schwächen – oder ahnt sie wenigstens – will sie sich allerdings nicht wirklich eingestehen, geschweige denn daran arbeiten. Vielmehr ist man mit all seinem Handeln bemüht, diese Schwachpunkte, diese Makel keinesfalls nach außen dringen zu lassen. Das vermeintlich makellose Selbstbild darf nicht getrübt oder gar nachhaltig beschmutzt werden. Es gilt, die Fassade picobello aufrecht zu erhalten, sowohl nach außen als auch vor sich selbst.

Helfen, um herauszuragen

Wenden wir uns als nächstes jenen Führungskräften zu, die man zuerst gar nicht in dieser Kategorie vermuten würde, jedoch bei genauerer Betrachtung sehr gut hierher passen: *Gundula* und *Gustav Gönner*. Sie treten auf als falsche Helfer*innen oder als vermeintlich wohlwollende Vorbilder. Von den wahren Selbstlosen, die sich für andere aufopfern und dabei ganz auf sich selbst vergessen, unterscheiden sie sich diametral in ihrer Haltung. Ihnen geht es eben nicht um das Wohl der anderen, sie tun nur so als ob. In Wirklichkeit wollen sie als Helden und Heldinnen dastehen und ihr eigenes Selbstwertgefühl erhöhen. Selbst wenn der Faktor Öffentlichkeit wegfällt und es sich um eine nur für die unmittelbar Betroffenen sichtbare Tat handelt, steht nicht das Helfen selbst und der Nutzen für den Bedürftigen im Vordergrund. Nein, Herr oder Frau *Gönners* Ego ist der wahre Anlass für das scheinbar selbstlose Handeln.

Andere zu unterstützen, dabei gleichzeitig die eigene Größe hervorzukehren und das eigene Image aufzupolieren, das ist die Königsdisziplin der *Gönners*. Sie bieten sich als Vorbilder und Idole an und vermitteln ihren Jüngern: „Schneide dir von mir ruhig eine Scheibe ab." Wie andere Egomanen sind sie von sich und ihren Fähigkeiten dermaßen überzeugt, dass sie dies glaubwürdig vermitteln können. Da ist nichts gespielt wie etwa bei den Blendern. Nein, sie bestechen durch ihre Authentizität. Wobei es durchaus eine Mischung aus Selbstbezogenheit und ehrlichem Interesse am Gegenüber sein kann. Vor allem, wenn man sich sicher ist, dass einem der andere nie das Wasser wird reichen können, fällt es leicht, sich als selbstloser Förderer zu geben. Dass sich dabei der eigene Star-Status noch vergrößert, ist mehr als bloß ein angenehmer Nebeneffekt – es ist exakt so beabsichtigt.

Erst ich, dann lange nichts

Abschließend ist noch eine weitere Unterart anzuführen, *Nora* und *Norbert Nurich*, vielleicht die harmloseste Variante der Egomanen, quasi bloß entfernte Verwandte von ihnen. Sie kümmern sich ausschließlich um sich selbst und die eigenen Aufgaben, scheren sich keinen Deut um andere, empfinden aber auch keine Verachtung für sie. Sie ziehen lediglich ihr Ding durch, ihr Lieblingswort ist „meins". Sollen die anderen doch selbst schauen, wo sie bleiben.
So richten sie sich in ihrer Blase ein und verfolgen ihre Ziele und Projekte. Oft etablieren sie sich als Expert*innen in abgegrenzten Fachgebieten. Jeglicher Erfolg, den sie in ihrer Welt erzielen, bestärkt sie darin, weiter ihren Weg zu gehen. Gänzlich unbeeinflusst davon, welche Auswirkungen dies auf ihr Umfeld haben mag. Die *Nurichs* schaffen es überhaupt trefflich, sich von potenziell negativen äußeren Einflüssen abzukapseln. Weswegen man sie oft für Stoiker hält, die Gelassenheit in Person, und mitunter sogar für Genießer – weil sie im Gegensatz zu vielen anderen stets das eigene Seelenwohl in den Vordergrund stellen.

Als Führungskräfte geben sie viel Spielraum für ihre Teammitglieder. Ihr Führungsstil ist von einer durchgängigen Laissez-faire-Haltung geprägt, einer Haltung, die mehr dem Desinteresse an anderen entspringt als einer mitarbeiterfreundlichen Einstellung. Selbstständige Mitarbeiter*innen wissen mit diesen Freiräumen umzugehen, sie gut für die eigenen Interessen zu nutzen. Sie folgen diesbezüglich voll und ganz dem Beispiel ihrer Führungskraft. Bittet man sie um eine kritische Einschätzung der Performance der Vorgesetzten, werden sie mit hoher Wahrscheinlichkeit mangelnde Zuwendung anführen, im gleichen Atemzug allerdings die Vorteile der Handlungsspielräume hervorheben, sich also in Summe wohl kaum über *Nora* und *Norbert Nurich* beklagen.

Es kann nur den Einen geben, alles klar?!

Die zahlreichen mannigfaltigen Vorzüge, die Egomanen auszeichnen, liegen auf der Hand und wurden zum größten Teil bereits genannt. Von ihrem besonderen Charisma über ihre Souveränität und Selbstsicherheit im Auftreten bis hin zur über Jahre hinweg eingeübten gekonnten Abwehrhaltung gegenüber allfälliger Kritik und Gegenwind.
Ein weiterer Wettbewerbsvorteil für das Rennen um die Poleposition sei hier noch erwähnt. Auf ihren Karrierewegen kommen derartige Führungskräfte häufig enorm schnell voran, kaum jemand schlägt da ein so rasantes Tempo an wie sie. Etwaige Selbstzweifel oder andere innere Bremsen kennen sie (fast) nicht. Diese Dynamik erleichtert es ihnen, beim ersten Auftreten einen starken, bestechenden Eindruck zu hinterlassen. Etwa in Bewerbungssituationen, wo zumeist genau so jemand gesucht wird: kompetent und von der eigenen Kompetenz überzeugt, selbstsicher, souverän, mutig, direkt, energiegeladen und ambitioniert. Jemand, bei dem man erkennt: Der will etwas anpacken und bewegen, der will sich weiterentwickeln.
Aufstieg ist die einzig logische Option, hinauf die einzig konsequente Richtung. Von anderen sind sie dabei kaum zu bremsen. Wer für ihren Weg nicht von Nutzen ist, wird nicht einmal ignoriert. Nur jene haben eine Chance, wahrgenommen zu werden, die ihnen in der einen oder anderen Dimension einigermaßen nahekommen oder ihnen irgendwie von Vorteil sein könnten.

Wieviel Platz lässt ein Egomane neben sich für andere? Eine besonders knifflige Frage, insbesondere im Führungskontext. Wie kann die selbstverliebte Führungskraft eine geeignete Form im Umgang mit den Teammitgliedern finden? Eine, die nicht nur ihrem Rang und ihrer Überlegenheit gerecht wird, sondern größtmögliche Akzeptanz und maximalen Einfluss sichert?
Manchmal ist es von großem Nutzen, sich ein klein wenig zurückzunehmen. Als souveräne Führungskraft weiß man, wann es genug ist, wann man sich bereits ausreichend in Szene gesetzt hat. Wann der Moment gekommen ist, wo sich der Star etwas ausruhen darf und die anderen die Bühne betreten können. Andererseits sollte dies nicht der Regelfall werden – zu viel an Bedeutung sollten sich die Mitarbeitenden nicht beimessen. Das verrät schon der Begriff „Mitarbeiterinnen und Mitarbeiter". Sie dürfen quasi „von Gottes Gnaden mitarbeiten". Es gilt, das Fußvolk immer wieder einmal in seine Schranken zu verweisen.
Ein Beispiel, wo sich das besonders leicht verwirklichen lässt, sind Terminvereinbarungen. Sie sind eine gute Gelegenheit, die eigenen Mitarbeiter*innen spüren zu lassen, dass ihre Bedürfnisse in Wahrheit nicht zählen. Schließlich hat der ichbezogene Manager genug um die Ohren. Sein Kalender ist prall gefüllt, wie könnte es anders sein? Nur logisch, dass er bei der Fixierung eines Termins auf die Kalender der anderen keine Rücksicht nehmen kann. Eine elegante Möglichkeit für ihn, seine Überlegenheit zu demonstrieren, eine Chance, die er sich gewiss nicht entgehen lässt.

Mein*e Chef*in ist so – Hilfe!

Primadonnen, Pfauen und Sonnenkönige sind meist recht leicht zu handhaben. Hofieren Sie sie, heben Sie sie empor, machen Sie ihnen deutlich, dass Sie ihnen wesentliche Vorteile verschaffen können – diese Führungskräfte werden es Ihnen mehrfach zurückzahlen.

Seien Sie dabei jedoch vorsichtig. Sie tun gut daran, Ihrer Führungskraft ihre Position nicht streitig zu machen, ihr Ansehen nicht zu untergraben. Stellen Sie Ihr Gegenüber niemals bloß, verursachen Sie keinesfalls, dass es öffentlich zum Spott gemacht oder gar ausgelacht wird – mag sein Verhalten auch noch so befremdend auf Sie wirken.

Lassen Sie sich auf keinen Fall mit Haut und Haaren in die „Wie-toll-ich-doch-bin-finden-Sie-nicht-auch?"-Dynamik der selbstverliebten Führungskraft hineinziehen. Schlucken Sie nicht jeden Köder, den Ihnen Ihr Gegenüber zuwirft. Sorgen Sie gut für sich und Ihr Überleben – Ihre Chefin, Ihr Chef tut dies mit Sicherheit auch für sich, kommt also garantiert nicht zu kurz. Darum kümmert sich eine Führungskraft dieser Art ohnehin tagein, tagaus.

Ebenso empfehle ich Ihnen, getrost davon auszugehen, dass Ihr Gegenüber noch wesentlich mehr auf dem Kasten hat, um seine Pfründe sicherzustellen und weiter auszubauen. Führungs- und Interventionstechniken, die über bloßes Imponiergehabe und belanglose Selbstdarstellungsspielchen weit hinausreichen, etwa Herabwürdigungen aus dem Repertoire eines Grobians oder die Manipulationsstrategien eines Blenders. Sehen Sie also zu, dass Sie stets die eine oder andere Methode der Distanzierung und des Selbstschutzes parat haben.

Ist Ihr Vorgesetzter ein *Gönner*, nehmen Sie seine Angebote am besten dankbar an. Der Clou dabei: Sie brauchen sich deshalb nicht als in seiner Schuld stehend zu empfinden! Gehen Sie davon aus, er macht dies in erster Linie für sich und nicht für Sie – dann tun Sie sich gleich wesentlich leichter, seine vermeintlich selbstlosen Geschenke in Empfang zu nehmen.

Handelt es sich um *Nora* oder *Norbert Nurich*, also um einen puren Egoisten, der nur an sich selbst interessiert ist und für den andere de facto nicht existieren, holen Sie für sich das Optimum heraus und nutzen Sie die für Sie entstehenden Freiräume.

Verflixt, das bin doch ich!

Geschätzte Spezies, ich bin höchst erfreut, dass Sie bis hierher weitergelesen haben. Sie sind selbstverständlich vollkommen in Ordnung und sollten sich keinesfalls ändern. Abgesehen davon sind Sie sicherlich überzeugt, keine Ratschläge zu benötigen. Wozu denn auch? Es gibt so viele Vorzüge, die Sie für sich in Anspruch nehmen können – aber das wissen Sie selbst am

besten. Dennoch gilt es einige wichtige Kleinigkeiten zu beherzigen, will man als selbstverliebte Führungskraft noch besser reüssieren, andere und sich selbst noch nachhaltiger beeindrucken sowie die Karriereleiter noch höher hinaufklettern.
Bauen Sie Ihre Stärken weiter aus. Holen Sie sich als Tüpfelchen auf dem i den letzten Schliff aus einer Stilberatung, einem Rhetorik-Training, einem Auftrittscoaching oder ähnlichem. Setzen Sie Ihre Aktionen gezielt. Wenn es Ihnen möglich ist: elegant und smart. Keinesfalls inflationär, treiben Sie es nicht auf die Spitze. Das könnte anderen zu sehr auf den Geist gehen, etwa eine zu ausgiebige Verwendung des Selfie-Modus Ihres Mobiltelefons. Platzieren Sie Ihren Spiegel (ich weiß schon, ein wichtiges Accessoire!) so geschickt, dass Sie sich von anderen unbemerkt in ihm betrachten können.
Wenn Sie sich dafür entscheiden, die feine Klinge zu führen, sollten Sie darauf achten, ungewisse Sachverhalte nicht zu laut als selbstbewusste Statements hinauszuposaunen. Sonst könnte es Ihnen vielleicht ähnlich ergehen:

*An meinem ersten Arbeitsplatz ließ ein Kollege von sich verlauten: „Diese Firma ist nur ein kleiner Zwischenhalt auf meiner großen Fahrt nach Santa Fe!" Nun, diese Karriereplanung hatten wir fast alle – für viele war es der erste Job nach dem Studium, die erste Gelegenheit, praktische Erfahrung zu sammeln. Kaum jemand von uns hatte die Perspektive, viele Jahre lang in diesem Unternehmen zu verbleiben, sondern – wie es der liebe Kollege großspurig ausgesprochen hatte – weiterzuziehen, wenn die Zeit dafür reif war. Einige wenige Jahre später hatten tatsächlich praktisch alle ursprünglichen Mitarbeiter*innen das Weite gesucht. Nur einer, ein einziger hielt tapfer die Stellung. Richtig, es war genau jener Kollege, der uns seine ambitionierten Karrierepläne so euphorisch mitgeteilt hatte. Er verblieb noch etliche weitere Jahre in der Firma.*

Lassen Sie bei tendenziell unwichtigen Themen etwas Platz für die anderen. Tun Sie so, als würden Sie ihnen den Vortritt überlassen. Man wird diese noble Geste zu schätzen wissen. Ebenso, wenn Sie anderen Mut zusprechen. Denn, seien wir uns ehrlich, neben Ihnen ist wenig Platz zur Entfaltung für andere, das könnte diese zu Verzweiflungstaten bewegen. Also geben Sie ihnen hin und wieder diesen Platz, ermutigen Sie sie zu beherztem Handeln. Durch dieses gönnerhafte Auftreten untermauern Sie nebenbei Ihren unbestreitbaren Rang als Nummer eins.

Selbst wenn Sie beratungsresistent und immun gegenüber Inputs aller Art sind: Lassen Sie sich nicht auf die Idee bringen, Ihre Selbstsicherheit, Ihre Überzeugtheit oder Ihre Eitelkeit wären persönliche Schattenseiten. Ganz im Gegenteil, machen Sie es ähnlich wie Dagobert Duck in seinem Goldspeicher: Nehmen Sie ein tägliches Bad – in Ihrem Fall in Ihren eigenen vielfältigen Qualitäten und Stärken. Das aktiviert und stärkt Sie und bringt Sie auf Vordermann für den ganzen Tag. Unter anderem für den Fall, dass doch einmal Selbstzweifel in Ihnen aufkommen sollten.

Und – nicht zu vergessen: Umgeben Sie sich mit den richtigen Menschen. Scharen Sie Ihre Unterstützer und Fans um sich und sortieren Sie die Kritiker aus. Die kosten Sie bloß unnötige Energie. Sollte es doch jemand wagen, Sie mit einer kritischen Rückmeldung zu behelligen, wissen Sie, was Sie zu tun haben. Entweder Sie ignorieren diesen Nobody geflissentlich, übergehen ihn, nehmen ihn einfach nicht ernst. Oder Sie tun, was er sagt, als Schwachsinn ab. So etwas konnte nur diesem Mund entspringen. Da war einfach nichts Substanzielleres zu erwarten.

Das gewisse Etwas –eiskalt serviert

Wollen sich Führungskräfte behaupten und durchsetzen, können sie aus zahlreichen, durchaus unterschiedlichen Strategien wählen. Wie aus Menükarten. Die verschiedenen Zutaten und Zubereitungsarten, abgestimmt auf den jeweiligen Persönlichkeitstyp, wurden bereits intensiv thematisiert: der jeweils passende Rahmen, spezielle Entrees und Appetitanreger, auf die im Optimalfall in mustergültiger Abfolge ein perfekter Gang nach dem anderen folgt, und das alles mit der richtigen Begleitung. Was allerdings noch fehlt, ist eine Anleitung für die Meisterschaft der gekonnten Inszenierung. Ein Rezept für exzellentes und überzeugendes Auftreten als Führungskraft, für Ausstrahlung, für Souveränität und Autorität – letztlich für das Sicherstellen von Wirksamkeit. Kann es so ein Rezept überhaupt geben? Wenn ja, wie geht das? Welche Zutaten braucht es dafür?
Nach intensiver Beschäftigung mit den verschiedenen Typen gehe ich nun daran, alle Ingredienzen zu einem Patentrezept zu mixen. Voilà – hier kommt sie nun, die Anleitung zur Super-Führungskraft. Oder zumindest dafür, wie man eine wahrlich gute, souveräne Figur abgeben und andere an die Wand spielen kann. Was würde sich besser dafür eignen als der letzte Gang, das Grande Finale, die Cocktailkirsche auf dem Sahnetörtchen – oder vielmehr das Sahnetörtchen selbst?!

Als Gefäß für die Zubereitung verwenden wir die Einstellung der Führungskraft, ihr mentales Programm. Das ist essenziell, denn sonst zerrinnt alles, so viel ist klar. Bereits im Kapitel „Führungskräfte – ernsthaft?" machten wir hierzu Bekanntschaft mit einem verheißungsvollen Mindset, nämlich mit der Neigung unreflektierter, einfältiger Menschen, die eigenen Kompetenzen und Fähigkeiten zu überschätzen – jenem Phänomen, das als der Dunning-Kruger-Effekt bezeichnet wird. In diese Kerbe schlägt die Behauptung, dass sich – auch beziehungsweise gerade in Führungspositionen – in erster Linie Männer für talentierter, kompetenter und damit schlichtweg besser halten, als sie es tatsächlich sind.[45] Aber das nur so nebenbei. Das Entscheidende daran ist, dass diese Einstellung eminente Vorteile mit sich bringt: weniger Selbstzweifel, überzeugteres und damit überzeugenderes Auftreten, dadurch wiederum höhere Karrierechancen – unsere perfekte Rührschüssel sozusagen.

Es ist gut nachvollziehbar, wenn sich an dieser Stelle Unmut regt: Weshalb soll die so optimistische Beurteilung der eigenen Fähigkeiten und Möglichkeiten bis hin zur krassen Selbstüberschätzung bloß ein Privileg einer einzigen Gruppe von Führungstypen sein? Vor allem, wenn sie so wesentliche Vorzüge bietet. Dieses Plus sollte man doch allen Führungskräften zugänglich machen!? Wenn es schon am Mindset liegt, muss es sich doch auf alle Willigen übertragen lassen!?

Beruhigt euch, ihr Empörten. Gleich folgt das versprochene Patentrezept. Für ein Gericht, das – richtig zubereitet und inszeniert – seine Wirkung garantiert nicht verfehlen wird. Ein Leckerbissen, der euch ermöglicht, euch von anderen deutlich abzuheben: Das ultimative gewisse Etwas (für den Führungsalltag). Und kommt mir nachher nicht mit Beschwerden! Falls etwas nicht klappt, liegt es sicher nicht am Rezept. Sondern es wurde etwas vergessen, schlampig vorbereitet, zu wenig geknetet oder den Falschen serviert – ein Mindestmaß an Bemühen und Einsatz setze ich schon voraus.

45 Nathalie Gaulhiac, www.businessinsider.de/karriere/arbeitsleben/so-viele-inkompetente-maenner-in-leitenden-positionen-r2/

Mehr als nur ein Sahnetörtchen

Zutaten

- 1 – 2 reale oder imaginierte Vorbilder (diese sind sowohl während der Zubereitung als auch beim Servieren durchgängig geheim zu halten!)
- 5 – 10 persönliche Erfolgserlebnisse, irrelevant, ob erlebt oder erfunden
- wenn vorrätig: 1 Portion Selbstbewusstsein, am besten bereits überdimensional, jedoch noch weiter ausbaufähig; falls nicht unmittelbar zur Hand: entweder kräftigen Schaum schlagen (so tun als ob!) oder mit kleinerer Menge an Selbstbewusstsein beginnen (mit einer stärkeren Zugabe der anderen Zutaten kompensieren!)
- 1 Prise Überheblichkeit (jene der situationsunabhängigen Sorte)
- einige Körner Chuzpe (wohl dosiert, nie zu viel auf einmal verwenden)
- 1 großer auf positive Reflexionen programmierter Spiegel, der ausschließlich positives Feedback liefert (mag für andere durchaus wie ein Zerrspiegel wirken, das soll aber seine*n Besitzer*in nicht irritieren)
- 1 Paar Scheuklappen, die gegen mögliche Störeinflüsse von der Seite abdunkeln – falls nicht zur Hand, können wahlweise andere subjektive Wahrnehmungsfilter verwendet werden (wie etwa Ausblendvorrichtungen, Weghörhilfen sowie Antennen zum Herausfiltern von Bestätigung und Zustimmung)
- 1 überaus intaktes Immunsystem sowie Schutzausrüstung und Schutzkleidung jeglicher Art zur Immunisierung gegen jede Form von Kritik
- und natürlich ein wohlmeinendes Umfeld, das einen zumindest unkritisch unterstützt, einem im Optimalfall frenetisch zujubelt (am besten eines, das mit nur geringer Selbstachtung gesegnet, dafür aber umso dankbarer ist, wenn es eine Person mit Ausstrahlung und Charisma in ihren Reihen hat)
- dazu noch diverse Toppings, Anstriche, Glasuren, Knalleffekte und andere verfügbare Accessoires wie etwa ein Klavier der Emotionen, bespielbar in allen Tonlagen von Dur bis Moll, allesamt zur effektvollen Unterstreichung der Wirkung des Gerichts – man könnte auch Auftritt sagen – und daher erst knapp vor oder beim Servieren einzusetzen

Zubereitung

Zubereitungsdauer:
Hat man die richtigen Zutaten zur Hand und die entsprechende Geschicklichkeit, kann es mitunter rasant gehen – im schlimmsten Fall dauert es ein ganzes Managerleben lang, bis man die richtige Mischung für sich gefunden hat. Es lohnt sich aber allemal dranzubleiben.

Grundmasse (für immer wieder neue Arrangements):
Man wähle das passende Umfeld und nehme eine jener Haltungen ein, die für erfolgreiche Führungskräfte so typisch sind.[46] Dann begebe man sich in ein stilles Kämmerchen und mische sorgfältig die wesentlichen Zutaten wie Selbstbewusstsein, Erfolgserlebnisse, Überheblichkeit, Chuzpe und Vorbilder gut ab. Auf die Reihenfolge kommt es dabei nicht an – es gilt nur zu beachten, dass man bei der Zugabe von Überheblichkeit und Chuzpe nicht zu viel des Guten erwischt, man möchte das Ergebnis ja nicht gleich überwürzen und damit für die weitere Verfeinerung und Vervollkommnung verderben.

Weiterverarbeitung:
Die Grundmasse immer wieder durchkneten, nie ruhen lassen, ständig weiterformen. Dabei mithilfe der Scheuklappen oder anderer Wahrnehmungsfilter vor schädlichen Einflüssen bewahren.
Eventuelle feindliche Angriffe unter Einsatz von Schutzausrüstung und Immunsystem abwehren.
Zwischendurch immer wieder den Ego-Spiegel bemühen.
Vor dem Servieren keinesfalls auf die unterschiedlichen Accessoires wie diverse Anstriche und Glasuren vergessen. Sollte es bei der Zubereitung an der einen oder anderen Zutat gemangelt haben, kann man immer noch der – angeblich von Harry S. Truman stammenden – Empfehlung folgen: „If you can't convince them, confuse them."

Typische Probleme in der Zubereitung und ihre Behandlung:
Wenn es einem kritischen inneren Kontra wider Erwarten doch gelingt, Zutaten aus der Ecke Empathie, Wertschätzung und dergleichen einzustreuen, gilt es,

46 Gratulation – Sie halten bereits das ultimativ richtige Buch in der Hand! Darin finden Sie Unmengen von brauchbaren und nützlichen Hinweisen – insbesondere für lausige Leader.

den betroffenen, also in Mitleidenschaft gezogenen Persönlichkeitsteil möglichst rasch und gründlich zu entfernen (am besten durch Abspaltung oder Leugnung). Unmittelbar danach sollte eine Imagereparatur vor dem Spiegel und im besonders unterstützenden Teil des Umfelds bei angenehmen 25 – 30 Grad Umluft erfolgen.
Für den Fall, dass sich Personen aus dem Umfeld in die Zubereitung einschalten wollen, orientiere man sich an den altbewährten Küchenweisheiten: Man sollte sich niemals von einem anderen Koch in den Topf schauen lassen. Und: Zu viele Köche verderben den Brei. Sollte also jemand den Schutzwall durchbrechen und die Zubereitung und damit die Wirkung des ultimativen gewissen Etwas zu unterminieren versuchen, muss er – wenn nötig, mithilfe eines Kammerjägers – möglichst rasch unschädlich gemacht und aus dem relevanten Umfeld entfernt werden.

Serviervorschlag:
Wenn das Ganze langsam, aber sicher Gestalt annimmt, kann man es vor dem großen Auftritt noch etwas ruhen lassen. Das tut der Wirkung zumeist gut. Das fertig zubereitete Gericht zum geeigneten Zeitpunkt servieren, heiß oder kalt, nach dem Motto: Nie eine Chance ungenutzt vorbeiziehen lassen. Aber Achtung: nicht zu inflationär damit umgehen – Verknappung macht wertvoll. Dazu kredenze man je nach Anlass Dessertwein mit der passenden verbalen Ausschmückung. Fruchtig, spritzig bis pfeffrig bei Routineauftritten. Beziehungsweise süß, gehaltvoll, voluminös, wenn es einmal wirklich darauf ankommt, es also ums Einlullen und Vernebeln der Sinne geht.
Beim Servieren achte man zusätzlich darauf, dass man sein ultimatives gewisses Etwas nicht an die Falschen verschleudere. Man wäge also schon im Vorhinein ab, wem man es überhaupt angedeihen lassen möchte. So hüte man sich etwa vor allzu ausgehungerten Schlemmern, die die besonderen Feinheiten gar nicht zu schätzen wissen und sich mit wesentlich dürftigerer Kost zufriedengeben würden. Nach dem Verzehr lasse man sich jedenfalls von allen versichern, wie sehr das Gericht wieder einmal gelungen ist. Dieses Fishing for Compliments rundet die Darbietung perfekt ab.*

* Allergiehinweis: Ein allzu ausgiebiger Genuss kann bei empfindlich eingestellten Menschen, insbesondere bei Wahrheits- und Gerechtigkeitsfanatiker*innen, zu folgenden Reaktionen führen: innerliches und äußerliches Kopfschütteln, Übelkeit und leichter Brechreiz sowie andere Überreaktionen wie etwa Empörung und Fremdschämen.

Geschüttelt, nicht gerührt.

Von vielem ein bisschen – harmlose bis besonders bösartige Kombinationen.

DER
MASTER
PLAN

Der Masterplan

So etwas passiert mir ganz sicher kein zweites Mal. Der verdammte Nielsen. Hat sich der doch glatt auf meine Kosten durchgesetzt. Das muss man sich einmal vorstellen! Nielsen, die personifizierte Inkompetenz, der Inbegriff des Intrigantentums und der Manipulation. Der Mistkerl hat seine Schäfchen im Trockenen. Wenn er nun tatsächlich seine Anteile verkauft, wird er in Kürze seinen Lebensmittelpunkt in die Karibik verlagern. Und das mit nicht einmal fünfzig. Bei solchen Typen musst du aufpassen, da kommst du ganz schnell unter die Räder. So wie ich damals. Meine bis knapp davor noch großartigen Karrierechancen? Auf einmal gestorben. Mein Ruf? Zumindest vorübergehend schwer beschädigt. Meine Perspektive? Frage besser nicht. Das war alles andere als einfach, aus dieser Nummer einigermaßen herauszukommen ...

Immerhin das war M. in den letzten drei Jahren gelungen. Welch großartiger Erfolg, dachte er sich heute. Der Sarkasmus machte es ihm nicht leichter. Drei lange Jahre. Drei Jahre, in denen M. beinahe jeden Tag an die damalige Schmach zurückdenken musste. Diese Geschichte hing an ihm wie der Modergeruch alter Bücher. Mit dem feinen Unterschied, dass er der einzige war, der diesen Geruch wahrnehmen konnte.
Zumindest sein weiterer beruflicher Weg sollte nicht darunter leiden, hatte sich M. geschworen. Noch einmal würde er Derartiges nicht zulassen. So viel stand fest.

Und es lief ganz ordentlich in der neuen Firma. M. hatte seine Abteilung bestens im Griff, keiner konnte ihm da etwas nachsagen. Er kümmerte sich selbst um alle wichtigen Aufgaben, überließ nichts dem Zufall. Man wusste um seine Stärken, man hörte auf ihn und widersprach ihm nicht, zumindest nicht öffentlich. Ja, die meisten fürchteten ihn sogar.
M. hatte vorgesorgt. In minutiöser Kleinarbeit hatte er Details über die anderen zusammengetragen, nach und nach, wie ein Eichhörnchen Nüsse vor dem Winter. Er wusste, er würde manche dieser Schätze, wie er sie insgeheim nannte, irgendwann brauchen. Seine Schatzkiste war prall gefüllt: die blinden Flecken der Geschäftsführer, die wunden Punkte seiner Mitarbeiter, etwa, wer worauf mit Stress und Überforderung reagierte, und auch, wer mit welchen Tricks für eine Extrameile oder für eine Gefälligkeit zu gewinnen war, selbst ohne davon überzeugt zu sein. Dazu reichlich Informationen über Koalitionen, Abhängigkeiten, Verstrickungen, Einzelkämpfer und Meinungsführer – sowie über Trümpfe, die sie in den Händen hielten. M. nannte es seine persönliche Stakeholder-Analyse, eine nüchterne Analyse der Machtverteilung in der Chef-Etage und darüber hinaus. Wer kann gut mit wem, wer hat welchen Einfluss, welche Achsen sind die entscheidenden, wer sagt letztlich, wo es langgeht? Auf wen gilt es besonders zu achten, wer könnte ihm in die Quere kommen und so weiter. All dies hatte M. für sich systematisch dokumentiert – verschlüsselt selbstverständlich. Schließlich durfte es keinesfalls ans Tageslicht kommen, welchen Fragen sich M. besonders intensiv widmete. Nein, den Fehler, jemanden zu unterschätzen, würde er nicht noch mal machen. Das hatte ihn sein ehemaliger Kollege Nielsen schmerzlich gelehrt.

Die alte Firma und die damals maßgeblichen Personen spielten schlichtweg keine Rolle mehr in M.s Leben. Allein die Narben, die spürte er täglich. Wenn es besonders schmerzte, zog er sich zurück und schmiedete Pläne. Er brütete vor sich hin, sann über seine nächsten Vorhaben und wirkte dabei wie abwesend oder zumindest weit entfernt. Dann konnte ihn nicht einmal mehr seine Frau aufheitern. Sie hatte es längst begriffen: An diesen Tagen brauchte er den meisten Zuspruch – den sie ihm auch gab – und war dennoch für nichts zu gebrauchen.

Es war an einem dieser Tage, als M. über die aktuelle Entwicklung in seiner Abteilung nachdachte: *Der Golubek hält sich wohl für besonders schlau. Da übertrage ich ihm einige der wichtigeren Aufgaben der Abteilung, und schon glaubt er, in meiner Liga mitspielen zu können. Letztens hat er mich zur Rede gestellt. Was will der eigentlich? Und vor allem: Wie viel weiß er tatsächlich, wie viel hat er mitgekriegt? Glaubt er, mich durchschaut zu haben und mich jetzt unter Druck setzen zu können? Meine Reaktion hat ihn dann ja wieder zur Räson gebracht. Mal sehen, ob die Verhältnisse jetzt geklärt sind.*

M. hatte Golubek sein Lob ausgesprochen, für sein Interesse am Beobachten und für seine etwas gewagten Versuche, daraus Schlüsse zu ziehen. Andererseits auch bemängelt, dass er besonders wichtige Tatsachen schlicht übersehen hatte. Wenn er sich schon als wacher Beobachter und kritischer Geist im Team profilieren wollte, dann sollte Golubek dies auch wirklich akribisch tun. Schließlich hatte M. ihn zu einem seiner Spitzel gemacht, zu einem Zuträger von Informationen. Golubek war zufrieden – immerhin meinte er, von nun an der Vertraute seines Chefs zu sein.
Weit gefehlt. M. ließ niemanden in der Firma zu nahe an sich heran. Risikominimierung nannte er es insgeheim, einzig auf sich selbst konnte er sich zu hundert Prozent verlassen. Alle anderen waren potenzielle Schwachstellen. Auch das war Teil seines Masterplans.

Sein Masterplan. Geschickt gewählte Namensgleichheit. Der „Masterplan Be Ready for Future" mit der unsäglichen Abkürzung MP-B_Ready4F war von der Geschäftsführung im vergangenen Jahr als große strategische Linie für das Unternehmen ausgegeben worden. Jeder sprach nur vom „Masterplan" – und wenn M. dieses Wort verwendete, tat er es mit besonderem Genuss. Denn er dachte dabei zuerst an sein eigenes Vorankommen. Der Erfolg der Firma interessierte ihn nur insofern, als er ihm selbst Vorteile bringen würde.
M. pflegte seine Netzwerke, innerhalb und noch viel mehr außerhalb des Unternehmens. Man sah ihn etwa beim Golf, bei den regelmäßigen Treffen seines Serviceklubs, bei Charity-Veranstaltungen. So blieb er stets informiert, insbesondere über den aktuellen Status der Beziehungen unter den wesentlichsten Playern, egal ob es sich um offen oder verdeckt ausgetragene

Ressentiments oder um stabile Seilschaften handelte. Wenn irgendwo im Umfeld seiner Firma und der maßgeblichen Personen etwas hochkochte, dann beobachtete er genau, wie man damit umging – die Stümper genauso wie die wahren Profis. Mit der Zeit hatte sich M. auf diese Weise zu einem Experten in Sachen Machtdynamik und Manipulation entwickelt. Er wusste, wie man selbst außer Rand und Band geratene Dynamiken wieder einfangen konnte. Beziehungsweise, wie man auf geschickte Weise verhindern konnte, selbst zum Angeklagten zu werden. Hätte man ihn gefragt – was natürlich niemand tat, nicht einmal Golubek – so hätte M. geantwortet: Im Normalfall einfach den Ball flach und die anderen bei Laune halten, den Entscheidern kleine Häppchen an Informationen oder gezielte Komplimente zuwerfen. Mit seinem Wissen höchst selektiv umgehen und ganz bewusst steuern, wen welche Information erreichen soll und wer wo besser im Unklaren gehalten werden soll.

Zwei Monate später. Hatte M. etwas übersehen? Golubek versorgte ihn plötzlich nicht mehr so verlässlich mit neuen heißen Informationen, er zog sich sichtlich von M. zurück, ging seine eigenen Wege. War plötzlich selbst präsent im Management-Kreis, widersprach seinem Chef vor anderen. So ging das nun gar nicht, beschloss M. Er ließ seinen Mitarbeiter im Glauben, alles sei wie gehabt, wiegte ihn in Sicherheit. Parallel dazu begann M., bei seinen Kollegen im Management hier und da ein paar kritische Andeutungen über Golubek fallen zu lassen. Er streute geschickt das Gerücht, wonach es diesem allein darum ging, sich auf Kosten des Unternehmens zu bereichern.
Dann kam der entscheidende Moment, wo M. seinen Mitarbeiter auflaufen ließ. Das Quartalsmeeting: Golubek präsentierte einen gewagten Vorschlag für künftige Investitionen. Das war so mit M. abgesprochen, M. hatte ihn noch dazu ermutigt, ihn von den Chancen und vor allem vom Wohlwollen des Managements und dessen sicherer Zustimmung überzeugt. Die Kollegen waren von M. jedoch entsprechend gebrieft. Sie wussten die Vorschläge richtig einzuordnen – die Investitionen würden alleine Golubeks Karriere nutzen, dem Unternehmen und vor allem dem Image der Geschäftsführung aber massiven Schaden zufügen.

Kurz danach war Golubek Geschichte, sein Dienstverhältnis wurde gekündigt, er von einem Tag auf den anderen freigestellt. Das alles hatte Auswirkungen auf Golubeks Kollegen, M.s weitere Teammitglieder. Sie hatten nun erlebt, dass es fürwahr nicht von Vorteil war, den Chef ausbooten zu wollen.
Und M.? Ihm war klar: *Noch einmal werde ich mit dieser Strategie nicht durchkommen. Das nächste Mal werde ich mir etwas anderes zurechtlegen müssen.*

M. agierte von nun an noch vorsichtiger. Stets die Kontrolle bewahren, sagte er sich, stets einen Schritt voraus sein. Nie die Contenance verlieren, Selbstkontrolle ist alles. Keine Schwächen oder mögliche Angriffsflächen zu erkennen geben.
Er musste sich unantastbar machen, zum unverzichtbaren Hero – die großen Fortschritte müssten allesamt auf ihn zurückzuführen sein. Wann immer seine Mitarbeiter einen Erfolg zu verbuchen hatten – und sie machten einen wirklich guten Job, das war M. klar – dann sollte er im Rampenlicht stehen. Ab und an nahm er einen seiner wichtigsten Mitarbeiter mit, ließ ihn im Managementkreis ein gelungenes Projekt präsentieren. So bewies er seine Umsicht, wahrte den Schein, dass er den Erfolg nicht nur für sich beanspruchte, und gönnte seinem Team das eine oder andere Erfolgserlebnis. Wohldosiert – nicht zu viel des Guten. Schließlich sollte ihm niemand über den Kopf wachsen.
Er hatte die Vorzüge der subtilen Manipulation erkannt. Seine Devise lautete: Die Wirkung ist, was zählt. Nicht der Inhalt.

Es lief wirklich gut. Dennoch hieß es, wachsam zu bleiben. Immer wieder sagte er dies zu sich selbst, es war sein tägliches Mantra.
Und als ob er es geahnt hätte ... Es begann an einem Freitag am späten Nachmittag. Viele hatten sich schon ins Wochenende verabschiedet. Auch M. stand knapp davor, als plötzlich sein Handy läutete. Es war der CEO selbst, nicht etwa dessen Assistentin wie sonst üblich. „Komm in dreißig Minuten in mein Büro, M., und bring deine Arbeitsberichte und die deiner Abteilung mit."
M. witterte die Gefahr. *Was will der Chef von mir? Weshalb kann das nicht bis nächste Woche warten? Alle Projekte laufen wie am Schnürchen, die Zahlen passen, sowohl das Ergebnis des letzten Quartals als auch der Forecast für die nächsten Monate. Von Kundenseite her ist kaum etwas zu befürchten, es*

muss also etwas mit einer internen Angelegenheit zu tun haben. Wozu braucht er die Arbeitsberichte mit den Zeitaufzeichnungen? Vor allem, wenn doch die Performance passt wie nie zuvor. Worum geht es da wirklich?
Hm, noch mal rasch all meine Beobachtungen und Notizen der letzten zwei Wochen durchchecken ... irgendetwas muss ich übersehen haben. Wer kann schon ein Interesse an den – zugegebenermaßen etwas frisierten – Arbeitsaufzeichnungen haben? Wer wohl? Von meinen Mitarbeitern höchstwahrscheinlich niemand, so viel steht fest. Wer sonst?

Mit einem Schlag war es ihm klar. Fellner, der CFO, der zugleich Personalchef war! Er hatte vor einigen Tagen in einem Nebensatz angedeutet, dass man sich zu gegebener Zeit manches genauer ansehen würde. M. hatte mit dieser kryptischen Bemerkung nichts anzufangen gewusst und es als eine der typischen Aussagen des CFO abgetan, mit denen sich dieser neben dem CEO profilieren wollte. Fellner also musste hinter dieser Aktion stecken.
M. ahnte auch, dass der Ausgang dieses Meetings entscheidend für seine Zukunft in der Firma sein würde. Sein Körper befand sich im Alarmmodus. Seine Muskeln spannten sich an, Gedanken schossen ihm in rasanter Geschwindigkeit durch den Kopf. „Be Ready for Future" kam ihm in den Sinn, der unternehmensweite Masterplan. War sein Puls gerade noch überaus hoch gewesen, ließ ihn allein das Wort Masterplan innerlich ruhiger werden. Jetzt also kam es darauf an. Jetzt würde sich herausstellen, wie viel Substanz M.s persönlicher Masterplan hatte.

Es war eine überraschend große Runde anwesend: der CEO, der CFO, auch der Betriebsrat, sieh an, dazu Radinger, ein Kollege aus der Bereichsleiter-Ebene, einer der schwächeren, unscheinbaren, einer, der M. absolut nicht das Wasser reichen konnte. Und auch zwei Mitarbeiter aus M.s Team. Die hatten sich doch bereits ins Wochenende verabschiedet. Waren die extra für diesen Termin noch einmal in den Betrieb gekommen?
Es begann wie bei einem Tribunal. Der Betriebsrat und Fellner fuhren schwere Anschuldigungen gegen M. auf, Radinger und M.s Mitarbeiter bestätigten diese weitestgehend.

Die Artillerie also, sagte sich M., *High Noon am Freitagabend, wer hätte das für möglich gehalten? Nun gut. Jetzt bloß keinen Fehler machen. Ruhig durchatmen, alle inneren Kräfte mobilisieren.*
M. hatte sich längst dazu entschlossen, sich mit allem, was ihm zur Verfügung stand, zur Wehr zu setzen, alle inneren Ressourcen zu aktivieren, um ja nicht in den Stressmodus zu kippen. Für Panik war jetzt kein Platz.
Er hörte zu, fragte nach, formulierte geschickt einige unbedeutende Details um und strich die Performance seines Teams hervor.
Als er merkte, dass er damit nicht durchkommen würde, bat er den CEO um eine kurze Pause und ein Vieraugengespräch.

Er wusste um den wunden Punkt des CEO. Nichts fürchtete dieser mehr als bei den Eigentümern in Ungnade zu fallen. Soweit M.s Recherchen. Um seinen letzten Trumpf auch ausspielen zu können, hatte er sich vorhin per Nachfrage vergewissert, dass die Eigentümer noch nicht über die Kritikpunkte an M. informiert waren.
M. sammelte sich und blickte dem CEO geradewegs in die Augen.
„Du weißt, ich bin stets auf deiner Seite gestanden. Seien wir uns ehrlich: Partnerschaft, Vertrauen und Kooperation sind letztlich überlebenswichtig – gerade im Geheul der Wölfe, im Gerangel um Macht, Einfluss und Reviere. Und da kann es auf Kleinigkeiten ankommen. Ja, natürlich habe ich manches manipuliert – alles jedoch nur Bagatellen und alles nur zum Wohle der Firma. Das zeigen ja auch die Zahlen ... Wie auch immer. Erfolg ruft halt die Neider auf den Plan. Und wer eignet sich als Neider besser als jemand wie Radinger? Gerade Radinger, der selbst seinen Laden nicht in Ordnung halten kann. Es ist typisch. Wenn er wenigstens einen guten Job machen würde. Manchmal frage ich mich, was er damit bezweckt."
M. legte eine Pause ein und wiegte den Kopf. Dann fuhr er fort: „Ich sehe da eine Parallele. Was zwischen Radinger und mir läuft, ist nicht viel anders als zwischen Fellner und dir. Auch da versucht der Schwächere seinem Kollegen ans Bein zu pinkeln. Und zwar, indem er mich liefert, weil er weiß, dass du auf mich so große Stücke hältst. Quasi ein Stellvertreterkrieg, eigentlich geht es ja um ein Match in der Geschäftsführung – wer von euch zwei Chief Officer wird sich letztlich durchsetzen?"

Der CEO blickte zuerst entsetzt und nickte dann zustimmend – offenbar lag M. mit seiner Theorie alles andere als falsch. Der Zeitpunkt war gekommen, um zum finalen Schlag auszuholen.
„Wenn du mich jetzt fallen lässt, könnte das heikel werden. Nächstes Wochenende findet ja der Ladies Cup im Golfklub statt, da wird meine Frau ganz sicher mit der Gattin und der Tochter des Haupteigentümers ins Gespräch kommen. Und – wo auch immer sie das herhat – offenbar hat sie erfahren, dass du auf etwas eigenartige Praktiken stehst, so mit Unterwerfung und Dominanz. Obendrein nicht nur zu zweit. Du weißt, was ich meine. Deiner Frau gefällt das offenbar, mir persönlich ist es einerlei, aber ob damit auch die äußerst konservativ eingestellten Vertreterinnen der Eigentümerfamilie umgehen können?"
Der CEO schluckte. M. wusste, dieser Treffer saß.
„Ich selbst würde diese Information natürlich keinesfalls weitergeben. Ganz im Gegenteil: Ich war und bin stets loyal und auf deiner Seite, ich würde auch ein gutes Wort dafür einlegen, dass diese Information nicht hochkommt. Aber sollte mir einmal der Strick gedreht werden, wer kann schon vorhersehen, was dann passiert? Ja, ja, Frauen können schon unberechenbar sein ...!"

Die Unterredung hatte nicht lange gedauert. Der CEO versuchte, sich möglichst nichts anmerken zu lassen. Mit staatsmännischer Miene ordnete er an, dass das Meeting in fünf Minuten fortgesetzt würde.

Dort machte er klar, dass man nun nicht weiter diskutieren würde, schließlich stünde das Wochenende schon vor der Tür. Ein abschließendes Statement wäre ihm als CEO, als für das Wohl der Firma Hauptverantwortlichem, jedoch noch sehr wichtig.
Im Meetingraum war es völlig still, alle Blicke starrten gebannt auf den CEO, als dieser nun sagte: „Vielen Dank für Ihre Inputs, werte Kollegen. Die uns gezeigt haben, dass wir uns da einiges genauer ansehen müssen. Ja, das sind wichtige Themen. Themen, die wir in den Griff bekommen müssen. Und ja, M. hat eingeräumt, dass manches nicht ganz korrekt war, zumindest was die Optik angeht. Das ist in Ordnung zu bringen. Das Wichtigste jedenfalls ist, dass die Zahlen und die Ergebnisse passen, denn schließlich zählt für uns alle der Erfolg des Ganzen. Dafür stehe ich als CEO, das ist mein Hauptfokus,

ebenso wie jener der Eigentümer. Und darum geht es auch in den nächsten Tagen und Wochen – wieder das gemeinsame Ganze in den Vordergrund zu stellen. Das gemeinsame Ganze – und das sage ich nicht nur so, das meine ich genauso. Dazu gehört auch, dass wir all jene, die einen Keil hineintreiben wollen, all jene, die das Ganze aufs Spiel setzen und das Trennende vor das Verbindende stellen, an der Fortsetzung ihres destruktiven Tuns hindern. Ich werde gleich nächste Woche mit allen – ich betone: mit allen! – heute hier Anwesenden Gespräche führen. Einzelgespräche, in denen ich abklären werde, wer von Ihnen bereit ist, den künftigen Weg gemeinsam mit uns zu gehen, und wer nicht."

Mit voller Hose ist leicht stinken

Die Mischung macht es aus

Selbst wenn Ihnen das bisher Beschriebene bereits unfassbar vorkommt: Richtig spektakulär und Haare sträubend wird es, wenn die unterschiedlichen Spielarten der Führungskräfte in Kombination auftreten. Wenn Aspekte zusammenkommen, die sich gegenseitig befeuern, wie etwa die Ichbezogenheit des Egomanen und die Bösartigkeit des Grobians. Dann kann es heftig werden. Aber alles der Reihe nach.

Wie bereits zu Beginn des Buches erwähnt, ist das mit der Typologie, also der Einteilung in – in diesem Fall – acht Untergruppen, so eine Sache. Wie trennscharf sind diese acht Kategorien tatsächlich? Lassen sich suspekte Führungskräfte wirklich eindeutig den einzelnen Kategorien zuordnen? Zugegeben, das geht sich oft nicht aus, bei manchen Personen nicht einmal annähernd. Entweder-oder funktioniert dann nicht. Selbst die Hauptakteure der meisten Geschichten sind komplexer, als es das Modell nahelegt.
Es ist hier nicht anders als bei anderen Typologien: Zuerst tut man so, als ob es voneinander völlig unabhängige, klar unterscheidbare Kategorien von Menschen gäbe. Um dann zu sagen, naja, tatsächlich kommen diese Charaktere gar nicht in Reinform vor. Mischtypen sind an der Tagesordnung, selbst wenn das manch einer der simplifizierenden Sorte gar nicht gerne

hören möchte. Anders formuliert: Wenn man sich auf eine Typologie einlässt, kommt letzten Endes dabei raus, dass es die Mischtypen sind, worin sich die meisten wiederfinden. Und wir haben ja auch schon den einen oder anderen Mischmasch kennengelernt. Etwa die *Wankelmuts*, die zwischen Laissez-faire und hartem Durchgreifen schwanken, also zwischen softem, weichgespültem Gutmensch und angriffslustigem Brutalo.

Jetzt könnte man mannigfaltige Kombinationen kreieren. Das kann man sich so vorstellen, als würde man einen neuen PKW konfigurieren. Man hat die Auswahl bei der Motorisierung, bei der Ausstattungslinie und vielen Extras. Durch ein Zusammenfügen all dieser Aspekte entsteht dann letztlich ein mehr oder weniger individuelles Gefährt. Ähnlich verhält es sich, wenn man sich als Führungskraft erfinden möchte – man hat alle Stile als Wahlmöglichkeiten zur Verfügung und kann quasi aus dem Vollen schöpfen. Klarerweise eingeschränkt durch das eigene Naturell – nicht jeder Stil passt zu jeder Person. Nur einige wenige Verknüpfungen sind höchst unwahrscheinlich, weil sie einander ausschließen oder zumindest in starker Spannung zueinander stehen, etwa selbstverliebt und selbstlos.
Tatsächlich entsteht so eine Fülle von Kombinationsmöglichkeiten. Würden wir an dieser Stelle alle infrage kommenden Varianten durchspielen, der Umfang des Buches ginge gegen Unendlich. Es macht also Sinn, sich auf jene Mischungen zu konzentrieren, die besonders interessant – weil vergleichsweise erfolgreich und daher attraktiv – erscheinen. Oder weil genau das Gegenteil zutrifft, sie durch ihre garantierte Erfolglosigkeit beeindrucken.
Fragen wir uns doch einmal, welche der skizzierten Typen es tatsächlich ins Top-Management schaffen können, weil sie aufgrund ihrer Besonderheiten entscheidende Vorteile beim Rennen um die attraktivsten Positionen im Unternehmen mitbringen. Wir dürfen dabei nicht übersehen, um welche Organisation, mitsamt ihrer Geschichte und Kultur, es sich handelt, welche Art von Führung dort grundsätzlich angesagt ist und welche Kolleg*innen es bereits ins Management-Board geschafft haben. Dementsprechend genießen bestimmte Typen Wettbewerbsvorteile. So wird etwa eine Vorstandsriege aus Blendern keinen super-korrekten Kontrollfreak in ihre Runde aufnehmen wollen. Womit im Übrigen bereits zwei unserer beschriebenen miesen

Manager*innen – also Blender und ab und an auch Kontrollfreaks – als mögliche Kandidat*innen für eine steile Karriere in Unternehmen genannt sind. Darüber hinaus ist im Top-Management noch mit den draufgängerischen Risikosuchern (viel seltener echte Drama-Babes) und den Ich-Menschen zu rechnen. Wohingegen simpel gestrickte Einfaltspinsel, bemitleidenswerte Tollpatsche, echte Samariter*innen und rüpelhafte Brutalos in ihrer Reinform schlechte bis sehr schlechte Karten haben. Allerdings können manche ihrer Eigenheiten – quasi als Einzelelemente – durchaus hilfreich sein. Wir werden sie daher punktuell in der einen oder anderen Mischung wiederfinden.
So viel zu den Chancen der einzelnen Typen in unverfälschter Form. Über noch bessere Karten für das Rennen um die Karriere als mieser Manager verfügen allerdings elegante Kombinationen, also die angesprochenen Mischtypen. Zum einen können sie nicht auf ein einzelnes Merkmal reduziert werden, sind demnach von ihrem Umfeld – also etwa von ihren Gegenspielern – nicht so leicht auszurechnen. Zum anderen verfügen sie über deutlich mehr Möglichkeiten bei der Wahl ihrer Mittel – nach dem Motto: je voller die Hose, umso höher das Gestankspotenzial.

Was passiert nun, wenn man beispielsweise die Besonderheiten der Einfaltspinsel mit jenen der tollpatschigen Führungskräfte mischt? Sie ahnen es schon. Das Ergebnis besticht – und zwar durch Armseligkeit.

Die nicht ganz helle Seite der Macht

Von der Natur intellektuell nicht gerade bevorteilt und dann auch noch ungeschickt? Dazu die stetige Ausstrahlung von Überforderung? Das sind die Loser unter den Führungskräften, die wahrlichen Underperformer, die Schwachmaten. Man bezeichnet sie gerne als Inkompetente oder Fehlbesetzungen. Mit gutem Recht. Es handelt sich dabei um eine höchst unheilvolle Kombination mehrerer trauriger Eigenschaften. Fachliche Inkompetenz gepaart mit sozialer und persönlicher Unreife. Die Nihilisten unter den Führungskräften – sie führen zu nichts. Das Schicksal hat es gar nicht gut mit ihnen gemeint. Und ihnen ein Set an bemitleidenswerten Skills mit auf den

Weg gegeben. Sie wollen einen wirklich guten Job als Führungskraft machen und kriegen es einfach nicht besser hin.
Mit entsprechenden Auswirkungen auf ihre Mitarbeiter*innen. Sind diese auf qualitätsvolle Führung angewiesen? Pech gehabt, sie haben eine der möglichen Arschkarten gezogen. Von großem Vorteil wäre es allerdings, wenn sie gut ohne kompetente Führung zurechtkommen. In diesem Fall werden sie sich irgendwie mit der Situation arrangieren.
Die größte Chance dieser Führungskräfte? Mitleid. Nur darauf können sie bauen. Vor allem die, die sich anstrengen, sich redlich bemühen. Wie einen Bissen Brot brauchen sie ein Umfeld, das ihnen wohlgesinnt ist. Am besten sozial veranlagte Gutmenschen rundherum oder – noch besser – im übergeordneten Management ein Selbstloser, der barmherzig und hilfsbereit genug ist, sie zu unterstützen und zu fördern.
Überhaupt erscheint die Frage spannend, wer bereit ist, sich auf einen klassischen Loser einzulassen, ihm eine Chance als Führungskraft zu geben und Verantwortung zu übertragen. Dass es sich dabei um den sprichwörtlichen Biss in den sauren Apfel handelt, ist offensichtlich. Wer tut sich so etwas an? Wer verzichtet auf Wohlgeschmack und fruchtige Süße? Manch einer wird für sich verbuchen: „Immerhin habe ich selbst dieser Pfeife eine Chance gegeben. Seht, wie großzügig, wie offenherzig, wie edel ich bin!" Ein ähnliches Phänomen, das bereits bei den Rettern sichtbar wurde: die Hilfsbedürftigkeit eines anderen dafür zu nutzen, dass man selbst an Größe gewinnt. Man hofft auf positive Resonanz in seiner Community – denn wozu sonst sollte man sich und seinem Umfeld das antun?
Höchstens noch aus hinterhältiger Boshaftigkeit – nach dem Motto „Ihr bekommt, was ihr verdient", könnte man als wahrhaft böser Bad Manager den Mitarbeiter*innen einen Chef vorsetzen, an dem sie verzweifeln werden.
Weitere Überlegungen zu dieser bemitleidenswerten Mischung finden Sie im Kapitel „Bloß dumm gelaufen? Fehlbesetzungen von Führungspositionen".

Stärkere Mischungen gefällig?

Spannungsreicher wird es auf jeden Fall, wenn andere Anteile, vor allem kräftigere Charaktere mit all ihren Ecken und Kanten im Spiel sind.
Wie könnte etwa die Kombination aus Grobian, Draufgänger und Ich-Mensch aussehen? Ich darf es vorwegnehmen: Daraus ergibt sich eine Melange der heftigeren Sorte, zum einen beeindruckend im Auftreten, ausgezeichnet mit einer gewissen Stress-Immunität („Was soll mir der ganze Zirkus schon anhaben können?"), zum anderen mit einer gewissen Tendenz zu plötzlichen Entgleisungen, für die Umgebung nur schwer verdaulich, jedenfalls alles andere als leichter Tobak.

And the Winner is ...

Silvia und Paul, Senior Consultants bei einem weit über die Branche hinaus bekannten Beratungsunternehmen, können es nicht fassen. Da schnauzt der Chef regelmäßig die Kunden an, macht einen nach dem anderen nieder, vermittelt ihnen, dass er sie für intellektuelle Blindgänger hält, verhält sich also, gerade für einen Berater, höchst unprofessionell – und wird doch tatsächlich zum Berater des Jahres gewählt! Gerade eben ist die Information hereingekommen. Alljährlich nehmen sie an diesem Wettbewerb teil, mit bisher mäßigem Erfolg. Nur dieses Jahr haben offensichtlich unzählige Kunden, denn nur die dürfen voten, für Hartmut Haudrauf gestimmt. Unglaublich. Ihr Chef mit all seinen Allüren – der soll das Aushängeschild der Branche sein?!
Auch heute hat Hartmut Haudrauf wieder einen seiner miesepetrigen Tage. Entweder hat ihn die überraschende Nachricht noch nicht erreicht, oder – was wahrscheinlicher ist – er tut so, als ob es ihn nicht die Bohne interessiert. Jedenfalls geht man dem Chef heute besser aus dem Weg. Wer aber ungewollt oder beabsichtigt seinen Weg kreuzt, erntet zumindest einen grimmigen Blick. Der besagt: „Wie kannst du es nur wagen, mir genau jetzt in die

*Quere zu kommen?" Wird von ihm derb angeschnauzt. Oder gleich gar nicht wahrgenommen (was in diesem Fall absolut zu bevorzugen ist). Hartmut Haudrauf macht keinen Unterschied, ob es sich dabei um einen Azubi, seine Assistentin, einen Senior Consultant oder einen Externen handelt. Das wissen seine Mitarbeiter*innen aus vielfacher Erfahrung.*

Paul erzählt Silvia nun in der Teeküche, dass er schon am Vormittag das zweifelhafte Vergnügen hatte, Zeuge eines Telefongesprächs zwischen Haudrauf und einem wichtigen Kunden zu sein. Dabei hörte er, wie sein Chef dem vermutlich verdutzten Gegenüber vorwarf, er hätte von der Beratungsbranche und ihren überaus hohen Anforderungen sowas von keine Ahnung. Ansonsten würde er nicht auf die absurde Idee kommen, mit ihm über die im Angebot in Aussicht gestellten Kosten der Beratung diskutieren zu wollen. Haudrauf beendete das Telefonat mit den Worten: „Wissen Sie was, Herr Müller? Genau das ist die Voraussetzung für unseren Erfolg: dass unsere Kunden alle so ahnungslos sind wie Sie." Und dann, nachdem er aufgelegt hatte, in Richtung Paul: „So ein feiges, inkompetentes Arschloch, ein rückgratloser Schleimbeutel ist das ... Und was stehen Sie hier noch rum? Haben Sie nichts Besseres zu tun?" Paul wollte antworten, merkte aber, dass sich sein Chef bereits abgewendet hatte und noch gut verständlich murmelte: „Lauter Vollpfosten um mich!"

Paul beendet seine Schilderung und sagt zu Silvia: „Wir kennen ja unseren Chef, also hab ich mir meinen Teil gedacht und sein Büro verlassen. Nur nicht zu viel Aufhebens machen, in Kürze kann es schon wieder ganz anders sein. Insofern ist er irgendwie berechenbar. Man kann sich sicher sein, dass seine Stimmung rasch wieder umschlägt. Womit er mich tatsächlich überrascht hat: Er ist in dem Telefonat mit dem Kunden ‚all in' gegangen, hat mit der Flucht nach vorne alles auf eine Karte gesetzt. Ging ja immerhin um einen richtig großen Auftrag. Nicht das erste Mal, dass der Chef einem wichtigen Kunden gegenüber so viel riskiert. Und er setzt nicht bloß den Auftrag aufs Spiel, sondern letztlich den guten Ruf der ganzen Firma."

„Mich wundert es immer wieder, dass bei diesem Umgang nicht schon längst alle Kunden das Weite gesucht haben", erwidert Silvia, „stattdessen wird er auch noch Berater des Jahres! Wäre ich Kunde, ich würde mir das nicht gefallen lassen."
„Wie sein alter Kompagnon damals. Zehn Jahre lang hat er mit Haudrauf das Unternehmen aufgebaut, und dann ist es ihm zu bunt geworden. Seine Beraterfirma scheint übrigens echt gut zu gehen, er hat ja auch einige Kunden von uns mitgenommen. Du hast völlig recht, Silvia. Eigentlich braucht man sich gar nicht zu wundern, dass sich immer wieder Kunden von uns abwenden. In erster Linie die sensibleren, die anspruchsvolleren. Aber – so ehrlich muss man sein – auch die wirklich gefestigten, die sich von ihrem Berater schlichtweg nicht auf diese Weise behandeln lassen wollen. Viel verwunderlicher ist es, dass es noch immer so viele Kunden, Netzwerkpartner, aber auch Medienmenschen und Investoren gibt, die ihm sozusagen aus der Hand fressen."

Tja, wie macht das dieser Hartmut Haudrauf? Wie schafft er es, mit dieser Art des Umgangs dennoch so erfolgreich zu sein? Es scheint wohl selbst für so bizarre Töpfe wie ihn die richtigen Deckel zu geben, sprich Kunden, die darauf abfahren, genau so behandelt zu werden. Für alle anderen bleibt es ein unauflösbares Mysterium.

Eine andere beeindruckende Mixtur begegnet uns in folgender Anekdote. Wobei hier alle Beteiligte „zusammenhelfen", dass sich trotz verheißungsvoller Ausgangslage erst vage, später deutliche Fronten und letztlich Risse bilden, die nicht mehr zu kitten sind.

Die Eskalation

*Mehrere Monate lang ist eine Abteilung in einer sozialen Institution ohne Leitung. Die Arbeit wird dennoch hervorragend erledigt, die fachlich sehr kompetenten Mitarbeiter*innen springen in die*

Bresche und übernehmen Verantwortung. Trotzdem wird die Stelle mit einer neuen, von extern kommenden Leiterin besetzt. Interessant, wie unterschiedlich die verschiedenen Beteiligten die Entwicklungen im Haus erleben:
Der Einrichtungsleiter ist froh, endlich das Problem der vakanten Stelle gelöst zu haben. „Da kann ich mich nun wieder um andere Themen kümmern. Von denen sind doch sehr viele in letzter Zeit zu kurz gekommen. Irgendwie erstaunlich, dass das ohne Abteilungsleitung so lange gutgegangen ist. Jetzt habe ich auf jeden Fall ein besseres Gefühl."
*Die Mitarbeiter*innen sind stolz auf die vergangenen Wochen und Monate und fragen sich, wie es nun wohl wird. „Super, wie wir das in der letzten Zeit hingekriegt haben. Alle haben sich ins Zeug gelegt und füreinander eingesetzt. Wir haben uns organisiert, uns wirklich gut abgestimmt und Entscheidungen getroffen. So macht Arbeiten richtig Spaß. Da hat man gemerkt, dass jeder mit Freude zur Arbeit gekommen ist. Wir sind ein echt tolles Team und können da richtig stolz auf uns sein. Der Job ist ja alles andere als leicht. Mal sehen, wie das jetzt wird mit unserer neuen Leiterin."*
Die neue Abteilungsleiterin verschafft sich erst einmal einen Überblick und hält sich als Führungskraft anfangs noch zurück. Nach wenigen Wochen ändert sie ihre Gangart markant.
*Worauf sich die Mitarbeiter*innen fragen: „Was ist plötzlich los? Erst sagt sie uns bei jeder Gelegenheit, dass wir eh wissen, was zu tun ist, mit anderen Worten, dass wir so weiterarbeiten sollen wie bisher. Jetzt auf einmal fängt sie an, eigenartige Vorgaben zu machen und alles ganz penibel zu kontrollieren. Logisch, dass wir nicht alles zu 100 Prozent umsetzen. Erstens geht das nicht, und zweitens sind ihre Anweisungen nicht immer die schlauesten. Das haben wir ihr gesagt. Mit welcher Konsequenz? Nicht etwa, dass sie ihre teilweise doofen Vorgaben überdenkt und dann zurücknimmt und uns wieder mehr Freiraum lässt. Nein, ganz im Gegenteil. Jetzt gibt es von Tag zu Tag noch engere Regeln und Anweisungen. Bis ins letzte Detail. Unglaublich. Und wenn wir ihr mitteilen, dass wir*

das für nicht sinnvoll halten, lässt sie uns abblitzen. Fährt über uns drüber und zeigt uns, dass sie hier das Sagen hat und unsere Ansichten nicht gefragt sind. Aber eines ist klar. Da hat sie die Rechnung ohne den Wirt gemacht. Das lassen wir uns nicht gefallen. Wenn wir es schaffen zusammenzuhalten, wird es ihr noch leidtun.“
Aus der Sicht der Leiterin stellt sich die Situation natürlich völlig anders dar: „So eine renitente Bande. Müssen die alles hinterfragen? Ich habe es mir ja gleich gedacht. Viel Blabla und nichts dahinter. ‚Wir sind so ein tolles Team‘, ‚Wir beherrschen unsere Arbeit aus dem Effeff‘ und so weiter. Glauben die das wirklich? Mit ein bisschen Spürsinn findet man etliche Fehler, wahrscheinlich aus Schlampigkeit oder Zeitmangel. Standards werden nicht eingehalten, die Qualität ist an manchen Stellen arg verbesserungswürdig. Außerdem: Wenn man denen nicht genauestens auf die Finger schaut, machen sie es so, wie sie glauben, und nicht, wie es sein soll, wie es die Standards und ich vorgeben. Da hilft nur eines: klare, eindeutige Vorgaben. Alles schriftlich, damit es der letzte Depp versteht. Ohne Interpretationsspielräume. Dafür jedoch Kontrolle und Konsequenzen, weil ohne die sind die ganzen Vorgaben und Regeln bloß Makulatur. Da könnten wir uns gleich von unseren Qualitätsansprüchen verabschieden. In letzter Zeit verhalten sie sich immer mehr wie trotzige Kinder. Sie tun so, als ob sie meine Anweisungen nicht verstehen. Wobei: Noch klarer geht nicht. Oder sie verstehen sie bewusst falsch. Manchmal treiben sie es auf die Spitze, indem sie meine Vorgaben übererfüllen. Wenn ich etwas nicht explizit dazusage, dann machen sie es auch nicht.“
Die Teammitglieder wenden sich nun an die Belegschaftsvertretung, die Betriebsrätin, und formulieren ihre Kritik an der Abteilungsleitung: „Sie behandelt uns wie Kinder. Eigenständiges Denken ist nicht erwünscht. Da fährt sie voll über uns drüber. Wir haben null Freiräume. Und das, obwohl wir immer so einen guten Job gemacht haben. Das gute Klima unter uns hat sie zerstört. Jeder spürt den Druck, jeder ist verunsichert. Die Chefin ist nicht zu einem Gespräch zu bewegen. Das haben wir natürlich versucht. Sie verschanzt sich

hinter ihren Qualitätszielen, Standards und Vorgaben. Und wirft uns vor, dass ihre Kontrollen immer wieder zeigen, dass wir unseren Job nicht ordentlich genug machen."
*Die Betriebsrätin leitet diese Beschwerde an den Einrichtungsleiter weiter. Dieser fällt aus allen Wolken, hat er doch geglaubt, dass bisher alles gut gelaufen ist. Nach längeren Gesprächen mit Betriebsrätin, Mitarbeiter*innen und der Abteilungsleiterin gelangt er zur Überzeugung, dass die Abteilungsleiterin im Haus schon zu viel Erde verbrannt hat und dass das in dieser Konstellation nicht mehr lösbar ist. Vor allem deshalb, weil sie keinerlei Einsicht zeigt, dass es vielleicht doch besser gewesen wäre, eine andere Vorgehensweise zu wählen. Daher löst der Einrichtungsleiter das Dienstverhältnis mit ihr.*
*Die Abteilungsleiterin lässt ihrem Unmut zum Abschied freien Lauf. Sie beklagt sich über die unfähigen und unwilligen Mitarbeiter*innen, die es nicht geschafft haben, ihre Arbeit auf fachlich professionellem Niveau zu erledigen, sich dafür aber gegen jede ihrer Initiativen zur Wehr gesetzt haben. Außerdem – und das sei nun wirklich erschütternd – sei ihr der Einrichtungsleiter in den Rücken gefallen und hätte sie aus der Einrichtung gemobbt. Diese Anklage formuliert sie abschließend in einem Schreiben an Geschäftsleitung und Betriebsrat.*

Wir haben es bei der Abteilungsleiterin offensichtlich mit einer Mischung aus Kontrollwut und ausgeprägter Ungeschicktheit zu tun, und es schimmert ein gewisser Grad an Selbstverliebtheit durch. Man kann leicht erkennen, dass es sich dabei um eine Kombination handelt, die nur wenig Freude macht – und dies für alle Beteiligte. Übrigens könnte man ebenso die Frage stellen, welches spezielle Führungstalent der Einrichtungsleiter gezeigt hat.

Wie man in den nun folgenden Beispielen sehen wird, spielt der Faktor Selbstverliebtheit häufig eine entscheidende Rolle und bringt eine kräftige Dynamik hinein. Die Führungskraft im nächsten Beispiel könnte man ebenso wie die Abteilungsleiterin vorhin als einen selbstverliebten Ich-Menschen beschreiben, der sich teilweise recht ungeschickt anstellt. Dazu kommt wohl noch eine größere Portion Blender. Doch urteilen Sie am besten selbst.

Der Super-Manager

*Ein mittelständisches Unternehmen, das hauptsächlich mit Dienstleistungen in technischen Belangen zu tun hat, baut die Organisationsstruktur um und schafft eine neue Position direkt unter der Geschäftsführung. Diese wird mit Herfried Sommer besetzt. Ihm eilt der Ruf des „Super-Managers" voraus. Die Mitarbeiter*innen sehen dieser Neuerung mit Vorfreude entgegen, schließlich gilt es, wichtige Dinge anzupacken, die in der Vergangenheit liegengeblieben sind. So ein Neuer – noch dazu einer, der wirklich etwas draufhaben soll – kann da natürlich einiges in Bewegung bringen. Soweit ihre Erwartung und Hoffnung. Allerdings finden sie rasch heraus, dass manches an ihm gar nicht so super ist ...*

*Herfried Sommer fehlen jegliche Detailkenntnisse zur Materie. So weit, so normal, wenn jemand neu in ein Unternehmen kommt. Er lässt jedoch nicht nur das spezifische Knowhow vermissen, sondern zeigt kein Interesse, sich dieses auch nur in Grundzügen anzueignen. Er unternimmt keinerlei Anstrengungen, inhaltlich zumindest ein bisschen einzutauchen. Selbst dies sehen ihm die Mitarbeiter*innen noch nach – sie hätten sich zwar anderes gewünscht, aber er interpretiert halt seinen Führungsjob so, als erfahrener Manager steht ihm das zu. Hauptsache, er kümmert sich um die wirklich wichtigen Themen, sagen sie sich. Doch er hat, wie sich bald herausstellen wird, andere Prioritäten.*

„Super-Manager nennen sie mich. Cooles Image, möchte man meinen", denkt sich Herfried Sommer. „Einerseits schmeichelhaft. Es tut der Seele gut, das immer wieder zu hören. Andererseits eigenartig, vor allem, wo ich doch selbst weiß, wie viele frühere

Jobs ich in den Sand gesetzt habe. Nur gut, dass es offenbar niemand sonst mitgekriegt hat und falls doch, dass es sich noch nicht herumgesprochen hat. Streng genommen hat kaum jemand diese Auszeichnung weniger verdient als ich ..." Wann immer solche Gedanken in Sommer auftauchen, schiebt er sie schnell wieder beiseite. „Tatsache ist, ich muss mich schützen", sagt er sich dann, „da gibt es doch etliche kritische Geister, junge, aufstrebende und auch mutige Mitarbeiter. Die haben schon genug Erfahrung in ihrem Metier, jedenfalls um Längen mehr als ich. Außerdem trauen sie sich, ihren Mund aufzumachen. Ich muss dafür sorgen, dass sie nicht zu viel Einfluss bekommen. Und dass ich nicht mein Gesicht verliere. Wäre doch gelacht, wenn man als ‚Super-Manager' das nicht hinkriegt!"

Sommer beginnt, einige Prozesse komplett neu zu definieren. Er fragt nicht nach, wie die Ist-Prozesse gestaltet sind und wie sie laufen, sondern verändert sie von Grund auf. Ein zentrales Steuerungsmeeting wird von ihm neu aufgesetzt. Manche bisherigen Teilnehmer sind nicht mehr dazu eingeladen. Wie überraschend, dass dies gerade die erfahrenen, wissenden und kritischen Mitarbeiter betrifft ...

*Für die Mitarbeiter*innen zeigt sich immer deutlicher, dass ihr Chef keine Lust hat, sich mit den unternehmensinternen Fachexperten auseinanderzusetzen. Er nennt sie „Nerds" und macht kein Hehl aus seiner Geringschätzung ihrer Expertise. Da er dem direkten Kontakt mit ihnen aus dem Weg geht, werden zwei weitere neue Führungspositionen unter ihm geschaffen. Sommer braucht unbedingt jemanden als Bindeglied und Kommunikator, jemanden, der die Aufgaben der unmittelbaren Steuerung der wichtigsten Fachbereiche wahrnehmen und als Übersetzer zwischen ihm und seinen Experten fungieren kann. Er stellt für diese Positionen zwei neue Abteilungsleiter ein, beide langjährige Weggefährten.*

Für etliche Mitarbeitende ist dieses Vorgehen unbegreiflich. Die Ressourcen werden nicht dort aufgestockt, wo es aus ihrer Sicht unbedingt notwendig wäre, auf der operativen Ebene, wo alle bis ans

*Limit gefordert sind. Sondern man zieht eine zusätzliche Führungsebene ein, die niemand außer Sommer benötigt. Gerade die High-Potentials, jene in puncto Weiterentwicklung ambitionierteren Mitarbeiter*innen, fühlen sich massiv vor den Kopf gestoßen.*
Herfried Sommer aber atmet durch, er fühlt sich nun „safe". Wieder einmal scheint es ihm gelungen zu sein, drohendes Ungemach von seiner Person fernzuhalten. Und damit den Ruf des „Super-Managers" auch weiterhin abzusichern. Auch wenn dafür der eine oder andere taktisch kluge Schachzug vonnöten war.

Die wahrhaft dunkle Seite der Macht

Jetzt aber wird es ernsthaft böse. Wir haben Manipulator*innen verschiedener Art kennengelernt: gerissene Blender und solche, die sich auf ihr Handwerk der emotionalen Manipulation verstehen. Wenn dies aus dem Motiv der Selbstverliebtheit heraus passiert, sind wir mit Führungskräften konfrontiert, die auf äußerst geschickte Weise andere Menschen derart beeinflussen, dass letztlich ausschließlich ihr eigenes Ego poliert wird.
Gesellt sich zum selbstverliebten Manipulator der Faktor Brutalität hinzu, erhält man die so genannte „dunkle Triade der Persönlichkeit"[47]. Menschen mit dieser Ausprägung sind mit allen Wassern gewaschen, sie schöpfen wahrlich aus dem Vollen und greifen auf die wirksamsten Machtmittel zurück. Sie nutzen sämtliche Möglichkeiten, um andere unter Druck zu setzen, kleinzumachen und sie unter ihrer Herrschaft zu halten. Im Geheimen sammeln sie belastende Informationen über ihre Mitmenschen, um sie dann im richtigen Moment ausspielen zu können. Ausschließlich zum eigenen Nutzen, das ist bei diesem Typ selbstverständlich. Genauso gut verstehen sie sich darin, anderen zu schmeicheln, sie mit Komplimenten und charismatischen Winkelzügen in Sicherheit zu wiegen oder aus der Balance zu bringen. Ihre hochpersönliche Wahrheit lautet jedoch: „Ich bin der Mittelpunkt dieser Welt – um mich dreht sich sowieso alles!" Logisch, dass sie die einzig wahren Leader sind. Unbegreiflich, wie man da auf andere Ideen kommen könnte. Immerhin sind sie die „Special Ones", die Besonderen, die aus der lauen Masse herausragenden

47 Paulhus & Williams, 2002

überdurchschnittlichen Herrenmenschen. Wobei man die Mehrzahl sofort wieder in Frage stellen muss – in ihrem Fall gibt es gar keinen Plural. Denn diese „Übermenschen" haben einzig und allein sich selbst im Fokus.
Um ihre Machtposition zu erhalten und auszubauen, wissen sie genau, wie sie agieren müssen. Ihre Fähigkeit, nach strategischen Gesichtspunkten kühl und berechnend zu planen, zu urteilen und zu taktieren, hilft ihnen dabei in höchstem Maße. Es verwundert ganz und gar nicht, dass es ihnen aufgrund ihrer zahlreichen beeindruckenden Attribute gelingt, alle anderen zu dominieren. Außerdem scheuen sie keine Auseinandersetzung und schrecken vor keinem noch so groben Mittel zurück. Ja, es scheint fast, als würden sie jede Gelegenheit dazu beim Schopf packen – die Gelegenheit zur Demütigung und Verletzung, sei es aus Gründen der Abrechnung oder Rache, sei es, weil es ihnen einfach Vergnügen bereitet, andere zur Verzweiflung zu bringen und leiden zu sehen. Solcherart agierende Führungskräfte sind dementsprechend gefürchtet. Sie arbeiten mit Drohungen und Schikanen, scheren sich nicht um Konventionen oder um andere Einschränkungen, besitzen offensichtlich kein Gewissen, keine innere Instanz, die sie in ihren Handlungen bremst, und können daher ihre Interessen ohne jede Hemmung verfolgen. Es ist also kein Wunder, dass es diese Typen oft bis in Top-Positionen großer Konzerne schaffen. Sie kommen rasch hoch, ohne dabei allzu sehr auf Bindungen und echte Kooperation zu setzen. Somit lässt sich konstatieren, dass sie „sich durch starke Aufstiegsaspirationen (‚getting ahead') und gleichzeitig eine geringe Anschlussmotivation (‚getting along') auszeichnen".[48]

Napoleon

> *„Der Napoleon kommt nächsten Dienstag."*
> *„Nein! Um Himmels willen. Muss der schon wieder bei uns aufkreuzen? Ich habe vom letzten Mal noch so einen üblen Nachgeschmack, dabei ist schon ein Monat seit damals vergangen. Ich glaube, am Dienstag nehme ich mir Zeitausgleich. Was kann er diesmal wollen? Geht es wieder um Einsparungen? Reicht es ihm nicht, dass er schon die Hälfte von uns in die Wüste geschickt hat?"*

48 Externbrink & Keil, 2018, S. 47

„Weißt du, was ich an ihm am wenigsten aushalte? Dass man ihm nicht ankann, dass man ihm, oberflächlich betrachtet, nichts vorwerfen kann. Da tut er so freundlich, so nett und macht auf Smalltalk. Na, Herr Lehner, wie geht es Ihnen? Und Ihrer Familie? Womit beschäftigen Sie sich gerade? Kommen Sie gut voran? Und privat? Alles in Ordnung? Was der alles für Fragen stellt, furchtbar! Dabei interessiert ihn doch gar nicht, wie es einem geht. Seine Nettigkeiten nehme ich ihm einfach nicht ab. Da habe ich schon zu viel erlebt. Es ist schon oft vorgekommen, dass er die Infos dann gegen einen ausnutzt und absolut übergriffig wird."

„Dann zieht er dir auf einmal das Fell über die Ohren. Das möchte ich nicht persönlich erleben, es ist schlimm genug, wenn die anderen drankommen."

„Er macht das auf eine so spezielle Art, dass man ihm daraus keinen Strick drehen kann. Man bekommt fast den Eindruck, dass er sich im Vorhinein alles gründlich überlegt hat und sich gegen alles abgesichert hat. Da braucht man gar nicht darauf zu hoffen, dass dem einmal ein grober Schnitzer passiert."

„Ja, arg, obwohl – andererseits kann er manchmal richtig großzügig sein. Immerhin haben wir ihm einiges zu verdanken, das Gesundheits- und Wellnesspaket etwa. Die Gutscheinaktion für uns Mitarbeiter."

„Mhm, stimmt schon. Aber auch da hat er seine Hintergedanken, er macht das nicht, weil er so nett und wohlwollend ist, sondern weil er sich davon etwas erhofft. Ich befürchte das Allerschlimmste. Außerdem bekommt man nur dann etwas von ihm, wenn er gut drauf ist und man ihn nicht gerade verärgert hat. Aber ja, er hat als Chef durchaus die eine oder andere positive Seite. Er weiß, was er will. Seine Pläne zieht er rigoros durch, selbst wenn das manchen Mächtigen nicht passt. Unsere Abteilung stünde jetzt sicher nicht so gut da, wenn wir so weitergetan hätten wie vorher."

„Genau. Aber wehe, irgendetwas passt ihm nicht, dann platzt ihm gleich der Kragen. Wenn er seinen hochroten Kopf bekommt und alle niederbrüllt, die ihm in die Quere kommen. Dann möchtest du

nicht in seiner Nähe sein. Das kann ganz schnell und unerwartet kommen, plötzlich kippt seine Stimmung. Egal, ob du vorher sein Vertrauter warst, auf einmal bist du sein Fußabstreifer.“
„Der Napoleon selbst macht klarerweise keine Fehler, logisch. Wage es ja nicht, ihn darauf anzusprechen. Wie der Gruber letztes Jahr. So schnell hat der gar nicht schauen können, war er versetzt. Hat diesen lausigen Job in der Buchhaltung bekommen. Gerade der Gruber. Der mit Nur-Routinetätigkeiten eh so seine Schwierigkeiten hat. Das hat der absichtlich gemacht, der Napoleon, dass er ihn genau dorthin versetzt hat. Kein Wunder, dass es der Gruber nicht lange ausgehalten hat. Ich glaube, der hat sich gleich nach Alternativen umgehört. Jedenfalls war er dann rasch weg.“
„Recht hat er. Weißt du eigentlich, was er sich konkret hat zuschulden kommen lassen?“
„Naja, er hat es halt gewagt, seine Heiligkeit zu kritisieren. Er hat nur darauf hingewiesen, dass sein Konzept zur Kundenbindung Lücken aufweist. Was ja teilweise gestimmt hat.“
„Noch schlimmer finde ich es, wie der Napoleon der Kollegin Jurek zugesetzt hat. Über Jahre war sie eine absolut verlässliche Kraft. Hat alles perfekt abgearbeitet. Jetzt von ihr zu verlangen, dass sie auf einmal im Schriftverkehr mit den Kunden brillieren soll, das geht doch nicht. Und sie dann vor allen anderen zur Schnecke zu machen, weil sie das eine Schreiben etwas ungeschickt formuliert hat. Wo eh jeder weiß, dass die so dünnhäutig ist.“
„Was lernt man daraus? Lieber ruhig sein, nicht auffallen. Hände falten, Goschen halten. Dann hat man eine Chance, dass man einigermaßen ungeschoren davonkommt. Aber wehe, man wagt es ...“

Im Gegensatz dazu sind einfache Rohlinge – in unserer Diktion der Mix aus Einfaltspinsel und Grobian, also aus den Herren *Rude* und *Garoppolo* – bei weitem nicht so beeindruckend. Zu simpel gestrickt, da fehlt ihnen das Kalkül, die Eleganz, das Geschick. Sie sind daher viel leichter auszurechnen und in die Schranken zu weisen als ihre Kollegen und (deutlich seltener!) Kolleginnen von der ganz dunklen Sorte.

Gibt es denn noch eine Steigerungsmöglichkeit zu der vorhin beschriebenen dunklen Dreifaltigkeit? Ja, in der Tat. Fügen wir einfach die Besonderheiten der Kontrollfreaks hinzu. Schon haben wir eine überaus effektive und auch explosive Mischung. Diese Manager sind ebenso machtbesessen, unerbittlich und selbstherrlich wie die vorhin skizzierten, nur bewegen sie sich – egal ob aus ihrer Überzeugung oder aus ihrem Kontrollzwang heraus – innerhalb des erlaubten Rahmens. Stets halten sie alle Zügel straff in der Hand. Korrektheit und Tadellosigkeit gehören zu ihren obersten Prinzipien. Fehler passieren ihnen nicht. Sollte es tatsächlich einmal vorkommen, macht sich das kräftige Ego bemerkbar und erklärt sie für sakrosankt, für nicht kritisierbar. Kritik ist unmöglich, weil nicht sein kann, was nicht sein darf. Man kann ihnen somit im Regelfall keinerlei Fehler nachweisen, sie sind de facto unangreifbar. In Kombination mit der Ego-Orientierung der Selbstverliebten, der Aggressivität der Brutalos und des Geschicks der Blender ergibt sich demnach ein Mix, der seinesgleichen sucht.

Jetzt sind Sie dran ...

Wollen Sie sich zu einem solchen Super-Bad-Manager-Typen entwickeln, dann wissen Sie jedenfalls, was Sie zu tun haben. Setzen Sie in erster Linie auf die zuletzt genannten vier Stile und veredeln Sie eventuell noch mit der einen oder anderen Eigenheit, die Ihnen von den anderen Typen passend und hilfreich erscheint. Dann haben Sie die Vollendung geschafft, die Krönung.
Den richtigen Titel dürfen Sie sich dann selbst verleihen, das steht natürlich nur Ihnen zu. Was könnte eventuell passen? „Top-Top-Manager*in"? „Gröchaz", also größte*r Chef*in aller Zeiten? „Seine" bzw. „Ihre Exzellenz"? Wenn Sie es schlicht halten wollen, wie wäre es mit dem einfachen „Meister"?! Oder, wenn Sie sich nicht mit der deutschsprachigen Einschränkung zufriedengeben wollen, sich also – aus nachvollziehbaren Gründen! – als Manager*in gleich international orientieren: „Best of the Beasts"? „The Dark Lord"? „Mister Godlike"? „Lady Mega"? „The Hyper-Manager"? „The One and Only"?

Über die genannten Kombinationen hinaus sind noch viele weitere denkbar und in der vielgestaltigen Welt des verrückten Managements auch tatsächlich anzutreffen. Sowohl der Fantasie als auch der Realität scheinen hier keine Grenzen gesteckt zu sein.

Die Devise muss also lauten: Keine falsche Zurückhaltung! Sie können sich in der Fülle der Angebote bedienen und diese nach Lust und Laune kombinieren. Picken Sie sich einfach jene Aspekte heraus, die Ihnen am vielversprechendsten erscheinen, und kreieren Sie daraus eine neue Spezies. Wer weiß, vielleicht gehen Sie damit ja in die Lehrbücher der künftigen (Bad-)Management-Literatur ein!?

Höhenluft

Es ist eine ganz spezielle Welt, in der sich Top-Manager*innen bewegen. Geschäftsführer*innen, Vorstände, Direktor*innen und CxO's sehen sich mit höchsten Anforderungen konfrontiert und tragen einen prall gefüllten Rucksack an Verpflichtungen und Verantwortung. Sie stehen beinahe permanent in der Auslage und werden von allen Seiten beobachtet und beurteilt. Als leuchtendes Vorbild sollen sie vorangehen und ihre vermeintlich riesigen Gestaltungsräume zum Wohle des Unternehmens und aller Beteiligter nutzen. Dabei entpuppt sich ihre Machtfülle häufig als Schimäre, denn selbst sie sind oft Getriebene: von den Erfordernissen des Marktes sowie vom Einfluss der Eigentümer und Investoren. Das Ganze unter dem wachsamen Auge diverser Kontrollgremien. Sie müssen sich mit vielen Interessensgruppen und Strömungen im Umfeld ihrer Organisation auseinandersetzen, geschickt und proaktiv netzwerken, Seilschaften pflegen, selbst wenn diese auf den ersten Blick gar nichts Unterstützendes verheißen, in alle Richtungen adäquat kommunizieren, die verschiedenen Ansprüche, Bedarfe und Bedürfnisse geschickt ausbalancieren und letztlich erfolgswirksame Entscheidungen treffen – alleine und/oder im Managementteam.

Dazu gesellen sich systemimmanente Widersprüchlichkeiten, wie etwa Isolde Charim in einem Kommentar zu aktuellen Firmenpleiten in der Finanzwirtschaft ausführt. Die verantwortlichen Manager*innen „... sollen dynamisch sein – aber nicht zu viel. Gierig – aber in Maßen. Innovativ Regeln überspielen – aber moralisch bleiben. Kurzum: Die psychischen Energien, die das System erhalten, sind genau jene, die es in Sackgassen (...) manövrieren." Sie schreibt weiter von einer „berechtigten Empörung und einem viel weniger berechtigten Erstaunen, wenn sich Dynamik als Gier erweist, Steigerung als Regelübertretung, Innovation als Skrupellosigkeit, Beschleunigung als kriminelle Luftschlösser."[49]

Noch stärker zugespitzt wird die Anforderung an die Unternehmensleitung in kleineren und mittelständischen Firmen, nämlich dann, wenn eine große Bandbreite an Funktionen an der Spitze angesiedelt ist: neben der unternehmerischen und kaufmännischen Verantwortung sowie den üblichen Steuerungsaufgaben noch die Betreuung der wichtigsten Kunden, die höchste Fachexpertise (vor allem als Unternehmensgründer) und mitunter viele operative Managementaufgaben wie Human Resources, Einkauf, Controlling bis hin zu Hausmeister-Tätigkeiten. Die „Wunderwutzi-Falle", die gnadenlos zuschnappt und die Chefs gefangen hält, wenn es ihnen nicht gelingt, tragfähige Strukturen unter sich aufzubauen, zumindest manche der angeführten Aufgaben an die nächste Ebene zu übertragen und somit der völligen Überfrachtung zu entkommen.

Wofür tun sich Top-Manager*innen das an?

Der Reiz dieser Top-Positionen und mitunter der Grund, weshalb deren Inhaber oft beneidet werden, liegt in der Verwirklichung dreier zentraler Motive: Geld, Macht und Liebe.

Die materielle Dimension erschließt sich am augenfälligsten. Top-Positionen versprechen die Verfügbarkeit vielfältiger Ressourcen: vom schnöden Mammon über Besitztümer und Statussymbole bis hin zu Vergünstigungen, Einladungen und Zugang zu den verschiedensten Annehmlichkeiten.

Ebenso sind diese Jobs – bei allen Einschränkungen und Sachzwängen – mit hoher Gestaltungsmöglichkeit verbunden, dem zweiten Motiv. Etwas schaffen, eine Idee verwirklichen, ein Geschäft auf- und ausbauen, Entscheidungsgewalt, sich dabei nichts sagen lassen und sich nicht unterordnen müssen – all dies erscheint vielen potenziellen Top-Manager*innen attraktiv und realisierbar. Nebenbei bedient und nährt es Allmachtsfantasien.

49 Charim, 2020, S. 9

Last but not least geht es ums Dazugehören zur erlauchten Gesellschaft der Wichtigen und die damit verbundene Anerkennung. Man ist plötzlich von Bedeutung, das kann und wird von nun an niemand mehr infrage stellen. Das Streben nach Status, Prestige und anderen Formen der Zuwendung spielt demnach mindestens genauso eine Rolle wie die beiden anderen Faktoren.

Insbesondere aus dem Streben nach Anerkennung lässt sich manch krudes Verhalten von Top-Manager*innen erklären. Etwa wenn sie eine schlechte Performance ihrer untergeordneten Führungskräfte dazu nutzen, um selbst gut dazustehen. Das lässt sich noch befeuern, indem sie ihnen möglichst unklare Aufträge geben, laufend die Vorgaben und Spielregeln ändern und damit bewirken, dass sich keine Konstanz und Stabilität einstellen kann. Oder indem sie ihnen jeglichen Rückhalt versagen, ihnen ihr Vertrauen entziehen und sie bei jeder Gelegenheit „im Regen stehen lassen". Immer wieder zu beobachten: Den Führungskräften wird der zum Führen nötige Spielraum versagt. Oder es wird zuerst so getan, als gäbe es diesen Freiraum, um sich dann bei erster Gelegenheit zu beschweren, wie man denn nur so eigenmächtig handeln könne. Man kann sich alles berichten lassen und die Zügel besonders straff anziehen. Wenn etwas klappt, schreibt man sich das als erfolgsverwöhnter Top-Manager am besten selbst zu. Ganz anders, wenn Dinge daneben gehen. Man findet sicherlich einen passenden Sündenbock und demütigt ihn vor den Augen und Ohren anderer.
Falls sich noch jemand fragen sollte, warum manche Top-Manager*innen so sind und weshalb sie so agieren: Ganz einfach. Weil sich ihnen die Möglichkeiten bieten, weil sie es also können – und weil sie dann nicht lange fragen, sondern einfach tun. Es ist übrigens kein Zufall, dass sich die beeindruckendsten Beispiele schlechten Managements in jenen Organisationen finden, wo es auch um die Unternehmenskultur ausreichend kritisch bestellt ist. Wo Werte und Prinzipien höchstens in irgendwelchen Hochglanzbroschüren vorkommen, konstruktive Fehlerkultur und ermöglichende Gestaltungsräume für Schlüsselpersonen Fremdwörter darstellen, genauso wie Transparenz, Reflexion und Räume für substanzielle Weiterentwicklung. Dazu noch das richtige Sparprogramm, und schon ist „der Salat angerichtet".

Was, wenn es schiefgeht?

Die Angst vor öffentlichen Blamagen und Demütigungen ist eine der größten Sorgen in den oberen Etagen. Auch wenn manche Top-Manager*innen besonders gut im Kaschieren von Fehltritten sind und andere den Nimbus des „Too big to fail" für sich nutzen: Wenn ihr Scheitern einem persönlichen Versagen zugeschrieben wird, bedeutet das einen schmerzhaften Gesichtsverlust, der zu nachhaltigem internen Gewichtsverlust führen kann – in diesem Zusammenhang eine alles andere als erwünschte Folgeerscheinung.
Dies kann bisher unauffällige Kritiker*innen dazu verleiten, aus ihren Verstecken hervorzukommen und zu versuchen, sich selbst in Szene zu setzen und zu punkten. Etwa mit der „Weisheit", dass der Fisch beim Kopf zu stinken anfängt.[50] Spätestens an dieser Stelle wird dem gebeutelten Top-Manager klar, dass Randy Newman schon recht hatte: „It's lonely at the top".
Plötzlich machen die scheinbar unerreichbaren Top-Manager*innen zutiefst persönliche Erfahrungen fernab von Glanz und Gloria samt dazugehöriger emotionaler Berg- und Talfahrt und geraten dabei mitunter an ihre Grenzen. Grenzen, die selbst den Mächtigsten unter ihnen aufzeigen, dass auch sie nur Menschen sind. Menschen mit Bedürfnissen, Makeln und Einschränkungen neben all ihren Stärken und Möglichkeiten und der Gefahr von persönlicher Überforderung. Und dass es um ihre vermeintliche Allmacht nicht so bestellt ist, wie sie es gerne hätten, weil sie in ein komplexes Geflecht von wechselseitigen Abhängigkeiten eingebunden sind.
Scheitern und Gesichtsverlust sind beileibe keine Privilegien des Top-Managements. Davon können grundsätzlich alle Führungskräfte ein Lied singen. Mit nur einem kleinen Unterschied: Fallhöhe und Aufprallgeschwindigkeit in der oft harten Realität sind im Top-Management doch deutlich höher. Gelingt jedoch die Übung, können Top-Leader ihre Balance- und Trapezakte in mitunter schwindelnden Höhen ungestört fortsetzen und bekommen, was sie sich wünschen: Geld, Macht und Liebe.

---

50 Was übrigens tatsächlich so sein soll: Fische beginnen ihren Verwesungsprozess offenbar wirklich am und im Kopf.

Noch Fragen?

Jetzt sind Sie fast durch, vielleicht haben Sie (noch) nicht alles gelesen, jedoch zumindest Unterschiedliches aufgeschnappt. Dachten Sie sich dabei manchmal: „Ist da etwa mein*e Chef*in gemeint?“ oder gleich: „Wie kann es sein, dass der Autor meine*n Chef*in so gut kennt?“ Vielleicht aber auch: „Bin das tatsächlich ich?“

Egal, vermutlich wollen Sie es in jedem Fall genauer wissen, Ihren vagen Verdacht überprüfen und weitere „Beweise“ erhalten. Nun, da kann ich dienen. Im Anhang finden Sie ein Diagnose-Tool, das sowas von wissenschaftlich fundiert und valide ist, also völlig wasserdicht und überaus treffsicher. Zufälligerweise kommen als Ergebnisse genau jene acht Typenfamilien heraus, auf die dieses Buch aufbaut. Ist doch schön, wenn alles so gut zusammenpasst, oder? Einer der großen Vorteile, wenn man alles selbst fabriziert.

The Good, the Bad and the Ugly

Mal angenommen, Sie sind selbst Führungskraft – in einem Unternehmen, einer Organisation, einem Verein, ganz egal. Wie schätzen Sie Ihre eigene Performance ein? Schaffen Sie es, sich auf die Schulter zu klopfen, rundum zufrieden mit dem, was Sie tagein, tagaus abliefern? Zählen Sie sich zu den Erfolgreichen, den Profis, den wirklich guten Leadern? Und das, ohne dabei rot zu werden, weil Sie sich selbst beschummeln? Dann konnten Sie vermutlich die in diesem Buch beschriebenen Typen aus amüsierter Distanz betrachten – vielleicht so, als würden Sie sich in einem Varieté befinden oder in einem absurden Theaterstück. Das Agieren der Hauptfiguren dient rein der Unterhaltung, ist mitunter ein Ärgernis, hält einem jedoch keinesfalls den Spiegel vor. Oder verhält es sich ganz anders und Sie finden sich doch – zumindest in manchen Belangen – in ihren Reihen wieder, also in den Gefilden fragwürdiger Führung, miesen Managements und lausigen Leaderships? Sollte dies zutreffen, kann ich Ihnen versichern, dass Sie definitiv kein Einzelfall sind, sich also in „guter" Gesellschaft befinden.

Apropos Einzelfall: Es ist naheliegend, sich zu fragen, wie viele Vertreter*innen der beschriebenen lausigen Charaktere es wohl geben wird. Hunderte? Tausende? Zigtausende? Ich tendiere zu einer größeren Zahl, kann allerdings nicht mit Genauerem dienen. Eine konkrete Zahl, selbst eine Schätzung der absoluten Häufigkeit wäre absolut unseriös. Vielleicht lässt sich ja etwas zu den relativen Häufigkeiten sagen. Von welchen Typen wird man wohl mehr antreffen, von welchen weniger?

Zur Annäherung an diese Frage werde ich Sie zu einem Ausflug in ein vielleicht etwas exotisch anmutendes Genre einladen, den Western, genauer gesagt, den Italo-Western. Weshalb gerade dieses Genre? Es wird von – meines Erachtens höchst charismatischen, manchmal sogar sympathischen – Antihelden getragen und ist derart stark überzeichnet sowie von Klischees und Stereotypen durchsetzt, dass sich daraus beeindruckende Bilder und Erkenntnisse schöpfen lassen. Wie zum Beispiel aus jenem großartigen Film von Sergio Leone aus dem Jahre 1966. Im Original heißt er „Il buono, il brutto, il cattivo", ins Deutsche furchtbar transferiert mit „Zwei glorreiche Halunken" (wenn wenigstens drei genannt wären!). Der englische Titel „The Good, the Bad and the Ugly" soll uns hier als Krücke dienen. Unterteilen wir unsere Führungskräfte ein weiteres Mal, diesmal in die Guten, die Schlechten und die Hässlichen.

Wie passen diese Kategorien mit unserer Systematik der fragwürdigen Führungskräfte zusammen?

Zäumen wir das Pferd von hinten auf und beginnen wir mit den Hässlichen – in unserer Diktion also jene, die wir als die ganz Dunklen bezeichnet haben: selbstverliebte, fiese Grobiane.

Etwas kniffliger wird es bei „the Bad". „Bad" kann vieles bedeuten, und schlecht sind sie alle. Manche von ihnen richtiggehend böse, damit wären wir aber

wieder bei den Hässlichen. „Bad“ steht allerdings auch für mangelhaft, ungünstig und mies. Insofern passt es durchaus, wenn wir darunter die nicht ganz Hellen verstehen, insbesondere die Kombinationen aus Inkompetenz und mangelndem Geschick, also jene, die wir „Fehlbesetzungen“ nennen. Was durchaus seinen Charme hat, denn sie werden bei der Auflistung mieser Manager*innen ob ihrer mangelnden Boshaftigkeit gerne einmal vergessen.
Bleiben die Guten. Hier gilt es ein weiteres Mal zu unterscheiden. Denn die vermeintlich Guten – präzise ausgedrückt: die zu Guten – sind bei genauerer Betrachtung eindeutig zu den Schlechten zu zählen, also zur nicht ganz hellen Seite. Das lässt sich in jenen Kapiteln nachlesen, wo die ach so edlen selbstlosen Helfer*innen und Retter*innen sowie die super-korrekten perfektionistischen Kontrollfreaks behandelt werden. Sie meinen es halt einfach zu gut – und öffnen damit dem Übel Tür und Tor. Anders die wirklich Guten, also die ganz Echten unter ihnen. Zu denen rechnen Sie sich aller Voraussicht nach selbst – logisch, das machen die meisten.

Abb. 21: Gefühlte Häufigkeitsverteilung der Schlechten, der Guten und der Hässlichen

Werfen wir nun mithilfe dieser Grobeinteilung einen Blick auf die „gefühlte Häufigkeit" der genannten Gruppen. Gemeint ist damit eine subjektiv wahrgenommene Häufigkeit, die aus schmerzhaften persönlichen Erfahrungen mit lausigen Leadern subsummiert wurde und nicht etwa auf harten Zahlen basiert. Man bekommt so etwas wie eine verkehrte Gauß'sche Normalverteilung, was die Anzahl der jeweiligen Führungskräfte betrifft. Und wähnt sich damit in einer typischen Szene des Wilden Westens: Die Guten stehen in der Mitte, werden von den Bösen bedroht und sind – wie in allen zugespitzten Heldengeschichten – in der Unterzahl.

Wie gesagt, dies lässt sich nicht mit harten Zahlen belegen. Wie denn auch? Wer soll denn definieren, was nun tatsächlich unter gut, schlecht und hässlich zu verstehen ist? Eben. Es handelt sich eher um die Veranschaulichung einer subjektiven Wahrnehmung, eines Gefühls.
Wenn man bedenkt, dass die meisten für sich in Anspruch nehmen, selbstredend zu den Guten zu zählen, und dabei überzeugt sind, zu einer Minderheit zu gehören, erkennt man rasch, dass sich das mathematisch irgendwie nicht ausgehen kann. Ob das mit dem bereits erwähnten Dunning-Kruger-Effekt[51] zu tun haben kann?! Jedenfalls meint man, man sei eine oder einer von den Guten. Vielleicht hat einem das einmal jemand wohlwollend mitgeteilt, vielleicht sogar mehrere unabhängig voneinander. Das beweist noch gar nichts. In diesem Buch finden Sie unzählige Wege, wie Sie Ihr Umfeld zu solchen Aktionen der Anerkennung und der Lobhudelei bewegen können.
Ebenso ist die Idee, andere gehörten klar zu den Bösen, verständlich und nachvollziehbar. Man ist bestrebt, alles von sich fernzuhalten, was einem bedrohlich, unheimlich und ja, auch unerreichbar erscheint. Indem man eine konkrete andere Person als böse klassifiziert, sie quasi mit einem scheinbar objektiven, auf jeden Fall aber vernichtenden Urteil versieht, grenzt man sich in aller Deutlichkeit ab und braucht sich nicht die Frage zu stellen, was dies mit einem selbst zu tun hat. Etwa, dass man sich dem anderen hilflos ausgeliefert fühlt (ich erinnere an die Geschichten mit den Herren Kostic, M. oder Napoleon). Oder dass man sich vielleicht insgeheim wünscht, auch so zu agieren, zumindest in mancher Hinsicht, allerdings weiß, dass man es selbst nicht draufhätte. Vielleicht sogar, dass man – weshalb auch immer – diese

51 Siehe Kapitel „Führungskräfte - ernsthaft?"

Verhaltensmuster geradezu magisch anzieht. Sie sehen schon, anderen den Stempel des Bösen aufzudrücken, bringt etliche Vorteile mit sich. Vor allem, wenn man beabsichtigt, dass man letztlich selbst aus dem Schneider ist.

Egal mit welcher Systematik und welchen Schubladen man es zu tun hat, es lässt sich stets eine elegante Möglichkeit finden, wie man selbst fein raus ist. Mit ein bisschen Geschick kann man es so hinbiegen, dass man sich auf der Schokoladenseite wiederfindet. Die Welt ist in Ordnung und man selbst ebenso. Alles ist gut.
Sich selbst und das eigene Handeln in Frage stellen – wer will das schon? Nein, das wäre zu viel der Mühsal, zu viel der Schmerzen – das geht doch deutlich einfacher. Dazu braucht man bloß den Dämon der Selbstreflexion und die damit verbundenen Selbstzweifel in den Griff zu bekommen. Viele der hier vorgestellten Führungskräfte zeigen auf eindrucksvolle Weise, wie das gelingen kann. Etwa, indem sie völlig auf Reflexion verzichten und ganz automatisch den einfachen Weg einschlagen – willkommen in der Welt der Einfaltspinsel. Oder durch beharrliches Vorsagen, dass die Welt und die Menschen darin gut sind und dass man daher gar nicht falsch liegen kann, wenn man sich immer wieder darauf besinnt und sein Handeln danach ausrichtet – so ticken jene, die wir Gutmenschen genannt haben. Perfektionist*innen wiederum versuchen, alles Dämonisch-Bedrohliche unter Kontrolle zu bekommen und zu halten (was sich bei manchen allerdings in einem deutlichen Zuviel an Reflexion niederschlägt, einem Grübeln, das sie innerlich zermürben kann). Ganz anders der Brutalo, er nimmt am liebsten den direkten Weg, die Abkürzung, und geht über Unangenehmes einfach drüber. Wenn schon Schmerzen, dann bei den anderen. Blender*innen schützen sich dadurch, dass sie bestechende Fassaden und Lügengebäude aufbauen, an die sie oft selbst glauben. Und dann gibt es noch das grundlegendste Selbstschutzprogramm, die konsequente Ablehnung jeglicher Form von Kritik – schöne Grüße von den Ich-Menschen. Wer diesen Schutz noch in Richtung völlige Immunisierung steigern möchte, ist gut beraten, aus den genannten Zugängen die optimale Mischung zu kreieren.

Das große Wunder(n)

Als Berater und Coach habe ich mit vielerlei Unternehmen zu tun und bekomme Beeindruckendes, ja Erstaunliches in puncto Führungsperformance zu sehen. Zum einen im ganz und gar positiven Sinne. „Wow, wie die das machen, echt cool", zolle ich ihnen Anerkennung, „was bin ich froh, mit solchen Menschen zusammenarbeiten zu dürfen!" Glücklicherweise doch sehr häufig.
Dann ist also eh alles in Butter? Naja, ganz ist dem nicht so. Denn es gibt auch andere Erfahrungen. Erfahrungen in – respektvoll formuliert – beängstigender Form. Wir haben bei den Hauptakteuren dieses Buchs, von den Einfaltspinseln bis zu den Ich-Menschen, erleben dürfen, auf welche Art und Weise sie ihre besonderen „Talente" ins Spiel zu bringen vermögen. Manche dieser Verhaltensweisen kann ich tatsächlich gut nachvollziehen – nachzulesen in den entsprechenden Kapiteln. Anderes, besonders schrilles Verhalten lässt mir schon das eine oder andere Mal die Haare zu Berge stehen. „Part of the game", denke ich mir dann, „das gehört zu meinem Jobprofil halt dazu."
Ab und an gelingt es mir, dies – wie meine Haare – einfach mal so stehen zu lassen. Mitunter ringe ich aber geradezu nach Erklärungen. Vor allem ein bestimmtes Phänomen ist im Zusammenhang mit lausigem Leadership so merkwürdig, dass ich gar nicht anders kann, als mir dazu Fragen zu stellen und mir meinen Reim darauf zu machen: Wie können Unternehmen erfolgreich sein, wenn dermaßen „begabte" Führungskräfte so agieren, wie sie eben agieren? Wie kann sich das ausgehen? Weshalb sind ihnen nicht schon längst alle Kunden und Mitarbeiter*innen davongelaufen? Wie schafft es eine Firma mit fragwürdiger Besetzung von Schlüsselpositionen – oft gleichzeitig mit miserablen Strukturen und Prozessen, vergiftetem Betriebsklima und misslingender Kommunikation – einigermaßen erfolgreich zu wirtschaften, zumindest zu überleben? Wie kann es sein, dass es trotzdem klappt? Dass die Betriebe nicht zerbröseln und zusperren müssen. Beziehungsweise dass sie trotz derartig gepolter Manager*innen solch formidable Unternehmensergebnisse zustande bringen. Denn viele Betriebe verdienen erstaunlich gutes Geld – trotz oder gerade wegen dieser miesen Manager*innen?!

Ich will kurz etwas abschweifen und Ihnen meine innere Zerrissenheit in dieser Angelegenheit schildern. Wann immer ich diese Fragen formuliere, weiß ich im gleichen Augenblick, dass sie sich selbst mit den schlüssigsten Antworten nicht aus der Welt bringen lassen. Eine durch und durch befriedigende Erklärung mit absoluter Gewissheit wird es nicht geben. Die Weisheit „Der, der weiß, dass er nichts weiß, weiß immer noch mehr als der, der nicht weiß, dass er nichts weiß“[52] mag in diesem Zusammenhang tröstlich sein. Ich könnte mich demnach zurücklehnen und mich nur noch wundern. Die Fragen haben allerdings eine derartige Vehemenz, dass ich es trotz dieser Aussichtslosigkeit nicht lassen kann, nach möglichen Antworten und Erklärungen zu suchen. Was dabei herauskommt? Nun, durchaus Plausibles, aber alles wie gesagt ohne jede Gewissheit. Machen Sie sich bitte selbst Ihren Reim auf die folgenden Überlegungen.

Oft lässt sich das erwähnte Phänomen aus der überragenden Stellung des Unternehmens am Markt heraus erklären, einer monopolähnlichen Position. Irgendwann einmal hat irgendjemand eine hervorragende Produktidee gehabt, man hat die richtige Nische, das richtige Bedürfnis erwischt, und das Unternehmen zehrt noch immer davon. Wenn Sie sich also in dieser glücklichen Situation befinden, ein Produkt zu haben, von dem Ihre Kunden in irgendeiner Weise abhängig sind und wenn dieses Produkt, diese Dienstleistung auf Ihren Märkten von niemand anderem einigermaßen professionell angeboten wird, genießen Sie praktisch Narrenfreiheit. Im Optimalfall ist es eine Kombination aus Abhängigkeit, Monopolmacht (Gebietsschutz oder mehr) und einem auf unverschämt hohem Niveau etablierten Preisgefüge. Dann kann eigentlich schon nichts mehr schiefgehen. Die Empfehlungen für Unternehmen dieser Art sind übrigens simpel: Schauen Sie, dass Sie den Status Quo möglichst lange Zeit absichern können. Machen Sie Ihren Kunden immer wieder unmissverständlich klar, wie abhängig sie von Ihnen sind und wie groß das Risiko eines Wechsels wäre. Schaffen Sie immens hohe Eintrittsbarrieren für eventuelle Mitbewerber, machen Sie sich unangreifbar. Profitieren Sie von Patenten, Beziehungen, Netzwerken und politischer Hegemonie. Sorgen Sie dafür, dass alle, die zu dieser Stabilität maßgeblich beitragen, große persönlich schmerzhafte Verluste erleiden würden, wenn Ihre Marktstellung in Frage

52 Wird dem Herrn Einstein zugeschrieben, der tatsächliche Verfasser ist allerdings unbekannt.

gestellt, angegriffen oder gar geschmälert würde. Haben Sie Ihre Machtposition bestmöglich abgesichert und sind demgemäß viele Stakeholder aus persönlich triftigen Gründen hoch interessiert daran, dass es Sie als Organisation weiterhin gibt, dass Sie funktionieren und dass es Ihnen gut geht, dann haben Sie gewonnen. Dann kommt es letztlich nicht auf solche Kleinigkeiten wie Ihre Abläufe und Strukturen, Ihre Unternehmenskultur, Ihr Kommunikationsklima und Ihre Qualität von Leadership an.

Eine weitere Möglichkeit, wie ein Unternehmen eklatant schwache Führungspersonen verkraften kann, besteht darin, dass das Unternehmen einfach in sich stabil ist. Es funktioniert als Ganzes. Irgendwie zwar, aber es funktioniert. Die Führungskräfte tragen einen erheblichen Teil dazu bei – auch jene, die man auf den ersten Blick als kontraproduktiv einschätzt. Vielleicht stören ihre fragwürdigen Eigenheiten gar nicht so sehr, werden quasi vom stabilen Umfeld kompensiert oder abgefedert, sorgen bloß für etwas Aufregung – was im Optimalfall dem Energie- und Motivationsniveau im Unternehmen letztlich sogar guttut. Oder die miesen Manager*innen lassen diese Eigenheiten eher auf Nebenschauplätzen zur Geltung kommen, wo sie damit nicht ganz so viel Unheil anrichten. Und dort, wo es wirklich zählt, agieren sie – zumindest im Unternehmenssinne – konstruktiv. Ebenso gut möglich.

Oder aber es hat etwas mit der Leidensfähigkeit und Belastbarkeit der Mitarbeiter*innen zu tun. Obwohl massiv gefrustet, sind sie dennoch bereit, weiter den als beschwerlich und nervtötend empfundenen Weg zu gehen – Mitwirken und Kooperation aus Resignation. Das ist die eine mögliche Erklärung, Angst die andere: eingeschüchterte und verängstigte Menschen, die vor Widerspruch, Auflehnung und Verweigerung zurückschrecken und lieber brav und genügsam ihre Leistung abliefern. In beiden Fällen bringen die Mitarbeiter*innen immerhin eine mittelprächtige Performance und tragen damit doch zu einigermaßen befriedigenden Ergebnissen des Unternehmens bei. Diese könnten allerdings deutlich besser ausfallen. Das Erfolgspotenzial wäre um einiges höher, es wird halt mangels echter Begeisterung und wirklichen Commitments nur so weit ausgeschöpft, dass es sich in Summe halbwegs gut ausgeht.

Wie so oft: Man wünscht sich eine einfache Erklärung für ein rätselhaftes Phänomen und landet bei Möglichkeiten über Möglichkeiten. Ich muss mich wohl damit abfinden, dass ich mich weiterhin wundern darf, weil es für dieses Phänomen keine durchgängig gültige Erklärung gibt. Dafür sind die Bedingungen in den Organisationen zu unterschiedlich. Vielleicht ist es eine Kombination aus all diesen Faktoren, vielleicht auch etwas ganz anderes. Es bleibt ein Mysterium. Die Antwort ist irgendwo da draußen ...

Und weiter?

Jedenfalls finden Organisationen und vor allem die Menschen darin Wege, um mit den vorhandenen Einschränkungen klarzukommen. Man bemüht sich, das Beste daraus zu machen – okay, nicht unbedingt das Beste im absoluten Wortsinn, sondern das Beste, was man hinkriegt. Man streckt sich nach der Decke. Wenn erfolgsorientierte Menschen etwas wirklich auszeichnet, dann ist es ihre Anpassungsfähigkeit und ihre beharrliche, fast unerschütterliche Zuversicht. Schlechte Voraussetzungen? Macht nichts, wir kompensieren das. Ungünstige Vorzeichen? Wird schon nicht so schlimm werden. Alles läuft schief? Dann haben wir immer noch unseren hoffentlich weiterhin treuen Begleiter, den Humor – beziehungsweise steht er uns, wenn es denn sein muss, in seiner abgrundtief schwarzen Form zur Seite, als Galgenhumor. Irgendwie scheint es sich immer auszugehen – selbst wenn einmal etwas wirklich Arges passiert, läuft das Leben weiter.

Genauso verhält es sich mit den Hauptfiguren aus diesem Buch. Lausige Leader agieren auf die für sie jeweils typische fragwürdige Art, stolpern in Situationen hinein, stiften Verwirrung, Chaos oder Angst, sorgen für Zuspitzung und Eskalation, leben ihre Kontrollwut und ihren Perfektionismus an ihren Mitarbeiter*innen aus, entziehen ihnen ihre Aufgaben und Verantwortung, heben sich selbst auf den Thron und blicken von diesem auf Verdutzte, Gekränkte, Enttäuschte, zu kurz Gekommene hinab. Oder sehen gleich an ihnen vorbei. Dennoch, das meiste renkt sich rasch wieder ein und die sogenannte betriebliche Normalität findet ihre mehr oder weniger ungetrübte Fortsetzung.

Wagen wir noch einen mutigen Blick in die Kristallkugel. Wie ist es um die mittel- bis längerfristigen Zukunftschancen unserer lausigen Leader bestellt? Welche fragwürdigen Führungskräfte sind die künftigen Stars in den Führungsetagen? Wer von ihnen hat wohl die besten Karten, wenn sich die Dinge weiter so rasant entwickeln? Welche Skills wird man brauchen, um in post-postmodernen Zeiten in Top-Positionen zu gelangen und dort erfolgreich zu wirken?

Zu den künftigen Stars zähle ich eindeutig die Einfaltspinsel. In Anbetracht permanent steigender Komplexität werden alle Versuche, wesentliche Wirkzusammenhänge kognitiv und reflexiv zu erfassen, zunehmend zum Scheitern verurteilt sein. Die Fähigkeit, auf Reflexion voll und ganz verzichten zu können, wird sich daher immer stärker zu einem Muss-Kriterium bei der Auswahl von Führungskräften mausern. Zumindest bei der Auswahl von jenen der pflegeleichten Sorte. Auch wenn viele meiner geschätzten Kolleg*innen genau das Gegenteil behaupten, nämlich, dass es gerade in exponierten Führungspositionen auf die Fähigkeit zur Selbstreflexion ankommt – Einfaltspinsel werden die Top-Aufsteiger*innen unter den Führungskräften sein: heute bloß in unteren Führungsebenen anzutreffen, werden ihnen in absehbarer Zeit alle Karrieremöglichkeiten offenstehen.

Ähnlich, wenn auch nicht ganz so spektakulär, verhält es sich mit den Tollpatschen. Geht man davon aus, dass sich künftig kaum etwas vorhersehen lässt, ist es naheliegend, dass regelmäßig viel schiefgehen wird. Umso besser, wenn man die passende Führungskraft zur Hand hat: ungeschickte Manager*innen, die sich als harmlose Blitzableiter für allerlei Ungemach bestens eignen.

Ganz anders die selbstlosen Samariter*innen. Eine aussterbende Spezies, die sich als logische Konsequenz ihrer Selbstlosigkeit über kurz oder lang ganz von selbst auflösen wird. Noch in ihrem letzten Atemzug werden ihre letzten aufrechten Held*innen für andere da sein – und dann nicht mehr da sein.

Düstere Aussichten gibt es ebenso für Perfektionist*innen. Ihren großen Vorbildern, den fehlerlosen Super-Computern, hoffnungslos unterlegen, werden sie irgendwann anerkennen müssen, dass ihre intellektuellen und zeitlichen Kapazitäten endlich sind. Also nicht ausreichend und damit alles andere als perfekt. Trist, äußerst trist.

Grobiane werden höchstens in gesellschaftlichen Randgebieten anzutreffen sein (beispielsweise auf Autofriedhöfen, in MMA-Palästen oder in unbedeutenden politischen Gremien) – wenn sich die Welt nicht plötzlich völlig verändert und wir uns etwa durch eine dramatische Klimakatastrophe in Höhlen und mit Säbelzahntigern konfrontiert wiederfinden. Ansonsten wird die Political Correctness die letzten Grobiane nach und nach aus den Führungsetagen vertreiben. Unterstützt durch die sogenannten sozialen Medien, die für ihre öffentliche Bloßstellung und Ächtung sorgen.

Nicht so die Blender*innen. Sie genießen fantastische Zukunftsaussichten. Je verworrener und komplexer die Umstände, umso besser für sie und ihre kreativen Realitätskonstrukte. So müssen wir uns wohl den Prototyp der Führungskraft 4.0 vorstellen: absolute Nebelkompetenz, hohes Geschick im Manipulieren und Tricksen, Effektivität im Erzeugen viel heißer Luft und volles Vertrauen in Maschinen, die mit Künstlicher Intelligenz gesteuert sich um die eigentliche Arbeit kümmern, also um alles, wo es auf Sachlichkeit und Richtigkeit ankommt.

Draufgänger*innen gebe ich eher geringe Chancen, denn ihre Machenschaften sind dann doch zu leicht zu durchschauen. Vor allem, wenn man davon ausgeht, dass man dazu allerlei smarte technologische Hilfsmittel zur Verfügung haben wird. Daher sollten sich Draufgänger*innen von den Blender*innen eine Scheibe abschneiden, um mit eleganten Winkelzügen und verfeinerten Eskalationsstrategien eine Aussicht auf Erfolg zu haben.

Ganz schwer einzuschätzen sind die Perspektiven für Ich-Menschen. Es könnte gar davon abhängen, wie sich die Psychopharmakologie entwickelt und welche Modedrogen sich gesellschaftlich durchsetzen. Vielleicht ist ja genau das Richtige für die Ich-Menschen dabei. Etwas, das ihnen ermöglicht, ihre Egomanie und die daraus resultierenden besonderen Eigenschaften so zu kanalisieren, dass sie sich nicht selbst im Wege stehen.

Einfaltspinsel, Blender*innen und mit Abstrichen Tollpatsche – darauf läuft es wohl hinaus. Nicht wirklich attraktive Zukunftsaussichten, meinen Sie? Sorry. Meine Kristallkugel gibt dazu momentan nichts anderes her.

Vielleicht wird sich ja die Relevanz von Führungskräften generell weiter verringern. Darauf deutet einiges hin. Agile Organisationen, die ganze

Hierarchieebenen auflösen und stattdessen Selbstorganisation auf Augenhöhe leben. Selbstlernende und infolgedessen sich ständig verbessernde Programme Künstlicher Intelligenz, die uns über kurz oder lang selbst in jenen Feldern überlegen sein werden, wo wir Menschen heute noch auf unsere typisch menschlichen Vorteile und Stärken pochen. Sowie spannende neue Ansätze der Beteiligung und Mitbestimmung in gesellschaftlichen Auseinandersetzungen, etwa rund um das Klimathema, unterstützt durch die Möglichkeiten sozialer Netzwerke und Plattformen.
Andererseits kann man genauso gut etliche Phänomene ausmachen, die geradezu in die Gegenrichtung weisen und nahelegen, dass es noch stärker in Richtung Autoritäten und strafferer Führung gehen wird. Etwa diverse politische Entwicklungen quer über diesen Planeten, das allgemein beklatschte, belächelte oder zumindest hingenommene Agieren mancher Top-Führungskräfte in Wirtschaft, Politik und Medien sowie die stets zunehmenden Möglichkeiten zentraler Datensammlung, Überwachung und damit auch Steuerung.
Tja, ich fürchte, ich muss mich an dieser Stelle wiederholen. Es bleibt ein Mysterium. Die Antwort ist irgendwo da draußen. So ist das halt mit den Glaskugeln und dem Blick in die Zukunft.

Unabhängig davon, welche Prognose sich als die richtige herausstellen wird: Auch in Zukunft werden jene Führungskräfte die größten Wettbewerbsvorteile genießen, denen es gelingt, die essenziellen Stärken verschiedener erfolgsträchtiger Typen besonders geschickt zu kombinieren. Wollen Sie also zu den Erfolgreichen zählen, tun Sie gut daran, die im Hinblick auf die Zukunftsperspektiven verheißungsvollsten Ingredienzen zu wählen. Dadurch vergrößern Sie Ihre Chancen, selbst in einer noch unsichereren Zukunft auf der sicheren Seite zu sein.

Antworten

Wie gesagt: Die Antwort ist irgendwo da draußen. Also unter anderem bei Ihnen, geschätzte Leserin, geschätzter Leser. Ich bin überzeugt, dass Sie – oder jemand in Ihrer näheren Umgebung – bereits Ähnliches, Vergleichbares oder anderes Spektakuläres in Sachen lausigem Leadership erlebt haben. Vielleicht ist Ihnen manches wieder in den Sinn gekommen, als Sie die Geschichten unserer Protagonist*innen gehört bzw. gelesen haben.
Würden Sie mir mehr verraten? Ich bin dabei, viele weitere Stories aus der Welt des miesen Managements, der fragwürdigen Führung und des lausigen Leaderships zu sammeln.
Schicken Sie mir doch Ihre Geschichten oder – wenn Sie lieber interviewt werden – schreiben Sie mir eine kurze E-Mail, ich setze mich dann mit Ihnen in Verbindung.

✉ info@theuretzbacher.at

Herzlichen Dank!

Wie Führungskräfte ticken: der Fragebogen

Nun ist es also soweit, hier kommt das angekündigte Diagnose-Tool[53], das folgende Fragen in einem neuen Licht erscheinen lässt: Wer bin ich? Wer will ich aller sein? Was will ich als Führungskraft darstellen? Wie ticke ich? Was ist alles typisch für mich als Führungskraft? Habe ich das Zeug zur miesen Managerin, zum lausigen Leader? Woran muss ich da noch arbeiten? Was sind meine Stärken und Talente, und wo liegen meine Schwachstellen und Entwicklungspotenziale?

Jetzt aber! Zögern Sie nicht, zücken Sie ein Schreibgerät und kreuzen Sie an, wie sehr folgende Aussagen auf Sie und Ihr Handeln als (mögliche) Führungskraft zutreffen. Machen Sie sich nichts vor, belügen Sie sich nicht. Seien Sie besser rundheraus ehrlich zu sich und schenken Sie sich ruhig kräftig ein. Sieht ja niemand, wenn Sie nicht wollen. Sollten Sie das nicht zuwege bringen, könnte das bereits ein wertvoller Hinweis Richtung Typ I sein. Allen anderen verspreche ich ein Ergebnis mit jeder Menge an Hinweisen und Empfehlungen, damit aus Ihnen eine echt potente Führungskraft werden kann. Wenn Sie das überhaupt im Sinn haben.

---

53 Die Inhalte des Fragebogens sind zum größten Teil selbst entwickelt, teilweise entnommen und adaptiert aus dem als „Persönlichkeitsporträt" veröffentlichten Personality Disorder Screening (Oldham & Morris, 1992).

		0	1	2	3	4	5
	0 „Trifft gar nicht zu" - **5** „Trifft voll zu"						
1	Ich handle überwiegend instinktiv, also ohne viel zu überlegen.	○	○	○	○	○	○
2	Ich finde es reizvoll, wenn man sich nicht immer an die Wahrheit halten muss.	○	○	○	○	○	○
3	Ich nehme mich selbst und meine eigenen Anliegen gar nicht so wichtig und ertrage daher manch unangenehme Situation sehr geduldig.	○	○	○	○	○	○
4	Ich mache meinen Job richtig gut und finde, alle anderen sollten sich an meinem Handeln ein Beispiel nehmen.	○	○	○	○	○	○
5	Um meine Führungsaufgabe wahrzunehmen, setze ich konsequent auf Struktur, Planung und Kontrolle. Alles ist durchorganisiert, für alles gibt es Pläne und Listen.	○	○	○	○	○	○
6	Ich finde es durchaus in Ordnung, manchmal Fähigkeiten vorzutäuschen, die man gar nicht draufhat.	○	○	○	○	○	○
7	Ich brauche es mehr als andere, dass ich regelmäßig wertgeschätzt oder zumindest bestätigt werde. Und ich bin sehr geschickt darin, dafür zu sorgen, dass man mir Anerkennung offen zukommen lässt.	○	○	○	○	○	○
8	Andere würden von mir sagen, dass ich vor nichts zurückscheue, um meine Ziele zu erreichen.	○	○	○	○	○	○
9	Auch wenn ich es mir anders wünschen würde, passieren mir doch immer wieder ungewollte Fehltritte.	○	○	○	○	○	○
10	Ich muss stets ernsthaft, sachlich und rational bleiben. Wenn Menschen emotional werden oder gar irrational agieren, kann ich dafür kein Verständnis aufbringen.	○	○	○	○	○	○
11	Meine selbstlose Art führt häufig dazu, dass ich von anderen ausgenutzt werde. Ich lasse mich immer wieder mit Menschen ein, die mich irgendwann einmal schlecht behandeln oder enttäuschen.	○	○	○	○	○	○
12	Ich brauche es, im Mittelpunkt der Aufmerksamkeit zu stehen. Wenn ich zu wenig beachtet werde, lenke ich geschickt die Aufmerksamkeit auf mich.	○	○	○	○	○	○

0	1	2	3	4	5	0 „Trifft gar nicht zu" - 5 „Trifft voll zu"	
○	○	○	○	○	○	Ich bin überzeugt, es gibt für alles eine einfache Lösung.	13
○	○	○	○	○	○	Es kommt regelmäßig vor, dass ich mich einer groben Sprache bediene. Mir wurde schon gesagt, dass ich andere in Gegenwart Dritter kränke (auch wenn mir das in der Situation nicht bewusst ist).	14
○	○	○	○	○	○	Wenn mir etwas misslingt, ist man mir meist nicht böse. Man würdigt es, dass ich mich bemüht habe.	15
○	○	○	○	○	○	Kritiker sagen mir nach, dass ich mich häufig mit den Erfolgen anderer schmücke.	16
○	○	○	○	○	○	Wenn man beim Führen eine gewünschte Wirkung erzielen will, kommt es oft mehr auf die Verpackung an als auf den Inhalt.	17
○	○	○	○	○	○	Ich tue mir sehr schwer, Kritik anzunehmen, selbst wenn sie berechtigt ist und konstruktiv geäußert wurde. Ich fühle mich dann innerlich erniedrigt und beschämt oder wütend.	18
○	○	○	○	○	○	Ich bevorzuge klare Verhältnisse: ja oder nein, schwarz oder weiß. Mit Zwischentönen und Grauzonen kann ich kaum etwas anfangen.	19
○	○	○	○	○	○	Man sagt mir nach, dass ich mich immer wieder mal tollpatschig anstelle.	20
○	○	○	○	○	○	Ich verbringe sehr viel Zeit mit meiner Arbeit, weil ich in vielen Dingen ein Perfektionist bin und in allen Aufgaben sehr hohe Ansprüche habe und diese konsequent verfolge.	21
○	○	○	○	○	○	Ich führe nach dem Motto „Angriff ist die beste Verteidigung" und kann dabei auf andere ziemlich einschüchternd wirken.	22
○	○	○	○	○	○	Als Führungskraft genauso wie im Privaten mache ich sehr viel für andere, oft verbunden mit großen Entbehrungen und Opfern für mich selbst.	23
○	○	○	○	○	○	Es gelingt mir immer wieder, andere durch mein glänzendes Auftreten und durch taktische Finessen von kritischen Aspekten abzulenken.	24

	0 „Trifft gar nicht zu" - 5 „Trifft voll zu"	0	1	2	3	4	5
25	Ich lebe im Vertrauen, dass sich fast alles, was ich will und was ich tue, schon von selbst ergeben wird. Ich brauche daher keinen Plan, kein Konzept.	○	○	○	○	○	○
26	Des Öfteren lache ich über das Missgeschick eines anderen, obwohl ich auf diese Reaktion nicht besonders stolz bin.	○	○	○	○	○	○
27	Im Sinne des großen Ganzen und der Bedürfnisse meiner Mitarbeiter*innen stelle ich meine eigenen Bedürfnisse gerne zurück.	○	○	○	○	○	○
28	Immer wieder entgleiten mir die Dinge, und ich finde mich in einer unangenehmen Situation wieder.	○	○	○	○	○	○
29	Bevor ich Entscheidungen treffe, denke ich meist sehr lange nach. Es geht mir darum, mich richtig zu entscheiden, und das braucht seine Zeit.	○	○	○	○	○	○
30	Ich wähle selten den vorsichtigen Weg. Ich gehe gerne Risiken ein, aber dann weiß ich, was ich tue, und ich gelange dahin, wo ich hinwill.	○	○	○	○	○	○
31	Sehr häufig denke ich mir, alles wäre viel besser, wenn alle anderen so ticken würden wie ich.	○	○	○	○	○	○
32	Es kommt vor, dass andere ihre Meinung ändern und auf meine Seite schwenken, nur weil ich etwas „aufgedreht" und die Situation angeheizt habe.	○	○	○	○	○	○
33	Mein Tun oder mich selbst als Person in Frage zu stellen, macht für mich keinen Sinn. Das ändert meine Meinung ohnedies nicht und kostet nur unnötig Zeit.	○	○	○	○	○	○
34	Manchmal muss man „drüberfahren", man kann nicht auf alle Rücksicht nehmen. Wenn das jemandem nicht passt, muss er sich halt selbst zur Wehr setzen.	○	○	○	○	○	○
35	Niemand hat mir etwas zu sagen. Ich lasse mich nicht lenken.	○	○	○	○	○	○
36	Für mich ist es sehr erfüllend, andere in einer Notlage zu unterstützen, ihnen über ein Hindernis oder gar eine Krise hinwegzuhelfen.	○	○	○	○	○	○

0	1	2	3	4	5	0 „Trifft gar nicht zu" - 5 „Trifft voll zu"	
○	○	○	○	○	○	Manche halten mich für einen sympathischen Chaoten, da ich oft planlos unterwegs bin bzw. dazu neige, mich in einem Plan zu verrennen oder das Konzept aus den Augen zu verlieren.	37
○	○	○	○	○	○	Ich weiß genau, was ich zu tun habe, um Personen in meiner Umgebung zu bestimmten Reaktionen zu veranlassen. Manche halten mich deshalb für berechnend.	38
○	○	○	○	○	○	Ich lasse mir nichts nachsagen, denn ich handle stets korrekt und regelkonform. Sollte es einmal anders sein, gibt es dafür wichtige Gründe.	39
○	○	○	○	○	○	Wenn es jemanden braucht, der sich ohne große Absicherung ins Ungewisse stürzt, greift man gerne auf mich zurück.	40

Viele Treffer?

Dann freuen Sie sich auf die Auswertung. Bevor Sie sich allerdings damit beschäftigen, tut sich eine Gelegenheit für einen wertvollen Umweg auf: Sie könnten den Fragebogen ein zweites Mal machen. Dieses Mal für jemand anderen, zum Beispiel für Ihre direkte Führungskraft. Aus reiner Neugierde natürlich ;-) Gerne gleich noch weitere Durchgänge für andere Menschen, die Sie immer schon durchschauen wollten. Ursprünglich wurde der Fragebogen zur Selbsteinschätzung entwickelt. Aber je mehr Ergebnisprofile Sie haben, umso spannender werden sowohl die Auswertungen als auch die im Buch dargestellten Typen für Sie sein.

Zur Auswertung addieren Sie Ihre Punkte mithilfe des folgenden Schemas. Sie erhalten damit für alle acht Kategorien Zahlenwerte, die sich zwischen null und fünfundzwanzig bewegen.
Je höher Ihre Scores in der jeweiligen Kategorie, umso mehr sollten Sie sich im besagten Typus wiederfinden. Sollte dem nicht so sein, darf ich Sie auf die Hinweise nach den Kurzbeschreibungen der Typen verweisen.

Fragebogen Auswertung

	Frage	Pkt.	Frage	Pkt.	Frage	Pkt.	Frage	Pkt.	Frage	Pkt.	SUMME
Typ E	01		13		19		25		33		
Typ T	09		15		20		28		37		
Typ S	03		11		23		27		36		
Typ P	05		10		21		29		39		
Typ G	08		14		22		26		34		
Typ B	06		16		17		24		38		
Typ D	02		07		30		32		40		
Typ I	04		12		18		31		35		

Höchste Scores bei Typ:

Kurzbeschreibung der acht Typen

E Mit einem Wort: einfältig

Anzutreffen als: Einfaltspinsel, No-Brainer, Reflexionsverweigerer – hier im Kapitel „Führungskräfte – ernsthaft?"

Sind bestrebt: Nur nicht zu viel nachdenken zu müssen. Ohne allzu viel Komplikation durchs Leben zu kommen.

Ihr konstruktiver Kern: Schnörkellos, direkt, schnell, authentisch – einfach tun.

Ihre bedenklichen, lausigen Seiten: Unreflektiert, Tendenz zur starken Vereinfachung (z.B. Stereotype). Komplette Fehlanzeige in puncto Innehalten und Reflektieren.

Falls Sie hier keine (bzw. ganz wenige) Punkte gesammelt haben: Möglicherweise sind Sie zu kompliziert und umständlich, haben dafür eine Tendenz zum Grübeln. In diesem Fall nehmen Sie sich am besten ein Beispiel an den Einfaltspinseln: Keep it simple!

T Mit einem Wort: ungeschickt

Anzutreffen als: Tollpatsche, Greenhorns, Körperkläuse – hier im Kapitel „Oops, I did it again".

Sind bestrebt: Möglichst ohne großen Schaden über die Runden zu kommen.

Ihr konstruktiver Kern: Bemüht, wohlmeinend, authentisch, oft sympathisch.

Ihre bedenklichen, lausigen Seiten: Talent, das Falsche zu tun, den falschen Weg zu wählen; fehlendes Geschick im Umgang mit anderen; unerfahren, tollpatschig.

Falls Sie hier keine (bzw. ganz wenige) Punkte gesammelt haben: Nicht tragisch. Eventuelle Tendenz Richtung Fehlervermeidung.

S Mit einem Wort: selbstlos

Anzutreffen als: Selbstlose Samariter*innen, Helfer*innen, Gutmenschen – hier im Kapitel „Selbstlos sei der Mensch".

Sind bestrebt: Andere zu unterstützen und zu fördern. Damit von sich selbst abzulenken bzw. eigene persönliche Größe zu gewinnen.

Ihr konstruktiver Kern: Unterstützend, großzügig, bescheiden, rücksichtsvoll, empathisch.

Ihre bedenklichen, lausigen Seiten: Auf die eigenen Bedürfnisse zu vergessen bis hin zu explizit selbstschädigendem Verhalten.

Falls Sie hier keine (bzw. ganz wenige) Punkte gesammelt haben: Egoismus-Verdacht? Bis wohin ist es „gesunder Egoismus" und ab wann bedenklich? Das ist die Frage.

P Mit einem Wort: perfektionistisch

Anzutreffen als: Perfektionist*innen, Ordnungsfanatiker*innen, Grübler*innen, Aufsichtsorgane, Kontrollfreaks – hier im Kapitel „Alles unter Kontrolle".

Sind bestrebt: Kontrolle zu gewinnen bzw. zu bewahren – über grundsätzlich alles und besonders darüber, was möglicherweise bedrohlich sein könnte.

Ihr konstruktiver Kern: Anspruchsvoll, sachorientiert, strukturiert, zielorientiert, genau, fundiert, korrekt, selbstdiszipliniert, konsequent, verlässlich.

Ihre bedenklichen, lausigen Seiten: Überstrukturiert, rigoros schwarzweiß, entweder oder, null Toleranz, Kontrollzwang, verkrampft, humorlosverbissen.

Falls Sie hier keine (bzw. ganz wenige) Punkte gesammelt haben:
Entweder tendieren Sie in Richtung entspannt, lässig bis nachlässig oder in Richtung schlampig-schludrig, unsachlich.

G Mit einem Wort: brutal

Anzutreffen als: Grobiane, Kränker*innen, Seelenmörder*innen – hier im Kapitel „Management by Schleifpapier".

Sind bestrebt: Eigene Stärke zu zeigen (und die eigenen Schwächen dahinter zu verbergen), andere zur Schnecke zu machen.

Ihr konstruktiver Kern: Klares Profil, klare Ansagen, energiereich, kräftig, durchsetzungsstark.

Ihre bedenklichen, lausigen Seiten: Einschüchterndes, rücksichtsloses, oft verletzendes Auftreten. Kein Interesse an den Bedürfnissen anderer. Hinterlassen Spuren der Verwüstung, Wunden der Kränkung.

Falls Sie hier keine (bzw. ganz wenige) Punkte gesammelt haben: Möglicherweise mangelt es Ihnen an Energie und Durchsetzungskraft.

B Mit einem Wort: manipulativ

Anzutreffen als: Blender*innen, Manipulator*innen, Trickser*innen, Aufschneider*innen – hier im Kapitel „Tarnen, Tricksen, Täuschen".

Sind bestrebt: Nach Macht – in all ihren Facetten. Macht zu gewinnen, sie zu sichern und auszubauen.

Ihr konstruktiver Kern: Intelligent, smart, elegant. Messerscharfe Analytiker*innen und brillante Kombinierer. Ebenso im Einschätzen von komplexen Macht- und Beziehungsgeflechten und der daraus entstehenden Dynamiken.

Ihre bedenklichen, lausigen Seiten: Biegen sich „die Wahrheit“ zurecht. Kühl berechnend, oft herzlos. Glänzende Fassade, aber wie viel ist dahinter? Teilweise plump angeberisch, teilweise trickreich verschlagen.

Falls Sie hier keine (bzw. ganz wenige) Punkte gesammelt haben: Könnte ein Hinweis auf fehlende Kreativität oder ein Zuviel an Aufrichtigkeit und Authentizität (auch nicht immer von Vorteil!) sein.

D Mit einem Wort: herausfordernd

Anzutreffen als: Draufgänger*innen, emotionale Manipulierer*innen, Verführer*innen, Provokateure, Drama-Babes – hier im Kapitel „In die Vollen“.

Sind bestrebt: Langeweile und Routinen zu vermeiden. Sich und ihr Umfeld zu fordern. Zuzuspitzen und für Turbulenzen, Drama und Eskalation zu sorgen. Damit u. a. von eigenen Schwächen abzulenken und zu beweisen, wozu man alles fähig ist.

Ihr konstruktiver Kern: Mutig, risikobereit, veränderungsfreudig, energiereich, vital. Innovativ, wagen das Neue. Experimentierfreudig. Bringen Pepp in die Organisationen.

Ihre bedenklichen, lausigen Seiten: Bringen sich und andere in Gefahr. Vergessen darauf, dass andere ganz anders ticken als sie. Nehmen bewusst kritische Konsequenzen in Kauf. Eskalieren auf mitunter äußerst manipulative Weise.

Falls Sie hier keine (bzw. ganz wenige) Punkte gesammelt haben: Sind Sie ein Gewohnheitstier, mit stets denselben Wegen, Aufgaben und Menschen? Ist Ihr Leben eine trockene, unaufgeregte Angelegenheit, ganz ohne Herz und Emotion, eine kühle und nüchterne Sache? Gähn.

I Mit einem Wort: selbstverliebt

Anzutreffen als: Ich-Menschen, Egomanen, Primadonnen, Sonnenkönige – hier im Kapitel „Ich bin Führung".

Sind bestrebt: Das eigene Ego weiter zu füttern und vor jeder Beschädigung zu schützen. Es so nach und nach zur Grandiosität zu bringen.

Ihr konstruktiver Kern: Selbstbewusst, selbstsicher im Auftreten. Oft Ausstrahlung von Souveränität. Meister in der Immunisierung gegenüber negativen Einwirkungen.

Ihre bedenklichen, lausigen Seiten: Nur das Ego im Fokus, alles andere zählt nicht. Kein ehrliches Interesse an anderen Menschen. Allergisch gegen Kritik.

Falls Sie hier keine (bzw. ganz wenige) Punkte gesammelt haben:
Kann es sein, dass Sie sich zu viel aufopfern, zu selbstlos agieren – und im Gegenzug dafür zu wenig für die eigenen Bedürfnisse einstehen?

Und – schmerzt das Ergebnis?

Wer weiß, wozu es führt? Vielleicht sogar in hohe Führungsetagen – wer kann das schon vorhersagen?! Garantien gibt es dafür jedenfalls keine, egal für welchen Typ. Chancen bestehen offensichtlich fast immer, sowohl in die eine als auch in die andere Richtung. Dazu finden Sie im Inneren des Buchs unzählige Erfolgs- und Misserfolgsgeschichten.

Sollte in Ihrem Fall kein besonders aussagekräftiges Profil herauskommen, kann dies mehrere Gründe haben. Solche Fragebögen – vor allem jene, die auf Selbsteinschätzung beruhen, und das tun fast alle – sind stets mit Vorsicht zu genießen, das versteht sich von selbst. Aktuelle Erlebnisse, die Tagesverfassung, eine Tendenz zum Schönfärben oder zum Bagatellisieren, die Orientierung an dem, wie man gerne wäre bzw. was sozial erwünscht ist, und viele andere Mittel der meist unbewussten Manipulation von Bewertungen wirken sich entsprechend aus.
Falls Sie in allen Kategorien niedrig gescort haben, das Ergebnis also besagt, dass man Ihnen keinerlei lausige Aspekte nachsagen kann, dürfen Sie sich dennoch fragen: Woran liegt das?
Entweder Sie sind einfach gut darin, sich die Dinge so zurechtzubiegen, wie es Ihrem übertrieben positiven Selbstbild entspricht. Das ist eine beachtliche und nicht zu unterschätzende Kompetenz! Oder der Fragebogen gibt für Sie einfach nicht mehr her – mea culpa! Oder Sie sind tatsächlich eines der seltenen Exemplare eines Menschen ohne jegliche Macken. In diesem Falle bleibt mir nichts anderes, als Ihnen aufrichtig und ein bisschen neidvoll zu gratulieren – gleichzeitig erlaube ich mir, Ihnen dabei ganz heimlich und verstohlen zuzuzwinkern.

Literatur

- Blanchard, Kenneth, Oncken, William & Burrows, Hal (1990). Der Minuten-Manager und der Klammer-Affe. Wie man lernt, sich nicht zuviel aufzuhalsen. Reinbek: Rowohlt.
- Bloch, Arthur (1985). Gesammelte Gründe, warum alles schiefgeht, was schiefgehen kann! München: Goldmann.
- Borgert, Stephanie (2015). Die Irrtümer der Komplexität. Warum wir ein neues Management brauchen. Offenbach: Gabal.
- Charim, Isolde (2020). Sieg der Gier – von Wirecard bis Mattersburg. In: Falter - die Wochenzeitung aus Wien, 33/2020.
- Covey, Stephen R. (1995, 5. Aufl.). Die sieben Wege zur Effektivität: ein Konzept zur Meisterung Ihres beruflichen und privaten Lebens. Frankfurt/M.: Campus.
- Dehner, Renate & Dehner, Ulrich (2007). Schluss mit diesen Spielchen! Manipulationen im Alltag erkennen und wirksam dagegen vorgehen. Frankfurt/M.: Campus.
- Externbrink, Kai & Keil, Moritz (2018). Narzissmus, Machiavellismus und Psychopathie in Organisationen. Theorien, Modelle und Befunde zur dunklen Triade. Wiesbaden: Springer.
- Foerster, Heinz von (1994, 2. Aufl.). Wissen und Gewissen. Versuch einer Brücke. Berlin: Suhrkamp.
- Foerster, Heinz von & Pörksen, Bernhard (1998). Wahrheit ist die Erfindung eines Lügners. Gespräche für Skeptiker. Heidelberg: Carl-Auer-Systeme.
- Freimuth, Joachim (1999). Die Angst der Manager. Göttingen: Hogrefe.
- Jaworski, Joseph (2011). Synchronicity: The Inner Path of Leadership. San Francisco: Berrett-Koehler Publishers.
- Jaworski, Joseph (2012). Source: The Inner Path of Knowledge Creation. San Francisco: Berrett-Koehler Publishers.
- Klein, Susanne (2019). Kein Mensch braucht Führung. Mehr Erfolg durch Selbstverantwortung. Offenbach: Gabal.
- Kuhn, Thomas & Weibler, Jürgen (2020). Bad Leadership. Von Narzissten & Egomanen, Vermessenen & Verführten: Warum uns schlechte Führung

oftmals gut erscheint und es guter Führung häufig schlecht ergeht. München: Vahlen.

- Laloux, Frédéric (2015). Reinventing Organizations: Ein Leitfaden zur Gestaltung sinnstiftender Formen der Zusammenarbeit. München: Vahlen.
- Loeb, Marshall & Kindel, Stephen (2005). Erfolgreich führen für Dummies. Weinheim: Wiley-VCH.
- Mallinger, Allan E. & De Wyze, Jeannette (1992). Gnadenlos perfekt. Die Kunst, zwanghaften Perfektionismus zu überwinden. Zürich: Oesch.
- Malzacher, Jutta (2019). Mut in der Arbeitswelt durch Ich-Kultur: Wie Manager den erfolgreichen Umgang mit Ängsten lernen. Berlin: Springer.
- Mencken, Henry L. (1921). Prejudices: Second Series. London: J. Cape.
- Nietzsche, Friedrich (1994, 6. Aufl.), Jenseits von Gut und Böse. Vorspiel einer Philosophie der Zukunft. München: Goldmann.
- Oldham, John M. & Morris Lois B (1992). „Wie gut kennen Sie sich selbst?" (S. 20-29) und „Ihr Persönlichkeitsporträt" (S. 52-59) in: Psychologie heute, Oktober 1992.
- Paulhus, Delroy L. & Williams, Kevin M. (2002): The Dark Triad of Personality. In: Journal of Research in Personality, 36.
- Peter, Laurence J. & Hull, Raymond (2001). Das Peter-Prinzip. Oder: Die Hierarchie der Unfähigen. Reinbek bei Hamburg: Rowohlt.
- Spierling, Volker (2017). Ungeheuer ist der Mensch. Eine Geschichte der Ethik von Sokrates bis Adorno. München: C.H.Beck.
- Stewart, Ian & Joines, Vann (1990, 6. Aufl.). Die Transaktionsanalyse. Eine neue Einführung in die TA. Freiburg im Breisgau: Herder.
- Watzlawick, Paul, Beavin, Janet H. & Jackson, Don D. (1990, 8. Aufl.). Menschliche Kommunikation: Formen, Störungen und Paradoxien. Bern: Verlag Hans Huber.
- Watzlawick, Paul, Weakland, John H. & Fisch, Richard (1992, 5. Aufl.). Lösungen. Zur Theorie und Praxis menschlichen Wandels. Bern: Verlag Hans Huber.
- Zulehner, Christoph (2017). Make the Fake. Warum Erfolg die Täuschung braucht. Varel: Oriol.
- Zulehner, Christoph (2019). The Art of Fake. Die schönsten Faker-Geschichten. Varel: Oriol.

Wer noch maßgeblich dazu beigetragen hat …

Das waren in erster Linie d'Anni, Elke, Peter H., Semier und Tom G. (von dem unter anderem die genialen Illus stammen) – mit ihren allesamt wichtigen, jedoch höchst unterschiedlichen Beiträgen zum Vorankommen und Gelingen. Ebenso Christoph, Faugo, Isabella, Judy, Moe, Peter Th. und Tom S. Und natürlich ganz besonders alle Informantinnen und Informanten, die mir ihre Geschichten anvertraut haben.

Herzlichen Dank euch allen!

Zum Autor

Der Autor war selbst vorübergehend als Führungskraft eines kleinen Teams tätig und verlegte sich danach – nicht etwa, weil diese Erfahrung so schlimm war☺ – völlig auf sein Wirken als Coach und Organisationsberater. Seit mehr als 25 Jahren begegnet, berät und coacht er Führungspersonen aus den verschiedensten Branchen und allen Hierarchieebenen. Er lebt in Linz, Österreich.

Weitere Infos siehe **www.theuretzbacher.at**

Bereits veröffentlicht:

Theuretzbacher, Klaus (2017). Coaching schafft Räume. Von der Mentalen Kraftkammer in die Zukunftswerkstatt – kreative Interventionen, wirksame Lösungen. Stuttgart: Klett-Cotta.

Theuretzbacher, Klaus & Nemetschek, Peter (2009, 5. Aufl. 2021). Coaching und Systemische Supervision mit Herz, Hand und Verstand. Handlungsorientiert arbeiten, Systeme aufbauen. Stuttgart: Klett-Cotta.